IDODIARY

이도 다이어리 세종 33년 간의 기록

초판 1쇄 발행 | 2024년 5월 15일
초판 3쇄 발행 | 2024년 10월 15일

지은이 김경묵
발행인 한명선

책임편집 김수경
제작총괄 박미실
디자인 모리스

주소 서울시 종로구 평창길 329(우편번호 03003)
문의전화 02-394-1037(편집) 02-394-1047(마케팅)
팩스 02-394-1029
전자우편 saeum2go@hanmail.net
블로그 blog.naver.com/saeumpub
페이스북 facebook.com/saeumbooks
인스타그램 instagram.com/saeumbooks

발행처 (주)새움출판사
출판등록 1998년 8월 28일(제10-1633호)

© 김경묵, 2024
ISBN 979-11-7080-049-1 03910

IDODIARY

이도
다이어리

세종 33년 간의 기록

김경묵 지음

李裪

새흘

차례

작가의 말 — 8

내가 조선의 왕이 되었다 — 13
1418년, 22세, 즉위년

새로운 시대를 열어가겠다 — 21
1419년, 23세, 재위 1년

먼저 사람에게 묻고 제도를 갖추겠다 — 30
1420년, 24세, 재위 2년

아버지의 가르침, 국방이 최우선 — 37
1421년, 25세, 재위 3년

하늘 아래 고아, 이도 — 46
1422년, 26세, 재위 4년

하늘이 나를 버린 것인가 — 56
1423년, 27세, 재위 5년

건전한 조직문화는 있는 그대로를 전하는 것 — 65
1424년, 28세, 재위 6년

외교는 큰 것을 얻기 위해 쌓는 정성 — 79
1425년, 29세, 재위 7년

밥은 사람의 하늘이다 — 92
1426년, 30세, 재위 8년

중국 새 황제의 무리한 요구 ─ 104
1427년, 31세, 재위 9년

사람이 꼭 지키며 살아야 하는, 도리 ─ 114
1428년, 32세, 재위 10년

경험이 쌓이면서 해결되는 문제들 ─ 125
1429년, 33세, 재위 11년

조직을 공평하고 바르게 성장시키는 왕의 기술 ─ 136
1430년, 34세, 재위 12년

태평한 날에 내일을 준비하는 사람은 모두 왕이다 ─ 149
1431년, 35세, 재위 13년

금수저인 양반과 흙수저인 국민으로 나뉜 세상 ─ 160
1432년, 36세, 재위 14년

비로소 왕의 생각을 읽어가는 신하들 ─ 172
1433년, 37세, 재위 15년

국제정세의 변화 속에 탄생한 위대한 발명품 ─ 189
1434년, 38세, 재위 16년

혼란의 끝은 시스템이 작동하는 세상 ─ 206
1435년, 39세, 재위 17년

국가 비상사태에 이르게 한 최악의 가뭄 — 221
1436년, 40세, 재위 18년

국경의 평화를 위한 강경한 정책 — 238
1437년, 41세, 재위 19년

고맙고 또 고마운 신하들 — 250
1438, 42세, 재위 20년

절대적인 믿음이란 무엇인가? — 271
1439년, 43세, 재위 21년

익숙하고 편한 것을 따라 사는 사람들 — 284
1440년, 44세, 재위 22년

나라와 국민, 가족은 무엇인가? — 300
1441년, 45세, 재위 23년

새 시대로 들어서는 조선 — 312
1442년, 46세, 재위 24년

왕이 나서서 해야 하는 일 — 326
1443년, 47세, 재위 25년

이제 한 걸음 남은 마지막 고비 — 340
1444년, 48세, 재위 26년, 27년된 왕

왕으로서 마지막 할 일과 미안한 마음 — 358
1445년, 49세, 재위 27년

한(恨)을 정(情)으로 살려내는 목소리들 — 371
1446년, 50세, 재위 28년

이제는 나날이 힘에 부친다 — 384
1447년, 51세, 재위 29년

앞만 바라보며 살아온 내 인생 — 392
1448년, 52세, 재위 30년

마지막까지 아름답고 싶은 왕의 이별 준비 — 402
1449년, 53세, 재위 31년

소민(小)과 더불었던(與) 소여왕으로 남고 싶다 — 416
1450년, 54세, 재위 32년

이도의 대화법이 내 인생을 바꿔 놓았다

세종실록은 사실에 기반한 기록이지만, 장편소설을 읽는 느낌이 들 때가 있다. 현장에 있어야만 알 수 있는 대화를 곳곳에 흩뿌리듯 배치해서, 사람들마다 느낀 감정과 심리상태를 살려냈기 때문이다. 예컨대 태종이 아들 이도에게 왕권을 넘겨주고 나서, 아들의 장인 심온을 죽이는 몇 달의 기록이 그러하다. 신하 박은과 정초가 주요인물로 등장했다. 박은은 태종의 전략을 따라서 심온을 역적으로 몰아가는 악역을 자처했고, 정초는 22살 청년 이도에게 왕이 처신하는 방법을 조언하는 동시에 이도의 마음을 다독이는 모습을 보였다.

세종실록은 총 163권이다. 이도가 조선의 왕으로 살았던 33년(1418년~1450년) 동안의 정치, 경제, 사회, 문화, 기술, 기후 등을 망라하는 일들이 시간의 순서대로 쓰여 있다. 이 방대한 기록을 읽는 사람이 하나하나 찾아서 꿰어야 비로소 이해가 된다. 어떤 주제는 33년 전체를 관통해서 이어지기도 한다. 역사의 사실과 사람의 감정, 두 개를 연결하지 못하면 이해가 쉽지 않은 구조다. 그 기록들을 이도 한 사람의 감정선을 따라가며 33편의 글로 엮어냈다. 당시의 관직명을 현재의 적절한 명칭으로 바꾸고, 꼭 필요한 한자는 설명하듯 풀어 썼으며, 현대식 용어와 문체, 도량형을 도입했다. 세상에 내어놓기까지 11년이라는 시간이 걸린 이유다.

내가 만난 세종 이도는 '소민과 함께라면 두려울 것이 없는 휼恤의 정치'를 했다. 그렇지만 신하에게는 요구하는 것이 분명했고, 대를 이을 자식에게는 냉정했던 두 얼굴의 왕이었다. 들판에서 굶주린 채로 일하는 농부에게 따스운 밥을 지어 먹였고, 처지가 불쌍한 사람이 저지른 사건을 판결할 때면 형벌을 깎아주려고 고민을 거듭했다. 지방을 다스리는 수령에게는 가난하고 힘없는 소민을 아끼고 사랑하라고 부탁하고 또 당부했다.

이도가 소민을 사랑하는 왕으로 성장한 배경에는 아버지 태종이 일러준 것들이 큰 몫을 차지했다. 세종실록에는 태종이 세상을 떠나는 날까지의 과정과 그때의 감정이 쓰여 있다. 하루는 왕에서 물러난 아버지와 왕이 된 아들이 한강 강변에서 씨름을 구경했다. 그날 아버지는 해질녘의 붉게 물든 강물을 한참 동안 바라보다가 "나는 왕으로 사는 동안 유련流連*을 경계하며 살았다"라고 한 마디를 던졌다. 이 말은 아들 이도의 가슴에 유훈처럼 새겨졌을 것이다.

이도는 마음이 바른 사람을 중용했다. 신하가 다른 의견을 말하면, 자신이 다르게 여기는 이유를 꼭 말해주고 대화를 이어갔다. 반대 의견이 타당하면 자신의 생각을 바꿨다. 좋은 의견을 들으면 신하들이 있는 자리에서 칭찬을 아끼지 않았다. 사람 사이의 '다름'을

---

* 유련(流連): 잘못된 길에 빠져 중심을 잃고 사는 것으로 해석할 수 있다(50쪽에 태종의 설명이 있음).

차별하지 않는 말이 통하는 왕이었다. 그런 그도 화폐개혁을 추진할 때는 일방적으로 몰아붙였다. 결과는 참담했다. 성난 민심이 들불처럼 번졌고, 급기야 서울을 불태우는 대가를 치렀다. 이도는 1450년 2월 14일에 이르러 정신을 잃고 쓰러졌다. 그리고 3일 만에 우리 곁을 떠났다.

실록 속 이도의 대화법은 내 인생을 바꿔 놓았다. 사람들은 세종의 리더십에 집중하지만, 내가 만난 그는 '대화를 통해 문제를 해결한 리더'였다. 늘 가까이 불러서 대화했고, 대화 상대의 신분과 격을 문제삼지 않았으며, 사소한 문제에서 시작해서 큰 문제를 해결했고, 대화를 확장할 때는 선문답 같은 직관적인 대화를 했다. 또한 대안을 수립할 때는 근거를 제시하는 분석적인 대화를 했다. 이것은 디자이너의 창의적 사고법을 통칭해서 부르는 '디자인씽킹'의 원리와 다르지 않다. 디자이너인 내가 이도의 대화법에 착안하게 된 이유다.

사람들은 그를 세종이라 부른다. 세종은 사람을 사랑으로 다스렸던 왕에게 주는 선물 같은 이름이다. 오늘날에는 성군이라는 이름까지 더해져서 '성군 세종 대왕'이라 부른다. 그렇게 누구도 따라할 수도 넘을 수도 없는 한국사람이 됐고, 역사책이나 박물관에서 만나는 위인으로 남겨졌다. 과연 이도가 원한 것일까?

역사를 사용하는 방법은 '역사의 사실을 찾아내고 전하는 것'과 '역사의 사실 사이의 빈 곳을 상상하고 연결하는 것' 두 가지라고 배웠다. 나는 디자이너다. 전 직장인 삼성전자 수석디자이너 시절에, 공감한 것을 상품으로 바꾸는 일에 훈련된 사람이다. 세종실록을 처음

읽었던 날, 그 훈련된 역량으로 이도가 왕으로 살았던 삶 전체를 글로 쓰고 싶었다. 그래서 역사의 사실을 근거로 이도와 당시 사람들의 삶을 들여다보고, 이도와 같은 DNA를 가진 한국인이라면 누구나 따라할 수 있는 방향을 제시하고 싶었다. 이도의 인간적인 면을 들춰내고 그의 온전한 삶을 담아, 이도가 우리와 함께 살아가게 하고 싶었다. 나아가 독자가 "나는 어떤 사람인가?"를 생각해보게 하고 싶었다.

삼성을 창업한 이병철 회장은 인재제일경영을 강조할 때면 '일을 맡기면 의심하지 말고, 의심이 있으면 맡기지 말아야 한다'라는 세종실록 속 허조의 대화를 인용했다고 전한다. 이도 다이어리가 사랑하는 자식, 동료, 후배가 잘되기를 바라는 마음으로 기꺼이 권하는 책으로 남는다면 더없이 기쁘겠다. 더욱 이도의 한 마디가 독자의 가슴에 깊은 울림을 주기를 기대한다.

세종 이도를 알아올 수 있었던 바탕에는 〈세종사랑방〉, 〈세종대왕기념사업회〉, 〈세종국가경영연구원〉의 회장님, 원장님과 여러 선생님들의 도움이 매우 컸다. 많은 도움을 주신 윤정구 교수님, 안남섭 코치 님, 백일홍 님, 이준승 님, 윤동민 님, 김성곤 님, 이주영 님, 김재철 님, 박성진 님, "고맙습니다". 이외에도 일일이 이름을 부를 수 없을 정도로 많은 분들의 도움을 받았다. 그리고 어머니 임종순 여사님과 재현이와 희서에게 사랑을 전한다.

인문학공장 공장장 김경묵

일러두기

본문의 표기 방식은 젊은 세대의 이해를 돕기 위해 한자는 되도록 풀어서 썼고, 관직과 부처명, 호칭은 현재와 유사한 이름으로 바꾸었습니다.

날짜는 모두 음력(세종실록에 음력으로 표기됨)입니다.

세종은 총 33년 동안 왕위에 있었는데, 재위 32년으로 표기한 것은 즉위년은 따로 표기하기 때문입니다. 즉 1월 1일에 왕이 되지 않은 왕의 첫해를 '즉위년'이라 부르고, 다음 해를 원년 또는 재위 1년이라 부릅니다. 세종은 8월에 왕이 되었고, 그래서 첫 해를 즉위년이라 따로 표기하였습니다.

조선시대의 도량형 또한 지금 쓰이는 방식으로 환산하여 표기했습니다(이종봉, 『한국 도량형사』, 소명출판을 참고하였음).

- 1석은 약 60kg, 1백 석은 약 6톤임.
- 1홉은 작은 생수병(180mL)의 1/3 정도의 양임.
- 1말(두)은 약 18리터. 당시의 홉, 말(두)은 현재와 비교해서 약 3배 정도 적은 양임.
- 10리는 약 4km, 1관은 3.75kg, 1척(자)은 약 30cm임.
- 현재까지 사용 중이고, 환산 기준이 크게 차이가 없는 근(斤), 관(貫), 리(里), 척(尺 자) 등은 현재의 기준(네이버 단위변환)을 사용해서 환산함.

내가 조선의 왕이 되었다

1418년, 22세, 즉위년

청년 이도의 첫 말 "조선은 중국과 다르다"

8월 11일, 52살 아버지(태종)가 22살 아들(이도)에게 왕의 권력을 넘겼다. 그 아들이 나다. 이날은 이 땅에서 웃으며 왕권을 넘겨주고 넘겨받은 첫날로 역사에 기록될 것이다. 나는 지난 6월 5일, 왕의 대를 잇는(世) 아들(子)이라 불리는 세자 임명장을 받았다. 당시에 내가 세자가 될 것이라고 전혀 예상을 못한 것은 아니었지만, 막상 세자의 자리에 오른 뒤에는 어찌할 바를 몰랐다.

하루는 내가 세자로 발탁된 이유를 듣게 됐다. 아버지가 큰형(양녕대군)을 세자의 자리에서 내쫓을 때, 누구를 다음 세자로 삼을 것인지를 고위급 신하 모두에게 물었다고 한다. 후보는 큰형의 5살 된 큰아들(이개), 작은형(효령대군), 그리고 나까지 세 명이었다. 이개는 내 아들 향이와 동갑이다. 신하들은 한결같이 "어진 사람이 왕이 돼야 한다"라고 대답했다고 한다. "어진 사람은 어떤 사람인가?" 내가 책에서 본 어진 사람은 인자하고, 영리하고, 예의가 바르고, 공손하고, 선량하고, 너그럽고, 믿음이 가고, 충성스럽고, 효도하는 그런 사람이다. 신하들이 보기에 '내가 어진 사람이었구나!' 하는 생각이 들었다. 점을 쳐서 정해야 한다는 신하도 있었는데, 어머니는 세자를 바꾸는 것을 끝까지 반대했다고 한다. 그런 내가 세자가 된 지 두 달여밖에 안 된 오늘, 왕이 됐다는 사실을 국민과 조상에게 알리는 즉위식을 거행한 것이다. 믿겨지지 않지만 거부할 수 없는 현실이다.

즉위식이 어떻게 지나갔는지 모를 정도로 정신없는 하루였다. 이처럼 내가 왕이 된 과정은 "자고 일어나보니 왕이 돼 있었다"는 말이 어울릴 정도다. 왕이 어떤 일을 하는 사람인지는 당연히 알고 있었지만, 그 일을 어떻게 하는 것인지에 대해서는 배우지 못했다. 그렇기에 지금의 나는 왕으로서 할 줄 아는 것이 없다. 아버지의 말씀을 따르는 것과 내 마음속에 담아온 것들을 하나하나 꺼내는 방법밖에 없다. 오늘 이 순간부터 나는 나를 온전히 믿어야 한다.

나에게 어짊은 "사람을 사랑하는 것이다." 그 출발점은 "조선은 중국(명나라)과 다르다"는 평소의 내 믿음이다. 오늘 취임사에 "시인발정(施仁發政)" 네 글자를 도드라지게 말했던 이유다. 시(施)는 사람이 사람을 존중하는 방식이고, 인(仁)은 사람을 사랑하는 왕의 마음가짐이다. 그래서 시인은 "왕이 사람을 사랑하는 방식"이고, 발정은 단어 그대로 "제도를 만드는 것"을 뜻한다. "사람을 사랑하는 나만의 방식으로 제도를 만들고 정치를 하겠다"라고, 내 의지를 세상사람들에게 알린 것이다. "어짊을 베푸는 방식으로 정치를 하겠다"라는 선언이다. 이 말은 본래 중국의 성인 맹자가 말했던 발정시인의 순서를 비튼 것이다. 조선의 현실에 맞게 바꾸고 싶었다. 지금까지 책

에서 읽고 경험한 조선의 상황이 중국과 달랐기 때문이다.[*]

조선은 말을 타고 달리면 전국에서 일어난 일을 왕이 하루 만에 보고받고 대응할 수 있고, 서로 같은 말을 하는 사람들이 옹기종기 모여 사는 작은 나라다. 그러나 중국은 땅이 광활하고 많은 민족이 뒤섞여 사는 나라다. 중국은 모두를 만족시키는 제도를 만드는 것이 처음부터 불가능했을 것이고, 아무리 좋은 제도를 만들어도 민족마다 풍속이 제각각이어서 불만이 컸을 것이다. 그래서 맹자는 제도를 만들고 나서 사람들에게 따르라고 명령하는, 발정시인 방식의 정치를 선택할 수밖에 없었을 것이다. 현실정치에 탁월했던 맹자가 조선의 정치인이었다면, 맹자도 나처럼 시인발정이라 순서를 바꿔서 적용했을 것이라 확신한다. 분명 조선은 중국과 다르다. 그래서 조선은 중국과 다른 선택을 해야 한다고 믿어왔던 것이다. 앞으로 나는 ①국민에게 먼저 묻고 ②그 대답을 제도로 바꾸는, 조선만의 시인발정 정치를 정착시킬 것이다. 반드시 그렇게 할 것이다. 이 방식의 정치를 신하가 이해하고 공감하기를 희망한다.

▬▬▬▬▬ 아버지의 가르침 "나라는 왕(王)보다 먼저다"

12월 25일, 장인(심온)이 스스로 죽음을 선택했다. 아내의 눈에서 눈물이 마르지 않고, 나는 어찌할 바를 모르겠다. 하루는

[*] 박현모, 『세종처럼』, 미다스북스, pp. 103~104.

내가 조선의 왕이 되었다

장인이 나에게 남의 허물을 말했는데, 그 말을 아버지(태종)에게 그대로 전한 적이 있다. 아버지는 "왕의 장인은 정치적 영향력이 큰 사람이다. 그래서 정치적으로 의심을 초래하는 행동을 해서는 안 된다"라고 지적했다. 그리고 나서 장인에게 "배운 것은 있지만 벼슬이 없는 선비와의 교류를 삼가고, 말을 조심하라"고 경고하고, 나에게는 이와 반대로 "장인이 출장에서 돌아오면, 처가에서 잔치를 열어서 환영할 것이다"라고 말했었다. 그랬기에 나는 이런 사태를 예상하지 못했다. 오늘에서야 아버지의 말과 행동이 하나하나 되새겨진다.

아버지는 부모자식 사이에, 형제 사이에, 친인척 사이에 죽고 죽이는 싸움을 거치고 왕의 자리에 올랐다. 이런 광풍의 시간을 아버지와 함께 겪어냈던 어머니(원경왕후)는 나와 두 형들 사이에 죽고 죽이는 싸움이 다시 반복되는 것을 우려했다. 그래서 큰형이 왕이 돼야 한다고 했었다. 이처럼 아버지가 왕이 된 과정은 나와 차원이 다르다. 그래서 아버지는 왕과 가까운 친인척의 정치적 영향력이 커지는 것을 지적하고 경고했던 것이다. 지금 친인척 중에 가장 위상이 높은 사람이 장인이 아닌가. 그날 이후에도 장인은 말과 행동을 고치지 않은 것으로 보인다. 아버지는 그런 장인을 죽임으로써, 자식인 나에게 같은 일이 되풀이되는 불행을 막으려 했던 것으로 보인다.

9월 3일, 아버지는 44살에 불과한 장인을 영의정에 임명했다. 그리고 중국 사신이 조선에 다녀가면 조선도 중국에 사신(사은사)을 보내는데, 그 임무까지 장인에게 맡겼다. 파격적인 승진과 중요한 역할을 한꺼번에 맡긴 것이다. 장인이 중국으로 떠나던 날에는 왕이 타는 말을 선물했고, 서울을 출발하던 날에는 수많은 사람이 몰려들어서 장인의 권력을 눈으로 확인할 수 있게끔 장안이 떠들썩하게 송별했다. 장인이 마음만 먹으면 왕에 버금가는 정치세력을 모을 수 있다고 국민들이 믿게끔 몰아갔다. 이 모든 것은 아버지의 전략이었다.

장인이 중국으로 떠나자마자 아버지는 기다렸다는 듯 장인 주변 사람들의 관직을 회수하고, 모질게 고문하고 죄를 추궁하기 시작했다. 하나 둘 고문을 못 이기고 "심온이 군사를 일으켜 반란을 꾀하는 역모의 주범이다"라고 거짓 자백을 토해냈다. 가장 모진 고문을 받은 강상인은 울부짖으며, "나는 죄가 없는데 매질을 견디지 못해서 죽는다"라고 절규하고 죽었다. 결국 장인은 중국에서 돌아오는 길에 붙잡혀 죄를 추궁당하고, 며칠 만에 스스로 목숨을 끊었다. 이 모든 사실을 알고도 장인은 조용히 세상을 떠나는 선택을 한 것이다. 아내와 가족을 살리기 위한 가장으로의 선택이었을 것이다. 나는 장인이 사람을 인자하게 대하고 정직한 사람이었다는 사실을 잘 알고 있다. 그렇지만 내가 할 수 있는 일은 아무것도 없었다.

아버지는 큰 것을 얻기 위해 작은 것을 희생했다. 큰 것은 조선이고, 작은 것은 장인이다. 이 사건 이후에 아버지의 의도대로 왕으로서 내 입지가 단단해졌다. 어느 누구라도 왕의 권력 앞에서 불순한 행동을 하면 장인과 같은 처지로 몰락할 수 있다는 두려움을 느꼈을 것이다. 이런 사태를 처음 겪은 나는 왕이 된 것이 서글프고 답답하기만 했다. 나는 지금까지 책 읽기를 좋아하는 선비와 같이 살아오지 않았는가. 그렇지만 지금 아버지가 나보다 더 괴로워하고 있을 수도 있다는 생각을 하니 슬퍼하고 있을 수만은 없다. "왕이란 개인적인 감정보다 공적인 일을 먼저 하고, 일을 할 때는 어떠한 사사로운 인정조차 남겨서는 안 되는 사람이다"라는 아버지의 가르침을 뒤늦게 깨달았다. 오늘은 머리에 쌓여 있던 지식이 가슴까지 내려온 첫 경험을 한 날이다. 이후로 아버지의 가르침을 가슴에 새기고 의연하게 처신할 수 있게 됐다. 아버지는 이런 나의 태도를 보고 "네가 비로소 왕이 됐다"라고 평했다.

이 사태가 긴박하게 전개될 때 박은과 정초 두 신하의 대비되는 행동을 보며, 나라에는 다양한 인재가 필요하다는 것을 깨달았다. 박은은 나와 악연이 될 수 있는데도 아버지를 도와서 심온을 죽이는 전략을 짜고 실행하는 악역을 마다하지 않았고, 정초는 초조해하는 나에게 만날 기회가 있을 때마다 "지금은 보고도 못 본 듯이 행동하고 공적인 일에 집중해야 한다"라고 조언했다. 지금 정초를 만난 것은 행운이다.

이렇게 단호한 아버지도, 아픔을 지닌 채로 살아갈 며느리에게만큼은 정을 숨기지 않았다. 내가 아내의 공식 이름을 검비라고 정하려 했더니, 아버지는 왕비의 격에 맞지 않는다고 했다. 그리고 세심하게 살핀 후에 공비로 고쳐줬고, 아내가 기력을 잃지 않게 밥을 직접 챙기기도 했다. 또한 친정집 재산을 그대로 두게 지시하는 것도 잊지 않았다. 처가 집안이 역적의 집안이 되는 것은 피할 수 없었지만, 남은 가족이 궁핍하게 사는 것은 막은 것이다. 나는 오늘도

1418년, 22세, 즉위년

아버지의 가르침을 따르며 왕이 처신하는 방법을 배우고 있다.

처음 본 아버지의 뒷모습

　　왕이 되고 한 달 뒤에 창덕궁으로 이사했다. 경복궁은 넓고 황량하지만, 창덕궁은 숲이 있어서 때로 노닐며 쉴 수 있는 아름다운 궁궐이다. 머리가 복잡할 때면 후원의 연못에서 물고기가 노는 것을 구경할 수도 있다. 그렇지만 나는 닫힌 방 안에서 하루 종일 일하느라 계절이 지나는 것도 잊었다. 내가 아는 것은 책에서 익힌 지식이 전부이기에, 풍부한 경험에서 우러나오는 아버지의 말과 행동을 하나라도 놓치지 않으려 집중해서 배우고 또 익히고 있다.

　　하루는 경연에서 신하가 "임금은 마음이 바른 사람이어야 한다. 그러면 모든 신하가 바르게 되고, 그 뒤를 이어서 국민 전체가 바르게 된다. 마음을 바르게 하는 방법이 이 『대학연의』 책 안에 있다"라고 말했다. 맞는 말이다. 그렇지만 책을 읽을 때 적혀 있는 글자 그대로만 풀이하는 것은 공부에 도움이 안 된다. "반드시 바른 마음을 쌓은 위에 책을 읽으며 공부한 사람이 바른 사람이 된다. 그 사람이 조선의 인재다"라고 답해줬다. 이 말을 듣고 새 왕이 찾는 인재의 기준을 어렵지 않게 알아차렸을 것이다. 그 자리에 아버지는 없었다. 그렇게 시간이 또 지나고, 창덕궁을 붉게 물들였던 단풍잎이 떨어지며 찬바람이 부는 계절로 바뀌고 있다.

　　10월 27일, 여느 해보다 조금 일찍 첫눈이 내렸다. 아버지(태종)는 큰아버지(정종)와 눈을 가지고 술값내기 놀이를 하며 즐거워한다. 두 왕이 환하게 웃으며 함께 있는 모습을 처음 봤다. 이 내기는 ①눈이 내리는 날에 ②눈을 안 보이게 포장해서 전달하고 ③상대가 의심 없이 받으면, 받은 상대가 술값을 낸다. 그런데 포장 안에 눈이 들어 있다는 것을 알아채고 ④심부름 온 사람을 붙잡으면 ⑤오히려 눈을 보낸 사람이 술을 사는 전통놀이다. 이번에는 아버지가 눈을 보내고 이긴 것 같다. 연회를 할 때 아버지는 신하들과 어울려 춤을 추곤 한다. 그럴 때면 신하가 아버지의 허리를 감싸 안으며 왕을 존경하는 표현을 하기도 하고, 아버지는 신하에게 선물을 주기도 한다. 그런데 요즈음 아버지는 회한과 넋두리를 하며 눈물을 흘리는 날도 있다. 바깥나들이 때는 내가 보낸 술상을 보고도 눈물을 흘린다. 처음 보는 아버지의 뒷모습이다. 이 모습을 바라보는 내 눈에는 어깨가 축 처진 노인의 뒷모습이 겹쳐 보인다. 가족에게, 신하에게, 항상 앞모습만 보이며 세상을 호령하던 아버지. 호탕하게 말머리를 몰아가던 왕은 어딘가로 떠났다.

　　　다사다난했던 올해 마지막 날, 하루 일을 마친 궁궐 사람들은 지금쯤 여기저기 삼삼오오 모여서 옛날부터 전해오는 풍속 놀이를 즐기고 있을 것이다. 미리 활과 화살을 넉넉하게 선물하여 내기 밑천을 두둑하게 해줬다. 올해는 정말 길었다. 나도 아버지처럼 한숨이 저절로 나온다. 아버지가 나라를 다스렸던 창덕궁 인정전 왕의 자리에 앉아 있자니, 아버지의 사랑이 그대로 전해진다. 아버지에 대한 연민과 애잔함이 동시에 밀려온다.

새로운 시대를
열어가겠다

1419년, 23세, 재위 1년

아버지의 놀이터, 낙천정

      1월 1일 새해 첫날, 새 왕에게 인사를 하러 온 사람들로 창덕궁 인정전이 북적북적하다. 중도 보이고, 머리에 천을 칭칭 감아 두른 아랍인(회회)도 보이고, 중국에서 온 사신도 보인다. 황제(영락)가 보낸 사신은 내 임명장을 가지고 왔다. 전국의 수령들은 며칠 뒤에 있을 임명장을 전달받는 행사에 참석하겠다고 난리다. 민생을 책임지는 수령이 왕에게 얼굴을 보이고 점수를 따려고 자리를 비우는 것은 옳지 않다. 그래서 나는 제대로 듣지도 않고 무시해버렸다. 매해 1월 7일에 왕이 주관하는 사람의 날(人日) 행사도 취소시켰다. 이만하면 새 왕에게 잘 보이려고 노력하지 말고, 자기 자리에서 맡은 일에 매진하라는 내 뜻을 알아 차렸을 것이라 생각한다. 요즘 나는 아침에 할 일을 마치면 창덕궁 바로 옆에 있는 수강궁으로 가서 아버지에게 인사를 하는 것으로 하루를 시작한다. 내가 찾아갈 때마다 아버지는 나에게, 자주 찾아오지 말고 왕의 일에 전념하라고 말한다. 아버지 또한, 내가 신하를 대하는 것처럼 나를 대한다.

그러던 아버지가 2월에 한강과 들판이 훤히 내려다보이는 광진구 대산 정상에 정자를 짓고, 아예 궁궐을 나갔다. 그리고 가끔씩 나와 신하에게 술 한 잔 마시러 오라고 부른다. 술상을 앞에 두고 일상의 이야기로 시작하지만, 아버지의 성격상 언제나 일 이야기로 귀결된다. 내게 하나라도 더 알려주고 싶은 것이다. 그럴 때마다 신하는 아버지의 말에 "예"라고 대답할 뿐, 다른 말을 하지 않았다. 그래서 바로 일로 이어지지 않게 한다. 역시 아버지와 함께해온 시간이 많은 노련한 신하들이다. 그래도 가끔씩 아버지와 단둘이 정자에 서서 들판에서 농사짓는 농민을 바라보다가, 아버지가 툭 던지는 무용담을 듣는 것은 내게 큰 즐거움이다. 지난 이야기를 쉬지 않고 쏟아내는 아버지의 얼굴에서도 즐거움이 느껴진다.

나중에 박은이 정자의 이름을 '하늘을 즐기고 명을 알면 근심이 없다'는 주역의 '낙천지명고불우'의 앞 두 글자를 따와서, '낙천정'이라 지었다. 아버지를 가까이에서 보필했던 박은이 아버지의 일 중독 정도를 알기에, 이제부터는 평안히 즐기기만 하라는 당부를 담은 이름을 지은 것이다. 하루는 아버지 혼자 낙천정에 다녀와서 "벼농사가 잘되고 있으니 근심하지 말라"고 했다. 전날에 낙천정에서 함께 본 것인데도 아버지는 내 근심을 하나라도 덜어주고 싶은 것이다. 흐뭇한 미소를 지어 보였더니 그제서야 안심하는 눈치다. 이처럼 내가 아는 아버지는 자나깨나 나라의 앞날을 걱정하는 사람이다.

혼자서도 어디든 잘 다니던 아버지였는데, 최근에는 나 없이는 낙천정이든 어디든 가지 않으려 한다. 그래서 볕이 좋은 날이면 아버지와 동대문 밖으로 나가서 매사냥도 하고, 강에서 물고기 구경도 한다. 가끔은 한강에 배를 띄우고 술자리를 갖기도 하는데, 해가 질 무렵에는 낙천정에서 가까운 저자도 강변의 모래사장에서 씨름하는 모습을 구경하기도 한다. 아주 가끔이지만 씨름을 하다가 상대를 죽게 하는 경우도 있다고 한다. 아버지가 이런 씨름을 응원할 때 보면 승부욕이 넘친다. 이런 아버지의 모습을 지켜보면서, 왕의 절대권력과 한 사람의 인생이 무상해지는 것이 다르지 않음을 새기게 된다.

▬▬▬▬ 아버지의 마지막 전쟁, 대마도 정벌

　　1월 들어서 밝은 대낮에 샛별(금성)이 자주 보였다. 불길한 징조다. 2월에는 햇무리가 자주 보였다. 하늘의 해가 왕을 상징한다면 샛별은 신하를 상징하는 별이다. 한낮에도 신하 별이 도드라지게 보이니, 신하가 왕을 몰아내는 불길한 징조로 해석할 수도 있다.[*] 다행히 아무 일도 일어나지 않았다. 그런데 5월 5일, 대마도에 거류하는 왜적이 50여 척의 배를 타고 조선 땅에 들어와서 군함을 불지르고, 곡식을 약탈하고, 사람을 죽이고 달아나는 사태가 벌어졌다. 경상도에 속한 대마도는 농사짓기에 적합하지 않고, 본토에서 먼 섬이다. 그래서 비워두었더니 언젠가부터 왜인들이 모여들었다. 이들을 불쌍히 여겨서 거류하게 두었는데, 그 무리가 커져서 도적질을 하

[*] 장정해, 「한중 역사에 나타난 태백성 출현의 의미」, 중국문화연구, 2006

는 것이다.

신하는 이번 기회에 대마도의 왜적을 섬멸해야 한다고 주장한다. 그렇지만 나는 이번 기회에 조선의 군함을 없애고, 육지를 방어하는 체제로 전환하는 것을 논의하자고 했다. 육지에서 싸우면 지형에 익숙한 우리가 유리하기 때문에 죽는 병사가 줄어들 것이라 판단하고 한 말이다. 이 말을 들은 신하들은 일제히 우리가 군함을 갖춰야 하는 이유와 대마도 정벌의 필요성을 토로하기 시작했다. 이 논의를 조용히 듣기만 하던 아버지가 "대마도를 정벌할 계획을 수립하라"고 단호하게 명령했다. 아버지의 표정을 살펴보니, 전쟁 경험이 풍부한 장수들이 있는 지금이 대마도의 왜적 문제를 해결할 적기라고 판단한 듯했다.

그동안 나에게 "다른 국정은 다 맡길 수 있다. 그러나 국방을 맡기기에는 아직은 불안하다"라고 말했던 이유와, 어제 한강 상류에 배를 띄우고 화포를 시험한 이유가 한순간에 이해되었다. 경험이 많은 아버지의 행동을 배워야 하는 이유가 하나 더 생긴 날이다. 군대가 대마도로 출정하고 단 며칠 만에 대마도의 집 1,939채를 불태우고, 114명을 죽이고, 21명을 포로로 잡고, 중국인 포로 131명을 구출했다는 보고를 받았다. 아직 중국에 노략질하러 간 잔당이 남아 있다. 박은이 나서서 잔당까지 물리쳐서 근심의 뿌리를 확실히 뽑아야 한다고 주장했지만, 아버지는 이것으로 충분하다고 마무리 지었다. 끝장을 보는 것도 중요하지만, 피로가 쌓인 군인과 먹을 것이 부족한 조선의 상황을 고려한 결정이었다. 신기하게도 대마도 왜적이 조선을 노략질하던 날에 샛별이 다시 나타났다가, 대마도를 소탕하고 난 얼마 뒤부터 사라졌다. 얼마 뒤에 잔당 무리는 중국 해군과의 해상전투에서 패하고 몰살됐다고, 중국에 보낸 신하 김청이 보고했다. 대마도는 이제 당분간은 노략질할 젊은 사람이 부족할 것이다. 10월 3일, 대마도에서 마음을 다 바쳐서 복종하겠다는 항복의 뜻을 전해왔다. 이렇게 대마도 정벌은 끝이 났고, 바다에서의 근심도 사라졌다. 만약 아버지가 없을 때 이런 상황이 벌어지고, 빠르게 대처하지 못하는 내 모습을 떠올리니 정신이 아찔해진다. 아버지를 평안히 쉬게 하지 못하는 미안함과 고마운 마음이 교차한다.

9월 26일, 큰아버지(정종)가 하늘로 돌아갔다. 지금 아버지는 눈을 감고 생각에 잠겨 있다. 나는 아버지의 옆에 있다. 지난 1월 초에 아버지와 내가 큰아버지에게 찾아가서 술을 대접했었다. 그날 밤 아버지와 내가 큰아버지를 양 옆에서 부축하고 궁궐을 걸었는데, 큰아버지가 걷다가 멈춰서 "젊은 두 왕이 뒷방에서 죽을 날만 기다리는 허울뿐인 늙은 왕을 따뜻하게 보살피는 이런 일은 한 번도 들어본 적이 없다"라며 춤을 추기도 했었다. 5월 16일, 큰아버지는 아버지의 생일날에도 잔치 분위기가 무르익을 무렵에, "아주 옛날에도 이런 일은 없었다"라며 술잔을 들고 일어나 춤을 췄다. 그날 밤에도 아버지와 나는 큰아버지를 양 옆에서 부축하고 궁궐 대문까지 걸어서 배웅했다.

그날 큰아버지와 아버지는 궁궐(수강궁) 대문을 나가더니 서로 마주 보고 덩실덩실 춤을 췄다. 두 왕의 춤이 내 눈에는 형제 사이에 서로를 죽여야 자신이 살아남을 수 있었던, 냉정한 정치 세상을 버텨온 회한이 담긴 행동으로 보였다. 형과 아우가 지금까지 쌓아둔 수많은 앙금을 지금이라도 털어버리고 싶은 절실한 몸짓으로 보였다. 두 왕이 비로소 암묵적 화해를 한 것은 아닌가 하는 생각이 들었다. 아버지는 지금 눈을 감고 그날을 추억하고 있나보다. 왕자로서 왕으로서 살아온 동안의 여러 감정이 물밀 듯 몰려오는가보다.

그리고 얼마 뒤에 아버지는 지난봄에 흉년을 이유로 취소했던 군사훈련을 재개하라고 명령했다. 11월 3일부터 13일까지 10일 동안, 아버지는 나와 두 형(양녕대군, 효령대군)을 데리고 경기도 양주를 거쳐 강원도 일대에서 대규모 군사훈련을 지휘했다. 나에게는 먼 곳에 사는 국민의 살림살이를 직접 보고 들을 수 있는 기회가 됐다.

부모의 아픈 손가락 큰형(양녕대군)

부모의 마지막 남은 근심은 바람 잘 날 없는 큰형이다. 작년 6월에 아버지는 큰형을 세자의 자리에서 쫓아내어 경기도 광주에 살게 하고, 집 밖으로 나오지 못하게 했다. 그런데 또 담을 넘어 도망치는 소동을 일으켰다. 이 사건을 조사하던 담당관리는 모든 원인이 형의 첩인 어리의 잘못 때문이라고 몰아갔다. 억울함을 견디지 못한 어리는 목을 매어 자살하는 극단적인 선택을 했다. 어리는 본래 고위관리의 첩이었는데, 형이 불량배를 데리고 가서 강제로 빼앗아 온 여인이다. 사람들이 말하기를 그녀는 머리에 녹두 분가루가 묻어도, 세수를 하지 않아도, 한눈에 미인임을 알 수 있을 정도로 아름다웠다고 한다. 이 사실을 알게 된 부모의 걱정이 끊이지 않았다. 이런 일이 생길 때마다 아버지는 형을 모질게 대하지 말아달라고, 나에게 당부하는 것을 잊지 않는다. 자신이 죽은 후에 정치적 이유로 내가 형을 죽일 수도 있음을 알기에 신신당부하는 것이다.

올해 들어 아버지의 몸이 하루가 다르게 노쇠해지고 있다. 특히 어깨 통증이 있고, 오른팔이 시리고, 손가락 마디가 불편하다고 한다. 매일같이 치료하고 있지만 차도가 없다. 얼마 뒤 아버지와 함께 황해도 평산의 온천에 다녀왔다. 아버지는 온천에 다녀와서도 몸이 낫지 않아서 제사에 참석하지도 못한다. 4월 말에 출발해서 보름 만에 돌아왔는데, 오고 가는 날을 빼고 실제로 온천물에 몸을 담그고 치료한 날은 며칠 되지 않아서인 것 같다. 오히려 먼 길을 오가느라 피곤만 쌓인 것 같다. 나와 신하는 온천에 오래 머물자고 했지만, "먼 곳에 사는 왕이 찾아와서 주민에게 민폐를 끼치는 것은 왕의 도리가 아니다"라는 아버지의 고집을 누구도 꺾을 수 없었다.

지난 2월에는 아버지가 큰형을 따로 불러서 사냥을 함께하자고 했었다. 큰형은 그 말을 듣자마자 "아버지가 나를 이렇게만 대해주면 나는 도망치지 않는다"라고 말하며 기뻐했다고 한다. 늙고 병든 아버지는 매일같이 자식 걱정인데, 자식은 한 마디도 반성하지 않는다. 5월 16일, 아버지의 생일연회에서 작은형과 내가 아버지를 부축해서, 신하들과 어울려 밤이 늦도록 춤을 추며 즐겼다. 신하의 반대로 큰형을 초대할 수 없어서 아버지의 아쉬움이 컸던 반쪽짜리 생일잔치였다. 얼마 뒤에 아버지는 나와 두 형, 그리고 몇몇 신하를 낙천정으로 불러서 잔치를 열고 또 당부했다. 그럼에도 신하는 큰형에 대한 냉랭함을 감추지 않았다. 7월 11일은 어머니의 생신날이다. 어머니의 생신잔치는 정치와 거리를 둘 수 있는 가족행사이기에, 큰형까지 초대해서 가족 모두가 춤추며 행복한 시간을 보냈다. 모처럼 궁궐에서 큰아들을 본 부모님은 정말 많이 행복해했다.

인재를 환대하는 방법

신하의 장단점을 알아야 적합한 자리에 임명할 수 있다. 그래서 요즘 신하의 말과 행동을 다이어리에 몰래 메모하고 있다. 조직개편을 염두에 둔 준비과정이다. 대부분의 신하가 개국공신이면서 나보다 나이가 많기에, 자칫 발생할 수 있는 오해를 피하기 위해서 몰래 기록하는 것이기도 하다. 하루는 경복궁 근정전에서 아침 회의를 마치고 술상을 차렸다. 여섯 잔 정도 돌아가며 마시고 술자리를 끝내려는데, 외교문화부장관(예조판서) 허조와 국무총리실의 장관급 고위관리(의정부 참찬, 정2품) 김점의 말다툼이 벌어졌다. 그리고는 나에게 시시비비를 가려달라는 말투로 질문을 했다.

가만히 들어보니 김점은 말이 길고 두서가 없으며 얼굴에 화가 가득하다. 이에 반해 허조는 조목조목 간략하게 반박하고 얼굴빛이 평온하다. 주변이 어수선해서 자세히 듣지는 못했지만, 내 생각에 허조가 옳고 김점이 그른 것으로 보였다. 대화 중에 허조가 나를 빤히 바라보며 "경영자는 ①인재를 얻기 위해 노력하고 ②인재를 얻었으면 편안해야 하고 ③인재에게 일을 맡기면 의심하지 말고 ④의심이 있으면 맡기지 말아야 한다. 그리고 마지막으로 ⑤그 인재가 해야 하는 일을 왕이 하려 해서는 안 된다"라고, 왕이 인재를 환대하는 방법을 자분자분한 목소리로 들려줬다. 그 말만큼은 유난히 크고 또박또박 들렸다. 김점은 그날 이후에도 감정이 격해지면 화를 참지 못하고 상대에게 "수레에 찢겨 죽고, 멸족의 환을 당할 것"이라는 악담까지도 서슴없이 내뱉었다. 내가 이미 허조의 능력을 알고 있었기에 그를 인사행정 총책임자(이조판서)로 점찍어 두었지만, 직선적인 성격의 김점에게는 무슨 일을 맡겨야 할지 고민이다. 김점은 아버지의 장인 중에 한 명이다.

　　　　　매일 아침 조회를 마치고 나서 특별한 일이 없는 날에는 어김없이 경연을 연다. 신하들과 함께 책을 읽으며 공부하고, 나라 안팎에서 일어난 현안 이슈를 토의한다. 경연을 왕이 나라를 다스리는(經 경), 장소(筵 연)라고 부르는 이유다. 그동안 경연에서 왕의 리더십을 다룬 대학연의 책을 벌써 두 번이나 읽었다. 하루는 정초가 경연에서, 지방을 맡아 다스리는 관리(수령)를 새로 임명할 때 궁궐로 불러서 "지배당하는 소민을 사랑하라"고 당부의 말을 전한 다음에 부임지로 떠나보낸다면, 수령이 지역의 주민(부민)을 사랑하는 마음이 더욱 커질 것이라고 조언했다. 역시 사람을 귀하게 여기는 정초다운 생각이다. "꼭 그렇게 하겠다"라고 대답했다. 경연이 국정을 논의하는 일과 더불어 신하의 전문성을 파악하는 장이 되고 있다.

먼저 사람에게 묻고 제도를 갖추겠다

1420년, 24세, 재위 2년

━━━━━ ## 어머니 곁을 지킨 꿈 같았던 두 달

　　7월 10일, 한낮의 땡볕이 살을 파고드는 한여름에 어머니(원경왕후)는 말라리아(학질) 병을 앓다가 하늘로 돌아갔다. 어머니를 치료하기 위해 온갖 약을 처방하고 수단과 방법을 다해도 차도가 없었다. 그런데 어머니의 병은 귀신이 옮긴 것이기에, 귀신을 피해서 몰래 숨어 다니는 술사둔갑법을 이용하면 나을 수도 있다는 말을 들었다. 지푸라기라도 잡고 싶은 심정이었던 나는 아무에게도 알리지 않고, 매일 밤 12시를 알리는 북이 울리면 큰형, 작은형과 함께 신하 집과 친척 집으로 어머니의 거처를 옮겨 다녔다. 종일토록 방문을 걸어 잠그고 혼자서 간병했지만 차도가 없었다. 절에 가서 불공도 하고, 귀신을 쫓아낸다는 복숭아 가지를 잡고 기도를 하고, 무당에게 의지해 굿을 해도 차도가 없었다. 어머니와 이별하기에는 너무나도 짧은, 두 달이 채 안 되는 시간이 그렇게 지나갔다. 어머니는 그렇게 셋째 아들과 마지막 시간을 보내고 하늘로 돌아갔다.

　　돌이켜보면 어머니가 병을 앓게 된 것은 나 때문인 것만 같다. 아버지보다 두 살 위인 어머니는 아버지와 정치적 동반자로 살아왔다. 그러나 아버지는 왕의 자리에 오른 뒤에 외가의 정치적 영향력을 단절하고자 외삼촌들을 죽였고, 그때부터 부부싸움을 자주 했다. 그리고 어머니의 뜻과 다르게 아버지가 나를 후계자로 삼은 날부터 부부 사이가 회복할 수 없을 지경으로 악화됐다. 생일연회에서 아버지는, "어머니의 말을 듣고 큰형에게 왕위를 물려줬다면 큰일을 그르칠 뻔했다"라고까지 말했다. 이 말은 어머니의 귀에도 들어갔다. 아버지는 수강궁(창덕궁 옆), 남양주(풍양), 안산(무악산), 낙천정(광진구) 네 곳 중 한 곳에 머물다가, 어머니가 온다는 소식이 들리면 다른 궁으로 가며 어머니를 피해 다녔다. 어머니가 찾아오기 쉬운 창덕궁 옆의 수강궁은 오래 비워둬서 곳간에 도둑이 들었을 정도였다. 내가 어머니의 아픈 모습을 처음 보았던 날도 지난 5월, 남양주의 이궁에 머물던 아버지를 만나고 오는 길에 어머니가 있는 낙천정에 들렀던 날이었다. 내가 왕이 되지 않았다면 밖으로 돌아다니지도, 병이 들지도 않았을 어머니를 생각하니 가슴이 찢어질 듯 아프다. 몸은 집무실(편전)에 있지만 마음은 온통 어머니 생각뿐이다. 신하의 말이 귀에 들어오지 않는다.

아버지와 한 달 동안의 동행

　　2월에 아버지는 군사훈련을 이유로, 나를 데리고 22일 동안이나 사냥 여행을 다녀왔다. 그런데 2월 마지막 날에 또 사냥을 가자고 한다. 아버지와 함께 또 8일 간의 여행을 다녀왔다. 동행하는 동안 아버지는 말 위에서 매를 날리다가 떨어져서 부상을 당하기도 했다. 몸이 예전과 달랐다. 자연스럽게, 사냥하는 날은 줄고 여흥을 즐기는 날이 늘게 됐다. 아버지 곁에 앉아서 술잔을 채우는 시간도 늘었다. 아버지와 공연을 보다가 눈을 맞추고는 그냥 웃기도 하고, 사람 사는 소소한 이야기도 나누었다. 아버지와 이런 대화를 나눈 적이 있었던가. 공연을 뚫어져라 즐기고 있는 아버지의 모습이 조금 낯설지만 흐뭇하다. 공연을 구경하러 온 마을사람들에게도 술과 음식을 나눠주었다. 아버지의 얼굴에 넉넉한 웃음이 번진다.

사냥을 겸한 군사훈련은 먼저 군사들이 대열을 갖추고 숲속을 소란스럽게 이동하면서 짐승을 한쪽으로 몰아오면, 장수가 말을 달리며 활을 쏘거나, 기다리고 있던 사람이 활을 쏘아 잡는 방식이다. 여행 중에 아버지는 아끼던 사냥터 한 곳의 나무를 모두 베고 농지로 바꿔 주민들에게 돌려주라고 했다. 아버지에게 사냥은 단순한 놀이나 훈련 이상으로 평생의 즐거움인데, 그런 놀이터를 스스로 없앤 것이다. 아버지의 국가경영철학이 나에게 그대로 전해졌다. 그날 이후 아버지는 갈 곳을 잃은 사람처럼 보였다. 어쩌면 이번이 아버지와 함께하는 마지막 여행일 것만 같다. 돌아오는 길에 아버지는 큰형 이야기를 꺼냈다. 사실 이번 여행에 큰형도 함께 오려고 했지만, 큰형이 아버지에게 병든 매를 보내서 화나게 한 일이 있었다. 그런 버릇을 고쳐보려고 이번 사냥에 데려오지 않은 것이다. 그렇지만 "곁에 없으니 허전하다"라고 말한다. 그리고 내 얼굴을 바라보며 "앞으로 신하가 어떤 말을 하더라도 형들과 우애 좋게 지내라"는 부탁을 하고 또 한다. 콧등이 시큰해진다. 꼭 그리하겠다고 대답했다. 아버지는 서울에서 멀지 않은 이천에 큰형이 살 새집을 마련해줬다.

나는 창덕궁으로 돌아왔고 아버지는 낙천정으로 갔다. 며칠 동안 밀린 일들을 집중해서 처리하고, 아버지가 있는 낙천정으로 가서 며칠 머물렀다. 그리고 매사냥도 함께하며 아버지의 건강을 살폈다. 여행하는 동안에 아버지는 더 이상 자신의 강인함으로 늙어가는 모습을 감추지 못했는데, 그 모습이 내 눈에는 쓸쓸하고 안쓰러워 보였다. 나에게 의지하고 싶은 속마음을 들킨 날도 있었다. 그런 모습을 보았기에 궁으로 돌아와서도 "아버지가 어찌 지내고 있을까?" 하는 생각이 떠나지를 않았다. 그런 아버지에게 내가 할 수 있는 것은 곁에 있어주는 것뿐이다. 이것이라도 할 수 있어서 다행이다.

국가가 노인을 돌봐야 하는 이유

아직 배우고 익혀야 할 것이 많은데 아버지가 집무실(창덕궁 인정전)에 오시지 않은 지 오래다. 나 혼자 결정해야 할 일이 쌓여가고 있는 지금, 이 큰 공간이 주는 무게를 실감하고 있다. 내가 술사둔갑법을 하며 어머니를 간병하던 동안에 신하는 급한 일이 생기면 아버지와 의논했기에 나라의 일이 멈추지 않았다. 내가 어머니에게 정성을 다하는 시간에 아버지는 나에게 정성을 다했던 것이다. 어머니가 하늘로 돌아간 날에 울며 굶고 있는 나에게 죽 한 그릇을 건네며, 한 숟가락이라도 먹으라고 말하던 아버지의 눈가에는 눈물이 고여 있었다. 어머니의 장례를 준비하는 과정에서도 아버지는 한결같이 공적인 것을 우선해서 결정했다. 어머니의 능 주변에 절을 두지 말고, 능을 장식하는 돌 사용은 최소한으로 줄이고, 큰 돌은 반으로 쪼개서 운반하기 쉽게 하고, 다른 것들도 작업이 편리한 재료로 바꾸라고 명령했다. 그리고 이 모든 명령을 제도로 만들었다. 개인적인 정보다 왕으로서의 책무를 중요하게 여기는 아버지다운 결정이다.

　　1월 6일, 편전에서 혼자 일을 하던 날에 일본 사신이 방문해서 조선의 대장경을 일본에 선물로 줄 것을 청했다. 조선은 불교를 멀리하는 것을 정책으로 삼고 있는데다, 두 나라가 서로 의좋게 지내기를 원한다. 그래서 선뜻 한 부를 주겠다고 말했더니, 사신은 미리 적어온 조선을 칭송하는 시를 품속에서 꺼내서 낭송하고 충성을 약속했다. 여기에 더해서 나는 사신에게 지난해 조선이 대마도를 정벌한 이유를 설명해줬다. 잠깐 사이에 아버지가 알면 큰일날 일을 저지른 것이다. 대마도는 본래 조선 땅이기에 조선의 왕이 사신에게 대마도를 소탕한 이유를 설명할 필요도 없거니와, 나라에 한 벌밖에 없는 대장경을 주겠다는 말을 했으니 말이다. 왠지 느낌이 좋지 않았다.

　　책에 기록된 정보는 집현전을 통해서 확인할 수 있지만, 사람들 사이에서 전해내려오는 경험은 나이 든 사람만 알고 있다. 국방, 농사, 행정과 같은 전문분야를 경험한 노인은 나라를 부강하게 하는 소중한 자산이다. 노인에게 태풍, 병충해, 전염병을 극복한 경험을 배우는 것도 중요하다. 나라가 나서서 경험이 많은 노인을 우대해야 하는 이유다. 옛날부터 좋은 나라는 덕망 있는 노인에게 예의를 갖추는 삼로오경의 제도를 잘 갖춰야 한다고 했다. 삼로는 ①정직하거나 ②강직하거나 ③부드럽게 나이 든 노인이다. 이런 노인이 젊은이와 가까운 곳에 살고 있어야 한다. 그래야 젊은이가 오경에 해당하는 ①외모나 태도를 판단하는 방법 ②말하는 방법 ③보는 방법 ④듣는 방법 ⑤생각하는 방법을 묻고, 시행착오를 줄일 수 있게 된다. 삼로오경 제도는 해, 달, 별 3개와 화성, 수성, 목성, 금성, 토성 5개가 서로 관계하며 움직이는 이치에서 따와서 이름 붙인 것이다. 노인의 경험은 최고 수준의 빅데이터다. 70살 이상의 노인은 귀천을 가리지 말고, 나라에서 돌보는 제도를 검토하라고 지시했다.

민심을 모으고 해결하는 대토론회 개최

윤1월 29, 오늘은 특별한 날이다. 왕이 되던 날에 선포했던, 먼저 사람에게 묻고 그에 적합한 제도와 시스템을 갖추겠다는 시인발정 선언을 구체화하기 위한 첫 토론회 날이다. 각 부처에 국민이 살아가며 생기는 문제와 원인을 조사하고 고민한 후에, 해결 방안을 보고하라고 지시했었다. 각 부처마다 머리를 맞대고 궁리한 제안을 설명했다. 모든 관리가 한자리에 모여서 끝까지 집중해서 들었다. 이 중에는 흉년과 도박으로 인한 빚이 대물림되지 않게 제도화하고, 물가상승을 막기 위해, 물건을 만드는 장인과 물건을 파는 상인을 시장의 한곳에 두어서 특별관리하자는 방안이 있었다. 또한 수령의 과도한 형벌을 막기 위해 고과평가에 적극 반영하자는 의견과, 서울까지 공납하는 물건을 가져오기 힘드니 지방의 창고에 납부하여, 필요할 때 한꺼번에 운반하자는 의견, 왕의 행차시에 필요한 물건을 가지고 다녀야 한다는 제안이 있었다. 특히 솥과 그릇은 민간의 피해가 심하다고 한다. 오늘 하루 종일 왕과 신하가 한데 어울려 생각을 자유롭게 나누는 대토론회를 처음으로 경험했다. 오늘 토론에서 제안된 해결 방안이 실제 적용되도록 적극 지원할 것이다.

　　　　이런 원인과 문제를 바로잡고 해결하기 위해서는 각 부처의 노력과 더불어, 실무조직의 뒤를 받쳐줄 연구조직이 필요하다. 후속조치로 그동안 마땅한 공간도 없이 직무만 있던 수문전, 집현전, 보문각 3개 조직을 집현전으로 통합하고, 최고위급 조직으로 격상시켰다. 젊은 학자를 중심으로 인력을 충원하고 경연과 연관된 일에 집중하게 했다. 경연에서 집현전 학자와 각 부처의 관리가 만나서 토론을 이어갈 것이기 때문이다. 집현전의 일부 역할은 현업 관직과 겸직하게 해서 연구와 실무를 병행하게 했다. 그리고 노비를 배치해서 연구에 집중할 수 있게 했다. 집현전은 앞으로 왕을 도와서 새 시대를 주도적으로 열어갈 것이다. 11월 5일에는 전국의 수령이 보고한 19개의 건의사항을 각 담당 부처에서 검토한 해결 방안을 토의했다. 또한 아직 시행하지 않은 30여 개의 제안을 추려서, 그 원인이 무엇인지를 확인하고 보완하는 노력도 병행하고 있다. 그런데 내가 방 밖으로 잠시만 나가도 사관이 뒤를 졸졸 따라온다. 왕이 잠깐 쉬러 나갈 때는 사관이 따라오지 못하게 하는 것도 해결 방안으로 추가하고 싶다.

　　　　　　　　　　　　　　　　　　1420년, 24세, 재위 2년

아버지의 가르침,
국방이 최우선

1421년, 25세, 재위 3년

갈 곳을 잃은 아버지와 아들

올해는 남양주(풍양)의 이궁에서 아버지(태종)와 함께 새해 아침을 맞이했다. 세상 사는 즐거움이 줄어든 사람이 먼 산 먼 하늘을 우두커니 자주 쳐다본다는데, 요즘 아버지가 그렇다. 말은 안 해도 아버지도 나처럼 어머니가 그리운가보다. 그래서인지 아버지는 아침에 눈을 뜨면 여기저기를 돌아다니자고 한다. 그동안 눈 쌓인 비탈길에서 미끄러질 뻔하기도 했고, 사슴이 아버지가 탄 말을 들이받아서 말에서 떨어지기도 했고, 깜깜한 산속에서 길을 잃고 헤매기도 했다. 이렇게 두 왕이 궁궐을 비우고 밖으로 돌아다닌 지 해를 넘기고 있다. 그러는 사이에 아버지에 대한 흉흉한 소문이 나돈다. 아버지가 서울 인근 여러 곳에 궁궐을 짓고 여자들과 노는 데 정신이 팔렸다는 소문을 낸 자도 있었다. 소문을 낸 자를 붙잡아서 사형에 처했다. 오랫동안 비어 있는 아버지의 서울 궁궐(수강궁)은 작년과 재작년에 두 번이나 도둑이 들어서, 경비를 맡은 50여 명을 모조리 잡아다가 자초지종을 묻기도 했다.

3월 20일, 동대문 밖의 들판에 장막을 치고 아버지가 건강하게 오래 살기를 바라는 연회(헌수연)를 성대하게 했지만 어머니가 없으니 마음이 허전하다. 연회가 끝나고 아버지는 말없이 남양주로 갔고, 나도 창덕궁으로 돌아왔다. 연회가 있기 며칠 전에는 큰아버지 중에 한 명인 이방간(태조 이성계의 넷째 아들)이 병으로 세상을 떠났다. 큰아버지는 오래전에 아버지를 죽이고 왕이 되고 싶어했던 사람이다. 지난 1월에는 아버지가 오래전에 정치적 이유로 제주도에 유배 보내고 죽인 외삼촌들의 장례를 뒤늦게나마 치러주기도 했다. 그때까지 외삼촌들의 시신은 제주도에 방치되어 있었다. 아버지는 오늘도 외롭고 쓸쓸한 밤을 보내고 있을 것이다.

아버지와 바깥 구경을 다닐 때 필요한 도구들은 그때그때 인근 주민의 집에서 가져다 쓴다. 그러다보니 주민의 피해가 눈덩이처럼 커졌다. 가장 피해가 큰 물건이 밥을 지을 솥과 그릇이다. 앞으로는 챙겨서 다니게 했다. 왕이 행차할 때 솥과 그릇을 가지고 다니는 개선안은 지난해 대토론회에서도 언급됐던 해결 방안이었다. 그런데 이번에는 그릇의 품질이 문제였다. 확인해보니 시장에 내다 파는 물건은 제값을 받으니 제대로 만들어서 품질에 문제가 없는데, 정부에 납품하는 그릇은 헐값으로 납품하니 품질이 엉망이다. 그래서 깨지기 일쑤였던 것이다. 그릇 밑바닥에 그릇을 만든 장인의 이름을 새기게 조치했다. 아버지가 하루는 수레에 짚과 마른 풀을 싣고 황급히 이동하는 사람을 보았다. 그 모습이 이상해서 물어보았더니, 왕의 행차에 쓰이는 말의 먹이라는 말을 듣고는 바쁜 주민에게 피해를 주지 않는 방안을 찾으라고 했다. 이때다 싶어서 "얼마 전부터 농사일이 바쁜 3월부터 6월까지는 지방 수령의 임기가 만료되어도 교체하지 못하게 제도화했다"라고 말했더니, 흐뭇해하며 내 어깨를 다독여줬다. 이 제도 또한 담당자의 제안을 따른 것이다.

아버지의 군사권력 이양 과정

　　단오날(5월 5일)이 가까워지면 사람들은 둘로 편을 나누어 상대편에게 돌을 던지거나, 돌을 막대기로 쳐서 날려서 상대방을 다치게 하는 전통놀이를 한다. 사상자가 생겨도 놀이는 계속되고, 놀이가 심해지면 하늘에서 돌이 비처럼 내릴 정도로 과격해진다. 이처럼 돌싸움은 놀이라기보다는 말 그대로 전쟁을 방불케 한다. 아버지는 "돌싸움을 구경하면 앓고 있는 병도 나을 정도다"라고 말한다. 그렇지만 나는 돌싸움이 싫다. 아버지는 5월 4일과 5일, 이틀 동안 군인 450명을 뽑아서 돌싸움을 벌이고, 나에게 끝까지 지켜보게 했다. 돌싸움을 좋아하는 큰형은 부르지 않았다. 이런 잔인한 게임은 지금이라도 금지하는 것이 옳다고 생각한다. 아버지는 돌싸움에서 다친 군인을 치료하고, 곧바로 서울을 방위하는 군인들을 낙천정 부근에 모았다. 그리고는 군인들의 훈련상태를 직접 점검하는 열병을 시작으로, 군인 전체에 진법훈련을 강화하라고 명령했다. 각 도에 감독관을 파견하여 훈련상태도 점검했다.

　　조선의 진법은 오진법이다. 오진법은 아버지의 명령으로

변계량이 만든 독창적인 진법체계다. 오진법에는 ①행군하는 방법 ②진을 구축하는 방법 ③적군과 싸우는 방법이 포함돼 있다. 그렇게 여름 내내 전국의 국민들은 농사일과 더불어 오진법 훈련을 병행했다. 아버지는 느슨해진 군인의 전투력을 강화하고 있는 것이다.

그 기간 동안에 나는 아버지에게 자주 갔다. 어머니의 빈자리가 그리운 아들이 아버지에게 기대고 싶어서 매일같이 찾아온다는 것을 아버지는 이미 알고 있다. 그럼에도 아버지는 내 마음을 애써 외면하고, 군대를 통솔하는 힘을 내가 느낄 수 있게 하기 위해 한 방울의 땀까지 짜내가며 군사훈련에 집중하고 있다. 지친 군인들을 조금이라도 다독여주고 훈련하면 좋을 텐데, 아버지의 방식대로 밀어붙이고 있다. 공적인 일에 있어서는 한결같이 매정하기만 하다. 나에게도 돌싸움 관람을 강요하듯이 예외가 없다. 내가 감상에 젖어 있는 것을 한시도 용납하지 않는다. 그런 아버지 곁에서 예리한 칼과 뾰족한 화살을 사용하는 군사권력을 다루는 지혜를 배우고 또 익히고 있다. 국방은 그 어떤 것보다 우선해서 처리해야 한다는 아버지의 가르침을 가슴에 새기고 있다. 또한 군사권력은 누가 누구에게 물려주는 전유물이 아니라, 물려받을 능력을 갖춘 사람이 가지는 것이라는 사실을, 아버지의 수개월 동안의 노력 덕분에 느낄 수 있었다. 지나고보니 아버지는 자신의 상징과도 같은 군사권력을 내려놓으려 했고, 그 마지막 힘을 빼기 전에 아들과 함께하는 시간을 보내고 싶어서, 추운 겨울날에도 그렇게 동행을 하자고 했나보다.

한꺼번에 찾아온 가뭄과 홍수

5월 한 달 동안 폭염이 이어지다가, 6월 첫날부터 날씨가 돌변해서 한 달 동안 매일같이 폭우가 쏟아졌다. 서울은 곳곳의 시냇물이 범람해서 75가구의 집이 떠내려가고, 사람들이 물에 빠져 죽었다. 여기저기서 통곡하는 소리가 들린다. 전라도는 성문이 부서졌고, 군함 40척이 부서졌고, 군인 50여 명이 목숨을 잃었다. 하삼도(전라도, 경상도, 충청도)는 벼농사의 40% 정도의 손실을 예상하고 있다. 6월 15일, 비가 조금 줄어드는 것 같아서 남양주의 이궁에 있는 아버지의 안부를 확인하려고 나왔지만, 길이 물에 잠겨 있어서 돌아올 수밖에 없었다. 다음날 물길을 이리저리 피해서 아버지를 만날 수 있었다.

7월, 드디어 비가 그쳤다. 비가 그친 뒤의 서울의 모습은 처참했다. 경복궁 동쪽 성벽 일부가 무너졌고, 서쪽 성벽도 안심할 수 없을 정도다. 지대가 낮은 종로 보신각(종루) 아래부터는 온통 물에 잠겼고, 나무다리는 부서져서 건널 수 없는 상태다. 급한 대로 고치기는 했지만 배수로를 늘리고, 돌다리로 바꾸고, 성벽을 쌓는 대규모 공사가 필요하다. 농민이 한가해지는 찬바람이 부는 때가 돼야 공사를 시작할 수 있다. 6월 23일, 창덕궁 인정전의 지붕 가장 높은 곳의 양쪽 끝에 얹어놓은 장식물(취두)이 무너졌다. 지붕을 고치고 새 취두를 올려놓았는데, 얼마 뒤에 들오리 한 쌍이 집을 짓고 새끼를 낳았다. 새 취두에서 새 생명이 탄생하는 것을 보고 조금이나마 마음이 놓였다.

8월 재난으로 심각한 피해를 본 사람들은 대책을 마련해달라고 아우성이다. 가을 추수 때 세금을 줄여주는 것이 최선의 방법일 듯하다. 조선은 중앙정부에서 파견한 관리(경차관)가 전국의 농사현황을 직접 확인하는 '손실답험' 방식으로 세금을 정한다. 경차관이 짧은 시간에 넓은 지역을 모두 확인하는 것은 불가능하다. 지방의 수령이 도와줘야 하는데, 수령은 자기 일이 아니라고 수수방관한다. 그 결과 지방관청의 하급관리(아전)의 말을 듣고 세금을 정하는 경우가 상당수다. 이때 '손실답험' 세금제도 방식이 가진 구조적 문제점이 드러난다. 아전이 자신과 가까운 사람이나 뇌물을 준 사람의 수확량 숫자를 멋대로 조작해서 세금을 줄여주는 불법이 발생하는 것이다. 뇌물을 주지 못한 가난한 서민이 고스란히 피해를 떠안게 되는 것이다. 하루는 경차관을 모두 불러모아 부정행위를 모두 보고하라고 했다. 왕의 지시로 해결될 일이 아니라는 것을 알지만, 경각심만이라도 일깨워주고 싶었다.

　　세금을 정하는 과정에서 뜻하지 않게, 김점이 평안도지사(감사)로 있을 때 저지른 비리가 드러났다. 김점은 아버지의 후궁인 숙의궁주의 아버지이며 나라에 공을 세운 신하다. 이 사실을 알게 된 아버지는 단호하게 숙의궁주를 친정으로 쫓아보냈다. 김점에게는 그가 잘하는 일을 맡겨서 죄값을 대신하게 한 뒤에 관직에서 물러나게 했다. 아버지가 김점에게 일을 맡긴 것은 묘수였다. 이 과정을 지켜보며, 신하의 명예를 지켜주면서 동시에 난해한 일을 처리하는 한 가지 방법을 배웠다.

첫 외교 대응, 말 1만 마리

9월 5일, 밤 9시경에 평안도지사(관찰사)가 보낸 사람이 밤을 새워가며 말을 달려서 서울에 도착했다. 그런데 성문이 굳게 닫혀 있었다. 서울 성의 출입문을 책임지고 있는 국방부장관(병조판서) 조말생과 국방부의 실장급 고위관리(참의) 윤회가 모두 술에 취해 있었기 때문이다. 내가 직접 동대문(흥인문)을 열라고 명령하고 문서를 받아보니, 중국황제(영락)가 보낸 외교문서였다. 지체하지 않고 낙천정에 있는 아버지에게 전달하고 상의했다. 문서에는 중국의 사신이 조선의 두 왕에게 줄 선물을 가지고 압록강에 도착한다고 적혀 있었다. 정황상 군대 운영에 필요한 말을 요구하는 것이 분명해보였다. 아버지는 평안도 국경에서 서울까지 중국 사신을 데리고 오는 일을 김점에게 맡기라고 했다. 이때 김점은 자신의 비리 문제로 아버지의 처분을 기다리고 있었고, 어떤 일이라도 맡기면 성과를 내야만 하는 절박한 때였다. 또한 고위급 신하 중에 평안도 사정을 김점만큼 속속들이 아는 신하도 없었기에 그가 이 일을 수행할 적임자였다. 김점에게, 오는 동안 사신이 조선에 말이 얼마만큼 있는지, 말 값이 얼마인지를 묻거든 적당히 에둘러 대답하고, 대화를 가능한 줄이라고 지침을 줬다. 술에 취해서 일을 망칠 뻔했던 조말생과 윤회는 아버지의 화가 풀리면서 훈계하는 것으로 마무리했다. 윤회는 지난해에도 술에 취해서 사고를 쳤었는데 올해도 그냥 넘어가지 않는다.

황제의 요구는 1만 마리나 되는 말을 중국 요동으로 보내라는 것이었다. 10월 2일, 먼저 얼룩말 300마리를 중국에 보냈고, 말

값 지불을 보장받는 외교문서를 받아왔다. 11월 28일까지 총 18번으로 나눠서 말을 보냈다. 부족한 말 241마리는 다음 해 1월 4일에 보충해서 1만 마리를 모두 채웠다. 이렇게 중국과의 첫 외교를 무사히 마무리했다. 조선의 말은 대부분 제주도 섬에서 기른다. 제주도에서 바다를 건너 중국의 요동까지, 말의 상태를 건강하게 유지하면서 몰아가는 일은 결코 쉽지 않은 일이었다. 이제 제주도에 남은 말이 얼마 되지 않는다. 그런데 엎친 데 덮친 격으로 유난히 추운 겨울이 찾아왔고, 장정의 키를 훌쩍 넘는 1.8m(5~6척)나 되는 엄청난 양의 눈이 내렸다. 그 결과 많은 말이 얼어 죽었다. 이제 제주도에 남은 말들로는 조선 안의 수요를 충족하기에도 버거운 상황에 직면하게 됐다. 그렇지만 한 가지 다행인 것은, 중국과 외교적으로 민감한 문제를 쉽게 해결한 것이다. 이때가 조선 입장에서는 세자를 정해야 하는 시기였는데, 말 1만 마리 요구와 연결해서 처리하니 순조롭게 해결됐다.

경연을 하고 싶은 이도

아버지를 만나면 하루 이틀 더 머물다 돌아오는 날이 많다. 아버지를 혼자 있게 할 수 없어서다. 그러다보니 계획한 것은 아니지만 1년 내내 매일같이 아버지와 시간을 보내고 있다. 11월 6일, 아버지는 비서실장(지신사) 김익정을 조용히 불러서, 앞으로는 이틀에 한 번씩만 오라고 했다. 하지만 비서실장은 "왕이 아침 일찍 일을 마치고 오고, 긴급한 일은 국무총리(영의정)가 대신 처리할 수 있게 해두었다. 이곳에 올 때도 군인 몇 명만 데리고 간편하게 온다. 걱정하지 않아도 된다"고 대답했다. 이 말을 들으니 아버지에 대한 마음이 조금 놓인다. 다음날 경연을 열었다. 지난해 5월 이후로 경연을 중지했으니, 거의 1년 반 만에 하는 것이다. 경연을 재개한다고 하니 변계량이 신이 났다. 내가 중국의 역사책인 『자치통감강목』을 공부하자고 하는데도, 변계량은 유학 책인 사서를 소리내서 읽어야 한다고 고집을 부렸다. 결국 사서 중의 하나인 『대학』을 선택했다. 경연에 참석한 신하들 또한 기뻐하는 것을 그들의 표정에서 쉽게 읽을 수 있었다. 오늘은 최소한의 인원만 참석했다.

　　　　올해는 5월에 무더위와 가뭄, 6월에는 홍수, 7월에는 재해복구, 8월에는 세금 이의제기, 10월부터 두 달 동안은 말 1만 마리를 운송하느라 쉬지 않고 달려온 해였다. 이 일들을 처리하느라 1년 내내 머리는 복잡했고 가슴은 답답하기만 했다. 여기에 더해서 올해 12월은 유난히 춥다. 서울에는 전염병이 유행하고, 제주도는 말이 얼어 죽을 정도다. 오늘은 한 해를 마무리하는 12월 마지막 밤이다. 큰 형도 함께하는 송년회(분리연)에 참석했다. 아버지는 내 잔에 술을 채워주며 "고생했다"는 짧은 한 마디로, 위로와 위안을 전해준다. 역시 왕의 마음은 왕을 해본 사람만이 아는가보다.

하늘 아래 고아,
이도

1422년, 26세, 재위 4년

한세상 잘살다 갑니다. 잘들 사시오

    2월, 날이 조금 풀렸지만 아직은 추운 날씨다. 아버지와 나는 신하들과 어울려, 궁궐의 안뜰에서 선물을 걸고 공을 쳐서 구멍에 넣는 게임을 하며 시간을 보냈다. 3월, 날이 조금 따뜻해지니 아버지는 기다렸다는 듯 나를 데리고 세 차례나 사냥여행을 다녀왔다. 어떤 날은 아버지가 노루 5마리, 산돼지 2마리를 쏘아 잡았을 정도로 기운이 넘치는 모습이다. 그런데 사냥에서 돌아온 아버지의 몸이 어딘가 불편해 보였다. 나는 아버지의 건강을 걱정하는데, 정작 아버지는 "왕의 자손이 번성해야 나라가 평안해진다"며 하루속히 후궁을 들이라고 나를 재촉한다.

    4월 20일, 바람이 심하게 불더니 하늘이 찢어질 듯 천둥과 번개가 치고 큰비와 우박이 동시에 쏟아졌다. 이날 아버지가 좋아하는 남양주(풍양) 이궁의 연못에 지은 정자(수각)의 기둥이 뽑혀서 북쪽 언덕까지 날아갔다는 보고를 받았다. 아버지에게 무슨 일이 생기지나 않을까 걱정하고 있는데, 이틀 뒤에 아버지가 갑자기 아프다는 연락을 받았다. 그날도 나는 여느 날처럼 아침 일찍 일을 마치고 나서 아버지와 함께 동대문 밖에서 매사냥을 구경하고, 낙천정에서 점심을 먹고, 궁에 돌아와서 쉬고 있었다. 그런데 아버지를 돌보는 신녕궁주가 아버지가 아프다는 급한 연락을 보내온 것이다. 즉시 정성을 다해서 기도를 하고, 사형과 강도죄를 제외한 모든 죄인을 석방하고, 큰형이 아버지를 간호하게 했다.

　　5월 2일, 아버지의 병이 깊어졌다. 이제 죽음을 받아들여야 한다. 역모, 패륜, 살인을 저지른 죄수를 제외하고 모든 죄인을 석방해서, 아버지가 국민을 사랑하는 마음을 널리 알렸다. 그리고 서울로 들어오는 모든 문의 경비를 강화하고, 아버지를 연화방의 신궁으로 옮겨서 만일의 사태에 대비했다. 나는 옷을 갈아입지 않은 채 아버지 곁에서 졸면서 간호했다. 이때 아내(공비)는 몸이 안 좋았기에, 내 여동생(정선공주) 집에서 치료하게 했다. 아내의 아버지가 역모 죄로 죽고 가문이 망했기에, 아내는 처가에 갈 수 없다. 그래서 내 여동생의 집으로 보낸 것이다. 어린 세자 향이도 함께 보냈다.

　　5월 10일, 아버지가 하늘로 돌아갔다. 나는 어머니 때와 같이 창덕궁의 광연루 동쪽에 풀(띠)로 벽과 지붕을 이어서 띠집(여차)을 짓고, 그곳에서 생활하고 있다. 2년 전 어머니의 상중에 하루는 비바람이 휘몰아쳤고, 띠집 안으로 비가 들이쳤다. 그날 아버지가 눈물을 흘리며 간절하게 궁으로 돌아오라고 했지만, 나는 광연루 바닥에 쑥대와 돗자리를 깔고 해진 병풍으로 비바람을 막으며 밤을 지샜다. 그리고 비가 그친 다음날 아침에 다시 띠집으로 돌아오기도 했었다. 띠집은 부모에게 받은 사랑을 온전히 추억하기에 좋은 장소다. 그렇게 네 달을 띠집에서 지내고, 9월 16일 창덕궁으로 돌아왔다. 띠집에 더 오래 머물고 싶었지만 "왕은 자신보다 나라가 먼저다"라며, 사사로운 정보다 공적인 일을 우선해야 한다는 아버지의 유훈을 따랐다. 그리고 병이 들어서 위독한 지경까지 갔던 아내의 곁을 지켜주고 싶었다. 2년 전 어머니의 상중에는 아버지가 나랏일을 챙겨줘서 충분히 슬퍼할 수 있었는데, 지금은 하늘 아래 나 혼자다. 아버지의 능을 조성하며, 큰 돌을 작게 쪼개어서 사람이 죽거나 다치지 않게 하라던 아버지의 가르침을 따르고 있다. 그렇게 헌릉의 어머니 옆에 아버지를 묻었다. 우리 가족 모두가 한자리에 모였던 3년 전의 어머니 생일에, 흐뭇한 눈빛으로 가족을 바라보던 아버지의 모습이 눈에 선하다.

아버지의 유훈, 유련과 우애

5월 16일, 신하들은 아버지 상중에 서울에 머물고 있는 큰형을 서울 밖으로 내쫓으라고 한다. 그리고 매일같이 찾아와서 큰형이 저지른 지난 사건들을 들춰내며 벌을 주라고 한다. 아버지가 그토록 신신당부했던 일이 하루아침에 눈앞의 현실이 됐다. 그럼에도 큰형의 태도는 변할 기미조차 보이지 않는다. 과거에 아버지에게 병든 매를 보내서 희롱했던 것처럼, 이번에는 아버지가 기르던 개를 훔쳐와서 짐승 사냥을 시켰다. 8월에는 무지한 사람에게 술을 죽도록 먹여서 끝내 죽게 했다. 죽은 아버지를 애도하는 마음이 전혀 없다. 세자의 자리에 있을 때도 정말 많은 사고를 쳤었는데, 그때나 지금이나 달라진 것이 하나도 없다. 아버지가 큰형을 세자의 자리에서 내쫓고 나를 세자로 삼던 날, 아버지는 또 다른 세자 후보였던 작은형과 나를 비교하면서 내가 왕이 돼야 하는 이유를 설명했다. 작은형은 묻는 말에 대답은 안 하고 웃기만 하고, 술은 한 모금도 못한다. 그렇지만 나는 학문을 좋아해서 세상을 다스리는 이치를 알고, 사신을 대접하는 자리에서 술을 잘 마시지는 못해도 적당히 마시며 손님을 즐겁게 하는 적중의 이치를 알고 있고, 또한 왕의 대를 이을 아들이 있다. 그래서 나를 세자로 삼았다고 아버지는 목이 메이는 목소리로 말했다. 그 아버지를 추억한다.

퇴계원 근처를 지날 때 비가 내리자, 농사철에는 이렇게 비가 와야 한다면서 뛸 듯이 기뻐했다. 이런 날에는 큰 잔에 술을 마셔야 한다며, 사람들과 어울려 비를 맞으며 큰 잔으로 술을 들이키던 아버지, 허둥대거나 급박한 사람을 보면 이유를 물어보고 해결 방안을 함께 고민하던 아버지. 작년에 큰 홍수로 길이 막혀서 발을 동동 구르다가 남양주에 있는 이궁으로 며칠 만에 아버지를 찾아갔더니 "이 큰 물난리에 다치면 어쩌려고 이곳까지 왔느냐"며 오히려 나를 걱정하던 아버지, 낙천정에 서서 몸을 움직이며 무용담을 들려주던 아버지, 대마도의 왜적이 조선에 노략질하러 몰려왔을 때 대마도를 소탕하라고 명령하던 아버지, 이제는 모두 추억이 됐다. 그런 아버지를 그리며 늘 푸른 소나무를 헌릉에 심었다.

아버지의 회한과 사랑이 교차하는 추억이 하나 있다. 3년 전 여름날. 저자도 강가에 배를 띄워 연회를 하고 강변에서 씨름을 구경했었다. 그날도 아버지는 여느 날처럼 무척이나 열심히 응원했다. 그리고 나서 해질녘의 강변에 서서 지는 해를 품은 붉은 한강물을 한참 동안이나 바라보다가, "물의 흐름을 따라 내려가서 돌아올 줄 모르는 것을 유(流)라 하고, 그 흐름을 거슬러 올라가서 돌아올 줄 모르는 것을 연(連)이라 하는데, 현명한 사람은 항상 유련을 경계하고 또 경계하며 살아야 한다"고 말했다. 그리고 잠시 뒤에 "나는 왕의 자리에 있던 동안 유련하지 않으려 노력하며 살았다"라고 한 말이 아직도 생생하다. 그날 아버지는 한참 동안이나 흐르는 물을 바라보며 서 있었다. 그 말이 내 귀에는 "아들아, 잘못된 길로 멀리까지 가더라도 잘못을 알게 되면 빨리 본래 자리로 돌아올 줄 알아야 진짜 왕이 될 수 있다"라는 깨달음으로 들렸다. 그날 아버지가 들려준 유련은, 형제 사이에 우애를 지키며 살라는 개인적인 유훈과 더불어 조선의 왕이 지켜야 하는 공적인 유훈으로 내 마음에 새겨졌다.

아버지의 선물 하나, 지배당하는 소민 사랑

지난해 여름에 서울에 큰 물난리가 나서 성벽 몇 곳이 크게 허물어졌다. 전국에서 대규모의 인력을 모아서 보수공사를 시작했다. 농번기를 피하다보니 한겨울에 할 수밖에 없다. 지금까지 큰 공사는 모두 아버지의 심복인 박자청이 맡아서 했다. 그런데 이번 공사는 새 사람을 쓰라고 했다. 그동안 박자청이 공사를 무리하게 밀어붙이고 부실공사를 자주 했기 때문이라는 이유였지만, 내 귀에는 이번 기회에 새 시대에 적합한 새 사람을 키우라는 말로 들렸다. 아버지는 공사를 준비할 때 공사를 책임지는 고위관리를 불러서 세 가지를 주문했다. ①불을 피울 마른 장작을 충분히 마련해서 사람이 얼어 죽지 않게 하고 ②통행을 금지하는 밤 10시부터 새벽 4시 사이에는 공사를 중지하고 ③의사 60명을 배치한 병원(구료소) 네 곳을 지정해서 부상자를 제때 치료하라고 지시했다. 그리고 ④의술이 뛰어난 탄선대사에게는 중 300명을 데리고 다니면서 다친 사람을 현장에서 치료하게 했다. 그러나 특히 올해 겨울에는 서울에 전염병이 돌고 있는데도 이 명령은 제대로 지켜지지 않았다.

오히려 전국에서 노동자를 데리고 온 수령은 서로 성과를 보여주려고 혈안이었다. 병이 들거나 다친 군인을 병원에 보내지도 않았다. 그렇게 밤낮을 가리지 않고 공사를 강행했기에, 한 달 반이라는 짧은 기간에 마무리됐다. 그러나 공사에 동원된 노동자가 872명이나 죽었다. 이 중에는 공사를 마치고 집으로 돌아가는 길에서 죽은 사람도 수백 명이었다. 담당 관리에게 사람이 이토록 많이 죽은 이유를 물었더니, 공사를 책임지고 있는 건설교통부차관(공조참판) 이천이 30만 명의 군인 중에 고작 900명 정도 죽은 것이 무슨 대수로운 일이냐고 나에게 묻듯이 대답했다. 공사를 시작할 때 땔감, 공사 시간, 병원을 아버지가 직접 챙겼던 이유가 실감이 났다.

대규모의 공사를 하면서 사람이 죽고 다치는 것은 피할

수 없다. 그러나 관리가 어찌 이토록 노동자의 목숨을 가볍게 여기는 가. 성은 사람을 살리기 위해서 쌓는 것인데 이토록 많은 사람이 죽는다면 무슨 소용인가. 이천과 같은 고위관리가 노동자의 생명을 귀하게 여기도록 제도를 바꾸는 일은 내가 풀어야 할 큰 숙제로 다가왔다. 이번 성벽 보수공사에서 험난한 곳의 성벽은 4.8m 높이로 쌓았고, 가장 높은 곳은 6m, 평지는 7m 높이로 쌓았다. 물을 흘려보내는 수문은 2칸을 더 뚫었고, 서울의 서쪽 대문 역할을 했던 서전문을 폐쇄하고 서대문(돈의문)을 새로 지었다. 4.5m 넓이의 새 길을 만들어서 통행하는데 편리하게 했다.

아버지의 선물 둘, 황희

　　　　　5월 9일, 아버지의 그림자와 같았던 박은이 아버지가 돌아가기 하루 전날에 죽었다. 박은은 죽는 날까지 아버지의 생각을 읽으려 했던 신하였다. 아버지는 어려운 문제에 봉착하면 언제나 박은에게 물었다. 그가 병이 나서 출근하지 못하면, 집으로 사람을 보내서라도 그의 말을 듣고 나서야 결정하곤 했다. 짧은 기간이었지만 나 또한 그랬었다. 박은에게는 사람의 마음속을 헤아려서 말하고 행동하는 췌마의 재주가 있었다. 박은은 자신이 해야 하는 일이라면 맨 앞에 서는 것을 주저하지 않았다. 내가 왕이 되던 해에 나와 아내의 눈 밖에 날 수 있는 사건이었던 장인(심온)을 역모로 엮어서 죽일 때도, 그는 아버지의 의도를 파악한 후에 맨 앞에서 일을 처리했다.

아버지가 좋아하는 정자의 이름을 낙천정이라고 지은 신하도 박은 이었다. 왕위에서 물러났으니, 앞으로는 여생을 즐기며 살라는 췌마의 생각을 담아서 낙천정이라는 이름을 지었던 것이다. 그때 아버지의 생각도 박은과 다르지 않았을 것이다.

2월 12일, 아버지는 전라도 남원으로 쫓아보냈던 황희를 서울로 불러들이고 서둘러 복직시켰었다. 자신이 죽은 후에는 내가 황희를 풀어줄 수 없을 것 같아서 직접 풀어준 것이라고, 황희를 복귀시킨 이유를 설명해줬다. 아버지가 돌아가기 3개월 전의 일이다. 아버지는 나에게도 박은과 같은 사람을 연결해주고 싶었던 것으로 짐작된다. 그런 신하가 황희다. 10여 년 전 아버지가 왕이었을 때, 하루는 양녕대군, 효령대군, 성녕대군 그리고 나까지 4형제를 모두 불러서 형제 간에 우애를 당부했다. 그날 우리 형제는 펑펑 울었다. 그때 내 나이는 13살이었다. 신하 중에는 유일하게 황희가 그 자리에 있었다. 아버지는 황희에게 "너는 나와 오래 함께한 신하이니 오늘 왕자들을 한자리에 부른 이유를 알 것이다"라고 말했다. 그 말에 황희는 당시 세자였던 큰형(양녕대군)에게 아버지의 말뜻을 잊지 않기를 당부했다. 그날의 기억을 잊을 수가 없다. 그래서인지 황희는 큰형이 어떤 잘못을 저질러도 다른 신하와 달리 "세자(양녕대군)의 나이가 어리기 때문이다"라며 큰형을 두둔했다. 그리고 끝까지 큰형이 왕이 돼야 한다고 주장했다. 아버지에게 황희를 복귀시킨 이유를 들으니 오래전에 황희가 그 자리에 있었던 것이 우연이 아니었고, 당시 그의 행동들이 이해가 된다. 황희는 아버지가 우리 형제들의 우애를 지켜주기 위해서 준비한 신하였던 것이다. 아버지는 황희를 벌주려고 먼 곳으로 쫓아보낸 것이 아니었다. 때를 기다리며 그를 보호하고 있었던 것이다. 오늘부터 황희를 내 사람으로 삼으려 한다.

민생문제 해결은 관행적 제도 개선부터

민생문제를 해결하기 위해서는 나라의 기초가 되는 시스템을 건강하게 유지하고 관리해야 한다. 특히 곡식의 무게를 재는 저울을 공정하게 관리하고, 학교를 더 많이 세우고, 학생의 생활을 돌봐야 한다. 2년여의 노력으로 표준화한 저울 1,500개를 6월에 보급했고, 추가로 계속 제작하고 있다. 교육 시스템 또한 고치고 다듬어야 할 것이 한두 개가 아니다. 성균관에서 기숙하며 공부하는 학생(생원)은 휴가가 없어서 고향집에 다녀오지 못하고, 옷을 빨아 입을 시간도 부족하다. 그래서 매월 8일과 23일을 휴가일로 지정했다. 국가고시 1차시험에 합격하고 2차시험을 치르기 위해서는 학교 출석일수를 채워야 한다. 그런데 부모가 병이 들거나 집안 사정이 어려워서 출석일수 점수를 채우지 못하는 학생이 있다고 한다. 그런 학생은 이유여하를 막론하고, 출석점수에 상관없이 시험을 치를 수 있게 제도를 고쳤다. 전국의 여러 학교(학당, 향교)에는 학생(생도)을 가르칠 선생이 부족하다. 서울도 예외가 아니다. 그래도 학교는 계속 세우게 했다. 고향에 늙은 부모가 사는 선비를 그 지역 선생으로 보내서, 부모를 돌보며 학생을 가르치게 하자는 의견도 제도화했다. 동료 학생에게 부정적인 영향을 줄 수 있는 선행학습을 금지시켰다. 지켜지고 있는지 확인하기 위해서 매달 감독관이 학습기록을 확인하게 했다.

　　　화폐와 교육문제 이외에도 ①왕에게 보고하는 문서에 전대(前代) 성현(聖賢)과 같은 전문용어를 적는 관행을 폐지했고 ② 궁궐에서 반찬이 남으면 반찬을 만든 사람이 어떻게든 소비하고, 다음에 같은 반찬으로 채워넣는 관행도 폐지시켰다. 반찬을 만드는 사람이 항상 손해를 보기 때문이다. ③전국에 파견된 관리가 공관을 함부로 사용해서 건물이 기울어지고 무너지는 경우가 적지 않다고 한다. 서울과 인근의 공관은 통합관리규정을 만들게 했고, 지방의 공관은 각 도지사가 관리규정을 만들게 했다. ④맹인 여자 29명이 지폐로 빚을 갚게 해달라고 신문고를 쳤기에 소원을 들어줬다. 그런데 의도와는 다르게 무분별하게 신문고를 치는 자가 많아서 신문고 제도를 유지해야 할지 고민이다. ⑤주인을 따라 궁궐에 들어온 노비는 주인이 남긴 밥을 먹는데, 궁궐의 그릇을 가지고 가는 자들이 적지 않아 자기 밥그릇을 가지고 와서 받아먹게 했다. ⑥하루는 어머니의 위패가 있는 광효전 담벼락 안에서 사람의 똥이 발견됐다. 경비담당자 두 명 중에 김맹본은 80대를 때렸지만, 임효인은 관직을 파면시키는 것으로 마무리했다. 임효인은 공신의 아들이기 때문이다. 이것을 관행이라 부정적으로 여기는 사람도 있지만, 공신은 나라에 공을 세운 사람이기에 공신의 가문에서 저지른 어느 정도의 흠을 덮어주는 이유다. 공신 집안은 나라에 위기가 닥치면 앞장서서 보답해야 한다.

하늘이 나를
버린 것인가

1423년, 27세, 재위 5년

발등의 불을 끄는 급한 일, 급무

재작년에는 홍수로 작년에는 가뭄으로 두 해 연속 농사를 망쳤다. 그 결과 국민의 살림살이가 엉망이 됐다. 나라에서 배급하는 식량에 의지해서 간신히 목숨만 부지하며 버티는 상황이다. 어른에게는 쌀 4홉, 콩 3홉, 장 1홉을 준다. 11세부터 15세까지는 쌀 2홉, 콩 2홉, 장 반 홉을 준다. 그리고 10세부터 5세까지는 쌀 2홉, 장 반 홉을 준다. 남쪽의 하삼도(전라도, 경상도, 충청도)에서 농사 지은 곡식을 북쪽지방(강원도, 황해도, 평안도, 함경도)에 나눠줘야 하는데, 식량을 옮길 건장한 사람이 부족하다. 그래서 곡식을 강가와 바닷가까지 옮긴 다음에 군함을 동원해서 실어 나르고 있다. 할 수 있는 방법을 총동원해도 식량이 제때 북쪽지방에 도착하지 못한다. 이런 연유로 북쪽지방에 사는 사람이 한겨울 추위에도 집을 버리고, 먹을 것을 찾아서 남쪽으로 내려오고 있다. 2월이 되니 남쪽지방의 길거리에는 떠도는 사람이 눈에 띄게 많아졌다. 경기도와 충청도에만 1,905명이나 되고, 서울, 전라도, 경상도는 그 수를 헤아리기조차 어렵다. 흉년에 나라에서 국민에게 보급하는 식량은 크게 ①다음 해에 갚아야 하는 환자곡식과 ②갚지 않아도 되는 진제곡식, 두 개로 구분된다. 굶주린 사람들은 진제곡식만으로는 부족해서 환자곡식을 빌려간다. 그 결과 집집마다 빚이 늘어났고, 국가운영에도 부담이 커졌다. 업무회의에서 발언할 때는 국민의 살림살이 현황과 대책부터 보고하게 했다. 지방을 다스리는 수령에게는 정성을 다하라는 공문을 수시로 보내고 있다. 하루는 혼자 먹을 것을 구하던 12살 남자아이에게 먹을 것을 주지 않고, 다른 마을의 배급소로 쫓아보낸 관리가 있다는 보고를 받고 100대를 때리게 했다.

　　　4월로 접어들면서는 먹을 것이 그나마 남아 있던 하삼도의 상황도 심각해졌다. 황해도 봉산지역에 사는 굶주린 사람들은 하얗고 붉은 고운 흙에 쌀가루를 조금 섞어 먹으며 허기를 때운다고 한다. 그렇게 억지로 살아내는 동안에도 봄이 찾아왔다. 그렇지만 갈라지고 버려진 논과 밭, 풀조차도 없는 들판만 보인다. 논에 모를 심어야 하는데 굶주린 사람은 종자까지도 먹어치웠다. 긴급하게 종자까지 보급하는 실정이다. 이렇게 급박한 상황을 견뎌내면서 막다른 곳으로 몰리고 있음을 느낀다. 7월부터는 더 이상 진제곡식을 배급할 수조차 없는 상황이 됐고, 9월에는 강원도의 곡식창고가 텅텅 비는 최악의 상황에 다다랐다. 강원도가 이 정도인데 평안도와 함경도 (함길도)의 상황은 불을 보듯 뻔하다. 참담한 심정이다. 배고픔을 견디지 못한 사람들 중에는 도적으로 변해서 남의 것을 빼앗고 산속으로 숨는 사람도 있다. 다급한 마음에 전쟁을 대비해서 비축해둔 군량미까지 헐어서 나눠주게 했다. 올해 농사에 조선의 운명이 달려 있다. 하늘이 조선을 버리지 않는다면 올해는 꼭 풍년이 들어야 한다. 다행히 5월 한 달 동안 비가 자주 내렸다. 올해는 조금 풍년이 들었다. 9월 추수를 마치고 서울 인구를 조사해보니 19,552명이었고, 서울 성 밖의 3.9km(10리, 1리는 392m) 안에 사는 인구는 2,339명이었다. 10월에는 전라도 안에 떠도는 사람 수를 조사해보니 5,848명이나 됐다. 북쪽지역은 여진족과 국경을 마주한 곳인데, 이대로 두면 국경을 방어할 사람이 부족해질 것이다. 시급히 대책을 마련해야 한다.

왕이 챙기는 꾸준한 일, 선무

옛날부터 일을 구분할 때는 발등의 불을 끄는 급한 일(급무)과, 관심이 적지만 꾸준히 챙겨야 하는 일(선무) 두 가지로 구분한다고 했다. 급한 일은 밥짓기, 설거지, 청소와 같이 매일 해야 하는 일인데 반해서, 꾸준히 챙겨야 하는 선무는 당장 하지 않아도 티가 나지 않는다. 그렇지만 누군가는 꼭 해야 하는 일이다. 인재를 양성하는 일이 선무에 해당한다. 그 일을 신하에게 맡겨두면 꼭 해야 하는 일임에도 급한 일에 밀려서 지나치기 일쑤다. 인재를 양성하는 학교, 학생, 그리고 선생의 고충을 듣고 해결 방안을 마련하는 일 하나까지 왕이 나서서 챙기는 이유다. 고향집과 먼 곳에 있는 학교(향교)에 배치받은 선생들이 집으로 돌아가겠다고 사직서를 낸다. 이대로 두면 외딴 지역에 사는 학생은 누가 가르칠 것인가. 기피하는 지역에까지 어떻게든 선생을 보내고 있다. 그랬더니 수준에 미치지 못하는 젊은 선생까지 선발할 수밖에 없는 상황이다. 40살이 안 된 선생은 제외하고 있지만 근본적인 대책이 아니다. 다른 한편으로 가을 추수 시기를 방학기간으로 정하고, 학생에게 집에 가서 일을 돕고 오라고 했더니 모두가 좋아한다.

       요즘 학생들은 중국과 관련된 것이 아니면 관심이 없다. 한 예로 몽골어를 할 줄 아는 젊은 사람이 없어서 걱정이다. 그리고 여자의사도 없다. 일곱 살이 지난 남자와 여자는 자리를 같이하지 않는 것이 풍습이라. 병원(활인원)에는 남자의사밖에 없다. 병원에서는 남자의사가 여자환자의 몸을 주무르듯 만질 수밖에 없다. 이를 해괴하게 여기는 여자들이 병원에 오지 않아서 아파도 집에서 병을 키우는 것이 현실이다. 의사(의원)의 일을 돕는 사람 중에 총명한 여자를 뽑아서 여의사로 양성하게 특별조치를 취했다. 이로 인해 부족해지는 간호사는 기생 중에서 선발하고, 글을 가르쳐서 보충하게 했다.

       올해는 왕이 국가고시(과거시험) 시험을 직접 주관했다. 경복궁 근정전에 나가서 문과 시험문제를 출제하고, 경회루로 자리를 옮겨서 무과시험을 참관했다. 문과시험은 거듭된 흉년으로 인한 굶주림과 버려진 시체, 그리고 국방과 같은 현안 이슈에 대한 수험생의 생각을 풀어내라는 문제를 출제했다. 문과에 32명, 무과에 28명이 합격했다. 5월 15일에는 기술직을 선발하는 잡과시험을 치렀다. 이렇게 많은 민생문제를 해결하기 위해서 올해 1월 2일부터 경연을 열었다. 내가 취임식을 마친 바로 다음날 경연을 준비하는 집현전의 학자를 증원했고, 이후에도 연구업무를 집현전 한곳으로 통합하고 조직의 규모를 키워왔다. 그런데 연이은 흉년과 부모의 죽음으로, 지금까지 2년 반이 넘도록 경연을 열지도 못하고 유명무실한 상태가 됐다. 올해부터는 경연을 자주 열어서 신하와 더불어 본격적으로 민생현안을 해결하려고 한다. 그래서 회의를 마치고 나면 경연을 열어서 책을 읽고 토론하기를 반복하고 있다. 피곤이 쌓였는지, 하루는 침을 흘리고 코를 골며 자는 신하가 있었지만 그대로 두게 했다. 올해도 사신이 와서 머무는 동안 경연을 중단할 뻔했다. 책을 읽고 토론하고 제도를 만드는 경연은 내가 잘하는 정치방식이다.

말 잘 듣는 착한 조선의 왕

조선의 새 왕이 말을 잘 들어주고 착하다고 소문이 난 것인가? 아니면 내가 만만해 보이는 것인가? 지난해 태종이 돌아간 이후로 여진족과 대마도, 일본의 왜인들이 하루가 멀다 하고 자기네 특산물을 가져와서 식량과 생필품으로 바꿔달라고 요구한다. 옷을 지어 입을 수도 있고 시장에서 화폐처럼 사용할 수도 있는 천(면포)으로 교환해주게 했더니, 가져오는 특산물의 양이 늘어나서 면포가 부족할 지경이다. 이런 배려에도 불구하고 이들의 고마운 마음은 잠시뿐이고 부족한 것을 더 많이 챙겨갈 욕심으로 가득 차 있다. 이들이 조선의 왕을 상대로 손쉬운 장사를 하고 있다는 사실을 알면서도 내가 이들의 요구를 거절하지 않는 데는 이유가 있다. 지금까지 여진족과 왜인은 부족한 생필품을 조선과 중국을 노략질해서 구해왔다. 이들에게 정상적인 무역으로 물건을 교환하는 시스템을 만들어주면, 이들의 노략질하는 습성이 줄어들 것이라 여기기 때문이다. 또한 이들 중에 귀화를 신청한 사람에게는 땅과 집을 주고 결혼도 시켜주고 있다.

지난해에 말 1만 마리를 중국에 보냈는데, 또 말 1만 마리를 보내라는 요구를 해왔다. 신하는 5천 마리로 줄이는 협상이 필요하다고 했으나 내가 그대로 따르기로 결정했다. 정황상 중국황제(영락)가 금방이라도 몽골족(달달)과 전쟁을 시작할 것 같았기 때문이다. 말 운송 중에 사람과 말이 압록강에 빠져 죽는 사고를 겪기도 했지만, 작년에 경험이 있어서인지 말 1만 마리를 중국의 요동까지 보내는데 세 달이면 충분했다. 그런데 어렵게 보낸 말이 "병이 들어서 쓸모가 없다"는 판정을 받고 퇴짜맞아 돌아왔는데, 그 수가 2,342마리나 됐다. 확인해보니 운송 담당자가 지난해의 경험을 토대로 ①말이 지나는 길목에 묵은 풀 11,000석(1석은 약 60kg*)을 군데군데 놓아두고 ②추수가 끝난 들판 주변의 풀을 태우지 못하게 하는 조치를 사전에 취했지만, 현실은 말이 먹을 풀이 절대적으로 부족했다고 한다.

이때 서울에 온 중국 사신을 정성껏 대접하고 1,100여 가지가 넘는 선물을 줬다. 그런데 이들이 받은 선물을 국경을 넘기 전에 불법으로 우리나라 사람들에게 매매해서 시장을 교란시켰다는 보고를 받았다. 조선의 통역관들이 불법 매매를 알선하고, 자기들

* 이종봉, 『한국 도량형사』, 소명출판, pp.211~241.

도 이익을 남겼다고 한다. 사신들의 불법 행위를 황제에게 알려서 벌받게 하고 싶은 마음이 굴뚝 같은데 신하가 말린다. 그러면서 신하들은 태조와 태종 때는 이런 일이 없었는데, 내가 사신의 무리한 요구까지 고분고분 들어준 것이 문제의 발단이라고 한목소리로 말한다. 내 생각은 신하와 다르다. 외교는 얽힌 이슈가 많아서 복잡하다. 이러한 조치의 결과로 훗날 조선이 조금이라도 더 안전하고 평화로운 나라가 될 것이라 생각한다. 작년에 운송한 1만 마리 말 값은 한 마리에 비단 3필과 면포 2필을 받기로 했고, 올해 운송한 말 값은 운송을 끝내고 받기로 했다. 다음 해 3월까지 추가로 운송해서 1만 마리를 채웠다. 갑자기 수입되는 많은 양의 비단과 면포를 상하지 않게 보관하는 것도 큰일이다.

법보다 상황을 고려한, 억울하지 않은 판결

억울한 사람을 만들지 않는 적중(適中)하는 판결이란 무엇인가? 나는 정치, 경제, 사회, 문화 등 분야를 가리지 않고 판결하는 절대권력을 가진 왕이다. 그래서 왕은 어떠한 상황에서도 지나치거나 부족함 없는, 적중하는 상태를 유지하는 역량을 첫 번째로 갖춰야 한다. 아버지(태종)가 나를 왕으로 삼을 때 적중에 대한 일화가 있다. 아버지는 내가 사신과 술을 마시는 모습을 보고 "충녕대군(이도)은 술을 잘 마시지 못하지만, 적당히 마시고 그치면서도 사신의 마음을 즐겁게 할 줄 안다"라며 나의 적중하는 태도를 칭찬했다. 사실 나는 처지가 불쌍한 사람의 사건을 판결할 때면 법이 정한 테두리 안에서 가벼운 판결을 하고 싶은 마음이 앞선다. 이러한 마음 때문인지, 자연스럽게 적중하는 판결을 하게 된다. 그 결과로 억울한 사람을 만들지 않는 데 긍정적인 영향을 미치는 것 같다.

하루는 환관(내시) 임수가 세자 향이의 어깨를 때렸다. 세자의 몸을 함부로 건드린 임수의 죄는 사형에 해당하지만, 그를 노비신분으로 바꾸는 것으로 마무리했다. 내 자식과 관련된 사건이지만 감정을 싣지 않고 판결했다. 세자가 임수와 다투다가, 감정이 격해진 세자가 먼저 임수의 얼굴을 때렸기 때문이다. 또 다른 사례로 국민이 나라의 곡식을 빌릴 때 한시적으로나마 갚지 않아도 되는 파격적인 조건을 추가했더니 거짓으로 조건을 꾸며서 식량을 받아가는 사람이 늘었다. 정말로 배가 고파서 그러는 것이니 모른 척 눈감아주게 했다. 배고픈 사람이 궁궐 밖에만 있는 것은 아니다. 궁궐에서 왕과 왕실사람이 먹는 음식을 만드는 사옹방에서도 음식을 훔쳐 먹는 일이 종종 벌어지고 있다. 왕의 가족이 먹는 음식에 손을 댄 사람은 사형에 처한다고 법에 명시돼 있지만, 죽이지는 말라고 했다.

다행히 올해 가을에는 조금 풍년이 들어서 집집마다 쌓아둔 곡식이 있다. 이 곡식을 훔쳐가는 절도사건이 크게 늘었다. 농사 지을 땅이 없는 가난한 서민이 끼니를 연명하려고 도적으로 변한 것이다. 올해 초에 도적의 수가 급증해서 같은 죄로 계속 붙잡히면 두 번까지는 팔과 목에 문신을 새기고, 세 번째에는 사형에 처하는 삼진아웃법을 만들었다. 법대로 판결하면 사형시켜야 할 서민이 급증하게 된다. 궁궐에서도 쓰다 남은 물건을 집어가는 관리나 생필품을 훔쳐가는 도둑도 있는데, 죽음만은 면하게 판결하고 있다. 이처럼 법보다 상황을 고려해서 판결하는데도 감옥마다 죽음을 기다리는 사형수가 적지 않다. 다행히도 왕의 상중에는 사형을 집행하지 못하도록 법으로 명시했기에 집행이 되지 않고 있다. 전국의 수령이 판결한 판결문을 보면 과도하고 감정에 치우친 판결이 적지 않다. 대표적 사례가 남편이 죄를 지으면 아내까지 연관해서 처벌하는 연좌제를 적용한 판결들이다. 연좌제를 관행적으로 적용하지 못하게 법을 바꾸고 있다.

　　　　요즘 본처를 함부로 대하는 사내가 늘었다. 이유 없이 본처를 버리고 다른 여자와 결혼한 자, 기생에게 마음을 빼앗겨서 본처를 버린 자, 자식을 낳은 본처를 버린 자는 곤장 80대를 때리고 본처와 다시 살게 했다. 이 중에는 비서실장(지신사) 조서로가 고위관리의 아내와 벌인 간통사건도 있었다. 조서로가 14살 때부터 이 사건이 시작됐는데, 놀라운 사실은 그들이 친척 사이라는 것이다. 이 둘은 사회 풍속을 해친 죄가 추가돼서 관용을 베풀지 않았다. 몇 달 전에는 궁궐의 주방에서 고기를 손질하는 일을 하는 사내 막동이와, 신녕궁주의 허드렛일을 하는 계집 종 고미가 궁궐 안에서 은밀히 사랑을 나누고 임신한 사실이 발각됐다. 사형에 해당되는 사건이지만 사랑했다는 이유로 죽일 수는 없었다. 매를 때리고 3년 동안 힘든 노동에 종사하게 했다. 임신한 고미는 출산하고 100일 후에 집행하게 배려했다.

건전한 조직문화는
있는 그대로를 전하는 것

1424년, 28세, 재위 6년

흉년의 상처를 품고 떠도는 사람들

2월, 강원도의 흉년 피해가 말문이 막힐 정도로 처참한 수준이다. 강원도는 대관령 고개를 기준으로 바다가 보이는 동쪽을 영동, 서쪽을 영서라 부른다. 이 중에 영서지역의 논과 밭이 큰 피해를 입었다. 전체 면적의 56%나 되는 농지가 버려진 것이다. 영서지역의 집은 총 9,509가구였는데, 빈집이 2,567가구나 된다. 27%나 되는 집이 버려진 것이다. 굶주린 사람들이 먹을 것이 있는 곳으로 떠났기 때문이다. 이들은 지금 서울과 경기도 그리고 하삼도 거리를 떠돌고 있거나, 길에서 얼어 죽기도 한다.

매월 각 도의 도지사에게 흉년 구제상황을 보고받고 있다. 특히 3월 한 달 동안에 평안도는 총 1,672명의 굶주린 국민에게 150석의 곡식을 무료로 배급하고 3,461석을 빌려줬고, 충청도는 총 3,103명에게 331석을 배급하고 40,079석을 빌려줬고, 경상도는 총 1,853명에게 176석을 배급하고 58,062석을 빌려줬고, 경기도는 총 4,230명에게 458석을 배급하고 32,770석을 빌려줬고, 서울은 총 576명에게 81석을 배급하고 2,379석을 빌려줬다고 보고했다. 그렇지만 강원도는 총 2,212명에게 268석을 배급하고, 함경도는 총 399명에게 32석을 배급했는데, 더 이상 빌려줄 곡식이 없다고 한다. 황해도는 현황을 파악할 여력조차 없다고 한다. 보고를 마친 각 도의 대표들은 중앙정부의 지원 대책을 기다리고 있다. 그러나 나라의 살림살이를 총괄하는 재무부(호조)의 판단은 단호하다. 이미 작년 한 해 동안에만 쌀, 콩, 잡곡 등의 곡식 47,294석을 국민에게 무료로 배급했고, 1,198,500만 석을 빌려줬다는 근거자료를 내밀었다. 어마어마한 양이다. 그리고 "내년 농사가 또 흉년이 이어질지 풍년이 들지 예측할 수 없다. 그러니 지금부터라도 각 도에서 달라는 대로 주지 말고 긴축재정으로 전환해야 한다. 그래야 극단적인 상황을 피할 수 있다"고 정책방향을 제시했다. 지난해 가을에 조금 풍년이 들기는 했지만 여전히 재고가 충분치 않다. 지금은 호조의 의견을 그대로 따르는 것이 옳다. 오늘만 사는 것이 아니다. 내일도 살아내야 하기 때문이다. 그러기 위해서는 나부터 냉정해져야 한다.

곡식이 모양을 갖추는 여름으로 접어들면서부터는 사람을 보내서 농사 상황을 계속 확인하고 있다. 이제는 거리를 떠도는 사람들을 집으로 돌아가게 해야 한다. 지난 2년 동안 많은 사람들이 남쪽으로 내려와서 인구의 치우침이 심각하다. 고민을 하고 있는데, 서울시(한성부)에서 긴급 주택보급계획서를 가져왔다. 서울 사대문 안쪽은 집을 지을 땅이 부족해서 집과 땅에 관한 얽히고설킨 행정소송이 누적된 상태다. 그런데 여기에 더해서 지난 두 해 동안 체류자가 급증해서 치안까지 나빠진 것이 부담이었다. 이번 기회에 서울 사대문 밖에 새 마을을 만들자는 것이다. 이 방식은 태종 때 남대문 밖의 반석방과 반송방 땅을 사람들에게 나눠준 사례가 있다고 한다. 실무 검토를 거쳐서 동대문과 수구문 밖의 개천 하류에 집터를 조성하고, 원하는 사람에게 나눠주는 방안을 확정했다. 마을 이름을 숭신, 창인, 예성, 성신이라고 지었다. 이 주택보급정책이 고향으로 돌아갈 엄두가 나지 않는 사람들에게 조금이라도 보탬이 되기를 희망한다. 국방부(병조)는 전국의 주요 갈림길 길목에 초소를 설치하고, 떠도는 사람을 붙잡아서 강제로 집으로 돌려보내고 있다. 각 부처마다 자기가 잘하는 방식으로 길거리를 떠도는 사람들 문제를 해결하고 있다. 동시에 주민등록(호구장)을 재정비했다. 남의 집에 얹혀살고 있는 사람은 임시방편으로, 각 마을(고을)의 호구장 맨 끝에 집이 없는 사람이라고 기록하게 했다. 주민등록은 네 벌을 만들어서 병조, 감사영, 군청, 본역에 두었다가 필요할 때 사용하게 했다.

상처 위에 드러난 10년 된 회계부정 사태

2월 5일, 강원도지사(감사) 황희가 "가난한 국민에게 빌려준 곡식(환자)을 회수하지 않은 수령을 모조리 잡아다가 벌을 줘야 한다"라고 긴급하게 보고했다. 강원도 안에서 곡식 생산량이 조금이라도 있는 강릉, 울진, 양양, 평해, 고성지역의 수령조차도 곡식 4만여 석을 빌려주고 3천 석 정도만 회수하거나, 3만여 석을 빌려주고도

600석도 안 되는 양만 회수하고 나서, 회계장부에는 모두 받은 것으로 허위기록을 해왔다는 것이다. 그래서 강원도의 곡식창고가 바닥을 보일 때까지 곡식이 없는 줄 몰랐다는 것이다. 나는 이 보고를 받고 수령들이 자신의 배를 불리기 위해서 장부를 조작했을 수도 있겠지만, 그보다는 먹고살 양식조차 없는 서민의 처지가 불쌍하고 측은해서 벌인 일이 훨씬 많았을 것이라고 판단했다. 그래서 황희에게 "더 이상 이 문제를 거론하지 말라"라고 한마디로 마무리했다.

그런데 4개월 뒤에 감사원장(대사헌) 유영이 "각 지방에서 작성한 회계장부에 기록된 숫자는 모두 거짓이다"라고, 나라 곳곳에 일상화된 회계부정 현황을 보고했다. 지난 10년 동안 수령들은 실제보다 좋게 보이려고, 회계장부를 거짓으로 꾸미는 분식회계를 일삼아왔다는 것이다. 나라의 곡식을 나눠주고 회수하는 절차 또한 엉망이었다고 한다. 한 사람이 100여 석이나 되는 곡식을 미납한 사례가 있을 정도로 심각한 상황이라고 한다. 이를 관리하고 감독하기 위해 서울에서 파견한 관리(경차관)는 이런 분식회계를 발견하고도 적당히 눈감아줬다는 것이다. 회계부정이 특히 심했던 강원도에서 지난해 9월부터 곡식창고가 텅 비는 어처구니없는 일이 벌어진 원인이었다. 그동안 왕은 문서에 허위로 적은 숫자만 보고받았으니 강원도에 곡식을 미리미리 채워둘 기회를 놓친 것이다. 이러한 결과로 추운지방에 사는 국민들이 집과 땅을 버릴 수밖에 없었던 것이다. 자연재해로 인한 흉년보다 수령들이 저지른 인재가 훨씬 컸다는 사실을 알고 나니 허탈한 심정을 감출 수가 없다.

이 사태를 해결하는 방안을 감사원(사헌부)과 국무총리실(의정부)에 의논하게 했는데, 우왕좌왕하며 문제의 핵심을 제대로 이해하지 못한다. 내가 분식회계한 수령을 벌주려는 이유는 국민이 굶주려서 창고를 풀었다는 것도 아니고, 모두 거둬들이지 못했다는 것도 아니다. 수령이 있던 사실을 있던 그대로 기록했다면 수많은 사람이 죽지도, 집을 버리고 떠돌지도 않을 수 있었다는 사실이 참을 수 없게 가슴 아프다는 것이다. "앞으로는 더도 덜도 말고, 사실대로 기록하는 정직한 조직문화를 만들어야 한다. 지금의 상황을 수습하며 훗날의 법으로 삼으려는 것이다"라고 설명해줬다. 말은 그렇게 했지만 한편으로는 이 모든 것이 내 말에서 시작된 것 같아 마음이 아프다. 지금까지 나는 수령에게 "지배당하는 소민을 사랑하라"고 지시했고, 정부에는 "국민의 먹는 문제를 해결하는 대책을 최우선으로 마련하라"고 매일같이 닦달해왔다. 그래서 왕에게 거짓 보고를 하는 상황이 오랫동안 누적된 것만 같다. 죄가 큰 수령을 관직에서 쫓아내는 것으로 책임을 묻는 것을 마무리하고, 하루속히 사실을 그대로 기록하게 하는 법과 제도를 마련하려고 한다.

결국 사태가 곪아 터지고 나서야, 지난 2월에 황희가 지적한 분식회계의 폐해를 비로소 이해하게 됐다. 그때 황희와 대화를 더 해서 문제 안에 담긴 이슈를 명확하게 파악하고 대처했어야 했다. 2월부터 적었던 다이어리를 꺼내어 읽어보니, 나의 잘못된 판단에도 황희는 나를 원망하지 않고 묵묵히 자신이 맡은 일에 전념하고 있었다. 보고한 다음날에도 황희는 강원도에 곡식을 보내주지 않으면 강원도민 모두가 앉아서 굶어 죽을 수도 있다고 호소했고, 며칠 뒤에는 곡식을 신속하게 운송하기 위해서 함경도와 강원도의 인접한 역을 재정비하는 방안을 제안했다. 또한 강원도 인구를 늘리려면 세금을 면제하고 해군에 편입되는 수를 줄여야 한다는 의견을 제시했다. 그리고 이미 생각해둔 구체적인 방법과 나에게 보탬이 될 만한 또 다른 이야기를 들려줬다.

아버지가 황희를 점찍고 나에게 연결해준 이유를 새삼 실감하고 있다. 아마도 황희는 아버지가 유련(流連)하는 것을 경계하며 살았던 것처럼, 왕과 자신의 생각이 달라도 다투지 않고 때를 기다려서 말을 꺼내는 현명한 사람이라는 생각이 든다. 강원도의 상황이 심각해지던 작년 5월에 황희를 강원도지사로 임명한 것은 신의 한수였던 것 같다. 역사를 기록하는 일은 후세에 과거에 있었던 일을 사실대로 전하는 일이다. 고려의 역사책을 쓰고 있는 신하에게 "조선이 고려를 멸망시켰지만 고려의 역사까지 멸망시키는 것은 옳지 않다. 바르게 쓰여진 고려의 역사가 후세에 전해지도록 진심을 기울여라"라고 다시 한 번 강조했다.

옹졸하고 한심한 신하들

몇 해 전에 일본 사신이 와서 조선에 하나뿐인 대장경을 달라고 했을 때, 내가 주겠다고 실수를 한 적이 있다. 이를 빌미로 올 때마다 대장경을 달라고 보챈다. "내 실수였다"라고 말하고 넘겨도

1424년, 28세, 재위 6년

되지만, 일본과 좋은 관계를 유지하는 방향으로 매듭짓고 싶었다. 그래서 금으로 쓴 화엄경 80권과 고대 인도의 산스크리트어로 쓰여진 밀교경판 등, 조선에서도 귀한 불경(법보) 네 가지를 주겠다고 했다. 그랬더니 사신은 단식을 하며 오로지 대장경판본만 달라고 한다. 내가 직접 나서서 경솔한 행동과 트집을 꾸짖었더니 그제서야 밥을 먹었다. 사신이 돌아갈 때 배가 16척이고 따라온 사람이 523명이나 됐는데, 비 올 때 덮는 풀로 만든 초둔과 한 달 동안 먹을 식량을 추가로 달라는 무리한 요구를 또 한다. 이처럼 일본은 외교관계에서 지켜야 할 예의가 부족하다. 반 달 먹을 식량을 주고 보냈다. 다음번부터는 사신 일행의 수가 50명을 넘지 못하게 제한했다.

신하 중에 제일 높은 관직이 국무총리(영의정)다. 하루는 국무총리가 가난한 노비의 가마솥을 빼앗은 특이한 사건을 보고받았다. 이 사건의 내막은 작은형(효령대군) 장인의 노비가 국무총리 유정현에게 빚(장리)을 빌렸다가 갚지 못했고, 그래서 유정현이 그 노비의 가마솥을 압류한 것이다. 이 사건이 소문이 난 뒤에 사람들은 "죽을망정 절대 국무총리의 장리는 꾸어 쓰지 않겠다"고 말하며 부자를 원망했다. 장리는 보릿고개에 곡식을 꿔주고 가을 추수 때 돌려받는 거래로, 빌린 곡식의 50%를 이자로 줘야 한다. 전형적인 고리대금이지만 국가가 나서서 왈가왈부할 수는 없다. 서민이 급할 때 빌릴 곳이라고는 이 방법밖에 없기 때문이다. 유정현을 아는 사람은 "그는 자기 것은 절대로 남에게 주지 않는 인색한 사람이다"라고 평한다. 그는 자식에게도 똑같이 대했고, 동산에 열린 과일도 시장에 내다 팔아서 작은 이익까지도 빠짐없이 챙겼다. 이렇게 해서 유정현은 큰 부자가 된 것이다. 이 사실을 모두 알면서도 내가 유정현을 영의정 자리에 두는 이유가 있다. 그는 관직에 있으면서 남의 것을 탐하지 않았고, 나라 살림을 맡겨도 한 푼도 허투루 쓰지 않았으며, 옳은 일이라면 거침없이 말했고, 남의 눈치를 보지 않고 빠르게 추진했다. 이처럼 일할 때는 그의 행실이 올곧았기 때문이다. 공직생활에서 올곧은 그의 태도는 지금의 식량위기 사태를 극복하는 데 유용하게 쓰이고 있다. 국민은 이 사실을 모른다. 유정현의 나이도 70살이 됐다. 그를 조용히 불러서 창덕궁 후원을 함께 거닐며 "이제부터라도 주변 사람에게 베풀며 살았으면 좋겠다"라고 말해줬다.

또 하루는 중국에 사신으로 보낸 권희달이 중국에서 사고를 쳤다는 보고를 받았다. 숙소(회동관)에 많은 사람이 모였을 때 "조선이 중국에 보낸 말은 똥을 싣고 다니던 말이다"라고 소리지르고, 자신의 사리사욕을 채우기 위해 여러 가지 불미스러운 일을 조장했다고 한다. 권희달은 백발의 노인이다. 내가 그의 경험을 높이 사서 중국에 보낸 것을 후회하고 있다. 2년 동안 말 2만 마리를 중국의 요동 지방까지 운송하느라 수많은 사람들이 고생했는데, 이 사실을 아는 조선의 관리가 중국사람 앞에서 어찌 이런 망언을 지껄일 수 있는가.

9월 27일, 철원으로 군사훈련을 떠났다. 아버지를 따라다니던 길을 혼자 가려니 쓸쓸하다. 군사훈련 중에 내가 자리를 비운 날이 있었다. 그날 감찰업무를 담당하는 양활이 큰 그릇에 낮술을 마시고는 토하고, 소리를 지르고, 그대로 뻗어버렸다고 한다. 확인해보니 이전에 궁궐에서 낮술을 마시며 놀다가 양활에게 걸려서 고발당했던 동료들이 앙갚음하려고 꾸민 일이었다. 고위관리들이 아랫사람이 지켜보는 장소에서 이런 어처구니없는 일을 벌인 것이다. 옹졸하고 한심한 자들이다. 11월 29일, 오랜만에 편지를 썼다. 남쪽인 경상도 진주에서 홀어미를 모시고 살다가 먼 북쪽 땅 함경도의 국경을 지키고 있는 하경복에게 쓴 편지다. 얼마 뒤에 그의 2년 임기가 만료되지만 국경을 계속 지켜주기를 바라는 내 진심을 담은 편지를 보낸 것이다. 그의 어머니에게는 비단과 쌀 30석을 보냈다. 한 달 뒤에 하경복에게서 답장이 왔다. 내용 중에 "뼈에 새겨 보답하겠다"라는 대목에서는 콧등이 시큰해졌다.

태종의 삼년상 뒤에 변화된 세상

　태종의 삼년상이 끝났지만 즐거운 일만 기다리고 있지 않았다. 지난 가을 추수 때부터 밤중에 횃불을 들고 남의 집에 들어가서 물건을 빼앗는 강도가 생기기 시작했다. 이들을 명화강도(明火强盜)라 부른다. 이들 중에 대다수가 배고픔을 못 이기고 강도로 돌변한 선량했던 사람이라는 사실을 알지만, 법대로 사형판결을 할 수밖에 없었다. 명화강도가 급증한 뒤로 사회적 혼란이 커졌기 때문이다. 사형수가 급증한 이유다. 상 중에는 사형을 집행하지 못하기에 사형수를 살릴 수 있었다. 그러나 이제는 이들을 죽이라는 명령을 해야 할 때가 됐다. 결국 7월부터 10월까지 사형을 집행했다. 형벌의 목적은 죄를 범하는 자가 없어지기를 바라는 것인데, 지금의 상황은 불쌍한 서민을 법의 잣대로 죽일 수밖에 없다. 회계부정 사태가 가혹한 상처를 남기고 있다.

하루는 인사행정부장관(이조판서) 허조가 노비신분을 결정하는 법을 '종부법'에서 '종모법'으로 지금 당장 바꿔야 한다고 역설했다. 이 법을 이해하려면 노비가 어떤 대우를 받는 신분인지와 두 법의 차이를 이해해야 한다. 먼저 노비는 조선에서 재산으로 취급되는 천한 신분이다. 노비의 수를 셀 때 사람(人)으로 구분하지 않고, 먹는 입(口) 숫자로 센다. 몇 명이라고 하지 않고 몇 구라고 부르는 이유다. 이 두 법의 차이를 설명하면, 아버지의 신분을 따르는 것이 종부법이고, 어머니의 신분을 따르는 것이 종모법이다. 그런데 이 법은 단순히 부모의 성을 따르는 것으로 끝나지 않는다. 부부 사이에서 태어난 아기가 평생 어떤 신분으로 살 것인지를 결정하는 법이기 때문이다. 이 법의 적용은 부모 중에 한 명이 노비인 경우인데, 지금 상황은 어머니가 노비인 경우가 거의 대부분이기 때문이다.

나라가 행복해지려면 중산층(양민)이 많아야 하는데, 허조의 의견을 따라 종모법으로 바꾸면, 양민의 수는 줄고 노비의 수가 늘어난다. 허조를 비롯한 다수의 신하가 여종을 첩으로 들여서 아이를 낳고, 재산(노비)을 늘리려는 것이다. 이 법은 태종이 오랜 고민 끝에 온갖 반대를 물리치고 종부법을 만들고 유지해온 이유였다. 지금의 종부법이 유지돼야, 어머니가 노비인 장영실과 같은 사람이 재주를 펼치며 즐겁게 사는 세상을 만들 수 있다. 작년에 내가 손

재주가 좋은 장영실을 왕이 사용하는 물건을 관장하는 상의원의 관직을 주려 했을 때에도, 허조는 장영실의 어머니가 노비 신분이라는 이유로 반대했었다. 허조의 머릿속에 장영실은 천한 신분인 노비로 각인되어 있을 뿐이다. 몇몇 신하는 태종이 돌아가고 없는 지금이 종모법으로 회귀할 적기라고 여기는 듯하다. 하지만 내가 왕위에 있는 동안에 종부법은 반드시 지킬 것이다.

지폐(저화)로 물건을 사고 파는 '지폐법(저화법)' 또한 태종이 만든 법이다. 지폐법은 흉년에 지폐로 곡식을 살 수 있는 경제 시스템을 만들기 위해서 태종이 좋은 의도로 만든 법이다. 그래서 지금까지 어느 누구도 함부로 언급하지 못했다. 그런데 지폐의 가치가 하락한 지금은 거의 통용되지 않는 수준에 이르렀다. 그동안 지폐 거래를 활성화하기 위해서 쌀 1되(1.8리터)를 가져오면 지폐 1장과 교환해주기도 했고, 지폐법을 어긴 자의 재산을 몰수하는 특단의 조치를 취하기도 했다. 이런 조치에도 불구하고 지폐의 가치 하락이 멈추지 않았다. 지금은 지폐 400장이면 살 수 있던 말 한 마리를, 지폐 1,200장 이상을 줘야 살 수 있는 지경이 됐다. 급여를 지폐로 주면 싫어하지만, 곡식으로 주면 좋아하는 이유다. 시장상인 또한 지폐를 가져오면 물건을 팔지 않는다. 이제 지폐로 살 수 있는 물건이 거의 없을 만큼 화폐개혁을 안 하면 안 되는 상황으로 내몰렸다. 그래서 고민이 많았지만, '조선통보'라고 이름 지은 동전을 만들어 사용하기로 방침을 정했다. 지폐법을 없애는 것이 아니라, 보관과 휴대가 편리한 동전으로 지폐를 바꿔서 사용하는 것이다. 그래서 동전 생산설비를 갖추고 생산인력을 양성하기 시작했다. 내년에 화폐개혁을 차질없이 추진하려면 충분한 양의 조선통보가 준비되어야 한다. 그러려면 지금 설치된 화로 30개로는 부족하다. 구리를 녹이는 대장간과 동전 모양으로 가공하는 주전소를 전국에 추가로 설치하고, 동전의 재료인 구리의 공급이 부족할 정도로, 많은 양의 조선통보를 생산하기 시작했다. 조선통보를 생산하는 과정은 화로에서 구리를 녹이고, 조선통보 동전 틀에 찍어내고, 주전소에서 양면을 깎아서 바르게 하고, 구멍을 방정하게 뚫고, 모양을 둥글게 깎고, 중량을 1전(4.1g)으로 맞추는 과정을 거쳐서 만든다. 동전의 모양을 내면서 무게를 1전으로 맞추는 숙련된 장인의 손 작업이 중요하다. 그래서 전국의 각 주전소마다 숙련공을 양성하고 있다. 동전이 1전보다 무거우면, 동전의 소재인 구리의 값이 비싸질 때 동전을 녹여서 구리로 매매하는 나쁜 마음을 먹는 자가 생기기 때문이다. 그래서 이런 자를 처벌하는 법도 정비하고 있다. 어느 것 하나 소홀히 할 수 없는 이유다.

왕의 힘이 되어주는 가족과 친척

1월 26일, 막내 여동생(정선공주, 21살)이 죽었다. 이 소식을 들은 아내가 나보다 더 슬퍼한다. 아내는 몸이 아파도 마음 편히 쉬러 갈 친정이 없다. 그래서 몸이 아플 때 정선공주의 집에서 요양을 했었다. 그때 정선공주와 정이 쌓인 것 같다. 그런데 한 달 뒤에 큰딸(정소공주)이 죽었다. 이제 13살밖에 안 된 어린아이다. 한 달 사이에 막내 여동생과 큰딸을 잃는 큰 슬픔을 겪어야 했다. 윤회가 시를 지어 나를 위로했지만, 슬픔은 그대로다.

작년에도 사고를 쳐서 청주의 비좁은 초가집에 가둬둔 큰형을 이천의 집으로 돌아오게 했다. 역시나 신하의 반대가 극심했다. 그 집은 아버지가 큰형에게 지어준 집이다. "신하가 왕에게 세 번 청하다가 왕이 듣지 않으면 벼슬을 그만두면 되는 것인데, 10여 회를 넘게 반대하는 것은 왕을 너무 귀찮게 하는 것이다"라고 말했다. 그랬더니 신하들이 당장 사직서를 제출하겠다고 해서 달래기도 했다. 그 와중에 청주의 공무원 두 명이 "양녕대군이 왕이 되면 국민이 덕을 보게 될 것이다. 지금 양녕대군이 왕이 되지 못해서 덕을 보지 못하고 있다"라고 떠들고 다니다 잡혀왔다. 신하에게 빌미를 잡히지 않아야 하는 때이기에 법대로 처리했다. 나와 신하가 큰형을 대하는 관점이 근본적으로 다르기 때문에 벌어지는 일들이다. 나에게는 우애하는 형이지만, 신하에게는 목숨이 달린 정치의 대상이기 때문이다. 만약 내 신변에 문제가 생기면 큰형이 왕이 될 수도 있는 상황이 벌어진다. 그래서 기회만 생기면 큰형의 잘못을 들춰내어 멀리 쫓아보내라고 성화를 부리는 이유다. 그래도 나는 몇 년째 꿋꿋하게 "나의 형일 뿐이다"라고 설명하고 설득하고 있다. 이 문제는 어느 한쪽이 주장을 굽히지 않는 한, 언제 끝이 날지 모를 다툼이다.

5월에 겨드랑이에 종기가 생겼고, 7월에는 이질을 앓았다. 12월이 됐는데도 여전히 몸이 편하지 않다. 아마도 몸이 낫지 않은 상태에서 왕실사람들과 어울려 궁궐 마당에서 공을 쳐서 구멍에 넣는 게임을 자주 즐기고, 경복궁 경회루에서 찬바람을 맞으며 활 쏘는 모습을 구경하고, 술까지 마셔서 그런 듯하다. 그래도 가족, 친 지와 어울리는 동안에는 즐거움이 컸다. 부모가 없는 왕에게 가족과 친척은 힘이 들어 멈추고 싶을 때, 그냥 같이 있어주는 것만으로도 힘이 되는 사람들인 것 같다.

　　　11월 19일, 오늘은 처음으로 남편 노릇을 제대로 한 날이 다. 아내(공비)가 어릴 적 소꿉놀이하며 놀던 집에 함께 다녀왔다. 그 곳에는 장모가 미리 와서 아내를 기다리고 있었다. 아내의 아버지(심 온)가 역모죄로 죽은 지도 7년이 지났고, 내 아버지(태종)도 세상을 떠 났다. 이제는 아내와 장모가 생이별을 끝내도 될 때가 됐기에, 신하와 방법을 의논하고 마련한 자리다. 다른 방법은 모두 안 되는데, 아내가 어릴 적 뛰놀던 안천보의 집에서 장모와 만나는 것은 가능하다고 했 다. 그래서 부랴부랴 잔치를 준비한 것이다. 안천보의 집과 처가는 붙 어 있다. 안천보의 집 마당에서 성대하게 잔치를 열어 처가 식솔이 모 두 모이니 100여 명이나 됐다. 풍악을 연주하여 흥겹게 즐기고, 깜깜 해진 뒤에야 궁궐로 돌아왔다. 돌아오는 내내 아내의 눈에는 눈물이 고여 있었다. 이제는 기회 될 때마다 만나라고 말해줬다. 그 말을 하 고 나니, 올해 초에 하늘로 간 여동생과 딸이 너무나 보고 싶었다.

외교는 큰 것을
얻기 위해 쌓는 정성

1425년, 29세, 재위 7년

강요하는 명령 "반드시 돈으로 물건을 사라"

1월, 조선통보 동전을 47톤이나 만들었다. 이만하면 지폐 (저화)를 동전(조선통보)으로 바꾸는 화폐개혁을 추진하기에 충분한 양이다. 1월 17일, 궁궐에서 일하는 사람들에게 새해 첫 급여를 조선통보로 지급하는 것을 시작으로 화폐개혁을 단행했다. 앞으로는 "물건을 사고 팔 때 조선통보로만 거래해야 한다"는 법도 알려줬다. 그리고 물물교환을 하다가 잡히면 재산을 몰수하는 법을 공표했다. 물물교환 현장을 목격하고 고발한 사람에게는, 범인에게서 몰수한 재산의 절반을 상금으로 주는 항목도 명시했다. 돈은 경제활동에 꼭 필요한 수단인데, 배운 것이 부족한 국민이 물물교환을 고집하는 것이다. 내가 급진적인 개혁방법을 선택한 이유다.

그랬더니 의도와 다르게 시장의 활력이 눈에 띄게 줄었다. 4월부터는 시중에 유통되고 있는 지폐를 조선통보로 바꿔주고, 조선통보로만 거래하게 유도했다. 그 결과 5월로 접어들면서 충분한 양의 조선통보가 시장에 보급됐다. 그런데도 물물교환에 익숙한 사람들은 여전히 조선통보로 물건을 사지 않았다. 물물거래를 못하게 되니, 식량 옷 등의 생필품을 구하지 못한 국민의 삶이 곤란해지고 있다. 느낌이 좋지 않다.

시장에서 통용되는 조선통보의 적정한 교환가치를 조사해보니, 조선통보 한 푼에 쌀 한 되 수준이 적당하다고 한다. 이 양을 조선통보를 거래하는 기준으로 정했다. 5월에 지금까지 화폐처럼 사용해온 면포 또한 조선통보로 교환해줬다. 그랬더니 이번에는 너무 많은 동전이 보급돼서 시장에 악영향을 줬다. 조선통보에 익숙하게 하려다가 한꺼번에 너무 많이 유통시켜서, 오히려 물가는 상승하고 조선통보 가치가 떨어지는 결과를 초래한 것이다. 일시적으로 조선통보 보급을 중단했다. 그리고 살림살이에 꼭 필요하다고 판단되는 곡식 한 되나 한 말 정도의 작은 거래는 한시적으로 물물교환을 허용하게 법을 보완했다. 이런 조치에도 불구하고 화폐개혁법을 어겨서 잡혀온 사람은 홀아비, 과부, 외로운 사람, 혼자 사는 사람과 같은 환과고독(鰥寡孤獨)에 해당하는 사람들뿐이다. 그 결과 법이 정한 대로 매를 맞고, 군대 중에 가장 힘들다는 해군에 끌려가고, 재산은 모두 압수돼서 살길이 막막해졌다.

이들은 당장 끼니를 때울 보리밥 한 그릇조차도 부족한 사람들이다. 그런 서민과 왕 사이의 처지를 왕이 충분히 공감하고 보듬고 나서 화폐정책을 추진했어야 했다. 문제점이 드러나던 8월에 왕의 명령을 알리는 관청의 책임자(예문관 대제학) 변계량이 "지금이라도 시간을 두고 고민한 다음에 차근히 추진하는 정책으로 전환해야 한다"라고 속도조절을 당부했지만 나는 반대했다. 상황을 제대로 판단했어야 했지만, 그때는 어떤 말도 들리지 않았었다. 지금까지도 내 머릿속에는 화폐개혁이 경제를 탄탄하게 하는 진짜 해법이라는 믿음이 강하다. 그래서 화폐개혁법이 무리한 정책이라는 사실을 직감했음에도, 왕이 앞장서서 서민에게 "반드시 돈으로 물건을 사라"고 개혁을 강요하는 명령으로 일관해온 것이다. 지금에서야 왕이 큰일을 성급하게 추진해서 서민을 혼란 속으로 몰아넣은 것만 같은 생각이 떠나지 않는다. 그렇지만 이유와 과정이 어찌되었든, 화폐개혁은 조선의 미래를 위해 중단할 수 없는 큰일이다.

윤대는 신하의 마음을 얻는 시간

고위급 신하(3품 이상)와 윤대를 하면 민심을 얻는 데 도움이 될 것이라는 변계량의 제안을 귀담아듣고 그대로 따랐다. 그랬더니 신하의 마음을 얻는 행운이 함께 따라왔다. 이 제안은 화폐개혁 이후에 잠을 제대로 못 자며 고민이 커진 내 모습을 보다 못한 변계량이 옛 제도를 검토해서 제안한 것이다. 윤대는 왕이 신하를 바꿔가며 1대 1로 대화를 나누는 작은 회의다. 그래서 바퀴처럼 돌아가며(輪 윤) 대화하는(對 대) 회의라고 부른다. 변계량은 나를 가까이에서 보좌하는 신하다. 7월 11일, 장관급 신하인 김구덕과 첫 윤대를 했다. 문 닫힌 방에 단둘이 마주 보고 가까이 앉아 있다. 절차와 형식이 있는 사무공간에서 느낄 수 없는 분위기가 흐르고 있다. 이렇게 오붓하게 대화하니, 시간 가는 줄 모르게 대화가 이어졌다. 윤대가 한 달 정도 이어지니, 왕이 있는 곳에는 사관이 있어야 한다며 사관이 참석을 주장하기에 한 마디로 거절했다. 개인적인 이야기며 속마음을 허심탄회하게 꺼낼 수도 있는데, 이런 말을 기록으로 남기는 것은 적절하지 않다. 윤대하는 시간이 켜켜이 쌓이니 변계량의 말처럼 문제를 이해하는 폭이 넓어졌고, 이전보다 깊이 있게 검토할 수 있게 됐다. 그래서인지 신하는 나에게 의견을 개진하기가 한결 수월해졌다고 한다. 왕이 바닥에 깔려 있는 민심의 동향을 알고 있기 때문이다. 나 또한 잔소리를 할 일이 줄었다.

하루는 성균관 관장 황현이 학생들이 습진에 걸려서 고생하고 있다는 말을 했다. 사람을 보내서 살펴보게 했더니 차갑고 축축한 방바닥이 원인이었다. 그런 방에 하루 종일 앉아서 공부하고도 습진이 안 생기는 것이 이상할 정도였다고 했다. 성균관 건물 전체를 보수하여 방바닥에 돗자리를 깔고, 몇 개의 방에는 온돌을 놓고, 추가로 목욕탕을 만들어서 공부하기에 쾌적한 환경으로 바꿔줬다. 습진이 생긴 학생을 치료하는 것도 빠뜨리지 않았다. 주변에 눈치가 보여서 말할 수 없었던 것들을 윤대에서 왕에게 시원하게 털어놓으니 조치를 취할 수 있었다. 지난 2월에 성균관 운영 현황을 파악했을 때, 기숙하는 학생 수가 40명도 안 됐던 이유 중에 한 가지를 비로소 알게 되었다. 이런 이유로, 바쁜 날에는 경연은 취소하더라도 윤대만큼은 빠뜨리지 않는다. 왕과 대화할 날을 학수고대하며 기다리는 신하가 눈에 아른거리기 때문이다.

7월부터 시작한 윤대를 12월까지 한 횟수를 헤아려보니 80회 정도 된다. 오래전 경연에서 "새로 임명한 수령을 궁궐로 불러서 직접 얼굴을 마주 보고, 소민을 사랑하라는 당부의 말을 전하고 부임지로 보내면 적격한 수령을 얻을 것이다"라고 조언했던 정초의 말이 생각났다. 정초는 나보다 더 나를 닮은 신하다. 그래서 당장 실행했다. 새로 임명된 수령을 궁궐로 불러, 나를 대신해서 지방을 지키며(守 수) 왕의 명령을 전하는(令 령) 수령의 중요성을 설명하고, 사랑으로(愛) 소민(民)을 보살필 것을 당부한 뒤에 부임지로 보냈다.

사신과의 원만한 관계 유지

2월 14일, 사신 윤봉이 부모의 묘가 있는 황해도 서흥에 들러서 성묘를 하고 서울로 왔다. 도착하자마자 서흥을 강원도 강릉 수준의 도시에 이름 붙이는 도호부로 승격시켜달라고 요구했다. 승격 기준을 충족하고 있어서 도호부로 승격시켰다. 이렇듯 윤봉은 사신으로 올 때마다 요구사항이 많다. 윤봉이 요구하는 물건은 기록하기에도 벅찰 정도로 많고 다양하다. 이런 물건을 거의 매일 달라고 한다. 모두 주라고 했다. 윤봉은 그의 친인척에게 관직을 줄 것까지 요구한다. 윤봉이 관직을 요구한 사람 중에는 호적에 기록되지 않은 사람도 있다. 이런 사람에게 관직을 준 사례가 한 번도 없었다.

윤봉이 조선을 떠날 때 환송 연회(전별연)에서 그에게 부탁 하나를 했다. 중국에 돌아가면, 이전에 황제가 조선의 북쪽 국경과 인접한 곳에 거처하는 여진족 양목답올을 잡아서 압송하라는 지시를 했는데, 아직까지 이행하지 못하고 있는 상황을 잘 설명해달라고 했다. 윤봉이 돌아간 뒤에, 윤봉이 관직을 주라고 부탁한 사람들을 조사해보니 자격이 미달되는 자들이었지만 관직을 주게 했다. 외교에서 유익한 결과를 얻어내려면 사신과 원만한 관계를 유지하는 것이 무엇보다 중요하다. 앞으로도 큰 것을 얻어내기 위해 작은 것들을 감내하려 한다.

　　　7월 19일, 사신 제현이 홍희제의 유언장을 가지고 서울에 왔다. 유언장을 받기 위해 내가 직접 사신의 숙소(모화루)로 갔다. 홍희제는 황제의 자리에 오른 지 1년도 안 됐는데 죽음을 목전에 두고 있다. 유언장을 수령한 후에 지름길을 이용해서 서둘러 창덕궁으로 돌아왔다. 왕이 몸이 아픈 사실을 누구에게도 알리고 싶지 않았기 때문이다. 사실은 몇 주 동안 몸이 아팠다. 그 사실을 숨기려고 그동안 모든 업무를 중지하고, 급한 업무만 세자가 대신 처리하고 있었다. 그런데 황제의 유언장을 받는 일은 왕이 직접 해야 하는 일이기에 조용히 다녀온 것이다. 그날 몸이 야위고 검어진 왕의 모습을 몇주 만에 본 신하들이 깜짝 놀랐고, 걱정이 이만저만이 아니었다. 그날 이후 신하들은 종묘와 산천의 이름난 곳에서 내 건강 회복을 비는 기도를 한다고 난리다. 이래서 알리지 않으려 했던 것이다. 마침 사신 제현과 함께 온 하영이라는 중국의사의 의술이 뛰어나다고 해서 나를 진찰하게 허락했다. 그랬더니 하체가 허약하고 정신적으로 과로한 상태라고 말하며, 향사칠기탕과 양격도담탕을 합한 처방전을

　　　　　　　　　　　　1425년, 29세, 재위 7년

내어놓았다. 알려진 의학서적에 없는 처방이어서 사용하지는 않았지만, 그의 성의에 보답하는 선물은 챙겨줬다. 사신이 중국으로 돌아갈 때까지 몸이 나아지지 않았다. 오늘도 12살밖에 안 된 세자 향이가 왕을 대신해서 나라 일을 처리하고 있다.

　　50여 일이 지나서야 병이 조금씩 호전되고 있다. 사신 제현이 떠나던 날, 자기가 압록강을 건너기 전에 내 병이 나으면 알려달라고 했다. 그래서 건강이 많이 좋아졌다고 전해줬다. 그 말을 전해 들은 사신 제현이 기쁜 얼굴로 "조선의 왕이 음식을 소화하지 못하고 때때로 열이 나는 병이 든 원인은, 명치에 열이 있고 비위가 약하기 때문이다. 이제 열이 내렸으니, 날씨가 서늘해지는 가을이 되면 자연스럽게 회복될 것이다"라고 말하고 중국으로 돌아갔다고 한다. 사신이 말한 대로 바람이 시원하게 부는 가을이 되니, 말을 타고 궁궐 후원을 다닐 수 있을 정도로 건강을 회복했다. 제현이 다시 오면 나눌 추억이 하나 생겼다.

공정한 결정은 약자의 처지를 고려하는 것

　　2월 23일, 대마도 왜적 20여 명이 길이도라는 섬에 몰래 배를 정박하고 숨어 있는 것을 발견하고 추적했다. 13명을 사살했고, 나머지는 바다에 빠져 죽었다고 한다. 이처럼 근래에 무인도에 숨어서 호시탐탐 노략질할 기회를 노리는 왜적의 배가 출몰하고 있다. 대마도를 정벌하고 시간이 지나니, 일부 왜적들의 노략질하는 습관이

다시 도지고 있는 것 같다. 왜적이 갑자기 침입할 때를 대비해서 경상도 울산에 새 성을 쌓고 군수물자를 옮겼다. 그런데 하급관리와 주민이 새 성으로 이사하지 않으려고 버텼다. 새 성에서 고위관리와 함께 살게 되면 아침 저녁으로 찾아가서 인사를 해야 하고, 방문하는 손님을 접대해야 하는 등 일거리가 늘어나기 때문이다. 그래서 장군과 같은 고위급 관리는 오래된 성에 그대로 거주하는 것으로 결정했다. 이럴 때는 주민에게 강요하는 것보다 고위관리가 희생하는 모습을 보이는 것이 옳은 결정이다.

도시 한복판의 사람이 많이 다니는 길을 무식한 자들이 말을 타고 달리면서, 사람을 다치게 하는 교통사고가 자주 발생하고 있다. 말이 달리는 속도를 규제하는 법이 없어서 생긴 일이다. 도시 안에서 급한 일 외에 말을 타고 달리다가 교통사고를 내면 처벌하는 법을 처음 만들었다. 폭행죄보다는 가볍게 처벌하게 했는데, 사람을 죽게 하면 1,178km(3천 리) 밖으로 쫓아내게 했다.

12월 13일 밤에 경복궁 경회루 연못가를 산책하는데, 궁궐 밖 기와집에서 악기연주(풍악)소리와 노랫소리가 계속 이어졌다. 그렇지만 이들을 잡아들일 수가 없었다. 서민의 집은 제대로 된 대문도 없고 방도 한두 칸뿐이어서 쉽게 체포할 수 있는데, 고위관리들은 대문이 높은 기와집 안쪽에 문을 잠그고 술판을 벌이기에 찾아내기 어렵다. 그래서 서민들 사이에는 비싼 청주(맑은 술)를 마신 사람은 잡히지 않고, 값이 싼 막걸리(탁주)를 마신 사람만 잡혀간다는 소문이 나돌 정도다. 감사원(사헌부)에 금주령을 어긴 고위관리를 색출하라고 특별지시를 했다. 그리고 술을 자주, 많이 마시는 윤회와 윤대할 때 떼를 지어 다니며 술을 마시는 관리를 질타했다. 그랬더니 몇 주 후에 감사원에서 48명이나 되는 관리를 잡아왔다. 그 안에는 모범을 보여야 할 공신의 자손이 다수 포함되어 있어서 허탈한 심정을 감출 수 없었다. 공신은 나라에 큰 공을 세운 사람들이어서, 중한 죄 이외에는 처벌하지 않는 점을 악용한 것이다. 그자들을 풀어주면서, 서민들에게 미안한 마음이 밀려온다. 금주령을 시행해도, 화폐를 개혁해도 처벌받는 사람은 가난하고 무지한 서민뿐이다. 서민은 감옥에 갇혀서도 추위와 배고픔과 각종 질병을 겪는다. 그래서 죄수도 병원(활인원)에서 치료받게 하고, 감옥의 청소상태를 엄격히 감독하게 하고, 옥바라지를 할 사람이 없는 죄수는 해당 관청에서 옷과 먹을 것을 챙겨주라고 명령했다. 감옥에 가둘 때도 가족이나 친척이 있는 지역으로 보내게 했다. 그리고 각 관청의 관리들이 연말에 망년회(분리연)를 핑계로 떼를 지어 몰려다니며 술을 마시는 것도 감시하라고 지시했다.

들판에 나가 농부를 만나보니

분식회계를 저지른 수령을 처벌하지 않기로 했다. 대신에 올해 가을 추수 때 분식회계한 만큼의 곡식을 채우게 했다. 벌을 주는 것보다 국민의 살림살이를 평안하게 하는 것이 옳다. 3월에 경기도 연천으로 군사훈련을 다녀오며 메마른 논과 밭을 직접 보고 왔다. 4월은 밀과 보리가 익는 계절인데 비가 내리지 않는다. 비의 양이 적다는 이유로, 땅에 씨앗을 뿌리고 심는 파종을 하지 않는 농민도 있다. 하늘을 보면 허탈하고, 무지한 농민을 보면 애잔한 심정이다. 이처럼 올해도 가뭄이 여전했는데, 신하는 농사가 꽤 잘됐다고 말한다. 그래서 내가 직접 농사현황을 살펴보고자 7월 1일 궁궐을 나섰다. 벼가 제대로 자라지 못한 들판을 보니 눈물이 날 지경이었다. 태종이 그랬던 것처럼, 농부에게 이유를 물으며 돌아다니다 궁으로 돌아왔다. 하루 종일 굶어서 배가 고프지만 밥 생각이 나지 않는다.

　　　　7월 8일, 드디어 기다리던 비가 내렸다. 이날 이후로 3주 동안 몇 차례 비가 더 내렸지만, 가뭄을 해갈하기에는 여전히 부족한 양이다. 비가 오기를 학수고대하면서 뜬눈으로 밤을 지새우는 날이 벌써 몇 달째다. 비가 오지 않다보니 소가 농삿일을 할 수 있는 날이 얼마 되지 않는다. 전국에서 천여 마리가 넘는 소를 불법으로 도축해서 먹어치우는 사태가 벌어졌다. 이 문제를 보고받은 날부터 내가 병을 앓았다. 이때가 사신 제현이 서울에 왔을 즈음이었다. 윤7월이 돼서야 충분한 양의 비가 내렸다. 마음이 조금 놓이며 기쁜 마음에 다시 또 들판으로 나왔다. 경기도 양주의 말을 기르는 목장과 인접한 곳에 경작이 가능한 땅 200결(7,000걸음)이 있다는 보고를 받았다. 말이 농지에 들어오지 못하게 담도 쌓고, 가난한 사람이 농사지을 수 있게 두루 나눠줬다. 하루는 양반들이 농지 한가운데에 무덤을 만들고 농부의 출입을 금지시켜서 땅이 황폐해지기를 기다렸다가, 이를 핑계로 땅을 빼앗는 불법행위가 성행한다는 보고를 받았다. 농지 인근에 묘를 만드는 것을 즉시 금지시켰다. 또한 우리나라는 닭과 돼지가 흔하지 않아서 비싸다. 조상의 제사를 지낼 때 상해서 버리기 직전의 고기를 사다가 사용하는 이유다. 그래서 암퇘지 200여 마리를 민가에 보급하고 번식시키게 했다. 서울에 호랑이 수가 늘었다는 보고를 받고 군인을 동원해서 잡았다. 이런 조치들이 서민의 살림살이를 나아지게 하는 데 조금이라도 보탬이 되기를 희망한다.

긴장된 날이 연속되는 왕의 궁궐살이

1월 1일 새해 첫날 이른 아침, 창덕궁 인정전에서 여진족과 아랍인(回回 회회)도 참석하는 조회를 마치고 밖으로 나왔다. 인정전에 들어설 때 앞을 분간할 수 없을 정도로 안개가 끼고 깜깜했는데, 구름 한 점 없는 맑고 청량한 날씨로 바뀌어 있었다. 이런 날씨는 분명히 좋은 징조다. 매년 새해 첫날 조회를 마치고 나면, 고생하는 신하에게 왕이 보답하는 연회(회례연)를 해왔는데, 올해는 특별히 푸짐하게 차렸다. 왕실사람과 장관급 이상은 인정전에서 내가 일일이 술을 따라줬고, 그 아랫급은 궁궐의 마당과 행랑에 자리하고, 이외는 직위에 따라 담장 바깥에 자리를 마련해서 술과 음식을 차렸다. 오늘만큼은 취할 때까지 마시고 즐기라고 명했다. 궁궐에서 이런 잔치를 처음 경험한 일부 신하들은 어리둥절해했다. 그렇지만 술이 얼큰하게 취한 외교재무 부총리(좌의정) 이원이 자리에서 일어나 춤을 추자, 마당과 행랑의 신하들도 흥겹게 즐겼다. 궁궐의 담장 안과 밖이 흥겨운 소리로 시끌벅적하다. 정말 기분 좋은 날이다.

3월 27일, 동대문을 나와서 매사냥을 구경하고, 저자도에서 물고기 잡는 모습을 구경하고, 성동구 살곶이에 들러서 말을 타고 활을 쏘는 훈련을 지켜보고, 송파구 삼전도 나루터 인근에서 신하와 어울려 낮술을 마셨다. 수행한 모두에게도 술과 고기 안주를 나눠줬다. 오늘 지나온 길은 예전에 아버지를 따라다녔던 추억이 묻어 있는 곳이다. 지금은 아버지를 보러 헌릉에 갈 때 이 길을 지난다. 그렇게 하루를 보내고 해질 무렵이 돼서 궁으로 돌아오니 마음이 한결 가벼워졌다. 하루는 짬을 내서 서대문 밖에 있는 작은형(효령대군)의 별장에 갔다. 가는 길에 군인들이 말을 타고 공을 치는 격구게임을 구경했다. 별장에 도착해서 정자에 술상을 차리는데 갑자기 큰비가 내리기 시작했다. 너무 기뻐서 그 비를 한참 동안 바라보다가, 비를 내려주는 기쁜 정자라는 뜻을 담아서 '희우정'이라고 이름 지었다. 이후로도 아팠던 작은형의 병이 나았을 때는 잔치를 열어서 날이 저물 때까지 즐겼고, 큰형에게도 술과 음식을 보냈다.

이처럼 왕이 조금은 느긋하고 여유롭게 시간을 보내니, 궁궐 안의 긴장이 풀어진 것 같다. 하루는 환관(내시) 유실과 윤길에게 말을 기르는 관청(사복시)에 가서 현장상황을 알아보고 오라고 했다. 그랬더니 그들이 뇌물을 받고, 술을 마시고, 기생을 말에 태우고 다니기까지 했다는 것이다. 두 환관을 먼 곳에 노비로 보냈다. 내 시중을 드는 시녀 한 명은 손생이라는 환관과 사랑을 나누며, 왕의 액세서리를 훔쳐서 사랑의 증표로 줬다는 보고를 받았다. 2년 전에도 환관에게 궁궐에서 일어나는 소소한 일처리를 맡기고 노비 200명을 배당했더니, 그날 이후로 자기들의 지위가 상승한 것으로 착각하고 사고를 일으켰었다. 세자의 어깨를 때린 자도 있었고, 왕의 지시라고 속이고 특정인을 관직에 임명한 자도 있었다. 환관은 잠시라도 긴장을 풀어놓으면 안 된다.

국무총리와 두 부총리가 잇따라 사직서를 제출했다. 6월에 외교재무 부총리(좌의정) 이원(58살)이 사직서를 제출하는 것을 시작으로, 7월에 국방법무 부총리(우의정) 유관(80살)이, 12월에는 국무총리(영의정) 이직(64살)이 사직서를 제출했다. 법무부장관(형조판서) 권진(69살)도 사직서를 제출했다. 이 중에 최고령 신하인 유관은 25년 전 태종이 화폐개혁을 추진할 때 감사원장(사헌부 대사헌)이었다. 유관은 그때나 지금이나 국민들 먹고사는 형편이 나아지지 않았기에, 화폐개혁을 하면 국민의 삶이 피폐해질 것이라고 강력하게 반대해온 신하다. 지금의 상황이 유관의 말대로 전개되고 있다. 이들의 경험을 활용하지 못하면 나라 운영이 힘들어지기에 사표를 반려했다. 병든 신하에게는 약을 보내주고, 문제가 있는 신하는 문제를 해결하게 도와주고, 나이 든 것을 이유로 사직하려는 신하는 "당신의 능력이 나라에 꼭 필요하다"며 사직서를 반려하고 있다.

밥은
사람의 하늘이다

1426년, 30세, 재위 8년

서울을 불 지르는 성난 민심

2월 16일, 강원도에서 한창 군사훈련을 하던 중에 서울에 큰불이 났다는 긴급보고를 받았다. 눈보라 치는 길을 뚫고 3일 만에 서울로 돌아왔다. 강원도로 떠나기 전에도 누군가가 고의로 불을 질러서 신신당부를 하고 떠났는데, 지금 동대문으로 들어와서 본 서울의 모습은 말문이 막히고 황망 그 자체다. 다행히 아내(공비)의 빠른 판단과 시민들의 노력으로 종묘와 창덕궁은 불길에 사로잡히지 않았다. 그렇지만 단 하루 만에 총 2,286채의 집이 재로 변했고, 발견된 시체만 32명이고, 잿더미 속에 죽어 있는 사람은 확인조차 못하고 있다. 아직도 불길이 잡히지 않고 있어서 피해규모는 계속 늘고 있다. 한양 땅을 수도 서울로 삼은 이후에 이토록 큰 재난은 처음이다. 매서운 겨울바람도 멈추지 않는다.

방화는 3월 초까지 계속됐는데, 불이 나면 어느새 사람들이 나타나서 불 난 집의 물건을 약탈하는 일이 공식처럼 벌어졌다. 불을 지르고 물건을 훔치는 도적(화적)들이 조직적으로 움직이는 것으로 보인다. 화적을 잡으려고 지붕 위에 올라가서 밤낮으로 지키고, 현상금을 크게 걸고, 군대를 동원해보아도 몇몇 방화범만 잡힐 뿐, 화적집단의 윤곽은 좀처럼 드러나지 않고 있다. 신하는 화폐개혁이 방화의 원인이라고 한목소리로 말한다. 지난해부터 나라에서 하루아침에 조선통보로만 거래하라고 명령하고, 법을 어기고 물물거래를 하다 적발되면 재산을 몰수하고 감옥에 가두었다. 그 결과 그들의 가족까지 졸지에 길거리에 나앉는 거지 신세로 전락했다. 국민 입장에서는 억울하고 황망한 일들이 불과 몇 달 사이에 벌어진 것이다. 그 가족들이 명화강도를 본떠 화적집단으로 뭉친 것으로 짐작된다.

결국 이번 서울 대화재의 원인을 제공한 사람은 왕인 것 같다. 시장이 화폐를 중심으로 유지되고 발전해야 나라의 경제가 튼튼해진다는, 책 속 성인의 화폐이론에 사로잡힌 내가 서민의 실제 삶을 공감하지 못한 상태에서 개혁을 강요한 것이 실수의 시작이었다. 이번 방화사태를 겪으며, 조선통보로 거래하는 화폐개혁법이 지금의 조선 상황에서는 누구에게도 유익하지 않은 법이라는 민심을 확인했다. 머릿속이 온통 뒤죽박죽이고, 잠 못 이루는 날이 계속되고 있다. 하루는 답답한 마음에, 문제의 원인을 신하 탓으로 돌리는 말을 하기도 했다. 서울 방화사태를 거치면서, 25년 전에 화폐를 사용하는 나라를 세우려고 '지폐법'을 시도했던 태종의 의지와, 조선통보 사용을 법으로 강제했던 나의 법은 모두 실패로 돌아갔다. 태종 또한 법을 어기면 모든 재산을 몰수했었다. 지금 화적의 부모 중에도 당시에 같은 상처를 가진 사람이 있을 수도 있다. 화폐개혁에 몰두하다가

"밥은 사람의 하늘이다"라는 변치 않는 진리를 왕이 간과한 것이다. 그러고보니 내가 국민과 직접 만나서 화폐개혁에 대한 대화를 해본 적이 없다. 군대를 통솔하는 것은 명령으로 가능하지만, 사회를 유지하고 발전시키는 것은 반드시 대화로 풀어야 한다는 사실을 다시 한번 깊이 깨달았다. 곡식의 생산량이 늘면 국민들이 자연스럽게 먹고 남은 곡식을 화폐로 바꿨다가 필요할 때 곡식으로 다시 바꾸게 될 텐데, 식량이 절대적으로 부족한 상태에서 화폐개혁을 서두른 것이 실패의 가장 큰 원인이었다. 시간이 걸리더라도 반드시 왕의 마음을 국민에게 전하는 과정을 거쳤어야 했다. 이 평범한 사실을 서울이 불바다가 되는 방화사태를 겪고 나서야 비로소 똑바로 보게 됐다. "잘못된 선택을 하더라도(流 유) 그것을 알아채면, 빨리 본래 자리로 돌아올 줄 아는(連 련) 사람이 왕이어야 한다"라는 태종의 유훈을 되새기게 된다.

농지개혁을 위한 첫 걸음

민심이 바라보는 곳은 오직 밥 하나였다. 왕도 돈도 아니었다. 내가 조선의 국민을 다스리는 왕이 된 지 9년이나 됐지만, 그들의 왕은 언제나 밥이었다. 국정운영 기조를 돈에서 밥으로 전환했다. 화폐개혁은 나라 안에 곡식 생산이 풍족해질 때까지 기다리는 장기 정책으로 전환했고, 곧바로 농지개혁을 시도했다. 농지개혁은 화폐개혁의 실패가 안겨준 선물이다. 국민의 밥 문제를 해결하지 않고서는 화폐로 거래하는 법을 정착시키는 것은 불가능하다는 사실을 가슴으로 받아들인 결과이다. 첫 번째 농지개혁은 나라에서 관리하는 땅부터 시작했다. 국경 인근 군대의 군량미와 수령의 급여, 그리고 각 관청의 필요 경비는 둔전, 아록전, 공수전이라 이름 붙인 국가 소유의 농지를 경작해서 얻은 생산물로 충당한다. 그런데 이 농지로 인해 생긴 여러 문제가 겹겹이 쌓여 있는 상태다. 둔전을 예로 들면, 둔전은 보급받는 군량미만으로는 부족한 군인에게 직접 농사지어 부족한 식량을 충당하도록 농지(둔전)를 제공해왔다. 처음에는 훌륭한 방법이었다. 그런데 점차로 인근의 농부에게 강제로 농사일을 시키는 폐단이 관행처럼 자리잡았다. 자기 농사를 지을 시간을 빼앗긴 농부는 더욱 가난해지게 됐다. 그래서 둔전 일부를 땅이 없는 서민에게 나눠주는 특단의 조치를 취했다.

아록전은 지방의 수령에게 급여 대신에 지급하는 농지다. 그런데 아록전에서 생산한 곡식이 부족하면 국고에서 맘대로 가져가는 수령이 해마다 적발됐다. 강등시키거나 직위를 박탈시켜도 줄지 않았다. 그래서 부족한 곡식은 언제든지 쌀을 사고 팔 수 있는 거래증명서(미두)로 보충해주는 방안을 검토하고 있다. 각 관청의 필요 경비를 마련하기 위한 공수전도 마찬가지다. 아록전과 유사한 운영방식으로 개선하려고 한다. 이외에도 나라의 제사에 사용할 곡식을 충당하는 농지(서적전) 또한 대안을 고민하고 있다.

땅이 있어도 농사 지식과 기술이 부족한 것이 농민의 현실이다. 한 예로 봄에 비가 오지 않았다고 씨앗을 심지 않는 농부가 있을 정도다. 파종은 반드시 비가 온 뒤에 해야 하는 것으로 알고 있기 때문이다. 이렇게 지식과 기술이 부족한 농부들은 지금도 하늘만 쳐다보며 속이 새까맣게 타들어가고 있을 것이다. 농사는 1년의 24절기마다 꼭 해야 할 일이 정해져 있다. 파종시기를 놓치지 않게 독려하고 있지만, 움직이지 않는 농민을 지켜보는 내 속도 안타깝기만 하다. "각 절기 때마다 농사를 잘 짓는 비법을 모아서 전해주면 이들에게 보탬이 될 수 있을까?"를 생각하게 된다.

윤대는 민심을 읽는 마지막 퍼즐 조각

2월 20일, 평소에 나와 대화할 기회가 적은 관리자급 신하(4품)와, 궁궐 출입을 자주 하지 않는 작은 관청의 관리자급까지 윤대를 확대하라고 지시했다. 민심의 동향과 국민이 원하는 것을 잘 이해하기 위해서는 현장을 잘 아는 신하의 말을 직접 듣는 것이 최선이라고 판단했기 때문이다. 옛말에 "아무리 어려운 일이라도 현장에 답이 있다"고 했다. 역시나 관리자급 또한 고위급과 같이 속 깊은 곳에 담아둔 말을 꺼낸다. 이들 중에는 말을 더듬으며 뒤죽박죽으로 두서없이 말하는 사람도 있지만, 현장의 생생함만큼은 그대로 전해진다. 슬픈 경험을 말할 때는 나도 눈물이 났고, 억울한 사연을 털어놓을 때는 마실 것을 주어 진정시켰고, 재미있는 대목에서는 웃음소리가 방문을 넘기도 한다. 윤대를 하며 이들과 대화하는 것만으로도 현장에 다녀온 듯하다. 태종에게는 경험을 배웠는데, 관리자급 신하는 나를 국민이 사는 현실 세상으로 안내하고 있다. 왕이 되고 8년 만에 정치의 대체를 가슴으로 받아들인 것만 같다. 덕분에 오늘도 궁궐의 방 안에서 골목길의 작은 집에 사는 서민의 살림살이를 들여다보고 있다. 궁궐은 높은 담과 여러 문을 지나야 왕이 있는 곳까지 올 수 있기에 구중궁궐이라고 불리는데, 윤대에서만큼은 담과 벽이 허물어지는 것이다. 윤대는 새로운 세상을 보게 한 귀한 선물이 됐다.

　　　　윤대를 하다가 알게 된 것이 하나 있다. 고위관리일수록 정책제안을 많이 하고, 하위관리일수록 살아가는 소소한 이야기를 많이 꺼낸다는 것이다. 처음에는 구분해서 들었는데 1년여 동안 들어보니, 신기하게도 두 집단의 이야기가 다른 말이 아니었다. 국민의 살림살이에 미치는 영향을 거시적 관점과 미시적 관점으로 설명했을 뿐이다. 이 말들을 새겨들은 나는 가끔 두 관점 사이에 비어 있는 공간을 하나하나 연결하고 채워보곤 했다. 이렇게 연결하는 일은 다양한 책을 읽은 내가 누구보다도 잘할 수 있는 방법이다. 내 안의 지식이 쓰임을 찾아가고 있다는 느낌을 받는다. 이제 나도 아버지(태종), 할아버지(태조)와 같은 왕이 되어가는 듯하다.

　　　　관리자급 신하들과 윤대를 시작한 이후에, 지방을 맡아서 다스리는 신임 수령들과 대화하는 시간이 길어졌다. 지금까지는 신임 수령이 인사를 하러 오면, "국민을 사랑하고 벌주는 것을 줄여라"라는 원론적인 수준의 말을 하고 보냈다. 그런데 이제는 국민의 속내를 알게 되니 당부하고 싶은 말이 많아진 것이다. 충청도지사(감사)로 부임하는 유계문에게는 "비단실을 생산하는 누에를 기르는 양

잠을 권장하여 서민의 살림살이를 넉넉하게 하라"고 당부했고, 전라도 고창(흥덕)의 수령으로 부임하는 이연생에게는 "전라도는 식량이 충분하다. 그렇지만 다른 도의 사람들이 와서 얻어먹으며 살고 있으니 이들의 형편을 잘 보살펴라"라고 당부했다. 신하 입장에서 보면 윤대가 꼭 좋은 것만은 아니다. 하루는 윤대에서 임신한 여종의 고충을 상세히 들을 수 있었다. 그래서 정부기관에 소속된 여종이 아이를 낳으면 100일 동안 휴가를 주는 제도를 만들라고 지시했다. 또 하루는 회의 중에 나라에서 관리하는 농지의 실태와 개선방안을 논의하다가 "내가 이미 다 알고 있으니 혁신방안을 숨김 없이 진술하라"고 말했다. 순간 회의 분위기에 긴장감이 감돌았다. 왕이 세상 돌아가는 일을 속속들이 알아가니, 대충대충 일을 한 것이 그대로 보여지는 것이다.

도시재생은 민심 위에 짓는 집

불길에 휘말려서 사망한 사람의 가족에게 쌀 1석과 물품을 주고 장례를 치르게 했다. 친척조차도 없는 시신은 관청에서 묻어주고, 굶주리는 사람에게는 밥과 집을 지을 소나무를 제공했다. 불탄 집에 군인이 있으면 7개월의 휴가를 줘서 집을 다시 짓게 하고, 피해를 당했어도 일을 해야만 하는 사람에게는 적정한 급여를 지급하게 했다. 시내 한복판의 큰길 양쪽에 늘어선 상점(행랑)에는 방화벽을 쌓았고, 관청과 가까이 붙어 있는 집은 철거하고, 행랑은 열 칸, 개인 집

1426년, 30세, 재위 8년

은 다섯 집마다 새 우물을 파고, 각 관청에는 불을 끄는 장비를 비치하게 했다. 그리고 소방청(금화도감)을 신설해서 화재진압 시스템을 갖추고, 기와를 굽는 별요를 추가로 설치해서 서민에게만 싼값으로 공급하게 했다. 서민의 집은 초가집들이 다닥다닥 붙어 있고, 골목이 비좁다. 그래서 태종이 살아생전에 서민에게 기와를 싼값에 보급해서 초가지붕을 기와지붕으로 바꾸려는 시도를 했었으나 역부족이었다. 이 모든 일을 2주 사이에 처리했다. 숨 가쁘게 돌아간 시간이었다.

3월 5일 또 큰불이 나서 20여 채의 집이 불에 탔고, 이후에 화재가 잠잠해졌다. 서울의 골목길을 미리 정비했다면 물을 실은 수레가 다니기 용이해서 이토록 큰 피해를 입지 않아도 됐을 것이다. 마음은 아프지만, 지금이 서울의 도로를 재정비할 적기라는 생각이 든다. 그래서 큰길은 수레 3대가 지날 수 있도록 넓히고, 작은 길은 수레 한 대가 다닐 수 있게 하고, 길 양쪽에는 배수로를 파는 등 도로표준계획을 수립했다. 그리고 4월부터 도로확장공사를 시작했다. 이 토목공사는 몇 해 동안 많은 집을 허물고 길을 내야 하는 큰 공사다. 공사 과정에서 비리가 발생하지 않도록 관리감독을 철저히 하라고 지시했다. 그리고 무거운 물건을 나르는 짐수레는 중국의 것이 우수하다고 하니, 이번 기회에 도입을 적극 검토하게 했다.

방화사태를 처리하면서 성난 민심에 불이 붙으면 그 불길은 걷잡을 수 없을 만큼 커진다는 사실을 똑똑이 확인했다. 그런데 하루는 변계량이, 지금이 신분증을 몸에 지니고 다니는 법(호패법)을 다시 실시할 절호의 기회라고 거듭 제안했다. 이 법은 태종이 만들었는데 국민이 싫어해서 폐기했던 법이라 나 또한 두려워서 다시 실행할 엄두를 내지 못하는 법이다. 사실 호패법을 적용하면, 지방 주소지를 몰래 서울 주소지로 편입하는 것을 불가능하게 할 수도 있고, 부역을 피해 다니는 사람을 검문해서 체포할 수 있는 장점이 있다. 이번 방화사태도 호패로 신분을 확인할 수 있었다면 방화범을 잡는 것이 어렵지 않았을 수도 있다. 그렇기에 나 또한 변계량의 말을 따르고 싶은 마음이 굴뚝 같다. 그러나 지금은 민심이 두려운 것이 사실이다.

나는 본래부터 점괘를 믿지 않는다. 그렇지만 최근 몇 년 동안 크고 작은 사건사고가 끊이지 않아서, 지난해 기우제를 지낼 때 점쟁이에게 넌지시 물었다. 점쟁이의 말대로 지난해 7월에 내가 앉지도 못할 정도로 아팠었다. 올해 또 물으니, 올해도 역시 액운이 있다고 한다. 연희궁으로 잠시 피해 있으려 했는데 신하의 만류로 그러지 못했다. 그런데 올해 7월에 또 병이 도졌다. 늦은 감은 있지만, 9월 3일, 연희궁으로 옮겨서 한 달여 동안 머물다가 경복궁으로 돌아왔다. 지금까지 미신은 믿지 않았는데, 몸과 마음이 약해지니 의지하는 마음이 생기는 것 같다. 왕도 어쩔 수 없는 사람이다.

뒷주머니 찬 느려터진 고위관리

3월 12일, 사신 윤봉과 백언이 서울에 왔다. 중국에서 오는 사신은 대부분 어린 나이에 중국에 환관(내시) 후보자로 보내졌

1426년, 30세, 재위 8년

던 조선사람이다. 그들이 중국정부에서 자리잡은 다음에 조선에 외교관(사신)으로 오는 것이다. 윤봉은 조선에 올 때마다 자신의 탐욕을 채우는 데 혈안인데 반해, 백언은 시간이 날 때마다 수원에 사는 늙은 어머니를 찾아가서 말동무를 하며 시간을 보낸다. 백언의 고향집에 곡식 20석과 궁궐에서 만든 술을 보내줬다. 윤봉의 고향집에는 술만 보냈다. 부모에게 효도하는 백언과 경복궁 경회루에서 차를 마시며 이야기를 나누는 다례시간이 즐겁기만 하다.

　　　　이렇게 사신과 마주 앉아서 예의를 갖추고 차를 마시며 대화를 나누자니, 멀리서 찾아온 친구를 만나는 듯한 기분이다. 중국 사신은 우리나라 신하의 느릿느릿한 행동거지를 보고 비웃는 듯한 표정을 지을 때가 있다. 나 또한 동의하는 대목이다. 조선의 관습이 중국과 같을 수는 없겠지만, 빠릿빠릿한 사신의 행동거지를 볼 때마다 나 또한 속으로 우리 신하와 비교하곤 했다. 예절을 중요하게 여기는 허조를 불러서 "빨리 앞으로 나아가되 새가 날개를 펴고 날듯이 단정히 움직인다"라는 공자의 말을 비유하며, 왕 앞에서 느릿느릿 행동하는 것을 고쳐야 한다고 지적했다.

　　　　5월 15일, 외교재무 부총리(좌의정)로 퇴직한 유정현이 죽었다. 그는 결단을 할 때는 엄격했고 나라의 재물을 다룰 때는 가혹하리만치 절약했던 관리였다. 그런 그에게 나라의 살림을 책임지는 재무부(호조)의 일을 오래 맡겼다. 거듭된 흉년으로 나라 전체가 극심한 혼란에 빠졌던 시기를 극복하는데 그의 재주가 빛났다. 한 예로 그가 관청에서 일하는 사람에게 제공하는 점심밥을 중단시켰을 때는 온갖 비난과 원망을 받았지만, 개의치 않고 자기가 해야 할 일을 다했다. 큰형(양녕대군)이 세자의 자리에서 쫓겨날 때에도 "어진 사람이 다음 왕이 돼야 나라가 평안해진다"고 맨 먼저 태종에게 말했던 사람도 유정현이었다. 어진 사람은 나를 가리킨 말이었다. 유정현의 업적을 기리는 이름(시호)을 '정숙'이라 지었다. 숨김없이 똑바른 것을 정(貞)이라 하고 침착하게 결단하는 것을 숙(肅)이라 하는데, 그의 성품이 이와 닮았기 때문이다.

　　　하루는 함경도에 사는 김도련이라는 자가 잡혀왔다. 조사해보니 김도련에게 뇌물을 받은 관리가 고구마 줄기처럼 여기저기 뻗어 있었다. 그 중에는 국방법무 부총리(우의정) 조연, 국방부장관(병조판서) 조말생, 외교문화부차관(예조참판) 하연 등 최고위급 관리를 비롯해서, 판결을 직접 좌지우지할 수 있는 관리자급(4품, 5품) 관리들이 즐비하다. 김도련은 이들의 비호를 받아 부당한 일을 일삼으며 막대한 이득을 취해온 것이다. 특히 조말생은 36명이나 되는 노비를 뇌물로 받고, 이에 상응하는 협조를 했다고 한다. 조말생이 뇌물을 받은 것은 태종이 왕이었던 12년 전으로 거슬러 올라간다. 당시 조말생은 노비사건의 판결에 직접 영향을 미치는 관직(형방대언)에 있으면서, 김도련에게 유리한 판결이 나오게 힘을 썼다는 것이다. 국방부장관(병조판서)으로 승진해서도 비리행각을 멈추지 않았다고 한다. 당시에 평민을 하루아침에 노비로 전락시킨 어처구니없는 판결에도 조말생이 영향을 끼쳤다고 한다. 조말생을 조사하니 각종 비리가 추가로 또 드러났다. 과거에 비서실장과 국방부장관(병조판서)에 재직

할 때 하급공무원에게 땅과 뇌물을 받고 승진시켜준 사례가 여러 번 있었고, 평민이 낳은 아이를 잡아와서 도망해온 노비로 만든 사실까지 드러났다. 조말생이 받은 땅, 재물, 노비를 조선통보로 환산해보니 총 2.9톤(780관)이나 되었다. 뇌물이 0.3톤(80관)만 돼도 사형에 해당하는데 아홉 배가 넘는 엄청난 양이다. 이렇게 많은 뇌물을 받았을 것이라고는 단 한 번도 생각해본 적이 없다. 조말생이 받은 뇌물을 모두 압수하고 멀리 쫓아보냈다. 그랬더니 처벌 수위가 너무 낮다며 사형시켜야 마땅하다는 주장이 끊이지 않았다. 이에 나는 "장관급 이상의 신하는 죽이지 않는다는 법이 있고, 태종(아버지)이 오랫동안 신임하고 아꼈던 사람이다. 그런 사람을 차마 내가 죽일 수는 없다"라고 사정하듯 대응했다.

그런데 조말생의 아들이 판결에 불만을 품고, 아버지를 고발한 사람들에게 보복하겠다고 지껄이고 다닌다고 한다. 도둑놈이 오히려 몽둥이를 들고 다니는 격이다. 그의 가족은 염치조차도 없다. 하루는 감사원의 관리자급 신하(장령) 이인경이 찾아와서 "왕은 신하와 언로를 넓혀야 한다"라며 충고하듯 말했다. 언로는 왕과 국민 사이에 필요한 것이다. 그런데 왕과 신하 사이의 언로를 넓히라고 요구하니 어이가 없었다. 잠시 천장을 쳐다보고는, 아무 말도 하지 않고 돌려보냈다. 정작 막혀 있는 곳은 신하와 국민 사이의 언로인데 말이다.

중국 새 황제의
무리한 요구

1427년, 31세, 재위 9년

안쓰러운 소민의 살림살이 형편

3월 16일, 내 머릿속을 가득 채우고 있는 고민거리를 국가고시 시험문제로 출제했다. 중국의 성인 맹자는 "바른 정치는 바른 세금제도에서 시작된다"라고 말했다. 그런데 지금 우리나라의 세금제도는 관리의 부정행위가 끼어들어서 국민의 살림살이를 힘들게 하고 있다. 이를 해결할 대안으로 중국의 공법을 예로 들었다. 그리고 수험생의 생각을 기탄없이 적어 제출하면 채택하고 반영하겠다고 했다. 내 머릿속에는 세금문제와 같은 큰 고민거리만 있는 것이 아니다. 일반 서민의 결혼풍습이 형편에 비해 너무나 사치스럽다. 신부가 시부모에게 첫 인사를 하는 날에 음식을 성대하게 장만해서 수레에 싣고 수발하는 종을 부르는데, 종의 수가 30여 명에 이르기도 한다. 신랑 집 역시 그 수준에 맞춰 준비하기에, 대체로 빚을 내서 결혼식을 치른다. 결혼식을 마치면 빚을 갚느라 고생이 이만저만이 아니라고 들었다. 평생에 한 번 하는 결혼이기에 말릴 수는 없지만, 오랜 시간 고착된 관습에서 벗어나지 못하는 처지가 안쓰럽다.

4월에 우박이 내려 농작물에 피해를 주더니, 5월에는 마른하늘이 계속되고 있다. 한강에 호랑이 머리를 집어넣고 온갖 장소에서 비가 내리기를 비는 기우제를 지냈더니, 6월 21일이 돼서야 비가 조금 내렸다. 흡족한 양은 아니지만 급한 대로 쓸 수 있는 양이다. 다음날 저녁에 긴장을 풀고 신하들과 술을 한 잔 마시며 한숨을 돌렸다. 비가 서울에 내린 만큼만 전국에 내려준다면 아무 걱정이 없겠다. 그런데 그 비가 이틀 동안 거침없이 쏟아지는 폭우로 돌변했다. 특히 경상도 지역은 산사태가 난 곳이 6,778곳이나 됐고, 특히 상주는 사방의 모든 산에서 산사태가 발생해서 7명이 죽고 43채의 집이 휩쓸려 무너졌다. 졸지에 피해를 당한 사람들은 땅바닥에 주저앉아 버렸다. 비가 적당히 내리는 지역은 단비가 되고, 비 피해가 심각했던 지역은 무심한 하늘만 바라보며 망연자실한 상태다.

날씨 변덕이 심해서일까. 올해 여름은 특히 전염병이 심하다. 서울 성 밖에 전염병으로 죽은 사람의 시체가 나무 위에 걸려 있기도 하고, 구덩이에 버려져 있기도 하다. 사람 썩는 냄새가 사방으로 퍼져서 악취가 진동한다. 서울시(한성부) 공무원들이 나서서 시체를 땅에 묻어주고 있다. 몇 해 동안 계속된 자연재해와 전염병으로 인해 군인의 수가 크게 줄었다. 군대의 진법과 훈련상태를 점검하는 대열은 몇 해 동안 엄두도 못 내고 있다. 그래도 군사훈련은 반드시 해야 한다. "훈련에 여자들까지 동원해야 하나?"라는 생각마저 든다.

서울시는 상인에게 상점을 빌려줄 때 상권에 따라 3등급으로 구분해서 월세를 받고 있다. 상인에게 월세를 받지 않으면, 너도 나도 힘든 농사일을 때려치우고 몸이 편한 상인이 되려 할 것이기 때문이다. 월세 제도는 태종이 만든 법이다. 태종은 제도를 고칠 때 항상 국민의 눈높이에서 판단했다. 그리고 태종과 내가 주도적으로 추진했던 두 번의 화폐정책이 모두 실패로 끝났지만, 아직도 미련이 남아 있다. 그래서 민심의 변화를 확인하려고, 앞으로 10년 동안 매년 정부의 쌀 100석씩을 서민이 조선통보로만 살 수 있게 했다. 조선통보 사용을 유도하면서 서민에게 쌀을 값싸게 공급하는 특혜 제도다.

잇따라 드러나는 고위관리의 패악질

공무원을 때려 죽인 서달을 감옥에 가뒀다. 서달은 법무부장관(형조판서) 서선의 외아들이자 황희의 사위다. 이 사건은 서달이 그의 어머니와 함께 충청도 아산시 신창면(신창현)을 지날 때 일어났다. 서달이 예의를 갖추지 않고 달아난 하급공무원을 잡다가 혼내려고 했는데, 표운평이라는 또 다른 하급공무원이 부당함을 지적했다. 서달이 악한 감정으로 표운평을 50여 대나 때려서 죽였다. 억울하게 죽은 표운평의 가족이 이 사건을 고소했고, 서달의 장인 황희가 맹사성에게 청탁해서 영향력을 발휘했다. 신창현은 맹사성의 고향이다. 서달의 아버지 서선 또한 신창현의 수령 곽규에게 피해자 가족과 합의를 청탁했다. 이 과정에서 뇌물이 오갔고, 피해자 가족은 "죽은 사람은 살아날 수 없고, 높은 사람의 명령에 불복하면 불행한 일이 생길 것이다"라는 협박까지 받았다. 그래서 결국 합의를 해줄 수밖에 없었다고 한다. 내가 처음 이 사건을 보고받았을 때, 판결문에는 "서달을 수행하던 노비의 우발적 행동으로 인해 표운평이 죽었다"라고 적혀 있었다. 그것도 7개월 동안이나 질질 끌다가 합의를 하고 나서야 나에게 보고한 것이다. 사건 처리과정에 의구심이 들어 다시 조사하게 했더니 이와 같이 드러난 것이다. 사건을 청탁하고 조작한 황희, 맹사성, 서선의 관직을 파면하고 근신에 처했다. 자식을 아끼는 마음은 이해하지만, 개인적인 일에 관직을 악용한 것은 용납할 수 없다. 황희와 맹사성은 조선에 두 명뿐인 부총리(좌의정, 우의정)이다.

이처럼 지난해부터 고위급 신하가 연루된 비리사건이 연달아 터지고 있다. 끔찍한 사건 하나가 또 보고됐다. 신임 법무부장관(형조판서) 노한이 길을 가다가 뼈와 가죽이 붙어 있을 정도로 바짝 마른 사람을 보았는데, 집현전(정4품 응교)에 근무하는 권채의 여종이었다는 것이다. 내가 아는 권채는 성실한 사람이다. 그래서 처음에 이 사실이 믿기지 않았지만 사건을 조사하니 내막이 드러났다.

권채가 오래전에 여종 덕금을 첩으로 삼았는데, 하루는 덕금이 병든 할머니를 보러 가려 했으나 권채가 허락하지 않아서 몰래 간 일이 있었다. 이날 권채의 아내 정 씨가 "덕금이 사내와 간통을 하고 도망쳤다"라고 거짓으로 꾸며서 권채에게 알렸다. 이를 그대로 믿고 분노한 권채가 덕금의 머리카락을 자르고 때리고, 왼쪽 발에 쇠고랑을 채워서 감금했다. 권채의 아내 정 씨는 여기에 그치지 않고 그날부터 덕금을 굶기고, 똥과 오줌을 먹게 하고, 덕금의 항문을 침으로 찌르기까지 했다. 사람을 가둔 채로 이런 고문을 몇 달이나 계속했고, 결국 뼈만 남은 여종을 내다버린 것이다. 권채의 관직을 박탈하고 아내 정 씨는 매를 때리는 판결을 했다. 그랬더니 다음날 인사행정부장관(이조판서) 허조가 비서실장 정흠지와 함께 찾아와서, 권채의 죄는 가벼운 것이라고 따지듯 주장했다. 특히 허조는 이번 일을 계기로 아랫사람이 윗사람을 고소하는 것을 금지하는 '부민고소 금지법'을 발의했다. 여기에 그치지 않고 당장, 어머니가 노비면 아이 또한 평생 노비신분으로 살게 하는 종모법으로 전환해야 한다고까지 주장했다. 이처럼 허조는 양반과 노비 사이에는 신분 구별이 뚜렷해야 한다고 주장하는 신하다. 부족할 것 없는 최고위급 신하의 아랫사람을 대하는 태도가 어찌 이 모양인가. 개탄스럽다.

중국 새 황제의 무리한 요구 사항

작년에 사신 윤봉이 새 황제(선덕)가 매사냥을 즐긴다는 사실을 알려줬었다. 사냥용 매(해청)를 잡아 보내면, 황제의 우호적인 마음을 얻는 데 보탬이 될 것이라는 조언도 했다. 그런데 해청은 잡기도 어렵고, 중국까지 먼 길을 산 채로 건강하게 가져가는 것은 더욱 힘들다. 그래서 먼저 그림을 그리는 부서(도화원)에 조선에 사는 일곱 종의 해청을 그리게 하여, 전국에 배포하고 포상금을 걸었다. 그렇지만 역시나 한 마리도 잡지 못하고 있다. 윤봉에게 자신 있게 말했는데 걱정이다. 이 와중에 윤봉과 백언, 그리고 창성까지 세 명의 사신이 한꺼번에 서울에 왔다.

사신이 가지고 온 새 황제의 요구사항은 전쟁용 말 5천 마리와, 처녀와, 요리하는 여종과 환관(내시) 후보자를 보내라는 것이었다. 말을 보내라는 것은 이번이 벌써 세 번째다. 말은 그동안 두 번의 경험으로 알아서 착착 진행한다. 처녀를 선발하는 일은 내가 직접 챙기고 있다. 처녀를 선발하고보니, 이 중에 기구한 운명을 가진 한 가족이 있었다. 그 집의 맏딸이 예전에 선발되어 중국의 이전 황제(태종)에게 보내졌는데, 황제(태종)가 죽었을 때 장례의식에 따라 죽임을 당했다. 그런데 이번에 또 막내딸이 새 황제(선덕)가 요구한 처녀로 뽑힌 것이다. 불행인지 다행인지 이 여인이 갑자기 아파서 내년에 보내기로 했다. 7월 18일, 최종 선발된 처녀 7명과 가족을 경복궁 경회루로 불러서 연회(전별연)를 열고 미안한 마음을 전했다. 고요한 밤에 슬피 우는 소리가 궁궐 안에 흘러 퍼지니, 이를 듣고 슬퍼하지 않는 사람이 없었다. 환관(내시) 후보자 10명과 요리하는 여종 10명은 경회루 아래에서 잔치에 참석하게 했다. 처녀의 가족에게는 노비와 곡식을 주고 승진을 시켜주는 것으로 위로했다.

세 명의 사신은 저마다의 잇속을 챙기기에 바빴다. 창성과 백언은 금강산을 구경하고 왔고, 윤봉은 서울에서 밤마다 술판을 벌였다. 특히 백언은 작년에 왔을 때 수원에서 만난 기생에게 빠져서 한 달 동안이나 수원에서 돌아오지 않기도 했다. 윤봉의 요청으로 그의 동생 윤중부를 관리자급(대호군)에 임명했고, 추가로 몇 명을 실무자급 공무원(7품 관직)에 임명했다. 3월에 온 사신들은 이렇게 놀다가 7월 20일에 이르러서, 처녀들을 자물쇠를 채운 가마(교자)

에 태워서 중국으로 돌아갔다. 요리하는 여종과 환관(내시) 후보자들도 그들을 따라 중국으로 갔다. 환관(내시) 후보 중에는 나중에 중국의 사신이 되어 조선에 다시 오는 사람도 있을 것이다.

정치냐 우애냐, 극단으로 치닫는 대립

　　1월 3일, 큰형(양녕대군)의 아들 이개에게 관직을 주고, 궁궐과 가까운 남대문 밖에 살게 했다. 그랬더니 신하들이 매일같이 찾아와서 트집을 잡는다. 양녕대군의 죄를 아들에게까지 대물림하는 것은 부당하다고 반박하고 침묵으로 일관했지만, 이 일도 결국 양녕대군에 대한 문제로 귀결되고 있다. 신하는 큰형과 연관된 문제에 있어서는 똘똘 뭉친다. 그리고 어느 하나도 찬성하지 않는다. 태종이 돌아간 지가 5년이나 지났지만, 큰형과 내가 생이별하고 사는 이유다.

　　1월 29일, 왕실의 친척이 모두 모이는 날이다. 이날만큼은 큰형도 참석하기를 희망했더니, 무슨 일인지 이번에는 거부하지 않았다. 동대문 밖에서 큰형을 만났다. 4월 10일에는 궁궐에서도 만났다. 5년 동안 만나지 못하다가 두 달 사이에 두 번을 만나니, 신하는 또다시 매일같이 찾아와서 "양녕대군이 왕의 거룩한 위엄을 더럽히고 있어서 울분을 억누를 수 없다"는 말까지 하고 간다. 형의 행실이 고쳐진 것이 확인되기 전까지는 절대 물러서지 않을 태세다. 나 또한 거듭해서 생각해보아도 큰형에 대한 문제는 형제 사이의 우애로 보는 것이 타당하다는 생각에 변함이 없다. 하루는 내 앞에서 더 이상 큰형의 문제를 꺼내지 말라고 했다. 그랬더니 떼를 지어 몰려와서 "내가 죽은 뒤에 양녕대군은 서울에 발을 들이지 못하게 하라"고 지시했던 태종의 말까지 꺼낸다. 더 이상은 대화로 큰형과 관련된 문제를 풀어갈 수 없다는 판단이 섰다. 그래서 "너희들이 아무리 거부해도, 나는 형제 사이의 우애를 지킬 것이다"라고 명확히 선을 그었다. 그리고 "이제부터는 큰형을 자주 만나지 않겠다. 보고 싶을 때는 미리 알리겠다"라고 절충안을 제시했다. 그랬더니 1월부터 다섯 달 동안 계속된 대립이 조금 수그러들었다. 신하도 나처럼 피로가 쌓였던 것이다.

왕이 직접 전국의 군인을 모아서 사냥하며 훈련시키는 '강무'는 농사일 전의 초봄과 추수를 마친 늦가을, 매년 두 번 한다. 올해 가을에는 큰형이 살고 있는 이천과 가까운 곳에서 훈련하기로 했다. 그리고 약속대로 큰형을 불렀다. 작은형도 불러서 우리 세 형제가 모두 한자리에 모였다. 오랜만에 형들과 더불어 즐겁게 사냥을 했다. 12월 25일, 한해를 보내는 송년회(분리연)에서 형들과 다시 만났다. 어느새 커서 지난 4월에 장가든 세자 향이 이야기도 빠지지 않았다.

처지가 불쌍한 여인의 인생살이

1월 3일, 태종 때 영의정 자리까지 올랐던 이지가 79세의 늦은 나이에 고환이 터져서 죽었다. 이지가 두 번째 아내(후처) 김씨와 절에 머물렀는데 김씨가 중과 간통을 했다. 이 장면을 이지가 목격하고, 화를 참지 못하고 때렸다. 이때 김씨가 이지의 고환을 움켜쥐고 잡아당겨 죽게 한 것이다. 그런데 놀라운 사실은 이지의 아들 이상홍이 타살 흔적이 분명한 아버지 시신을 보고도, 수사기관에 알리지 않고 그대로 장례를 치렀다. 아들은 범인을 잡고 싶은 마음이 없었던 것이다. 이상홍은 이지의 전처가 낳은 네 명의 아들 중에 첫째다. 아버지(이지)가 자신의 어머니와 이혼하고 김씨에게 새장가를 간 이후로 사이가 틀어진 것으로 보인다.

　　　이지가 죽고 난 뒤에 후처 김씨의 기구한 삶이 세상에 알려졌는데, 듣기에도 민망한 막장 수준이었다. 김씨는 본래 조화라는 사내와 첫 결혼을 했다. 그런데 남편 조화가 김씨의 어머니(장모)와 몰래 간통하고 지냈고, 이 사실을 알게 된 김씨도 허해라는 남자와 간통을 저질렀다는 것이다. 하루는 남편 조화가 첩과 여행을 갔을 때 김씨도 허해를 집으로 불러들여 관계를 가졌는데, 허해가 실수로 남편 조화의 옷을 입고 돌아갔다. 집에 돌아온 조화가 옷이 자신의 몸에 맞지 않아서 김씨가 바람을 피운 사실을 알게 됐다. 이에 남편 조화가 화를 냈고, 김씨도 흥분해서 "당신이 하는 짓을 나는 왜 못하느냐"며 따졌고, 이에 격분한 조화가 김씨의 얼굴에 침을 뱉었다고 한다. 그날부터 김씨는 집안의 노비와도 관계를 가지는 등 문란한 생활을 거침없이 해왔다는 것이다. 이지는 이 모든 사실을 알고도 김씨와 재혼한 것으로 보인다. 김씨를 그녀가 살았던 경기도 김포(통진)로 보내는 판결을 하려 했는데, 김씨의 전남편 조현과의 사이에서 낳은 아들이 김포를 다스리는 수령으로 재직 중이라고 한다. 그래서 경기도 파주(심악)에 살 곳을 마련해주라고 판결했다.

       8월 18일, 강원도 평강을 다스리는 수령의 아내 유감동이 집을 나와서, 스스로 기생이라고 칭하며 여러 달 동안 여러 남자와 관계를 가진 사건이 접수됐다. 이 사건은 조사를 하면 할수록 고구마 줄기처럼 관계를 가진 사내 수가 계속 불어났다. 고위급 신하(정3품 이상)의 이름도 있었다. "한 명의 여인이 어찌 이토록 많은 사내와 관계를 가질 수 있었단 말인가." 유감동이 집을 나오기 전에도 그녀의 음란한 소문을 들은 한 사내는 유감동의 집에까지 드나들며 거리낌없이 관계를 가졌다는 것이다. 입에 담기에 민망한 이야기가 한 가득이다. 사내들은 정황에 따라 다르게 처벌했고, 유감동은 외진 지방으로 보내서 평생 노비신분으로 살게 했다. 여인 김씨와 유감동, 두 여인의 간통사건은 같은 듯 다르다. 김씨는 첫 사내를 잘 만났더라면 굴곡 없는 삶을 살았을 수도 있었을 것이다.

       매년 마지막 날에는 궁궐도 민가도 부뚜막의 허물어진 곳을 메우고, 화장실(뒷간)의 변(거름)을 치우고, 가축 우리에는 새 짚을 깔아주는 등의 대청소를 한다. 그렇게 새해를 맞이할 준비를 하는 것이다. 깜깜한 밤이 찾아오면 궁궐에서는 마당에 불을 피우고 폭죽을 터뜨리며 서로의 희망을 담은 이야기를 나눈다. 나도 아내와 세자(문종)와 함께 경복궁 경회루에서 가면을 쓰고 잡귀를 몰아내는 나희 공연을 구경했다. 궁궐 사람들도 삼삼오오 둘러서서 구경했다. 터지는 불꽃이 국민의 근심과 시름을 걷어가기를 바랬다.

사람이 꼭 지키며
살아야 하는, 도리

1428년, 32세, 재위 10년

바람 잘날 없는 못 말리는 큰형

큰형(양녕대군)이 가택연금 중에 또 사고를 쳤다. 근신해도 모자랄 큰형이 여종 윤이와 몰래 사랑을 나눈 사실이 드러난 것이다. 작은형(효령대군) 또한 자신의 땅을 경작한 농민에게 많은 양의 이익을 편취한 정황이 확인됐다. 왕실의 체면이 말이 아니다. 작년에 큰형의 문제로 신하들과 간신히 느슨한 합의를 하고, 우리 삼형제가 사냥도 하고 술자리도 갖는 등 모처럼 훈훈한 분위기를 조성했는데, 더 이상 이어가기가 어렵게 됐다. 이 일로 신하와 또다시 매일같이 대립하고 격한 논쟁을 벌일 생각을 하니 가슴이 답답해진다.

본래 윤이는 죽은 고위관리 윤자당의 여종 신분의 첩이었다. 윤자당이 죽고 백일도 안 돼서 남휘가 강제로 간통하고 첩으로 삼았던 여인이다. 이때 윤이가 남휘를 피해서 언니 집으로 도망치자, 남휘가 득달같이 쫓아가서 언니 부부를 죽도록 구타한 사건이 있었다. 남휘는 4년 전에 죽은 내 막내 여동생 정선공주의 남편이고, 이 일은 정선공주가 죽었던 해에 벌어진 일이었다. 그때 나는 여동생을 생각해서 이 사건을 조용히 덮었다. 남휘는 내 동생이 죽을 병이 들었을 때도 관심조차 두지 않고 여자와 어울려 다니던 놈이다. 그 불쌍한 윤이를 큰형이 또 범한 것이다. 윤이를 감옥에 가두고 자백을 받고 있다. 이 소식을 들은 큰형이 병이 나서, 급히 큰형에게 의사와 약을 보내고 윤이를 석방했다. 그러자 신하들의 목표가 큰형을 멀리 쫓아내는 것 하나로 좁혀졌다. 내 앞에서 험한 말을 하는 수준이 지난해를 크게 넘어섰다. 똑같은 말을 매일같이 듣다가, 하루는 나 또한 참지 못하고 "그만두면 될 것이지, 어찌 말이 많은가"라고 말했더니, 신하들이 모두 사직서를 내고 집으로 가버렸다. 텅 빈 공간에 혼자 남게 되니 암담하고 우울하다. 사관만 나를 지켜보고 있을 뿐이다.

감사원장 김맹성, 왕의 정책을 비판하는 일을 하는 김효정과 김종서, 세 명이 대표로 나서서 이 사건을 집요하게 따지고 있다. 10일 동안 8번이나 찾아왔지만, 나는 귀를 막고 듣지 않고 있다. 이들을 피해서 궁궐의 정원으로 나왔다. 이번에는 정원까지 따라와서 깜깜해질 때까지 따지며 집에 갈 생각을 하지 않는다. 여기서만이라도 쉬어야 내가 살 수 있다. 그래서 김맹성과 김종서는 직책을 낮추고 다른 부서로 쫓아보냈다. 그 외의 신하는 정원에 발을 들이지 못하게 했다. 하루는 고약해가 찾아와서 내 처지가 안되어 보였는지 "신하의 말을 들어주는 척이라도 해달라"고 조언했다. "잠깐의 평온을 얻기 위해 왕이 그런 거짓된 언행을 할 수는 없다"라고 단호하게 대답했다. 그날 바로 큰형에게 선물을 보내서 내 생각을 다시 한 번 분명하게 확인시켜줬다. 지금보다 더 적극적으로 대처하지 않으면 큰

일이 벌어질 것만 같았다.

　　큰형에게 선물을 보내니, 또다시 불이 난 곳에 기름을 부은 형국으로 돌변했다. 정원으로 피해 있었는데도 정원까지 기어이 쳐들어와서, 해가 질 때까지 분풀이라도 하듯 온갖 말을 쏟아내고 나서야 집에 간다. 이제는 궁궐 안에 피해 있을 장소가 한 곳도 없다. 이후에도 시도 때도 없이 들이닥치는 신하에게 나는 계속해서 일관된 입장을 취했다. "큰형과 나는 형제 사이의 우애를 나누는 관계에 지나지 않는다"는 의사표현을 분명히 하고 있는 것이다. 한 달여 후에 큰형에게 또 술상을 차려 보냈다. 4월이 되니 언제 그랬냐는 듯이 사태가 수면 아래로 내려갔다. 그렇지만 하고 싶은 것은 하고야 마는 큰형의 성품이 바뀌지 않으니 항상 마음이 조마조마하다.

염치를 모르고 막 나간 사신들

　　4월에 온 중국 사신 두 명은 특별했다. 옷과 같이 필요한 물건이 아니면 선물을 사양하며 받지 않았고, 술자리에서도 예의를 갖추었고, 과한 언행을 삼갔다. 이렇게 두 사신은 조용히 업무를 마치고 조용히 돌아갔다. 그리고 나서 창성, 윤봉, 이상, 세 명의 사신이 7월에 와서 10월에 돌아갔는데, 이 셋이 머문 세 달여 동안 조선은 아무 일도 하지 못했다. 황제(선덕)의 권력을 앞세운 세 사신의 욕심과 횡포가 극에 달했기 때문이다. 이들은 조선 땅에서 이동할 때 가마를 타고 편히 이동하려 했다. 사신을 태운 가마를 멘 장정들의 노고 또한 이만저만이 아니었다. 세 사신이 요구한 선물은 밥그릇부터 희귀한 동물까지 헤아릴 수 없을 정도로 다양하고 많았다. 구하기 어려운 진귀한 물건까지 섞여 있었다. 사신을 따라온 수행원들까지도 저마다의 몫을 챙기려고 혈안이었다. 불필요한 문제가 생기지 않도록 사신과 수행원이 요구하는 물건을 모두 주게 했다. 사신 윤봉은 그의 지인을 관직에 임명하거나 선물을 주면 중국의 정세와 황제의 근황을 말해준다. 중국에 돌아가서도 조선의 입장을 대변해준다. 이처럼 윤봉은 받은 만큼 돌려주는 것에 인색하지 않은 사신이다. 한 예로 새 황제가 상서로운 동물을 길들이는 것을 좋아한다고 알려줬다. 그래서 쌀 30석의 현상금을 걸고 잡은 검은 여우와 흰 기러기를 중국으로 보내기도 했다.

　　반면에 창성은 먼저 요구한 물건을 받기도 전에 또 다른 물건을 요구하는 것을 주저하지 않는다. 하루는 창성이 신하 앞에서 "조선의 왕은 어찌하여 내 말을 듣지 않는가"라고 지껄이며, 왕인 나조차도 아랫사람으로 여기는 발언을 서슴지 않았다. 사신을 접대하는 부서(영접도감) 직원을 매질해야 한다고도 했다. 또한 창성이 중국에서부터 팔려고 비단을 가져왔는데, 품질이 나빠서 사려는 상인이 없었다. 그런데도 비싸게 팔아달라고 억지까지 부렸다. 창성은 염치를 모르는 사신이다. 또한 창성은 선물을 담아가려고 나무로 만든 가방(궤)을 100여 개나 가지고 왔다. 황제가 조선에 보낸 선물을 담은 궤가 6개뿐이었으니, 100개가 넘는 가방은 실로 엄청난 양이다. 태종 때 욕심이 많았던 황엄이라는 사신도 궤가 40개를 넘지 않았다고 하니, 창성의 욕심과 비교해볼 만하다. 함께 온 사신 이상은 윤봉과 창성이 하는 행동을 보고 따라했다. 하루는 자신의 고향인 충청도 서산을 승격시켜달라고 요청했다. 이전에 윤봉이 요구해서 승격시켰던 황해도 서흥 사례를 따라한 것이다. 서흥은 승격 기준을 충족했었기에 가능했지만 서산은 기준을 충족하지 못한다. 이유를 설명해줬다. 이상은 그가 살았던 집을 방문해서도 계모의 죽음을 슬퍼하기는커녕 매일 술과 고기를 먹고, 동생의 종아리를 때리고, 아버지에게 아는 척도 안 하는 등, 상식을 벗어난 행동을 서슴지 않았다.

　　　　신하는 이처럼 추태를 보이는 사신을 내가 후하게 대접하는 것을 못마땅해한다. 하루는 나 없이 사신을 대접할 때에 사신이 앉을 자리를 배정하지 않는 것으로 숨은 감정을 드러내기도 했다. 나라고 사신에게 좋은 모습만 보이고 싶겠는가. 그렇지만 사신은 황제와 직접 연결되는 유일한 소통창구다. 그래서 어쩔 수 없는 것이다. 그렇게 세 달이 지나고 10월 2일, 사신의 숙소(태평관)에서 마지막 연회(전별연)를 하는 동안 나는 속으로 웃었다. 다음날 작별인사를 하러 경복궁에 와서 두 번 절하는 예를 갖추었을 때, 나는 경복궁 근정전 높은 곳에 꼿꼿이 서서 절을 받았다. 따뜻한 차 한 잔 주지 않고 선 채로 작별인사를 대신했다. 그렇게 세 명의 사신이 서울을 떠났고 나도 서울 밖으로 나왔다. 그동안의 갑갑한 감정을 식혀야 살겠기에 군사훈련을 핑계로 나온 것이다. 신하들 또한 왕이 없어야 출근하지 않고 집에서 평안히 쉴 수 있기에 조용히 서울 밖으로 나온 것이기도 하다. 나도 쉬고 신하도 쉬니 일석이조 아닌가.

산에 들에 비가 계속 내린다. 포천을 지날 때 비서실장 정흠지가 근처에 사는 어머니가 보고 싶다고 하기에, 고향집에 다녀오게 했다. 그렇게 경기도 양주, 철원, 포천 등지에서 9일을 보내고 궁궐로 돌아왔다. 충분히 자고 일어나서 윤대를 하고, 사신 일행이 어디쯤 가고 있는지를 물었다. 사신이 데려간 처녀 중에 한 명인 한 씨가 서울을 떠나던 모습이 마치 장례식 같았다고 한다. 한 씨는 지난해 몸이 아파서 데려가지 못한 기구한 집안의 막내딸이다. 가는 동안에 사신은 그녀의 손을 잡기도 하고, 밤에는 한 방에서 잠을 자자고 요구했다고 한다. 저들이 황제의 내관이지만, 무례하고 추잡스럽기가 이보다 더한 자들이 없다.

땅바닥에 떨어진 양반의 도리

사대부 집안에서 태어난 홍양생이라는 사내가 자신의 어머니 상중에 사촌 여동생 유연생과 간통했는데, 이 광경을 연생의 어머니가 현장에서 붙잡아 연생의 머리카락을 잘라버리는 사건이 있었다. 연생 또한 아버지 상중이었다. 이 둘은 친척끼리 상복을 입은 채로 관계를 가지는 희대의 추태를 벌인 것이다. 양생은 전라도 고성으로 보내고, 연생은 경상도 울산으로 보내서 다시는 만나지 못하게 했다. 국장급 관직(종3품, 부정)에 있는 방구달이 능을 지키는 사람의 딸과 결혼하고, 며칠 만에 신부의 얼굴이 못생겼다는 이유를 대며 파혼을 요구했다. 그리고 "처녀가 아니었다"며 무례한 언행을 했다고 한다. 관직을 무기로 서민을 함부로 대한 사건이었다. 60대를 때리고, 1년 동안 힘든 노역을 하고 나서 그녀와 다시 살라고 판결했다.

6월 25일, 황희가 사직서를 가져왔다. 사직서를 제출한 내막은 이렇다. 박포의 아내가 외로움을 견디지 못할 때마다 자기 집의 노비과 관계를 가지곤 했다. 이 사실을 알게 된 다른 노비의 입을 막으려고, 그녀는 그 노비를 죽이고 황희의 집으로 피신해 왔다. 황희는 그녀를 여러 해 동안 자신의 집과 가까운 토굴에 숨겨주고 때때로 찾아가서 간통을 즐겼는데, 그 사실이 발각된 것이다. 황희는 이외에도 고위관직에 있는 동안에 돈을 받고 하위급 공무원 자리를 파는 방법으로 노비와 재산을 모은 사실이 드러났다. 이 과정에서 자신의 말을 거스르는 사람이 나타나면 근거 없는 말을 지어내서 그 사람의 명예와 지위를 손상시키는 수법을 사용했다고 한다. 그런데 황희가 관직을 팔 때 나를 비롯한 주변 사람 모두 그의 비리를 알아채지 못했다. 오히려 그의 말과 행동을 소중히 여겼을 정도로 그는 치밀했다. 황희의 행동과 논리에 틀린 것이 없었기 때문이다. 내 생각에 그동안 보여준 황희의 재주는 대단했다. 작년에 중국황제(선덕)가 세자 향이를 직접 보고 싶다며 중국으로 오라고 불렀을 때는, 내가 모친 상중이던 황희를 세자의 호위관리로 정해서 중국에 다녀오라고 했을 정도다.

그의 탁월한 재주를 지배당하는 소민을 위해 사용했으면 좋으련만, 자신의 친인척을 돕고 재산을 축적하는 데 사용한 것이 아쉽기만 하다. 그래서 예전에 태종이 뇌물을 받아 부자가 된 김점

1428년, 32세, 재위 10년

에게 했던 방식대로 처리했다. 비리를 저지른 황희를 벌주는 대신에, 더 많은 일을 맡겨서 나라에 보답하게 했다. 한 예로 국경 방어전략을 수립하도록 평안도에 출장보냈더니 다녀와서 완벽에 가까운 보고서를 제출했고, 회의에서 쉽지 않은 현안 문제를 논의할 때도 황희의 제안은 탁월한 것이 많았다. 신하들 앞에서 의도적으로 "황희의 말대로 하라"고 말하며 그의 제안을 수용했다. 황희의 기를 살려주고 싶었기 때문이기도 하다. 나는 서른두 살이고, 황희는 내 나이의 두 배가 넘는 예순여섯 살이다.

전 국방부장관(병조판서) 황상이 월하봉이라는 기생을 첩으로 삼았는데, 황상의 모친 상중에 월하봉이 군대 최고위급 지휘관(도총제)을 지냈던 이순몽과 관계를 가졌다. 이 사실을 알게 된 황상이 두 사람을 잡아와서 머리카락을 모두 밀어버리는 사건이 벌어졌다. 그런데 황상과 이순몽은 오랜 친구 사이이고, 황상 또한 모친 상중에 기생집을 드나들었다고 한다. 국민들 보기에 민망하다. 그런데 이 둘은 전혀 부끄러운 기색 없이 뻔뻔한 얼굴로 거리를 활보하고 다닌다고 한다. 황상을 강원도 고성으로, 이순몽을 충청도 충주로 쫓아보냈다. 많이 배우고 많이 가진 사대부 계층의 윤리 수준을 알 수 있는 대표적인 사건이다.

옛날부터 도리의 시작은 효도라고 했다. 그래서 전국에서 효도하며 사는 사람의 사연을 책(효행록)으로 엮어서 주변의 귀감이 되게 했다. 출판된 『효행록』을 읽다보니, 도리를 실천하는 사람은 주변 사람을 자상하게 대하는 공통점이 있었다. 내가 바빠서 도와주지 못했음에도 둘째 딸 정의공주를 예쁘게 시집보내고, 둘째아들 이유(세조)를 잘 키워 장가보낸 아내(공비)에게 미안한 마음이 밀려온다.

하루는 감사원장 조계생이 "내가 학생 때는 검소한 신발을 신고 항상 책을 끼고 다니며 공부밖에 몰랐는데, 지금 성균관 학생들은 노비에게 책을 들게 하고, 자신은 말을 타고 아침에 학교에 갔다가 저녁이면 집에 온다"며, 요즘 학생들의 공부하는 태도가 이렇듯 건방져서 나라의 학문 수준이 떨어졌다고 걱정이 태산이다. 흥분을 가라앉히지 못하고 "학생이 말을 타고 학교를 오가는 것을 금지하는 법을 만들어야 한다"고 제안했다. 학생의 도리를 다하는 것이 공부라는 사실은 누구나 안다. 그래서 나 또한 조계생의 말이 타당하다고 생각한다. 그렇지만 법에까지 명시하는 것은 지나치다고 생각한다. 담당부서에 검토를 맡겼는데, 어떤 해법을 내어놓을지 자못 궁금하다.

나아지지 않는 서민의 살림살이

5월 1일부터 갑자기 하늘에 구멍이 난 것처럼 폭우가 퍼부었다. 경기도 과천의 관악산은 불성봉이 무너지며 절을 덮쳐서 5명이 죽었다. 경상도 성주에서는 나무가 부러지면서 민가를 덮쳐서 3명이 죽었다. 특히 함경도는 수백 채의 집이 떠내려가고 사람이 죽었으며, 대규모의 농지가 쓸모없게 됐다고 보고했다. 폭우가 휩쓸고 지나간 피해는 고스란히 서민이 떠안았다. 곡식이 여무는 7월이 되니 이번에는 메뚜기 떼가 몰려와서 논과 밭을 새까맣게 뒤덮고 마구 먹어치워버렸다.

　　　전라도에는 오래된 황무지와 늪지대가 많았는데, 강원도 사람들이 정착한 지 4년 만에 늪지대를 농경지로 바꿔놓은 땅이 많다고 한다. 몇 해 전 강원도 대흉년 때 내려온 강원도 사람들이 대부분이다. 아는 사람 하나 없는 전라도 땅에 와서 어찌 살아갈지 걱정이 많았는데, 자기 손으로 땅을 마련하며 살아간다는 소식을 들으니 대견스럽다. 오랜만에 기분이 좋아지는 소식이다. 농사 지식과 경험이 부족할 테니 관리들이 찾아가서 도와주도록 당부했다. 아울러 나라의 창고에 보관 중인 옷감 중에 쥐가 파먹은 것을 골라내서 가난한 노비에게 나눠주게 했다. 옷감은 시장에서 화폐(포폐)로 사용할 수 있기에 곡식과 바꿀 수 있다. 경기도와 강원도의 군사훈련을 위한 사냥터 몇 곳도 농경지로 개간하도록 허가했다. 다만 군사훈련을 할 때도 있으니 사냥을 금지하는 것은 유지했다. 서울 안에 24명의 거지가 있다고 보고하기에 병원(활인원)에서 밥을 챙겨주게 했다.

　　　요즘 서울은 2년 전의 대화재 이후로 도로를 넓히는 공사가 한창이다. 길을 넓히기 위해서는 집을 허물고 길을 낼 수밖에 없다. 그래서 반드시 공정하게 진행하라고 수차례 당부했다. 그런데 제대로 지켜지지 않고 있다. 힘없는 서민의 집은 가차없이 허물어서 곧은 길을 만들었지만, 고위관리의 집은 허물지 않아서 구부러진 길도 있다. 내가 이 점을 질책하려 했더니 신하들은 바닥에 납작 엎드려 있다. 이런 말은 눈을 보고 단호하게 말해야 하는데 새까만 머리만 보인다. 또한 몇 해 전의 회계부정 사태의 여파가 아직까지도 서민의 삶을 괴롭히고 있다. 당시에 부정으로 회계한 만큼의 곡식을 창고에 채우라고 결정했는데, 아직까지도 회수하고 있는 것이다. 이 빚을 갚으라고 재촉하니 나라의 창고는 채워졌지만 서민의 살림살이는 나아질 수 없는 것이다. 서민은 자기 땅이 없는 사람들이 대부분이다. 부자에게 농지를 빌려서 농사를 짓고, 그 땅에서 수확한 곡식으로 나라에 세금을 내고 땅 주인에게 이자를 주고 나면, 농부는 남는 게 거의 없다. 그런데 까맣게 잊고 있던 오래전에 빌린 환자곡식을 갚아야 하니, 살림이 나아질 수 없는 것이다. 가을 추수 때 상황을 확인하고, 종합적인 대책을 다시 세워야 할 것으로 판단된다.

종합대책을 세우기 위해서는 농지의 크기를 제대로 알아야 한다. 그런데 농지측량을 담당하는 관리(경차관)마다 측량하는 기준이 제각각이다. 실태를 파악해보니 충격적이다. 농지를 측량하고 계산하는 방법조차 모르는 경차관도 있었던 것이다. 시범지역을 정해 농지측량 문서를 만들라고 지시했는데, 일이 지지부진하다. 한 달이 지나서야 측량이 가능한 40여 명의 경차관을 확보하고, 강원도와 전라도를 시범지역으로 정했다. 측량 전문가들이 모여서 35걸음 크기를 1결로 하는 표준안을 정했다. 잡목이 무성한 산골의 밭은 제외하는 세부기준도 마련했다. 이 일은 꾸준히 지속적으로 추진해야 하는 선무에 해당하는 일이기에, 왕에게 직접 보고하게 했다. 그리고 어느 누구 소유의 땅일지라도 공정하게 측량하라고 거듭해서 강조했다.

경험이 쌓이면서
해결되는 문제들

1429년, 33세, 재위 11년

공부하고 싶은 사람을 찾습니다

　요즘 청년은 공부는 관심이 없고, 말을 타고 활을 쏘며 노는 것을 즐긴다. 이런 청년들을 상대로 국가고시에서 공부와 말, 활로 구분되는 문무의 균형을 맞추기 위해 신하와 머리를 맞대고 고민을 거듭하고 있다. 여러 논의 끝에, 앞으로는 수험생이 꼭 읽어야 하는 책에서 시험문제를 출제하기로 가닥을 잡았다. 좋은 결정은 아니지만 이렇게라도 해야 했다. 하루는, 법에 명시된 죄를 지은 자의 가족이 국가고시를 보게 해달라고 신문고를 쳤다. 한 사람을 위해 법을 바꾸는 것은 또 다른 복잡한 문제를 야기할 수 있기에 허락할 수 없었다. 안타까웠다.

　국가고시는 1차시험과 2차시험까지 두 번을 합격해야 최종합격자가 되고 관직을 받는다. 1차시험에 합격하면 성균관과 같은 학교에 입학하는 학생(생원) 자격을 얻고, 공부에 전념할 수 있는 기회를 얻게 된다. 보기에 따라서 1차시험을 입학시험이라, 2차시험을 졸업 또는 취업시험이라 볼 수도 있다. 1월 18일, 오늘은 1차시험을 치르는 날인데, 비가 내려서 부득이하게 이틀 뒤로 시험을 연기했다. 그런데 시험을 치르던 날, 수험생 70여 명이 문을 열고 나가버렸다는 보고를 받았다. 그날도 눈이 내려서 시험 장소를 남산 아래의 남부학당으로 바꿨는데, 실내가 비좁고 어수선하다는 이유로 뛰쳐나가는 무례한 행동을 했다는 것이다. 남아서 시험을 치른 수험생 중에는 책을 몰래 가져와서 베껴 쓴 자들도 있었다고 한다. 남부학당을 시험 장소로 정한 이유는, 지방에서 올라온 수험생은 대체로 남산 부근에서 숙식하기 때문이다. 그래서 가까운 장소로 배려한 것인데 어이없는 일이 벌어진 것이다.

시험감독관의 말에 의하면, 시험장에 입장할 때 몸 수색을 엄하게 해서 책을 가지고 오지 못하게 하거나, 친구와 상의하지 못하게 하면, 합격자가 거의 없을 정도의 수준이라고 한다. 속은 상하지만 앞으로 1차시험은 엄격하게 감독하지 않기로 했다. 1차시험을 통과하고도 성균관에 입학하지 않는 자도 있고, 입학한다고 해도 얼마 지나지 않아 성균관을 떠나기 때문이다. 이러한 청년의 현실을 알면 알수록 허탈해진다. 공부가 하고 싶은 청년이 적은 것이 사실이지만, 성균관은 집현전과 함께 나라의 양대 기둥이다. 어떻게든 공부가 하고 싶은 사람을 찾아야 한다. 하루는 충청도지사가 국가고시에 최종 합격한 사람이 고향사람에게 금의환향을 받는 문화를 법으로 뒷받침하자고 제안하기에 그대로 따랐다. 이 법은 최종합격자가 검은 빛깔의 옷과 모자를 입고, 집집마다 돌아다니며 축하를 받는 행사다. 흰옷을 입은 고향사람들 사이에서 검은 옷을 입은 합격자는 군계일

학처럼 우뚝 솟아 보일 것이다. 아울러 합격자를 위한 정부의 공식 축하행사(은영연) 또한 성대하게 하게 했다. 성균관의 학생들이 공부에 전념할 수 있도록 맛있는 밥을 차려주게도 했다. 4월 7일, 2차시험 날에는 내가 직접 경복궁 근정전에서 문과시험 문제를 출제하고, 서대문구 현저동에 있는 모화루로 이동해서 무과시험을 참관했다.

하루는 경연에서 국가고시를 혁신하는 방안을 의논했다. 글솜씨가 좋은 윤회는 글쓰기 시험을 치르자고 하고, 어떤 신하는 그리하면 겉만 화려하고 내실이 부족한 사람이 뽑힐 것이라고 주장한다. 과거시험과 별개로, 왕이 성균관을 직접 방문해서 시험을 보고 인재를 선발하는 오래된 제도가 있다. 이 제도를 유지하는 것 또한 찬성과 반대로 갈려 있다. 나라가 발전하기 위해서는 성균관의 학생 수가 적어도 200명은 돼야 하는데, 100명을 채우기도 버거운 현실이다. 또한 전문분야의 기술을 익힌 사람도 부족하다. 한 예로 그림을 그리는 화가는 글을 모르는 사람에게 약재 종류, 농사법, 예절과 같은 행동을 설명할 때 더없이 중요한 사람이다. 그런데 그림을 그리는 관청(도화원)에 소속된 화가 또한 정원이 40명인데 겨우 20명뿐이다. 그래서 도화원에 오래 근무한 화가에게 급여를 받는 관직을 주게 했다. 그림만 그려서는 입에 풀칠하기도 힘들기 때문이다.

선을 넘어버린 사신의 횡포와 교만

작년에 왔던 윤봉, 창성, 이상 세 명의 사신이 또 함께 서울에 왔다. 윤봉은 오기 전부터 이상이 자기보다 아랫사람이라고 쓴 편지를 보내왔다. 이들은 선물을 하나라도 더 차지하려고 기세 싸움이 대단하다. 사신이 가지고 온 황제의 문서에는 우리가 잡을 수 있는 양보다 훨씬 많은 매를 잡아 보내라고 적혀 있었다. 이 문제 또한 큰 상금을 걸고, 많은 인원을 동원하고, 기다리는 것 외에 마땅한 방법이 없다. 역시나 사신이 오니 또다시 신하와 국민의 고충이 시작됐고, 나 역시 하던 일을 멈춰야 했다. 한 예로 하루는 창성이 말안장을 만드는 장인을 기다려도 오지 않는다는 트집을 잡고는 다짜고짜 자신을 대접하는 하급공무원을 마당에 무릎을 꿇리고 욕하고 매질했다. 그러고도 분이 풀리지 않았는지 주위에 있던 관리까지 때렸다고 한다. 이렇게 사신 한 명이 요구를 하면 다른 사신도 따라서 요구를 하는 행태가 한 달이 넘도록 계속됐다. 담당공무원이 하루도 쉬지 못하고 일하고 있다는 상황을 보고받았다. 이대로 두면 하급관리들이 과로로 쓰러져 죽을 것만 같았다. 작년에 줬거나 중복해서 요구하는 물건은 거절하라고 지침을 정했다.

창성은 황제에게 보내는 선물을 몰래 빼돌리기도 했다. 실제로 작년에 황제에게 선물한 우수한 혈통의 사냥개를 자기가 갖고 황제에게는 평범한 개를 줬다고 한다. 심지어는 황제에게 보낼 말안장을 만드는 귀한 재료까지도 값싼 것을 구해다가 그것과 바꾸려고 했다. 이처럼 창성은 어이없는 행동을 스스럼없이 하는 자다. 창성은 오늘도 받은 물건 중에 몇 개가 정교하지 못하다고 화를 내며, 48명이나 되는 사람을 잡아다가 매질을 했다고 한다. 염치 없음과 교만, 이런

　　　　　　　　　　　　1429년, 33세, 재위 11년

단어만으로는 사신들의 추잡한 행태를 설명하기가 부족할 정도다.

6월 19일, 몇몇 신하를 불러서 대응방안을 의논했다. 지금까지 해온 것처럼, 분한 감정을 감추고 사신을 우대하는 것이 국익을 위해 최선이라는 데 모두가 동의했다. 만약 사신이 악한 감정을 품고 중국에 돌아가서 조선을 해코지라도 한다면 잃는 것이 더 많기 때문이다. 그날 이후 내가 먼저 선물을 챙겨주며 대접했다. 그랬더니 더 이상 소란을 피우지 않았다. 이들이 중국으로 돌아갈 때 보니 윤봉 한 명의 여행가방(궤)만 200개가 넘는 엄청난 양이다. 가방 한 개는 성인 8명이 들어야 할 정도로 크고 무겁다. 가방을 옮기는 국민의 행렬이 남대문 부근의 태평관에서 서대문구 현저동까지 이어졌다고 한다. 사신 세 명은 이렇게 많은 물건을 먼저 보내고 5일 더 머물다가 7월 21일 서울을 떠났다. 나중에 들으니 창성은 중의 밥그릇을 집어오고, 지나던 길에서 본 의자를 집어오고, 민가의 말까지 빼앗았다고 한다. 지켜야 하는 선을 넘은 것이다. 신하들이 나보다 더 사신들의 추태에 분노하고 있다. 고민을 거듭한 끝에 국익을 해치지 않는 효과적인 대응방안을 찾았다. 황제가 사신을 통해 요구사항을 외교문서에 적어 보내면 조선의 왕 또한 외교문서(주본)로 답하는 것이 외교관례다. 주본은 밀봉해서 보내고, 황제만 열어볼 수 있는 비밀문서다. 앞으로는 그 문서에 사신에게 준 선물목록까지 빠짐없이 적어 보내기로 방침을 정한 것이다.

8월 18일, 용맹한 호위무사 두 명의 호위를 받으며 이인(공녕군)이 주본을 가지고 중국으로 떠났다. 이인은 천성이 바르고 의

젓한 왕실사람이다. 호위무사를 따라가게 한 이유는 혹시라도 발생할 만약의 사태를 대비한 것이다. 그만큼 중대한 문제를 해결하러 가는 것이다. 12월 13일, 이인이 네 달 만에 돌아왔다. 그가 가지고 온 소식을 듣고 나를 비롯해서 모든 신하들이 환호성을 지를 정도로 기쁨을 감추지 못했다. 그가 중국에 갈 때 두 개의 어려운 문제를 가지고 갔는데 모두 해결하고 돌아왔기 때문이다. 첫 번째는 선물목록이 적힌 외교문서를 황제가 본 후에 긍정적인 답변을 문서로 받아오는 것이었다. 황제의 대답은 "앞으로도 중국에서 보내는 사신이 조선에 도착하면 조선의 왕은 예를 갖추어 대접하라. 그러나 오직 황제의 직인이 찍힌 문서에 적힌 물품만 보내고 다른 요구는 모두 거절하라. 조선이 중국을 대하는 예는 내가 이미 알고 있으니 조선의 왕은 염려하지 말라"고 적혀 있었다. 두 번째는 금은 세공을 면제하기로 한 것이다. 그동안 금과 은이 생산되는 지역의 국민은 금은을 캐고 가공하느라 농사일을 제대로 할 수 없었다. 그래서 살림이 궁핍할 수밖에 없었다. 저녁에 경복궁 경회루에서 신하들과 어울려 평소보다 많은 양의 술을 마셨다. 그리고 푸짐한 선물을 안겨줬다. 오늘은 조선의 숙원사업을 해결한 날이다.

10년여의 경험으로 만드는 새 정책들

왕이 되고 10년을 넘기면서 문제에 따라 대응하는 방법이 다양해졌다. 한 예로 서울의 큰길에서 통역관 이춘발이 살해당하는 살인사건이 발생한 뒤에 파출소(경수소)를 추가로 설치했다. 순찰을 도는 군인이 파출소에 머무는 것만으로도 사건사고가 줄어드는 효과가 있다는 것을 4년 전 대화재 때 경험했기 때문이다. 서울은 허가를 받으면 빈 땅에 누구나 집을 지을 수 있는데, 허가만 받은 채로 땅을 차지하고 있다가 다른 사람이 집을 짓겠다고 하면 그때서야 집을 짓는 시늉을 하는 염치없는 자들이 늘었다. 그래서 건축허가를 받고 3개월 안에 공사를 시작하지 않으면, 허가를 취소하도록 법을 고쳤다. 서울은 땅이 부족한데다가 지난 대화재로 집이 불타서, 새로 지어야 하는 수요가 겹쳤기 때문이다. 특히 새로 짓는 서민의 집 지붕을 불이 나도 안전한 기와지붕으로 모두 바꿔주고 싶었다. 그래서 4년여 동안 날마다 기와를 찍어냈지만, 여전히 볏짚을 엮은 초가지붕이 즐비하다. 그래서 기와를 굽는 가마를 추가로 설치하고 기와 값을 더 낮추어보았다. 그런데도 여전히 서민이 구매하기에는 비싸다고 한다. 부자들은 야적장에 쌓여 있는 값싼 기와를 사재기하려고 혈안이다. 흠이 있는 기와를 골라내서 가난한 서민에게 공짜로 주고 있다.

최근에 소나무 수요가 폭증했다. 강과 가까운 곳의 소나무는 군함을 만드느라 이미 바닥을 드러냈고, 산의 소나무는 서울에 집을 짓느라 급격히 소비됐다. 소나무가 부족하니 나라에서 엄격하게 관리하고 있는 역대 왕과 왕비의 능 주변의 소나무까지 베어서 사용하자는 말이 나올 정도다. 땔감으로 쓰는 잡목도 조선통보와 목욕탕을 만들고, 기와를 굽는 시설이 점차로 늘어나면서 사용량이 급격히 증가했다. 이처럼 나무 자원이 급격히 줄어들어서 방도를 궁리해야 할 때가 됐다.

지난해 홍수피해를 겪었던 사람들을 4월 말부터 미리 높은 지대로 이주시켰지만, 우려했던 큰비가 내리지 않았다. 7월 7일, 갑자기 천둥과 번개를 동반한 큰비가 내렸다. 온 나라 사람이 기뻐했다. 그런데 한 번 내리기 시작한 비가 또 폭우로 돌변하더니, 1주일 만에 낮은 지대 서민의 집과 논밭을 휩쓸었다. 그렇지만 날씨가 아무리 변덕을 부려도 경험을 통해서 대처하는 방법을 터득한 농부가 곳곳에 있을 것이다. 그래서 몇 해 전에 정초에게 이러한 농사꾼의 비법을 모은 책을 만들라고 지시했었는데, 지난 5월 16일에 정초가 『농사직설』 책 초고를 가져왔다. 전국을 수소문하고 찾아다니며 비법을 수집하고 심혈을 기울여 정리한 첫 책이다. 지금 이 시간에도 이 책을 만드는 학자들은 늦은 밤까지 심혈을 기울이고 있다. 이 속도라면 내년 봄이 오기 전에 전국에 책을 보급할 수 있을 것이다.

하루는 전라도지사가 각 고을을 구분하는 경계선이 개어금니 모양처럼 들쑥날쑥한데, 이를 직선으로 경계를 나누면 여러 장점이 있을 것이라고 했다. 혁신적인 제안인 것은 분명하지만, 또 다른 분쟁을 야기할 소지가 있어서 받아들이지 않았다. 일본에 사신으로 다녀온 박서생이 출장 보고를 하는데, 일본사람이 우리 국민을 납치해서 노비로 삼거나 팔아넘겼다고 한다. 집 안에 감금해놓아서 데려올 수 없었다고 한다. 또한 일본사람은 먹을 것이 부족해서 자기들끼리도 사람을 납치해다가 팔아서 생활비를 마련하는 사례가 수두룩하다는 것이다. 박서생은 분노에 찬 목소리로, 우리도 같은 방식으로 되갚아주자고 말했다. 나 또한 분한 마음을 참을 수가 없어서 관련부서와 의논하게 했다. 박서생이 보고한 내용 중에는 우리가 참고할 만한 것도 있었다. 일본은 상가가 잘 정비되어 있고, 화폐로 상품을 구매하는 유통체계가 잘 갖춰져 있다고 한다. 그리고 일본사람은 목욕하는 것을 좋아해서 집집마다 목욕탕을 갖추고 있고, 대중목욕탕도 잘 정비되어 있어서 사람들이 편리하게 이용한다는 것이다. 안 그래도 지난 6월에 서민이 이용하는 병원(활인원)의 한증목욕실이 비좁아서 추가 설치를 지시했기에 본 것을 자세히 전해주게 했다. 또한 일본은 물이 흐르는 힘을 이용해서, 자동으로 물을 퍼올려 농지에 물을 대는 물레방아(수차) 기술이 발달해 있었다고 한다.

박서생은 여기에 그치지 않고, 이를 응용한 모형을 직접 만들어서 가지고 왔다. 그가 만든 모형은 물살이 느린 곳에서는 사람이 발로 밟아서 물을 대는 디딜방아 방식을 추가한 것이다. 건설교통부(공조)와 협의해서 실물 크기로 제작하도록 지시했다. 이처럼 올해는 그동안의 다양한 경험을 토대로 정책을 제도로 바꾸고 있다. 속도는 느리지만 성과가 나타난 것도 있다. 중국과의 외교적 숙원사업을 해결한 것도 이러한 경험이 축적된 결과라고 할 수 있다.

왕도 한 집안의 가장이다

올해 초에 셋째 이용(안평대군)이 장가를 갔고, 3월에는 신하들이 오래전 장인(심온)의 역모사건을 재검토하고, 지금이라도 장인의 명예를 복권하는 것이 옳다고 보고했다. 머지않아 아내(공비)에게 좋은 소식을 들려줄 수 있을 것 같다. 그러나 우리 가족에게 이렇게 행복한 일만 있지 않았다. 7월 18일, 영원히 숨기고 싶었던 비밀 하나를 세상에 알렸다. 세자빈(휘빈 김씨)의 입에 담기에도 민망한 행실에 관한 것이다. 하루는 세자빈의 요청으로 몸종 호초가 압승술을 배워와서 세자빈에게 전해줬다. 그런데 알고 있는 것에 그치지 않고 실행까지 한 것이다. 압승술은 특정 상대를 망가지게 하려는 목적으로, 상대에게 주술이나 주문을 쓰는 요망한 술법이다.

사태의 진실을 확인하여 세자빈을 친정으로 쫓아보내고 몸종 호초를 사형시키는 것으로 신속하게 마무리했다. 그리고 더 이상 누구도 처벌하지 못하게 했다. 세자빈이 시도했던 압승술 방법은 세자가 좋아하는 여인의 신발을 가져다가 불에 태워서 가루로 만들고, 그 가루를 세자에게 먹였다. 그리하면 세자는 평소에 좋아하던 여인을 멀리하게 되고, 세자빈 혼자만 세자의 사랑을 독차지하게 된다는 술법이었다. 일찍이 이런 술법이 있다는 것을 들어는 보았으나 실제로 접한 것은 처음이다. 세자의 사랑을 독차지하고 싶은 세자빈의 심정은 어느 정도 이해되는 부분이 있다. 그렇다 하더라도 이렇듯 요망한 술법을 사용한 며느리를 가볍게 처벌할 수는 없었다. 세자 향이가 나를 닮아서 병치레를 자주하는 약한 몸을 가졌지만, 술법 때문에 더 약해진 것은 아닌지 하는 생각도 들었다. 세 달 뒤에 새 세자빈(순빈)을 며느리로 들였다. 세자 향이의 나이가 벌써 16살이다.

회의에서 보니 이행(79살)은 이가 빠져서 발음이 명확하지 않은데다가, 서 있을 힘조차 없어 보일 정도라 특별히 퇴직하게 했다. 그렇지만 병이 들었다고 거짓말을 하며 관직에서 물러나 놀러 다닐 기회를 엿보고 있는 이석과 이기 등 젊은 신하는 크게 꾸짖고 반성하게 했다. 이처럼 경험이 많은 신하는 늙어가는데, 부모에게 재산과 명예를 물려받은 금수저들은 편하게 살려고 하는 이기적인 행태를 보인다. 이 젊은 신하들이 바로 공부하지 않는 청년들의 아버지들이다. 아들은 아버지의 뒷모습을 따라 배운다는 옛말이 하나도 틀리지 않다. 이행과 같이 나이 든 신하들이 이른 아침 회의에 자주 참석하면 병이 날 것만 같았다. 5일에 한 번씩만 참석하게 했다.

　　　10월 20일, 드디어 경복궁 건춘문 밖에 왕실학교가 세워졌다. 이제야 비로소 왕실의 아이들이 모여서 공부하고 어울릴 수 있는 공간을 마련한 것이다. 아이가 8살이 되면 학교에 입학하게 하고, 성균관의 기준에 맞춰 운영하게 했다. 그동안 사신의 추태와 여러 비리 사건을 지켜보면서 어려서 바른 교육을 받는 것이 중요하다는 사실을 절실히 깨달았다. 12월 27일, 오늘은 날씨가 봄날같이 따뜻해서 몸이 조금 개운하다. 올 여름 몸이 조금 아프다가 나았는데, 찬바람이 부는 겨울이 되니 또다시 아픈 상태다. 잠깐 동안이나마 방문을 활짝 열고 불어오는 바람과 햇살을 만끽했다. 문득 "큰형은 어찌 지내고 있을까?" 하는 생각이 들었다. 술과 고기를 가지고 가서 안부를 묻게 했다.

조직을 공평하고 바르게
성장시키는 왕의 기술

1430년, 34세, 재위 12년

외교의 원칙은 바른 믿음을 쌓는 과정

지난해 겨울이 시작될 때 왔던 사신 김만은 삐진 채로 방에 콕 박혀 지내다가 불만을 가득 품고 돌아갔다. "앞으로는 외교 문서에 적힌 물품 외에는 주지 마라"는 황제의 명령을 근거로 원하는 선물을 주지 않았기 때문이다. 김만이 우리가 선물을 주지 않은 첫 번째 사신이었다. 6월 3일, 드디어 윤봉과 창성, 두 사신이 조선으로 오고 있다. 이제부터 중국 사신들과의 진짜 외교전쟁이 시작될 것이다. 특히 창성은 사신 문제를 외교적 문제로 비화시킨 자다. 역시나 이 둘은 국경을 넘어서자마자 "우리가 가고 싶은 날에 서울에 갈 것이다"라고 일방적으로 통보했다. 그리고는 국경 마을에 눌러 앉아서 주민을 괴롭히며 기싸움을 시작했다. 서로 간에 물러설 수 없는 한판 승부가 시작됐다. 7월 17일, 한 달이 훌쩍 지나고 나서야 두 사신이 서울에 도착했다. 황제가 원하는 물건 목록을 확인하니 이번에도 사냥용 매를 최고의 선물로 여기고 있다. 이외에 해산물, 표범가죽, 큰 사냥개가 눈에 띈다. 어떻게든 매와 표범을 많이 잡아야 한다.

창성은 도착하자마자 방으로 들어가더니 방문을 걸어 잠그고 나오지 않았다. 그리고는 다음날 나에게 싸구려 비단을 보내왔다. 몇 가지 물건을 챙겨서 답례로 보내줬다. 그랬더니 내가 보낸 선물을 거부했다. 저녁에 세자 향이가 사신의 숙소(태평관)로 찾아가서 술자리를 만들었지만, 나와서 술만 몇 잔 마시고 또 방으로 들어가서 문을 잠갔다. 마치 탐색전을 벌이는 듯하다. 분명히 김만에게 상황을 전해 듣고 계획적으로 하는 행동으로 보인다. 5일 뒤에야 두 사신과 첫 대화를 나눌 수 있었다. 이 자리에서 두 사신은 "중국에서 출발할 때 황제가 조선에 폐를 끼치지 말라고 지시했지만, 조선의 왕이 정말로 이럴 것이라고는 생각지도 않았다"라고 말한다. 이에 나는 "우리나라가 비록 작은 나라지만 어찌 줄 물건이 없겠는가. 그러나 황제의 명령이라 거역할 수 없는 것이다"라고 차분한 목소리로 이유를 설명했다. 그 말을 들은 두 사신은 얼굴빛이 변하더니 말을 잇지 못했다. 그렇게 헤어지고 나서 또 한동안 사신의 얼굴을 보지 못했지만, 가끔씩 소소한 선물을 챙겨줬다. 이번에는 거부하지 않았다.

황제가 요구한 물품 중에 표범은 수량이 적혀 있지 않았다. 두 사신이 이 점을 악용해서 담당관리에게 표범을 30마리나 잡아오라고 했다. 담당관리가 "최선을 다해 잡아오겠다"라고 원론적으로 대답했다. 그랬더니 창성이 이번에는 먹고 있던 국그릇을 내동댕이치며 "조선은 반역을 꾀하고 있다"라고 막말을 하고, 또 방으로 들어가서 문을 잠갔다고 한다. 함께 있던 윤봉은 화가 난 표정을 짓기만 했을 뿐 그냥 지켜보기만 했다고 한다. 다음날 이 상황을 보고받고, 이제부터는 사신의 말과 행동까지 빠짐없이 기록하라고 지침을 정해줬다. 한 치도 밀리면 안 된다.

8월 14일, 경복궁 경회루에서 사신을 위한 연회(온짐연)를 열었다. 두 사신이 아프다는 핑계를 대고 참석하지 않았다. 몇 번을 요청했더니 그제서야 마지못해 참석했다. 윤봉은 일찍 돌아갔고 창성만 남았다. 그런데 창성이 뜬금없이 나의 호신용 검을 며칠만 빌려달라고 하기에, 옆에 있던 호위무사의 검을 보여주게 했다. 그는 검을 그대로 가지고 방으로 들어가버렸다. 순간적으로 황당한 상황이 벌어진 것이다. 돌려줄 것 같지 않아 보였다. 검을 잃은 무사와 나는 눈을 맞추고는 그냥 웃어넘기고 말았다. 이후에도 창성은 부하의 밥그릇과 자기 방의 화로도 녹여서, 구리 덩어리로 만들어서 가방에 챙겨 넣었다. 이전에도 방의 창문에 붙어 있는 금속이란 금속은 모조리 떼어 가져간 자이기에 새삼스럽지 않았다. 이런 일은 금속을 다루는 장인의 도움 없이는 할 수 없는 일이다. 그래서 금속 장인은 창성의 눈에 띄지 않도록 피해 다니라고 지침을 정해줬다.

8월 24일, 두 사신이 직접 표범을 잡겠다며 함경도로 떠났다. 군인 1만5천 명을 동원해달라는 것을 거부했는데 그대로 떠났다. 그리고 한 달 후에 표범을 한 마리도 잡지 못한 채로 서울로 돌아왔다. 한 달 동안 궁궐은 평화로웠지만 함경도 주민의 노고는 이만저만이 아니었다. 그렇게 3개월이 지나고 찬바람이 부는 추운 계절이 찾아왔다. 지금 서울에 머물고 있는 사신 일행이 중국에서 4월에 출발했다고 한다. 수행원들은 얇은 옷과 신발을 신고 왔고, 그 옷마저

　　　　　　　　　　　　　　1430년, 34세, 재위 12년

도 해질 대로 해진 상태다. 그런 옷으로는 추위를 견딜 수 없다. 사신 일행은 겨울에 필요한 생필품을 조선에서 공짜로 챙겨가려고 했는데 계획이 어그러진 것이다. 추위를 버틸 수 있는 두터운 옷과 물품을 달라고 한다. 추위에 떠는 수행원들을 차마 얼어 죽게 할 수는 없기에 아랫사람에게만 겨울옷과 신발을 주게 했다.

　　　윤봉과 창성이 온 지도 다섯 달이 지났다. 오늘도 "사냥용 매 10마리를 잡아오지 않으면 내년까지 돌아가지 않겠다"고 으름장을 놓으며 방 안에 눌러앉아 있다. 11월 13일에 이르러 한 명이 먼저 돌아가겠다고 했다가 다음날에 말을 바꿔서 "표범 4마리와 사냥용 매 6마리를 잡아오면 돌아가겠다"고 변덕을 부린다. 억지도 이런 억지가 없다. 이런 상황 속에서 황제에게 보내는 물건을 포장하는데, 사신의 부하 중 한 명이 황제의 물건을 빼돌리다가 이를 말리는 우리 통역관을 폭행한 사건이 발생했다. 그 수행원은 한몫 잡으려고 조선에 왔는데, 챙긴 물건이 없어서 분한 감정을 품었던 것이다. 아무리 그래도 황제의 물건에 손을 대다니, 대담한 자다.

　　　11월 16일에 사신 윤봉이 서울을 떠났고, 한 달 후에 창성도 떠났다. 창성이 떠나던 날 눈이 내렸는데, 사신 일행 중에 가죽털 옷을 입은 자가 한 명도 없었다. 여름에 온 사신 일행이 추운 겨울바람을 맞으며 오들오들 떨면서 빈손으로 돌아가고 있는 것이다. 윤봉은 가는 길에 코에 종기가 났다고 한다. 사신을 원칙적으로 맞은 첫해다. 속이 뻥 뚫리도록 후련한 해다. 그렇지만 외교에서 속이 후련한 것은 잠시의 기쁨이다. 이에 도취돼 있으면 또 다른 문제에 직면하게 되고, 이로 인해 발생하는 또 다른 문제를 대비해야 하는 악순환이 반복된다. 선물을 받지 못한 사신 일행은 자그마치 여섯 달이나 조선에 머물며 함경도와 강원도 등지로 여행을 다녔다. 작년에 사신에게 준 선물 비용과 이번에 지출한 여행 경비를 계산해보니 오히려 손해다. 우리가 이런 금전적 손해를 감수하면서도 원칙을 지킨 것은 잘한 행동이었다고 확신한다. 그래야 평화를 지탱할 수 있는 힘이 생긴다.

정책의 원칙은 공정한 기회를 주는 것

신하가 멋대로 행동하는 사신에게 휘말리면 자기 일을 못한다. 사신이 오면 사무실에 콕 박혀 있는 신하가 늘어나는 이유다. 나도 신하들 얼굴 보기가 쉽지 않다. 윤대와 경연을 자주 하는 것이 도움이 된다. 그래서인지 특히 올해는 여러 현안 문제를 토론하며 법과 제도를 정비할 수 있었다. 사신들이 방에 콕 박혀 있었던 것이 좋은 결과를 만드는 데 도움이 된 것이다. 사신의 추태가 도움이 되는 날이 오다니 "사람이 사는 일이 새옹지마 같다"라는 말이 틀리지 않은가보다. 수년 동안 여러 제도의 미비한 점을 보완해오면서 점차로 중산층(양민)의 삶의 질이 개선되고 있다. 그런데 노비 신분의 삶은 나아진 것이 거의 없다. 그래서 임신한 여성을 돌보는 법을 만들라고 지시했다. 그리고 1주일이 채 안 돼서 새 법이 시행됐다. 신속하게 처리한 담당자가 고맙다. 그렇지만 이 법마저도 관청에 속한 공노비에게만 해당된다. 개인이 소유한 사노비에게는 적용할 수 없다. 지난 2월에 공신과 여종 첩 사이에 낳은 아들을 왕을 호위하는 군대(충의위)에 선발하라고 명령했었다. 그랬더니 양반들이 미천한 첩의 자식과 귀한 공신의 아들을 같은 군대에 속하게 하는 것은 나라의 기강을 문란하게 할 것이라며 들불처럼 몰려왔다. 이 법은 공노비의 자식은 이미 충의위에 속하도록 법에 명문화된 것을 사노비로 확대 적용하는 것일 뿐이다. 그날 보니 이런 법이 있는지조차도 모르는 양반이 대다수였다. 결국 큰아들 한 명에게만 이 법을 적용하는 것으로 절충했다. 이처럼 양반과 연관된 공과 사를 구분하는 법을 다루는 일은 언제나 저항에 부딪친다. 그래도 진전이 있었기에 나도 만족한 결과를 얻은 날이다.

또 한편으로 농지를 늘리기 위해서 험한 땅을 개간해서 농지로 바꾸면, 3년 동안 세금을 감면하도록 세금제도를 수정 보완했다. 그런데 현장을 조사하는 관리가 오래된 농지와 새 농지를 구분하기 어렵다고 보고한다. 의심이 생기면 현장에 직접 찾아가보면 쉽게 알 수 있는 일인데, 책상머리에 앉아서 하급관리(아전)가 내민 서류만 보고 판단하는 것이 문제라고 꾸짖었다. 내가 세금제도 혁신을 시도한 이유가 바로 부자가 아전에게 뒷돈을 주고, 아전이 서류를 조작해서 부자를 더 큰 부자로 만들고, 가난한 서민을 더 가난하게 만드는 악순환의 고리를 끊어내고자 함이었다. 아직도 정신을 차리지 못한 관리자가 있다. 새 법을 교묘히 악용해서 또 유사한 폐단을 만들려고 하는 것이다. 법과 제도를 아무리 잘 만들어도 현장의 하급관리가 제대로 실행하지 않으면 쓸모가 없어진다는 현실의 벽을 다시 한 번 실감했다. 왕의 역할 중에 하나가 기울어지고 삐뚤어진 땅을 평평하게 만들고, 그 평평한 곳에 국민이 모여 살게 하는 것이라고 생각한다. 그래야 지배당하는 소민 계층의 사람들도 "자신이 속한 사회가 공평하고(公) 바르다(正)"고 여기게 된다. 많이 가진 자들의 저항이 좀처럼 줄어들지 않는다.

　　두 해 전부터 전국의 농지 크기를 측량하고 있다. 올해부터는 전면적인 세금제도 개혁을 시도하려고 한다. 농업국가인 우리나라는 세금을 매길 때, 크게 매해 수확량에 따라 세금을 감면하는 '손실'과 농지 상태에 등급을 매기는 '답험', 두 개를 판단 기준으로 하는 '손실답험법'을 시행하고 있다. 추수 기간은 짧고 땅은 넓은데 이를 조사할 경차관의 수가 적다보니, 지방 관청의 하급관리(아전)들이 작성한 문서를 기준으로 세금을 정하는 경우가 비일비재하다. 아전들이 부자에게 뇌물을 받고 문서를 조작하는 비리가 나라 전체에 독버섯처럼 퍼져 있는 근본적인 이유다. 그 결과로 손실답험법이 공정하지 않은 법으로 변질됐다. 아전이 개입하지 못하도록 매해 일정한 양의 곡식을 내는 세금제도로 바꾸려 한다. 중국의 사례에서 찾은 공법이 그 한 가지 해결 방법이다. 3월 5일, 재무부(호조)에서 농지 1결에 1말의 세금을 걷고, 평안도와 함경도는 30%를 감면하고, 자연재해로 농사를 완전히 망치면 면제하는 공법 초안을 마련했다. 그리고 찬성과 반대 의견을 묻는 국민투표를 실시했다.

　　8월 10일, 다섯 달 만에 투표결과가 나왔는데 찬성은 총

98,657명이고, 반대는 총 74,149명이었다. 지역에 따라 의견이 극명하게 갈렸다. 농사가 잘되는 경기도, 경상도, 전라도는 압도적으로 찬성했고, 농사가 안 되는 그 외 지역은 압도적으로 반대했다. 모두 고려해야 하는 소중한 의견이다. 그날 바로 신하들과 대토론회를 했는데, 모든 신하가 다양하고 많은 의견을 쏟아냈다. 부정적인 의견이 많았다. 열띤 토론 끝에 "지금 조선의 상황은 공법을 도입하기에 무리가 따른다"는 국무총리실의 의견에 대체로 공감했다. 옛날부터 세금정책을 바꾸는 것이 정치 중에 가장 어렵다고 했다. 앞으로 충분한 토론이 필요하다.

국방이 최우선이다

"왕은 국민의 배고픔을 보고 지나칠 수는 있어도, 국민의 목숨을 지키는 일은 그 무엇과도 바꾸지 않는 사람이어야 한다. 이것이 나라를 다스리는 임무를 부여받은 왕의 태도다." 태종(아버지)은 나에게 이 한 마디를 전해주기 위해서 군사훈련을 할 때면 언제나 나를 모질게 다뤘다. 내가 그토록 싫어하던 돌싸움을 맨 앞에서 지켜보게 했고, 군대의 기강이 해이해졌다고 판단되면 바쁜 농사철에도 군사훈련을 마다하지 않았다. 이처럼 훈련 중에는 냉정한 왕이었지만, 훈련을 마친 뒤에는 다친 군인을 치료하는 것을 빠뜨리지 않았다. 이 모든 것을 내가 지켜보게 했다.

지금 전국의 크고 작은 성들이 관리가 제대로 되지 않아서 허물어진 곳이 많다. 일부 성은 안전하지 못한 곳에 방치돼 있다. 특히 여진족이 빈번하게 출몰하는 평안도에는 온전하게 관리된 성이 거의 없다. 상황이 이런데도 풍년이 드는 해까지 기다렸다가 보수 공사를 하자는 느슨한 태도를 보이는 신하가 있다. "평안도에 풍년이 들었던 해가 한 번이라도 있었던가." 지난해 몇몇 신하를 전국에 파견해서 성의 상태를 조사했을 때도, 주민의 고충을 조목조목 언급하면서 지금과 똑같은 말을 했었다. 당장 성을 쌓는 공사를 시작하라고 명령했다. 특히 여진족의 침입이 빈번한 곳에 위치한 평안도 여연성만큼은 제때에 제대로 공사를 끝내라고 명령했다.

　　　　추수를 하는 바쁜 농사일을 끝내고 나서, 농민을 동원해서 성을 쌓는 공사가 한창이다. 현장에 고위급 감독관을 파견해서 관리감독을 철저히 하고 있다. 의사와 약을 보내는 것도 빠뜨리지 않았다. 그렇게 공사를 강행했더니 한 관리가 "북쪽의 공사를 강행해서 남쪽에 왜적이 쳐들어오면 싸울 군인이 없다"라는 말까지 내뱉었다. 성이 없으면 국민의 목숨을 안전하게 지킬 터가 없는 것인데, 참으로 터무니없는 말이다. 그래도 이들의 말 속에 타당한 의견이 섞여 있었다. 그 의견을 반영해서 1년 중에 국민을 동원하는 기간을 한정하게 했다. 11월 22일, 전국적으로 얼음이 얼었다. 공사를 중지시키고 농민을 집으로 돌려보냈다. 공사책임자(도순찰사) 최윤덕은 하삼도를 종횡무진 오가며 여러 성을 차질없이 쌓는 큰 공을 세웠다. 그런데 이 과정에서 관리감독자들이 모여서 과도한 회식을 해서 주변의 원망을 들었다고 한다. 현장 관리자들의 노고를 위로하려고 회식을 푸짐하게 한 모양이다. 성을 쌓는 공사에서 사람이 죽는 사고는 피할 수 없다. 이번 공사 중에도 적지 않은 사람이 죽고 다쳤다. 그럼에도 일부 관리는 자신이 많은 성을 쌓는 공을 세웠다고, 이에 합당한 포상을 해달라고 한다. 말로는 소민을 위한다고 하면서 실제로는 자기들 잇속만 채우려는 관리자가 아직도 곳곳에 있다. 죽은 사람과 그 가족의 아픔을 생각해서 이들을 포상하지 않았다. 옛말에 "가을에 할 일을 봄까지 하면 전염병이 퍼져서 사람이 죽는다"고 했다. 나 또한 이 말의 속뜻을 모르고, 겨울 초입에 시작한 공사를 다음 해 봄까지 몇 달 동안 강행한 적이 있다. 이로 인해 많은 농민 노동자가 죽고 나서야 내 잘못을 깨닫고 후회한 아픈 경험이 있다. 공사를 안 할 수도 없고, 사고를 피할 수도 없는 일이다. 이들의 죽음을 위로하는 것은 다스리는 자리에 있는 사람이 해야 하는 최소한의 도리다.

4월 17일, 경상도와 전라도에서 동시에 지진이 발생했다. 이렇게 넓은 지역에서 한꺼번에 지진이 난 것은 처음이다. 특히 경상도는 지난해 지진이 난 이후로 계속되고 있어서 사람들이 불안감을 감추지 못하고 있다. 4월 말인데 서리만 내리고, 비는 내리지 않고, 햇볕만 쨍쨍하다. 농작물 파종에 지장을 주고 있다. 이런 이상기후를 경험해본 신하가 한 명도 없다. 그래서 당분간은 새벽과 저녁시간을 알릴 때 종만 치고, 북은 치지 말라고 지시했다. 시름에 잠긴 농민이 잠이라도 편히 자게 하고 싶었다. 며칠 안에 비가 내리지 않으면 농사 피해가 눈덩이처럼 커질 것으로 예상된다. 밤이 되어도 좀처럼 잠이 오지 않는다. 하늘이 내 마음을 알았는지, 5일 뒤에 하늘이 찢어질 듯한 천둥과 번개를 동반한 비가 쏟아졌다. 번개만 없었다면 태종처럼 비를 맞으며 사람들과 어울려 큰 잔에 술을 부어 마시자고 했을 그런 기분 좋은 날이다.

옛날부터 초여름에는 밭에서 수확한 보리와 밀로 끼니를 때우며 가을에 추수하는 쌀밥을 기다린다고 했다. 그런데 이상기후로 인해 밭농사가 흉작이다. 가을이 됐지만 쌀농사가 흉작이다. 그런데 생각지도 않았던 강원도의 쌀농사가 예상을 넘는 풍년이다. 뜻밖의 경사다. 황해도는 작년에도 뿌린 씨의 1/10밖에 수확하지 못했다. 올해도 풀뿌리로 끼니를 때우는 사람이 줄지 않을 것이다. 10월 3일, 궁궐을 나와서 경기도 양주까지 지나오며 들판을 보니 이곳의 농사 상황 또한 좋지 않다. 여기에 더해서 6년 전 분식회계의 여파가 아직까지 서민의 삶을 옭아매고 있다. 당시의 빚이 너무나 많았기에, 매해 가을 추수 때마다 분할해서 빚을 환수하는데도 도무지 끝이 보이지 않는다. 이대로 두면 모두가 파산할 것 같아서, 살림 형편을 감안해서 징수하라고 지침을 정해줬다.

존중은 상대의 말을 가만히 들어주는 것

1월 17일, 큰형(양녕대군)과 왕실사람들과 어울려 궁궐의 뜰에서 공을 치는 게임을 하고 술도 한 잔 나눴다. 그랬더니 또 신하의 질책이 빗발치기 시작했다. 신하는 통과의례처럼 말하는 것이고, 나는 나대로 단호하게 내 생각을 전달하며 시간을 보내면 자연스럽게 해결될 것이다. 그렇지만 이번에는 내가 처음부터 특단의 대책을 세웠다. "큰형과 관련된 서류를 모두 불태워 없애라"라고 명령했다. 신하들이 깜짝 놀라서 말리기에, "그만 퇴근하라"고 했다. 이렇게 상황이 정리됐다. 큰형 문제로 신하와 다툰 지도 벌써 8년이다. 이제 서로를 너무나 잘 아는 것이다. 특히 두 해 전에는 큰형 문제를 끝장을 보겠다는 기세로 왕과 신하 사이의 선을 넘나들며 감정적으로 대립한 적이 있었다. 지나고보니 그때의 다툼이 나쁜 것만은 아니었다. 당시에 적당한 선에서 타협했다면 오늘과 같은 내 행동에 신하는 또 발끈하고 대들었을 것이다. 이제는 서로의 상태를 보아가며 적당한 선에서 암묵적 합의를 하고 있다. 그래서 나의 강경한 태도에 신하가 양보한 것이라 보는 것이 타당하다. 그동안 서로의 일관된 주장을 들어오며 합의를 이룰 수 있는 관계로 발전한 것이기도 하다. 10월 10일, 큰형과 왕실사람을 궁궐로 초대해서 연회를 열었다.

4월 17일, 스승 이수(57살)가 술에 취해서 말을 타다가 떨어져서 죽었다. 오래전의 일이다. 이수가 국가고시 1차시험에서 수석으로 합격했을 때, 태종이 그의 탁월함을 알아보고 불렀다. 그렇지만 사양하고 공부에 전념했다. 다음 해에 비서실장이 태종의 편지를 가지고 찾아가서야 관직에 나왔다. 그렇게 내 스승이 됐다. 스승은 겉치레를 좋아하지 않고, 한결같이 너그럽게 처신했다. 어디를 가든 아랫사람을 먼저 대접해주는 그런 참 스승이었다. 언제나 배우고 묻기를 좋아했고(文 문), 말을 절제하고 공손했던(靖 정) 스승을 오래도록 기억하고 싶어서 '문정'이라는 이름을 지어줬다. 스승은 그렇게 술과 글과 더불어 자신만의 세계를 즐겼던 사람이다. 그런 스승이 아내에게 빚만 남기고 죽었다는 말을 들었다. 빚을 모두 탕감해줬다. 6일 뒤에 변계량(62세)이 죽었다. 변계량이 누구인가. 그는 칼과 활이 난무하는 시대에, 글 하나로 세상의 무게를 가늠하고 조율한다는 문형(대제학)의 자리를 20년이나 맡아온 사람이다. 변계량의 글이 있었기에 중국과의 외교 기틀이 잡혀졌다고 해도 틀린 말이 아니다. 그는 언제나 부정한 것을 멀리했고, 인재를 선발할 때는 한결같이 공정했던 사람이다. 변계량은 스승이 죽던 날에 병으로 퇴직했었다. 한꺼번에 조선의 참 선비 두 명을 잃었다.

      11월 21일, 감사원(사헌부)에서 또 황희를 고발했다. 올해는 유난히 말 도둑이 많아서 말에 관한 사건에 민감해 있는 상황이다. 그런데 황희가 1천 마리나 되는 말을 얼어 죽게 한 관리의 죄를 감면시키려고 애썼다는 것이다. 황희가 일에 집중할 때 지켜보면 일반 신하와 다른 점이 있다. 황희는 공정한 것보다 최선의 대안을 찾는 데 집중하는 사람이란 것을 알 수 있다. 자기 이익을 챙길 때도 마찬가지다. 결국 황희를 파면했지만 계속 내칠 수는 없다. 내가 바라는 한 가지가 있다면, 그의 특별한 재능을 국가와 국민을 위해 사용하는 것이다.

태평한 날에 내일을 준비하는
사람은 모두 왕이다

1431년, 35세, 재위 13년

아들과의 설레는 첫 군사훈련

    2월 12일, 세자 향이와 함께 첫 군사훈련을 하고 경기도 양주 풍천들판에서 밤을 보냈다. 저녁을 먹고 모닥불가에 앉아서 들려주고 싶은 이야기가 많다. 그런데 향이는 피곤했던지 곧 잠이 들었다. 나만 혼자 바람 부는 들판에 서서 밤하늘을 보고 있다. 올해 18살이 된 향이는 지난 10년 동안 궁궐에서 글공부만 하며 자라서 그런지, 몸이 비만하고 느리다. 사신을 접견할 때 보면 여자아이처럼 얼굴이 붉어지기도 하고 머뭇거리기도 했다. 그런데도 신하는 향이가 20살이 되기 전까지는 글공부에 집중해야 한다고 고집을 부렸다. 말을 타거나 활을 쏘는 바깥 활동 자체를 못하게 막아온 것이다. 그런 향이의 건강 상태를 더 이상 두고 볼 수 없었다. 그래서 작심하고, 세자가 밖에 나오는 것을 반대하는 신하에게 휴가를 줬다. 그리고 향이를 군사훈련장으로 데리고 나왔다. 나 또한 14살 때 아버지(태종)가 내 손에 활을 쥐어주었다. 그 후로 아버지를 따라서 사냥을 다니며 체력을 유지할 수 있었다. 그런데 서른 살 이후로 말을 달리며 활을 쏘지 않았더니 몸이 더 나빠진 것 같다. 바깥에 나온 지 1주일이 지나니 향이의 동작이 제법 빨라진 것 같아 흐뭇하다.

2월 20일, 아침부터 진눈깨비가 흩날리고 바람이 거세다. 나는 향이를 데리고 경기도 포천 매장원으로 이동했다. 군인들은 포천 보장산에서 훈련이 한창이다. 그런데 군인들이 현기증을 일으키며 하나 둘 쓰러지고 있다는 급한 보고를 받았다. 깜짝 놀라서 즉시 술과 밥을 먹여서 몸을 따뜻하게 보온하게 했다. 그런데 늦은 밤에, 군사와 말이 산속의 차가운 땅바닥에 나뒹굴며 사경을 헤매고 있다는 보고를 또 받았다. 이 시간의 산은 한 치 앞도 보이지 않는 깜깜한 곳이다. 눈이 내려서 미끄럽기까지 하다. 밥과 술을 들고 올라갈 수 있는 조건이 아니다. 뜬눈으로 밤새 발만 동동 구르다가, 해가 뜰 무렵이 돼서야 따뜻한 밥을 먹일 수 있었다. 군인 26명, 말 69마리, 소 1마리가 얼어 죽은 채로 발견됐다. 다음날 곧바로 서울로 돌아와서 죽은 군인의 가족에게 위로의 말을 전하고 보상을 했다.

이번 사태의 발단은 나에게 있다. 세자의 바깥 활동을 방해한다는 이유로, 노련하고 경험이 많은 훈련 지휘관을 데려오지 않아서 이런 사태가 벌어진 것이다. 훈련장에는 의욕이 넘치는 젊은 지휘관만 있었기에, 밥도 제대로 먹지 못한 군인들을 눈 내리는 산속으로 몰아가서 훈련을 강행한 것이다. 내가 나서서 훈련을 말렸어야 했는데, 나 또한 의욕이 앞서 있었다. 지난 몇 해 동안 사신을 대응하느라 군사훈련을 제대로 할 수 없었다. 그런데 마침 이번 봄에 사신이 오지 않는다는 연락을 받았다. 그래서 훈련 강도를 높이는 젊은 지휘관의 결정을 그대로 두었던 것이다. 어쩌면 나는 태종의 흉내를 내며 세자에게 군대의 강인한 힘을 보여주고 싶었던 것일 수도 있다. 과거에 아버지는 군대를 강하게 다루었지만 냉정함을 유지했기에, 이와 같은 사고가 없었다는 사실을 지금에서야 깨달았다. 태종이 나에게 전해준 것과는 비교할 수 없지만, 향이가 첫 군사훈련에서 보고 들은 것들이 훗날 나라를 다스리는 데 유용하게 쓰이기를 바란다. 향이가 고생이 많았다.

비로소 멘토가 되어준 황희

　　9월 3일, 황희를 국무총리(영의정)에 임명했다. 황희는 지난해에 비리에 연루되어 파직된 뒤로 근신하며 지내고 있기에, 반대는 감수해야 하는 상황이다. 예상했던 대로 황희와 사이가 좋지 않은 하윤이 반대 의견을 굽히지 않았다. 황희 또한 사양을 거듭하다가 9월 12일에야 마음을 바꿨다. 주요 현안을 논의할 때 보면, 지금 정부 안에 황희만큼 탁월한 제안을 빠르게 내놓는 신하가 없다. 그런 신하에게 비리가 있다고 해서 일을 맡기지 않는 것은 나라 전체의 손해다. 오히려 그의 능력을 나라를 위해 쓰게 하는 것이 모두에게 보탬이 될 것이다. 신하에게 만회할 기회를 주는 이 방법은 태종(아버지)에게 배웠다.

　　황희에게는 나에게 없는 특별한 능력이 있다. 나는 복잡하게 얽힌 사건을 처리하거나 처지가 불쌍한 사람의 이야기를 들으면 머뭇거리거나 우유부단해지는 경향이 있다. 그런데 황희는 언제나 단순하면서 명쾌한 판단을 놓치지 않는다. 국무총리가 되고도 변함이 없다. 하루는 법무부(형조)가 노비 관련 사건을 처리하는 업무를 서울시(한성부)와 나눠서 맡자고 했을 때, 황희가 나서서 법무부로 일원화된 지금의 제도를 바꾸면 안 된다고 정리했다. 국무총리에 취임하기 전날에도, 내가 중국 사신 윤봉에게 선물을 주겠다는 말을 듣고는 서둘지 말라고 조언했다. 그날 황희의 조언이 없었다면 조선의 왕이 사신에게 선물을 주고도 가벼운 사람으로 보였을 것이다.

이처럼 황희의 말은 언제나 간단하고 분명해서 귀를 기울이게 된다. 그의 말에는 보편적 원칙이 있고, 그 원칙을 넘어서지 않으니 한쪽으로 치우치지 않는 것이다. 여기에 더해서 유익한 결과를 만드는 방안까지 제시한다. 황희를 시기하는 신하들이 그의 의견에 동의할 수밖에 없게 되는 이유다. 나 또한 그를 가까이 두고, 멘토에게 질문하듯 일을 의논하고 싶어진 이유다.

사회적 약자 돌봄 정책

사회적 약자를 돌보면서 동시에 조선통보 사용을 익숙하게 하기 위한 한 가지 정책으로, 돈을 가지고 오는 서민에게 쌀 3천 석을 싼값에 팔았다. 이 정책이 쌀값을 떨어뜨리는 효과가 있었다고 한다. 사실은 올해 농사가 잘된 영향이 컸는데, 내 기분을 좋게 하려고 이런 말을 한 것이다. 관청에서 6개월 동안 일하고 급여를 받으면 부모가 병이 들었다고 거짓말을 하고 퇴직하는 자들이 있어서, 수시로 직원을 채용하는 제도를 만들었다. 그랬더니 젊은이들이 관청 문 앞에서 일자리가 나기를 하염없이 기다린다. 가난한 집에서 태어나 배우지 못한 청년들의 심각한 일자리 문제를 여실히 보여주고 있다.

4월11일, 좀도둑 수준이던 명화강도가 사람을 죽이는 강력사건이 벌어졌다. 명화강도 네 명을 붙잡아서 심문하니, 낮에는 산 속에서 숨어 지내다가 밤이 되면 도시로 내려와 강도짓을 하는 범죄조직으로 발전했다는 사실을 알게 됐다. 특히 사람이 많이 지나다니는 남산(목멱산)에는 큰 무리가 있다고 한다. 도망친 노비들이 무리지어 다니며 서울 외곽의 주요 길목에 매복해 있다가, 지나가는 행인의 물건을 빼앗는 사건도 늘었다. 이처럼 개인의 작은 범죄행위가 시간이 지나며 조직적인 범죄로 커졌다. 이들을 잡아서 감옥에 가둬놓으니 범죄자 중에 홀아비와 과부가 섞여 있다. 이들의 아이들이 방치되어서 굶어 죽는 상황으로 내몰렸다. 각 지방 관청에서 이 아이들을 데려다가 먹이고 재우게 했다. 이 모든 일이 먹을 것을 구하는 과정에서 생긴 일들이다.

구중궁궐에 있는 왕을 대신해서 이런 사회적 약자를 돌보는 책임을 맡은 신하가 수령이다. 지금까지는 수령을 3년마다 교체했기에 정책의 일관성이 유지되지 못했다. 또한 국경과 같이 험한 지역은 가려는 신하가 없으니, 새 수령을 제때 선발하지 못하는 실정이다. 그래서 수령의 임기를 5년으로 연장하는 방안을 검토하고 있지만, 반대가 만만치 않다. 하루는 성균관의 오홍로라는 학생(생원)이

이 정책을 조목조목 반대하는 글을 써왔는데, 어쩌면 이리도 나와 정반대의 생각을 하고 있는지 의아했다. 다른 신하도 이렇게 생각하는지 의구심이 들었다. 반대하는 이유를 모아보았다. 수령의 임기가 길어지면 처음에는 부지런하게 일하다가 나중에는 게을러질 것이고, 못된 수령이 5년 동안 합법적으로 부민을 괴롭히고, 북방의 몇 개 지역을 제외하고는 5년 동안이나 가족과 떨어져 혼자 지내야 하고, 휴가를 받아 고향에 가더라도 짧은 기한 내에 복귀해야 한다는 등의 이유를 댄다. 그래서 수령이 5년을 견디지 못할 것이라고 한목소리로 말한다. 국민이 반대하는 '호패법'은 밀어붙여야 한다고 주장하면서, 자기들이 싫다고 '수령임기연장법안'을 거부하는 것은 모순이 아닌가.

그런데 진짜 검토해야 하는 법은 따로 있다. 지금 시행 중인 부민고소금지법을 민심이 원하는 방향으로 보완하는 것이다. 지금의 법은 어떤 경우에도 부민이 수령을 고발하지 못하게 금지하고 있다. 여기서 부민은 수령이 다스리는 행정구역에 사는 사람을 통칭해서 부르는 말이다. 이 법을 개선하지 않은 상태에서 수령의 임기를 늘리면, 절박한 사연이 있는 부민의 하소연을 해결할 방법이 5년 동안 원천적으로 차단될 수 있다. 그런데도 인사업무를 오랫동안 맡아온 허조는 이 법을 한 글자도 고칠 수 없다는 주장을 굽히지 않는다. "이 땅의 500년 역사를 짚어보면, 오히려 아랫사람이 작은 일을 가지고 수령을 고소하는 사례가 다수였다"고 말한다. 부민의 고소를 허용하면 수령이 이해관계에 얽혀서 일을 제대로 못할 것이라는 주장이다. 들어보니 허조의 말 속에 옳은 의견이 섞여 있었다. 이 법은 찬성과 반대 의견이 팽팽하게 갈려서 합의가 쉽지 않다. 오늘도 수령의 입장을 대변하는 신하들과 얼굴을 맞대고 토론을 이어가고 있다.

이익을 취하려는 사신의 잔꾀

내가 오래전 한여름, 바람이 솔솔 불던 한낮에 2층에 올라가서 창가의 차가운 바닥에 누워서 잠깐 졸았던 적이 있었다. 그날부터 양어깨가 찌르는 듯이 아팠다. 그 뒤로 시도 때도 없이 같은 증상이 나타났고 지금까지도 계속되고 있다. 이처럼 병치레를 달고 살아서인지 내 나이가 35살에 불과한데 귀 위에 흰머리가 났고, 예전에 매던 허리띠는 헐렁해졌다. 하루는 시중드는 아이가 흰 머리카락을 뽑으려 하기에, 내가 병이 많아서 그런 것이니 그냥 두라고 했다.

이 와중에 7월 15일, 윤봉, 창성, 장동아, 장정안, 이렇게 네 명의 사신이 150명이 넘는 수행원을 데리고 또 온다는 보고를 받았다. 지금까지 이런 대규모 사신 방문은 본 적이 없다. 이 많은 인원을 먹일 고기와 숙소를 마련하는 일 또한 발등의 불이 됐다. 급한 대로 서울에서는 민가에서 키우는 닭과 오리를 최대한 사들였고, 지방은 군량미를 팔아서 식재료를 구입하게 했다. 숙소는 신하의 집과 절을 최대한 확보하고 있다. 준비를 채 마치지 못한 사이에 사신 일행이 서울에 도착했다. 이 와중에 나는 몸을 움직일 수 없을 만큼 아프다. 세자가 사신 일행을 맞이했고, 고위급 관리는 궁궐에서 비상대기

중이다. 나는 창덕궁 내 방에 누운 채로 보고받으며 사신과의 두 번째 외교전쟁에 대비하고 있다. 이번에 가져온 황제의 문서에 적힌 내용이 지금까지와 확연히 다르다. "사신이 직접 사냥용 매(해청)와 표범을 잡을 것이다. 이에 필요한 물품과 인원을 지원해줘라"라고 상세하게 적혀 있었다. 마치 부모 없는 어린아이를 다루듯 우리의 행동 지침까지 적어 보낸 것이다. 이런 구체적인 사항까지 적은 외교문서는 처음 본다. 작년과 다르게 적당한 선의 선물을 먼저 챙겨주고, 사신이 요구하는 물건이 무리한 것이 아니면 모두 주기로 했고, 수행원에게는 계절에 맞는 옷을 지어 입혔다. 우리가 선제적으로 대응한 것이다. 8월 28일, 윤봉과 장정안은 매(해청)와 표범을 잡으러 함경도로 떠났고, 장동아는 여진족과의 문제를 해결하려고 평안도 국경지역으로 떠났다. 창성만 혼자 서울에 남아서 한 달 이상을 지내며 선물을 독차지했다.

세 명의 사신과 100명이 넘는 수행원들이 함경도에 머물고 있다. 우리나라 사람은 돼지고기를 즐기지 않아서 돼지가 얼마 안 되는데, 사신 일행은 매 끼니마다 고기반찬을 요구한다. 강원도에서 닭 1천 마리와 돼지 100마리, 그리고 부족한 식재료를 긴급히 보내고 있다. 이에 따른 강원도민의 불만은 세금혜택을 주는 것으로 달랬다. 이때 물품을 운송하는 군인 13명이 강을 건너다 물에 빠져 죽는 사고도 있었다. 이처럼 고생하며 사신을 접대하고 있는데도 사신 일행은 불만이 가득하다. 우리나라 사람을 때리는 폭행 사고가 수시로 발생하고 있다. 이런 상황을 못 견디고 고향을 버리고 도망치는 사람이 늘었다. 특히 사신이 지나는 주요 길목인 평안도 의주에 사는 주민의 피해가 최악의 상황이다.

11월 25일, 장동아가 여진족과의 문제를 해결하고 서울로 돌아왔다. 동대문 밖 보제원으로 이징옥 장군을 보내서 그동안의 노고를 위로했다. 보제원은 숙박시설을 갖춘 곳이다. 이징옥은 조선의 장군 중에 여진족이 가장 두려워하는 장군이다. 일을 마친 장동아는 5일 뒤에 중국으로 돌아갔다. 이틀 뒤에 사신 일행이 함경도에서 서울로 돌아왔다. 서울로 오는 길에 윤봉의 부하가 우리 국민 한 명을 때려죽였고, 서울에 와서도 종로 한복판에서 말을 타고 사람 사이를 비집고 달려서 우리 국민을 밟아 죽였다. 윤봉이 직접 그 부하들을 혼내고, 곤장 40대를 때리는 벌을 주는 정도로 마무리했다. 그가 부하를 처벌한 것은 우리가 이 사건만큼은 황제에게 반드시 알리겠다고 경고했기 때문이다. 또 하루는 사신 장정안이 자신의 부하가 우리나라 사람을 죽도록 때렸다는 보고를 받고는, 그 수행원을 똑같이 죽도록 때렸다고 한다. 학습효과가 컸던 것으로 보인다.

왕이 되고 정말로 행복했던 하루

5월 22일, 다섯 달 동안 한 방울도 보지 못했던 비 구경을 오늘 실컷 했다. 비서실장이 밝은 얼굴로 술 한 잔을 권했다. "오늘 비가 내렸지만 내일 비가 오지 않으면 부끄럽지 않겠는가"라고 말하고 돌려보냈다. 비가 쉽게 그칠 것 같지 않은 하늘이다. 그런데 비는 또 자취를 감췄다. 야속한 하늘만 쳐다보고 있다. 그러다가 28일 아침부터 폭우가 쏟아졌다. 쩍쩍 갈라진 논과 밭을 적시는 고마운 단비가 내린 것이다. 그렇지만 이 정도의 폭우가 오늘 밤까지 쏟아지면, 청계천을 비롯해서 물가에 사는 서민들의 집이 물에 휩쓸려버릴 것이다. "서울시는 즉시 홍수에 대비하라"고 비서실에 지시했다. 폭우는 하루를 더 쏟아붓고 나서야 그쳤다. 충분한 양의 비가 내려서 올해 농사 걱정을 조금이나마 덜어냈다. 비 피해를 최소한으로 줄인 것도 다행이다. 기쁜 날이다. 12월이 되고 한해를 정리하다가, 이날 저녁에 "그동안 농사 걱정에 잠을 제대로 못 잤는데, 오늘 밤은 발을 쭉 뻗고 곤히 잘 거 같다"라고 적어둔 글에서 눈길이 멎었다. 6월 2일은 내가 왕이 된 이후로 제일 행복했던 날이었던 것 같다. 다시 찬찬히 읽어보았다.

6월 2일, 비가 그치자마자 나는 경복궁 경회루로 작은형 (효령대군)과 왕실사람들을 불러서 20마리나 되는 말을 상품으로 걸고 활쏘기 시합을 했다. 그리고 여진족에게 잡혔다가 탈출한 중국인 5명에게 선물을 줬고, 다른 날 같으면 꾸지람을 했을 국방부(병조)의 실수를 보고받고도 "앞으로는 실수 없이 잘하겠다"라는 한 마디에 격려를 해줬다. 또한 새로 출판된 『설암법첩』 책을 신하들에게 나눠줬다. 그리고 나서 법무부(형조) 관리에게 "형벌은 죄인에게 고통을 주는 것이 아니라, 선한 방향으로 이끄는 수단으로 사용해야 한다"라는 왕의 국가경영철학을 정말 길게 설명했다. 그랬더니 그날의 내 기분을 국방부(병조)에서 눈치챈 듯 재빠르게 두 건의 보고를 또 했고, 나는 그대로 승인했다. 다른 부처에서도 왕에게 꾸지람을 듣는 것이 두려워서 보고하지 못하고 묵혀둔 것을 그날 보고했다면, 나는 두말없이 그대로 넘겼을 것이다. 그날은 윤대도 경연도 하지 않았다. 그날만큼은 그냥 늘어지게 쉬고 싶었다. 내 방으로 돌아와서도 논과 밭에 물길을 내며 환하게 웃고 있을 농민의 모습을 떠올리며 나도 같이 미소를 지었던 기억이 난다.

　　　12월 17일, 몸과 마음을 정갈하게 하고 창덕궁에서 하룻밤을 자고 일어나서, 문소전에서 할머니(신의왕후) 제사를 지냈다. 다음날에는 광효전에서 부모 제사를 지냈다. 큰아들 향이(18살)가 술을 잔에 따르고 절을 했다. 며칠 뒤에 자식들이 음식을 장만하고 나를 초대했다. 새벽 4시를 알리는 북소리가 울릴 때까지 이야기꽃을 피웠다. 몇 달 전에 둘째 이유(세조)가 몸이 아파서 걱정했는데 아무 일 없어 보였다. 다음날에는 왕실사람들과 궁궐에서 작은 연회를 열었다. 이렇게 올해는 가족 친지와 어울리며 한 해를 마무리했다.

금수저인 양반과 흙수저인 국민으로 나뉜 세상

1432년, 36세, 재위 14년

공정성을 훼손하는 금수저들

관청 앞에는 오늘도 가난한 청년들이 줄지어 앉아 있다. 일자리가 나기를 하루 종일 기다리는 것이다. 이와 반대로 부자 집안에서 태어난 금수저 청년들은, 공부는 하지 않고 관직까지 가지려 한다. 국가고시 시험장에서 부정행위가 끊이지 않는 이유다. 1월 17일 국가고시 1차시험 날에 그 정도가 선을 넘는 일이 벌어졌다. 시험장 문을 열자마자 수험생들이 한꺼번에 몰려들다가 수험생 한 명이 밟혀 죽는 사고가 발생한 것이다. 이 사고는 시험을 대신 치르기로 한 대리시험자가 감독관의 눈을 피하기 위해 휘파람을 불며 소란을 피우고, 수험생 틈을 비집고 들어가면서 순간적으로 발생한 사고다.

이처럼 금수저 청년들이 공정성을 훼손하는 행태를 보이는 것은, 이들의 부모가 나라의 법과 왕실을 가볍게 여기는 행동을 보며 자란 것에서 시작된 듯하다. 본래 왕실과 양반의 구분이 명확하고, 양반과 소민 사이가 가까워야 정상이다. 그런데 지금 세상은 이와 정반대다. 왕실과 양반 사이는 좁혀졌고, 양반과 소민의 격차는 벌어졌다. 한 예로 하루는 감사원의 관리자급 신하(장령) 이형이 말을 타고 가다가 왕실사람 혜령군 이지와 마주쳤다. 이지가 말에서 내려 인사했지만, 이형은 말을 탄 채로 꼿꼿이 지나갔다. 이지는 태종의 다섯째 아들인데 어머니가 궁녀 출신이다. 나와는 배다른 형제다. 신하 이형의 왕실을 대하는 태도가 이처럼 건방지다. 이틀 뒤에 왕실사람과 노비 첩 사이에 태어난 자식을 노비가 아닌 양민의 신분으로 모두 격상시켰다. 왕실의 피를 물려받은 사람의 노비신분을 법적으로 없앤 것이다. 왕실 안에서도 아내(공비)와 세자(문종), 세자빈이 사용하는 도장의 크기를 다르게 해서 지위 구분을 명확히 했다.

　　　국가고시시험은 아버지가 양반이라도 어머니가 노비 신분이면 시험에 응시할 수 없다. 노비의 자식이 국가고시에 합격하고 고위직까지 승진하면, 노비가 양반에게 이래라저래라 명령하는 일이 벌어지기 때문이다. 양반이 법을 바꾸지 않으려는 근본적인 이유다. 4월 4일, 신하는 왕실사람에게도 이 법을 똑같이 들이대서 국가고시를 볼 수 없게 했다. 이선이 그 대상이 됐다. 이선은 할아버지(태조)의 외손자인데 외할머니가 노비출신이다. 화가 치밀어서 신하에게 "선을 넘었다"라고 한 마디하고, 집으로 돌려보냈다. 그리고 나서 이 사건을 철저히 조사하라고 명령했다. 다음날 신하들을 모아놓고 "왕과 신하 사이에는 분명한 신분 차이가 있어야 한다"라고 단호하게 일러줬다. 그리고 이틀 뒤에 경복궁 경회루에서 큰형과 이 문제를 상의했다. 4월 15일, 우여곡절 끝에 이선이 국가고시에 합격했다. 이선이 대견하다.

금수저 청년은 자유분방하게 사는데, 가난한 부모를 만난 청년을 평생 흙수저로 살게 둘 수는 없다. 한 가지 방법으로 범죄자의 자식이라도 재주가 있거나 착한 청년이면 관리로 채용할 수 있게 법을 보완했다. 작년에 양반이 집을 짓는 기준도 집의 기둥은 50간을 넘지 못하게 했고, 집을 지을 때 사용하는 돌은 기둥을 받치는 주춧돌만 가공해서 쓰게 했으며, 단청 색칠을 금지했다. 서민의 집은 다닥다닥 이어 붙은 초가집인데 반해, 양반 집은 궁궐처럼 호화로운 기와집이기 때문이다. 앞으로 왕실과 양반의 구분을 분명하게 하고, 양반과 소민 사이에 벌어진 격차를 좁혀야 한다. 그래야 더불어 사는 세상을 만들 수 있다.

안일함에 도취된 조직들

오래전에 태조(할아버지)가 나라의 군사권력을 장악하기 위해 만든 '삼군도총제부'라는 조직이 있다. 나라가 안정된 지금, 삼군도총제부의 총제 세 명은 하루 종일 맡은 곳을 지키기만 할 뿐 하는 일이 없다. 상황이 이런데도 총제 세 명 중에 한 명이 병을 핑계로 사직서를 제출했다. 검토 끝에 삼군도총제부를 폐지하고, 하던 일은 다른 부서로 이관했다. 이처럼 지난 10년여 동안 큰 관청의 업무를 개선해왔다. 올해부터는 작은 조직의 업무를 조정해서 경각심을 불러일으키고 아울러 업무 효율을 높이려고 한다. 이 중에는 내가 평소에 궁궐 안을 오가며 눈여겨본 일들도 여럿 섞여 있다.

1432년, 36세, 재위 14년

문소전, 광효전, 소격전 소속 인원은 제사를 지내는 며칠 빼고는 하는 일이 거의 없기에 다른 부서와 통합했고, 왕과 왕의 가족이 입을 옷과 기물을 만들고 재물을 보관하는 부서(상의원)는 중간관리자(제조) 수를 줄여서, 실무담당자(낭청)가 책임지고 일하게 했으며, 전국 각지의 역을 관리하는 찰방 직무는 재임기간을 3년으로 늘려서, 장비관리 책임을 명확히 하게 했다. 이렇게 바뀐 법과 제도를 문서로 정리하는 일을 담당하는 상정소는 오늘 밤에도 불이 꺼지지 않는다. 하루는 내가 지나다가 신하가 먹는 밥상을 보았는데 청결하지 못했다. 담당부서를 바꾸려 했지만 비서실장이 만류했다. 비서실장의 말을 듣고보니 "사소한 일까지 왕이 참견하는 것이 옳은 일인가" 하는 생각이 들었다. 그렇지만 신하는 대체로 자신의 아랫사람에게 뒷말을 듣는 것이 싫어서, 사소한 일에 먼저 나서지 않는 경향이 있다. 이런 날이면 뒷말을 신경 쓰지 않고 원칙대로 일했던 유정현이 생각난다.

일부 관리는 작은 실수라도 하면 그것을 핑계로 출근하지 않기 일쑤다. 감사원(사헌부)에서 사실을 조사하고, 타일러서 출근하게 하고 있다. 이에 반해 소민의 경우는 가벼운 잘못인데도 잡혀오면, 자초지종을 확인하지도 않고 무조건 감옥에 가둔다. 가둬둔 채로 순서대로 재판을 진행한다. 최종판결을 할 때까지 억울한 옥살이를 하는 경우가 적지 않은 이유다. 글을 모르는 무지한 사람에게만 법을 원칙대로 적용하고, 자기들끼리는 관대한 것이다. 언제부터인가 금수저와 흙수저의 사회적 대우와 구분이 이처럼 분명해졌다. 이런 사회구조가 고착화되지 않도록 하기 위해서는 각 관청의 실무자급 공무원의 역할이 중요하다. 그런데 하루는 실무자급 공무원(부사정) 몇 명이 기생 한 명과 서로 통정하고, 노비를 동원해서 집단으로 패싸움을 하고 물건을 부쉈다는 보고를 받았다. 이것이 지금의 현실이다. 이런 사건을 듣고 있자니 마음이 불편하다. 동대문 밖에 나가서 하루 종일 매사냥을 구경하고 돌아왔는데도 여전히 불편하다.

중산층 몰락을 방관하는 양반들

　　최근에 나이 든 신하를 배려하는 조치를 몇 번 했다. 그랬더니 인사업무를 총괄하는 허조(64살)가 나서서, 이른 아침에 하는 조회를 해가 밝은 시간으로 늦추자고 한다. 하나를 주면 하나를 더 달라고 하는 데 주저함이 없다. 이들은 늙었음에도 재산을 늘리는 욕심 또한 줄지 않았다. 대표적인 예가, 허조를 필두로 틈만 나면 종부법을 폐지하고 종모법으로 돌아가야 한다고 안달하는 것이다. 종모법은 오로지 양반에게만 이익이 되는 법이다. 내가 조금이라도 틈을 보이면 종부법을 폐기하자고 역설하는 이유다. 나도 어떠한 경우라도 종부법을 지켜내야 하는 분명한 이유가 있다. 지금 시행 중인 종부법의 영향으로 그동안 양민 수가 꾸준히 증가했기에 나라가 안정을 찾아가는 것이다.

　　가뭄이 들면 대부분의 농부는 농사일을 하지 않고 하늘만 쳐다본다. 잡초라도 뽑아야 하는데 일손을 놓고 있다. 농사 지식이 부족한 것도 한 가지 원인이다. 그래서 2년 전부터 농사직설 책을 보급하고 있지만, 농민이 글을 모르니 아무 소용이 없다. 각 지방의 관리들이 집집마다 찾아다니며 농사 비법을 알아들을 수 있게 설명해주라고 거듭해서 당부하고 있다. 상황이 이런데도 허조는 한술 더 떠서 "소민이 글을 읽고 법을 알게 되면 소송이 남발하고, 사회에 불필요한 문제가 생긴다"는 주장을 늘어놓는다. 더욱, 지금 조선의 사회질서가 안정된 이유는 국민 대부분이 글을 읽을 줄 모르기 때문이라고까지 한다. 이 말이 조선의 인사업무를 책임지고 있는 관리의 입에서 나올 말인가. 내 눈에는 마치 중산층이 몰락해도 자신의 지위만 보장된다면 상관없다는 태도처럼 보인다. "소민이 글을 읽고 법을 알게 돼서 무슨 일이 있었는지 사례를 당장 찾아와라"라고 집현전에 지시했다.

고위관리가 부정한 방법으로 재산을 모으는 것을 원천적으로 차단하려고 상피와 분경, 두 법을 만들었다. 양반끼리 이익을 독차지하는 것을 막는 법이기도 하다. '상피법'은 말 그대로, 이익을 공유하는 사람끼리(相 상) 일할 때 만나지 못하게(避 피) 하는 법이다. 구체적으로 사촌 이내 친인척끼리는 국가고시 감독을 못하게 하고, 소송의 심리를 못하게 하고, 같은 부처에 근무하지 못하게 한다. '분경법' 또한 말 그대로, 이익을 독차지하려고(奔 분) 수단과 방법을 안 가리는 자를(競 경) 막는 법이다. 이권을 얻으려고 뇌물을 주고받는 것을 금지하는 것이 법의 핵심이다. 그렇지만 분경법은 시도조차 할 수 없을 정도로 신하의 저항이 심했다. 그래도 상피법은 만들었으니 한 걸음은 뗐다. 상피법을 적용할 때는 고위급 신하가 사소한 일로 소송을 당해서 직무수행에 지장받지 않도록 신중을 기하도록 했다. 상피법이 공정한 경쟁이 이뤄지는 사회를 만드는 데 기여하기를 기대한다.

왕이 연 양로연

올해는 소민의 중노동이 최고조에 달했다. 소 6천 마리를 중국 요동으로 보내는 일에 동원됐고, 성을 쌓는 공사에도 동원됐다. 첫눈이 내린 뒤로도 성을 쌓는 공사를 강행한 곳도 있었다. 뱀, 개구리 같은 짐승도 겨울에는 잠을 자며 쉰다는데, 특히 국경에 사는 소민은 1년 내내 중노동에 시달리는 것이다. 이러한 여파로 국경지역에 사는 상당히 많은 소민이 한밤중에 뗏목을 타고 탈출하기에 이르렀다. 탈출한 대부분이 전라도에 숨어 살고 있다는 보고를 받았다. 이들 중에 60살 이상의 독거노인과 병에 걸린 사람은 전라도에 그대로 살게 하고, 이외는 살던 곳으로 돌려보내라고 명령했다. 국경지역에 조선사람이 살지 않으면 여진족에게 국경을 점령당할 수 있기에 어쩔 수 없는 결정이다. 그러나 돌려보내면 다시 도망친다. 어떤 혜택을 주면 도망가지 않을지를 소민에게 직접 듣고 오라고 관리를 보냈다.

5월 25일, 조선통보를 녹여서 밥그릇을 만들어 유통시킨 자를 붙잡았다. 동전의 가치가 구리 덩어리 값만도 못하기 때문에 발생한 사건이다. 직접 가담한 자는 엄벌에 처했지만 공모한 자는 처벌하지 않았다. 이들의 처지가 가여웠기 때문이다. 8월 27일, 80살 이상의 노인을 경복궁 근정전으로 초대해서 양로연을 열었다. 그동안 노인을 우대하라고 지시는 여러 차례 했으나, 왕이 직접 양로연을 주관한 것은 처음이다. 이날 많은 남자 노인이 왔다. 근정전 안과 앞마당에 자리한 노인까지 합하면 100명이 훨씬 넘는다. 노인을 부축하고 온 아들, 사위, 동생, 조카들까지 합하면 정말 많은 사람들이 참석했다. 연회가 끝나고 돌아갈 때 왕에게 절하는 예의는 생략하게 했다. 먼 지방에 있거나 몸이 불편해서 올 수 없는 노인에게는 술과 고기를 보냈다. 신하는 노비, 기생과 같이 신분이 천한 노인은 참석 대상에서 제외해야 한다고 했지만, 모두 똑같이 대우하라고 지시했다. "노비도 하늘이 보낸 내 사람이다." 양로연은 내리사랑하는 마음(恤흌)을 담아야 하는 자리다. 피(血)가 끌리는 마음(心)을 표현한 글자가 휼이라는 사실을 잊으면 안 된다. 그래서 자식을 사랑하는 부모의 마음을 가리켜, 피가 끌리는 내리사랑이라고 부르지 않는가. 오늘따라 날씨가 화창해서 내 마음이 더없이 기쁘다. 내일 아내(공비)가 주관하는 여자 노인을 위한 양로연도 이와 같이 하라고 지시했다.

올해 내내 전염병이 사그라들지 않아서 걱정이 많다. 국경지역에서 시작된 전염병이 4월 즈음에 서울까지 퍼졌다. 서울 시내 길거리에도 사람의 왕래가 급격히 줄었다. 삼청동에 있는 소격전에서 일하는 맹인 복덕이가 굶어 죽을 지경에 이르기도 했다. 다행히 내가 복덕이의 사정을 알게 돼서 살릴 수 있었지만, 이렇게 죽어가는 사람이 또 있을 것이다. 전염병은 7월 한여름이 돼도 계속되고 있다. 한 고위관리는 가족 모두가 전염병에 걸려서 죽었고, 노비 한두 명만 살아남았다. 시체가 썩어가는 냄새가 진동하고, 노비는 집에 갇힌 채로 겨우 목숨만 유지하고 있다고 한다.

책상머리 지식으로 일하는 관리들

　　그동안 조선이 큰 전쟁 없이 평안한 상태를 유지할 수 있었던 것은 하경복, 이징옥과 같은 여진족이 두려워하는 장수가 국경을 지키고 있었기 때문이다. 그런데 최근에 평안도 압록강 너머에 사는 여진족의 움직임이 수상하다. 급한 대로 연기를 피워서 적의 침입을 알리는 연대를 높이 쌓고, 미리 무기를 정비하고, 식량을 최대한 많이 비축하라고 명령했다. 그리고 나서 여진족이 자주 출몰하는 평안도 의주의 수령을 이사검으로 교체했다. 이사검은 국경지역의 특성을 제대로 이해하고 통솔할 수 있는 몇 안 되는 적임자다. 변방의 수령 임기를 마치고 잠시 쉬고 있던 그를 또 국경으로 보낼 수밖에 없어서 미안한 마음이지만 어쩔 수 없다. 동시에 함경도의 방어 상태를 확인하고 대책을 마련하기 위해서 국무총리(영의정) 황희와 재무부장관(호조판서) 안순을 함경도 길주와 경원으로 출장 보냈다.

　　그랬더니 왕의 정책을 비판하는 일을 하는 김중곤과 김숙검이 함께 찾아왔다. 황해도는 지난 몇 해 동안 계속 물난리가 났다. 그리고 이제부터는 농사일이 바빠질 시기다. 지금 성을 쌓으면 농사를 망치게 되고, 사신 접대에도 영향을 미칠 것이 불을 보듯 뻔하다고 지껄였다. 책상 앞에서 익힌 원론적인 지식을 내 앞에 늘어놓은 것이다. 두 사람에게 "지금 당장 함경도 길주성으로 여진족이 쳐들어오면 어떻게 방어할 것인가. 또한 성을 쌓기 적합한 때가 언제인가?"라고 반문했다. 자기들은 그런 것은 모르고, 다만 국민의 노고가 커지는 것이 염려돼서 말했을 뿐이라고 했다. 어처구니없는 말이다. 잠시 호흡을 가다듬고 나서 그대로 돌려보냈다.

4월 12일, 황희와 안순이 돌아왔다. 역시나 출장보고서의 수준이 다르다. 보고서를 읽고 있으면 현장을 걷고 있는 느낌이 들 정도다. 보고 들은 것에서 끝나지 않고, 적절한 대안이 제시되어 있기 때문이다. 여기에 더해서 고려 때 백두산 부근의 우리 땅을 중국(명나라)이 가져간 것으로 의심되는 땅을 발견했는데, 언젠가는 되찾아야 한다고까지 언급하고 있다. 나는 이 땅의 존재를 지리지 책에서 보았는데 황희가 직접 확인하고 왔다. 황희는 내가 궁금한 것이 무엇인지 정확히 알고 있는 것이다. 그런데 며칠 뒤에 황희가 사직서를 제출했다. 깜짝 놀라서 가까이 불렀다. "경이 떠나면 내가 의지할 사람은 누구인가?"라는 말로 붙잡았다. 한동안 직무에 충실하다가 8개월 뒤에 또 사직서를 제출했다. 바로 반려됐지만, 그의 나이가 70살이다.

국경의 여진족 부족들

12월 9일, 400여 명의 여진족이 한밤중에 말을 타고 평안도 여연지역을 기습적으로 공격했다. 집을 불태우고, 재산을 약탈하고, 사람을 죽이고 납치해갔다는 긴급보고를 받았다. 내가 그토록 우려했던 일이 일어나고야 말았다. 관리가 책상 앞에만 있고 현장을 등한히 할 때 이미 군사적 억지력은 상실된다. 여진족이 침입한 것은 그 상태가 현실로 드러난 것이다. 평안도 여연 땅은 그 모양이 특이하다. 여진족이 사는 북쪽 방향으로 봉곳이 솟아 있는 위치에 있다. 그래서 누가 봐도 여진족의 공격이 용이한 곳인데, 우리의 방어가 허술했다.

　　　여진족은 조선의 국경부터 중국의 만주지역에 이르는 드넓은 땅에 흩어져 사는 여러 부족을 통칭해서 부르는 말이다. 우리는 여진족을 크게 3개 부족으로 구분한다. ①오랑캐(올량합 또는 건주 여진으로도 부름)는 평안도 압록강 국경 너머 강가에 거주한다. ②우디캐(올적합 또는 해서여진으로도 부름)는 함경도 두만강 국경 너머 산악지대에 거주한다. ③오도리(알타리로도 부름)는 20여 년 전부터 함경도 회령 땅으로 들어와서, 우리나라 사람과 섞여 사는 토착화된 여진족이다. 이외에도 국경 너머에는 수많은 여진족 부족이 있고, 같은 부족 안에도 여러 추장(우두머리)이 있다. 추장을 따르는 사람 수에 따라 그 규모가 천차만별이고 가지각색이다. 이처럼 복잡하고 다양한 여진족의 상황을 조선의 왕이 속속들이 아는 것은 불가능하다. 그래서 국경에서 벌어지는 일은 현장을 통솔하는 장수와 관리의 의견을 최대한 따르며 결정한다.

　　　이번에 평안도 여연에 쳐들어온 여진족은 압록강의 지류인 파저강 인근에 모여 사는 오랑캐 부족으로 추정된다. 오랑캐는 이전부터 중국사람과 조선사람을 납치해서 노예와 첩으로 부리며 살아왔다. 이들이 납치해간 사람들이 압록강을 건너서 조선 땅으로 탈출한 사람을 파악해보니 무려 600명에 달했다. 여기에 더해서 지난해에 사신 장동아가 군인 400명을 이끌고 오랑캐 부족에게 찾아가서, 납치된 많은 수의 중국인과 조선인을 한꺼번에 풀어준 일이 있었다. 그동안 황제는 이런 사실을 알고도 눈감아왔는데 급진적인 변화가 생겼던 것이다. 결국 부족해진 노비와 첩을 한꺼번에 채우려고 우리 땅에 처들어온 것으로 판단된다.

이날의 침입으로 조선과 여진족은 생존을 위한 전쟁을 피할 수 없게 됐다. 당장이라도 오랑캐 무리를 몰살시킬 군대를 보내고 싶은 심정이다. 그러나 중국 땅에 조선 군대를 들여보내는 것은 황제와 사전협의가 필요한 사안이다. 며칠 동안 밤을 새워가며 대책회의를 거듭했다. 12월 21일, 황제에게 조선의 피해 상황을 알릴 문서작성 회의를 마치니, 어느새 새벽 3시다. 이 와중에 오랑캐 부족의 추장 이만주의 부하가 평안도 여연군 수령에게 찾아왔다. 그리고 자기들이 우디캐 부족과 싸워서 조선인 포로 64명을 빼앗아 안전하게 보호하고 있다고 했다. 그런데 뭔가 수상하다. 정황상 평안도를 공격한 여진족은 오랑캐가 분명하다. 그런데 이만주가 우디캐 무리가 한 짓이라고 주장하고 있는 것이다. 이만주는 중국정부의 관직을 가지고 있으면서 동시에, 우리에게 식량과 생필품을 구해가는 우호적인 관계를 유지하고 있다. 그런 그가 우리 국경을 넘어와서 약탈했을까? 여러모로 수상쩍었지만, 즉시 가서 우리 국민을 되찾아오라고 지시했다.

비로소 왕의 생각을
읽어가는 신하들

1433년, 37세, 재위 15년

여진족 토벌 작전회의

　　지난해 12월9일, 여진족 오랑캐가 평안도 여연에 쳐들어왔을 때 바로 응징하지 않았더니, 조선을 가볍게 여기고 국경을 제집처럼 넘나들고 있다. 이런 행태를 더 이상 내버려둘 수 없다. 1월 11일, 평안도 군사령관(도절제사)을 최윤덕 장군으로 교체했다. 최윤덕이 여진족을 토벌하는 작전의 총책임자를 맡을 것이다. 최윤덕은 임명장을 받자마자 나에게 전국에서 모집할 군인들의 훈련상태를 점검해달라고 요청했고, 나는 곧바로 전국의 수령에게 공문을 발송했다. 모든 신하가 한목소리로 적을 무찌를 적임자로 최윤덕을 꼽은 이유가 바로 이런 점이다. 상황이 이런데도 인사행정 총책임자(이조판서) 허조는 국경 성벽을 튼튼히 쌓고 방어에 전념하는 것이 가장 좋은 방법이라고 주장한다. 허조의 말을 듣고 있자니, 15년 전에 대마도 왜적이 조선에 쳐들어왔을 때 "군함을 없애고 육지에서 방어하는 체제로 전환해야 한다"고 순진하게 주장하던 내 모습이 겹쳐 보였다. 당시 태종의 신속한 명령으로 대마도를 정벌하고 왜적에게 두려움을 심어놓았기에, 지금까지 왜적의 출몰이 잠잠한 것이다. 지금 당장 오랑캐 무리를 섬멸해야 하는 이유다.

다음날 평안도와 함경도의 도지사(관찰사)를 이숙치와 조말생으로 전격 교체했다. 그리고 모든 신하들이 지켜보는 앞에서 최윤덕을 가까이 불러서 "군대를 움직이는 모든 판단은 경의 결정에 따르겠다"는 말로, 현장에서 신속한 군사작전이 가능한 의사결정 체계를 갖췄다. 특히 조말생은 비리를 저지르고 근신 중이었지만, 태종 때 풍부한 경험을 쌓은 적임자다. 그래서 주저하지 않고 선임했다. 2월 10일, 박호문을 적들이 사는 곳으로 들여보내 정탐하게 했다. 그리고 나서 2월 15일, 이른 아침에 고위급 신하 모두와 오랑캐 토벌을 위한 비밀작전회의를 했다. 국무총리(영의정) 황희를 시작으로, 한 사람도 빠짐없이 자신의 생각을 털어놓는 방식으로 진행했다.

여진족과 전투 경험이 있는 하경복은, 지금 당장 토벌하지 않으면 적들은 반드시 다시 쳐들어올 것이라고 목소리를 높였다. 반면에 지금은 때가 아니니, 1년 또는 2년 동안 준비하고 토벌하는 것이 바람직하다는 의견도 있었다. 압록강이 얼어붙는 겨울이 적기라는 의견과, 수풀이 우거진 여름이 타당하다는 의견도 있다. 저마다 생각은 달랐지만, 조심해야 하는 이유와 준비해야 할 것들이 조목조목 담겨 있었다. 비록 하루 동안의 회의였지만 모두가 한자리에 모여 마음속에 담아둔 생각을 털어놓으니, 회의를 마칠 즈음에 몇 가지 사항에 서로 공감을 이뤘다. 지금은 추운 겨울이고, 국경 너머 땅은 길이 좁고 꼬불꼬불하니 경계하며 행군해야 하고, 숲이 울창한 곳을 지날 때 기습공격을 받으면 속절없이 당할 수밖에 없으니 미리 대비하고, 서울에 여러 여진족이 거주하고 있으니 비밀리에 계획을 짜야 한다는 것이다. 적을 토벌해야 하는 이유와 방법이 더욱 선명해졌고, 공격시기 결정은 왕의 몫이 됐다. 오늘 회의를 사관이 빠짐없이 기록했으니, 훗날에 오늘의 대응방안을 알 수 있을 것이다.

2월 21일, 군사작전과 직접 관계되는 최소한의 최고위급 신하만 따로 불러서 ①군대 규모와 말, 활, 화살, 갑옷, 투구, 창, 칼, 화포와 같은 군수물자는 얼마나 준비할 것인지 ②압록강을 건널 때 배와 부교 중 어느 것을 선택할지 ③병사는 어떤 방식으로 모을 것인지 ④군대의 행군과 전투의 진법은 어느 것을 선택할지 ⑤군대 편성은 어떻게 할 것인지 등, 세부사항을 협의했다. 그리고 황희, 맹사성, 권진 세 명의 총리(삼정승)는 비밀장소에 따로 모여서 세부 작전계획을 짜도록 지시했다. 이런 토론 과정을 거쳐서 풀이 무성해지는 4월에 토벌하기로 정하고, 압록강을 건너는 방법은 부교로 결정했다. 칡넝쿨, 갈대, 나무로 만드는 부교는 강가 근처에 칡과 갈대가 자라는 곳을 찾아 근처에 울타리를 만드는 것처럼 위장해서 나무를 쌓아두었다가 신속하게 만들기로 했다. 박호문이 적이 거주하는 압록강 지류인 파저강까지 깊숙이 들어가서 염탐하고, 18일 만에 무사히 돌아왔다. 오랑캐 무리가 우리의 공격을 직감하고, 일부는 산속으로 숨었다고 한다. 적을 안심시켜서 산속에서 나오게 할 추가적인 전략이 필요해졌다.

3월 7일, 산속에 흩어져 있는 적을 소탕할 때는 여러 방향에서 동시에 공격해야 한다는 최윤덕 장군의 보고를 받고, 군인 수를 3천 명에서 1만 명으로 늘렸다. 이후에 또 5천 명을 추가해서 1만5천 명으로 확정했다. 군인들이 평안도 국경으로 집결하고 있다. 우리가 토벌해야 할 적은 오랑캐 추장 이만주와 그를 따르는 무리라고 문서에 명시했다. 이만주는 파저강가에 무리지어 사는 오랑캐 부족 전체를 이끄는 우두머리(추장)인 동시에, 건주본위 도지휘라는 중국의 관직을 가지고 있는 자다. 그래서 중국에 이만주를 공격한다는 사실을 사전에 알리고 허가를 받아뒀다. 이제 공격준비는 모두 끝났다. 그런데 인사행정 총책임자(이조판서) 허조가 걱정 가득한 얼굴로 또 찾아왔다. 4월에 큰비가 내리면 강물이 붇고 길이 질퍽해지고 초목이 무성해져서 산과 골짜기의 길이 덮인다. 그러니 강물이 꽁꽁 어는 겨울이 타당하다고 말하며 공격을 만류했다. "지금은 황제가 우리 군대가 중국 땅에 들어가는 것을 허가했지만, 훗날 정세가 변하면 거부할 수도 있다"는 말로, 걱정 많은 허조를 달래서 돌려보냈다. 허조는 국내 업무만 오래한 관리다.

비로소 해결된 근심의 절반, 평안도

3월 19일, 종묘와 사직에 제사 지내는 것으로 공격 명령을 대신했다. 서울에 있는 여진족에게 들키지 않기 위한 신호였다. 왕은 국민을 보호하는 것이 목적이지만, 전쟁터에 나가는 군인은 적개심이 불타올라야 한다. 그래야 한마음으로 연결돼서 나라를 지켜낼 수 있다. 그렇지만 공격하더라도 여진족의 늙은이, 어린아이, 여자는 함부로 죽이지 못하게 명확한 지침을 전달했다. 이후로 나는 아무 일도 없었다는 듯이 왕비들과 함께 충청도 아산으로 온천여행을 떠났다. 내가 온천에서 휴가를 즐기는 동안에 우리 군대는 조용히 압록강을 건넜다. 적이 있는 파저강까지 행군하려면 20일 이상 걸릴 것이다. 4월 10일, 평안도 강계에 집결한 군대를 출병시킬 때 최윤덕 장군은 전투수칙을 다시 한 번 명확히 하달했다. "오랑캐 무리가 조선에 쳐들어와서 마을을 불태우고, 여자와 노인까지 살해하고, 어린아이를 눈에 던져 얼어 죽게 하고, 재산을 약탈하고, 사람을 납치해가는 등 잔인하고 야만적인 행동을 서슴지 않았다. 그러나 우리는 ①늙고 어린 사람은 때리거나 찌르지 말고 ②항복하면 죽이지 말고 ③약탈하지 말고 ④가축을 죽이지 말고 ⑤집을 불태우는 것을 금지한다. 전투수칙을 반드시 지켜야 한다. 이를 어길 시에는 군법으로 처벌할 것이다"라고 명령했다.

전장에서 소식이 올 때가 됐는데 소식이 없다. 마음을 졸이고 있는데, 5월 5일 드디어 승전보를 보내왔다. 몇 달 만에 긴장이 풀리고 비로소 마음이 놓인다. 이 소식을 들은 네 아들이 음식을 장만해서 찾아와서 기쁨을 함께 나눴다. 동대문 밖에 나가서 매사냥을 구경하며 숨도 한 번 크게 쉬고 왔다. 5월 25일, 최윤덕 장군이 서울로 돌아왔다. 그동안의 노고를 위로해주려고 가까이 불러서 단둘이 오붓한 자리를 가졌다. 행군 중에 하루는 강가에 주둔했는데, 노루 네 마리가 군영 안으로 들어와서 손쉽게 잡았다고 한다. 그날 잡은 노루를 오랑캐에 비유하며, 승전을 직감했다고 한다. 그리고 전투 중에 하루는 하늘에 명주 한 필 정도 길이의 흰 기운이 있었다고 한다. 옛날에 중국의 주나라가 상나라를 멸망시킬 때, 주나라 왕이 탄 배에 흰 빛깔의 물고기가 들어왔던 역사와 유사한 것 같다. 흰 물고기는 상나라 왕에 비유될 수 있다. 그리고는 이내 여진족의 보복 공격에 대비하는 의견을 주고받는 일하는 자리로 바뀌었다. 천상 우리는 일하는 팔자인가보다. 다음날 토벌에 참전한 장수들의 노고를 위로하는 연회를 성대하게 열었다. 그런데 김효성 장군이 연회 중간에 도착했다. 급히 오느라 연회복을 준비하지 못했기에 내 옷과 신발을 내어주었다. 김효성은 지금 왕의 옷을 입고 연회를 즐기고 있다. 이토록 기쁜 자리에 왕이 두 명이나 있으니 기쁨도 두 배다. 참석자들은 나보다 내 분신에게 먼저 술을 받아 마시려고 한데 섞여서 농담을 던지며 와자지껄하다. 분위기가 무르익었기에 조용히 자리를 비켜줬다. 나라의 큰 근심거리를 덜어낸 후련한 날이다.

6월 2일, 토벌에서 사살하거나 생포한 오랑캐가 500여 명이었다. 생포한 174명을 서울로 압송해왔다. 이들의 몰골을 보니 여름인데도 털옷을 입고 있어서 얇은 옷으로 갈아입혔다. 그리고 나서 경기도와 충청도의 여러 마을(고을)에 분산해서 살게 했다. 해당 마을의 수령에게 이들을 정성껏 보살피고, 특히 여자는 희롱당하지 않게 지켜주라고 당부했다. 두 달여가 지난 윤8월 19일, 38명을 그들이 살던 땅으로 돌려보냈고, 3일 후에 49명을, 5일 후에 또 62명을 돌려보냈다. 그리고 7월 22일에 감옥에 가둬두었던 군인 2명을 풀어주며 "조선이 오랑캐를 토벌한 것은 오로지 죄지은 자를 처벌할 목적이었을 뿐이다. 진심으로 항복하면 남은 포로를 모두를 돌려보내겠다"는 말을 이만주에게 전하게 했다. 토벌을 끝냈으니 더 이상의 살상보다는 여진족에게 두려움을 심어주는 것으로 충분하다고 판단했기 때문이다. 이제 평안도 국경이 안정을 찾았으니, 남은 절반인 함경도 국경을 온전하게 회복해야 할 때가 됐다. 특히 함경도 회령(알목하)은 본래 우리 땅인데 23년 전에 여진족이 몰려와서 차지하고 있다. 이 여진족 무리를 오도리라고 부른다. 회령 땅을 온전히 되찾는 것은 태종의 숙원이었다. 다양하고 복잡한 문제로 얽혀 있는 함경도 영토 회복을 생각하면 잠이 안 오지만, 오늘 밤은 잠시 쉬어가기로 한다.

정치(文)와 국방(武)이 조화로운 조직

우리 군대가 압록강을 건너서 토벌작전을 전개할 때, 나는 한 달 동안 왕비들과 함께 충청도 아산 온천에서 시간을 보냈다. 서울은 세자가 혼자 남아 지켰다. 온천에 갈 때 신하와 수행원이 길게 줄을 지어 이동했고, 경기도 수원과 평택 들판에 도착해서는 매사냥을 했고, 밤에는 주변에 사는 사람들과 어울려 잔치를 벌이는 등 흥겨운 분위기를 연출하며 느긋하게 이동했다. 그 결과 왕이 온천으로 휴가갔다는 소문이 전국에 퍼졌다. 이 소식이 서울에 사는 여진족을 통해서 압록강 너머 오랑캐의 마을까지 전해진 것으로 보인다. 조선의 왕이 근심 걱정 없이 온천여행이나 다니는 것처럼 꾸며서, 우리 군대가 압록강을 넘어서 진격하고 있다는 사실을 최대한 오 랫동안 숨기려는 전략이 제대로 맞아떨어진 것으로 보인다.

몸이 아플 때마다 온천에 가서 병을 치료를 하고 싶은 마음이 굴뚝 같았지만 그동안 여러 이유로 가지 못했다. 그런데 뜻하지 않은 군사작전을 핑계로 처음 온천에 간 것이다. 나는 그곳에서 적이 안심하도록 속이는 방식으로 토벌작전을 함께했다. 온천물에 몸을 담그니 그동안 아팠던 통증이 거짓말같이 사라지는 효과는 덤이었다. 내 마음은 압록강 너머 우리 군대와 함께하며 매일 승전 소식을 기다렸다. 또한 갑자기 왕이 그곳에 와서 주변 사람들의 생업에 피해를 주지 않기 위해서, 수시로 선물을 나눠주는 일 또한 빠뜨리지 않았다. 하루는 음식을 푸짐하게 차리고 온천 인근에 사는 주민 380명을 모두 불러서 잔치를 열기도 했다. 온천을 떠나오던 날에는 일부 온천 시설을 주변에 사는 사람에게 개방하라고 지시했다.

5월 16일, 최윤덕 장군을 국방법무 부총리(우의정)로 승진시켰다. 비로소 황희, 맹사성, 최윤덕으로 이어지는, 정치(文)와 국방(武)이 조화를 이루는 꿈의 총리 진용(삼정승)을 처음으로 갖췄다. 지금까지 무인 중에 부총리에 적합한 인재를 찾지 못했는데, 여진족을 토벌하면서 최윤덕이 적임자임을 확인했다. 최윤덕은 대대로 무인집안에서 자랐기에 공부가 부족하다. 그동안 부총리감은 아니라고 여긴 이유였다. 그런데 이번 토벌작전 성공으로 주변 사람들에게 또 다른 역량을 인정받았다. 여기에 더해서 누구보다 공정성을 지키는 일관된 사람이라는 사실을 알기에 승진시킨 것이다.

5월 28일, 총리 세 명을 한자리로 불러서 국경방어전략과 군대진법훈련, 그리고 공을 세운 군인을 포상하는 방안을 협의했다. 진법훈련은 병법서적 공부로 대체하기로 했다. 몇 년 동안 누적된 사신 방문과 이번 토벌작전으로 인해, 군인들의 노고가 감당할 수 있는 수준을 크게 넘어섰기 때문이다. 세 명의 총리는 퇴근 뒤에 한 집에 모여서 협의한 방안을 가져오기도 했다. 이후에도 문제가 생기면 그때마다 총리들만 따로 불러서 협의하고 결정하기를 반복했다. 문무를 겸비한 총리 세 명이 곁에 있으니, 복잡한 문제도 최선의 결정을 하게 된다. 그런데 뜻하지 않게 총리들이 내 성격까지 바꾸고 있다. 나는 작은 것 하나까지 "만약에 이런 경우가 발생하면 어떻게 하지?"라고 질문한다. 왕이 세세한 질문을 늘어놓아서 신하가 생각을 깊게 하는 것을 유도하는 목적도 있다. 여기에 필요한 사례 연구는 집현전에 맡긴다. 내가 신경성 질환을 달고 사는 이유 중에 하나다. 한 예로 제사를 지낼 때 사용하는 탁자의 크기와 위치 결정도 주변 사람에게 물어본 다음에, 내가 직접 결정해야 직성이 풀린다.

그런데 총리들과 더불어 6개월여 동안 토론하며 시간을 켜켜이 쌓으니, 왕이 매사에 시시콜콜 간섭하는 횟수와 시간이 크게 줄었다. 점차로 총리들이 내 의도를 꿰뚫어보고 회의를 주도하기 때문이다. 이제부터는 국무총리실을 중심으로 국정을 운영하고, 나는 따르기만 하면 될 듯하다. 이것이 노자가 도덕경에서 말한 "왕이 하는 것이(爲 위) 없다(無 무). 그런데(而 이) 다스려진다(治 치)"는 무위이치를 조선의 현실에 맞게 따르는 한 가지 방법이 아닐까 생각하게 된다.

토벌을 끝내고 챙긴 서민의 살림살이

2년 전부터 오직 서민의 집 지붕에 얹을 기와를 대량으로 생산하고 저렴하게 공급하는데도 기와를 사가는 서민이 없다. 야적장에 쌓인 재고가 적지 않다. 서민의 집을 조사해보니 기와를 살 여력이 있는 서민이 3,576집 정도 된다. 이들에게는 50% 할인해서 팔고, 정말 가난한 116집은 1천 장씩 무료로 공급하는 특별보급대책을 마련했다. 그런데 수개월이 지났는데도 서민의 집 지붕은 여전히 화재에 취약한 볏짚으로 엮은 초가지붕 그대로다. 오히려 재고가 더 늘었다. 하는 수 없이 내년 봄까지 기와 생산을 중단해야만 했다. 신하는 야적장에 쌓인 기와를 부자에게라도 팔아치우자고 한다. 이 귀한 기와를 부자들 좋은 일에 사용할 수는 없다.

지난해의 전염병이 최고로 극심한 줄 알았는데, 올해 여름은 지난해의 두 배 수준에 달할 정도로 심각하다. 서울시, 동서 활인원, 전의감, 혜민국, 제생원 등 모든 의료기관을 총동원해서 치료하고 있지만, 확산을 막기에 역부족이다. 유난히 장마가 길고 날씨가 습하기 때문인 것 같다. 올해도 세 쌍둥이를 낳은 서민에게 쌀과 콩을 보내 축하해줬다. 그리고 8월 3일과 6일에 남자와 여자로 나눠서 양로연을 두 번 열었다. 남자는 내가 주관했고 여자는 아내가 주관했다. 참석한 노인에게 작년처럼 왕과 왕비에게 절하지 말라고 했고, 우리 부부는 서서 노인을 맞이했다. 잔치가 끝날 즈음에 남자 노인들은 술에 취해 서로를 붙들고 노래를 불렀다. 양반과 천민이 한자리에 뒤섞여 흥겹게 노는 모습을 보니 나 또한 흥이 절로 났다. 참석한 남자 노인이 155명, 여자 노인은 두 배가 넘는 362명이나 됐다.

토벌을 끝내고 다시 세운 왕의 권위

　　　　지난 2월 8일, 건설교통부차관(공조참판) 신장(52살)이 갑자기 죽었다는 보고를 받았다. 술을 너무 좋아해서 내가 술을 줄이라고 그토록 당부했는데, 듣지 않더니 몸이 망가졌던 것이다. 우리나라 사람 중에 신장과 같이 밥은 굶더라도 술은 매일같이 마시다가 목숨을 잃는 사람이 적지 않다. 신장은 다섯 아이의 아버지다. 그래서 더 마음이 아프다. 술을 조심하라는 글을 직접 써서 전국의 관청에 보냈다. 관청의 넓은 방 벽에 족자로 만들어서 걸어두고, 지날 때마다 보며 술을 조심하게 했다. 5월 3일, 또 한 명의 건설교통부차관 이긍이 중국 북경으로 출장을 가던 길에서 병에 걸려 죽었다. 45살에 불과한 젊은 신하가 직무수행 중에 죽은 것이다. 그의 집에 쌀과 콩을 넉넉하게 70석을 보냈다. 이긍도 다섯 아이의 아버지다. 21일 비서실장 안숭선(42살)이 직무를 바꿔달라고 했고, 11월 17일에는 함경도지사 조말생(64살)이 병을 이유로 사직서를 제출했지만 모두 반려했다. 이들의 뜻대로 퇴직을 수락하면 나라는 누가 다스리고 지킨단 말인가. 청년들이 공부를 게을리하니 인재 풀이 좁은 것이 현실이다. 늙고 병든 신하를 보면 미안한 마음이 들지만, 내색하지 않으려 한다.

　　　　5월 7일, 국방법무 부총리(우의정)를 지낸 유관이(88살)

죽었다. 소식을 들었을 때는 이미 깜깜한 밤이었고 비까지 내렸다. 그럼에도 나는 흰옷으로 갈아입고 경복궁 근정전 앞의 홍례문 밖에 나가서 비를 맞으며, 그를 보내는 작별인사를 했다. 그곳에 서니 이른 아침에 경복궁으로 출근해서, 광화문을 통과하고 홍례문과 근정문을 지나 근정전으로 들어서던 그의 모습이 벌써 그리워졌다. 유관은 지위가 높다고 하여 교만하지 않았고, 언제나 법을 지켰고, 자기 집 곳간에 재물을 쌓지 않았다. 가난한 것을 부끄럽게 여기지 않고 살았던 보기 드문 신하였다. 그는 언제나 학문을 사랑했고(文 문) 주변에 덕을 쌓는 일을(簡 간) 하루도 멈추지 않았기에, '문간'이라는 이름을 지어줬다. 4개월 전에 그가 나를 찾아와서 중국 사례를 예로 들면서, 우리나라도 70살이 넘은 퇴직한 공신이나 고위관료들이 가끔 모여서 이야기를 나누는 모임(기영회)을 만들자는 제안을 했다. 바로 허락하고, 특별한 숫자가 겹치는 날인 3월 3일과 9월 9일(중양절)에 숙박시설을 갖춘 보제원(동대문구 경동약령시장)에서 풍류를 즐길 수 있게 조치했다. 기영회는 평생 동안 청렴하게 살아온 유관의 말이 아름다워서 특별히 허락한 것이다. 유관이 지난 3월 3일 기영회 모임에 한 번이라도 참석했으니 이것으로 됐다. 내가 기억하는 유관은 염치없는 신하가 난무하는 세상에 고지식한 꽃과 같이 아름다웠던 관리였다. 지금 조선에는 유관과 같이 고지식한 노인이 꼭 필요하다.

　　8월 22일, 신(申)이라는 단어 사용에 대한 검토를 지시했다. 이 단어는 주로 신하들 사이에서 서로를 높여 부를 때 쓴다. 그런데 왕에게 보고할 때에도 신 글자를 쓴다. 고려 때 관습적으로 사용하던 말을 따져보지 않고 그대로 따라하고 있는 것이다. 사례를 검토한 후에, 앞으로는 신하가 왕에게 보고할 때 신(申) 자를 계(啓) 자로 고쳐 쓰게 했다. ①왕에게 서면으로 보고할 때 쓰는 선신을 '선계'로 ②왕에게 글을 지어 소통하는 신정을 '상언'으로 ③서면보고서의 맨 끝에 형식적으로 쓰는 근신을 '근계'로 ④왕에게 정사를 서면으로 알리는 신문을 '계문'으로 ⑤비서실장 직책 이름을 지신사에서 '도승지'로 모두 고쳤다. 단순히 단어 하나를 바꾼 것이 아니다. 왕의 권위를 바로 세운 중요한 일이다. 양반의 권세가 왕에 버금갈 만큼 치솟고 있는 지금은 왕과 신하 사이의 경계가 분명해야 한다. 억울한 일을 당한 국민이 왕에게 직접 호소하기 위해 두드리는 북(신문고)도 '승문고'로 고쳤다.

토벌 중에도 흔들림 없이 추진했던 일들

　　7월 21일, 경복궁 경회루 북쪽 담 안쪽에 5칸짜리 건물을 짓고, 천체를 관측하는 기구(간의)를 설치했다. 이 간의를 '혼천의'라고 이름 지었다. 세자 향이와 이곳에 와서 별을 보며 혼천의 활용 방안에 대해 이야기를 나누는 즐거움을 누리고 있다. 그렇게 즐거운 대화를 나누다가 향이에게 "미안하다"고 말했다. 지난 3월 향이의 어린 딸이 죽었을 때, 부모가 자식의 슬픔을 위로해주지도 못하고 우리 부부가 온천으로 떠나야 했기 때문이다. 가는 길에 유흥도 즐겨야 했다. 여진족 토벌작전을 속이기 위해 왕으로서 어쩔 수 없는 선택이었다. 그렇지만 아버지로서 미안한 마음이 지워지지 않는다. 지금도 사신을 접대하는 일은 세자가 도맡아 하고 있다. 큰아들에게 계속 신세만 지는 것 같다. 우리 부자는 한참 동안 말없이 별을 바라봤다. 9월 2일에는 동대문 밖에서 새로 만든 화포전을 발사하는 실험을 했다. 화포전은 화살 4개를 동시에 발사하는 무기다. 성공하지 못할까 염려했는데 훌륭하게 제작됐다. 9월 16일에는 드디어 장영실이 물의 부력으로 시간을 알려주는, '자격궁루'라고 이름 붙인 물시계를 완성했는데 대단한 창작품이다. 그는 손재주가 탁월해서 태종이 아낀 인재였고, 나 또한 자랑스럽게 여기는 장인이다. 10년 전에 장영실에게 관직을 주려 했을 때, 그의 어머니가 기생이었다는 이유로 반대 의견이 많았다. 그의 역량을 믿고 관직을 주고 일을 맡겼는데 이렇게 훌륭한 성과를 낸 것이다. 이 물시계의 정교함은 후세에 전해도 손색없다고 확신한다. 포상으로 장영실을 3급공무원(호군)으로 승진시켰는데, 이번에는 반대하는 신하가 한 명도 없다. 장영실은 태종이 만든 종부법의 대표 수혜자다. 이 법이 없었다면 장영실 같은 인재가 어머니의 신분을 따라 평생 동안 노비로 살았을 것이다.

　　　3년 동안이나 밀고 당기며 토론해온 부민고소금지법을 고치지 않는 것으로 결론지었다. 처음에 나는 약자인 부민의 입장에서 이 법을 개정하는 것을 검토했었는데, 지금은 반대 논리에 설득됐다. 이 법을 유지하는 것이 나라에 실익이 더 크다는 사실이 토론을 통해 검증됐기 때문이다. 법을 확정하는 마지막 순간까지도 허조는 수령의 입장을 대변했고, 정초는 부민의 입장을 호소했다. 특히 허조는 토론하는 3년 내내 고집불통이었다. 오늘 이 법을 공표했지만, 논쟁은 앞으로도 계속될 것으로 보인다. 비록 왕의 뜻대로 법을 만들지는 못했지만 타당한 결론을 내렸기에 흐뭇한 날이다.

　　8월 27일, 드디어 총 85권 분량의 의학 책(향약집성방)을 완성했다. 인쇄할 분량이 많아서 전라도와 강원도 두 도가 분담해서 인쇄하게 했다. 이 책에는 우리나라 사람에게 자주 나타나는 병의 증상 959가지, 이 병을 치료하는 10,706가지 처방전, 침을 놓고 뜸을 뜨는 치료방법, 우리나라에 자생하는 1,476가지 약재와 이 약재를 먹는 방법을 기록했다. 이 책 이전까지는 병의 증상 338가지와 처방 2,803가지 정도만 알려져 있었다. 이 책은 유효통, 노중례, 박윤덕과 같은 조선 최고의 의사와 약사가 3년여 동안 방대한 양의 의학지식을 찾아서 분류하고, 전국 방방곡곡을 직접 답사하고 쓴 책이다. 지금까지는 우리나라의 자연환경과 사람의 체질이 중국과 분명히 다른데도 중국의 약재와 처방에 대부분 의존해왔다. 달리 방법이 없었기 때문이다. 앞으로는 우리나라에서 자란 약재로 우리나라 사람의 병을 고치는 길이 열린 것이다.

변화에 저항하는 사람들

　　2년여 전부터 중국의 짐수레(강축)를 수입해서 왕실사람과 몇몇 관청에 보급하고 실험적으로 사용하고 있다. 내 생각에는 물건을 실어 나르는 짐수레는 중국의 것이 우수하고 좋다. 그런데 우리

나라 사람은 조선의 수레를 사용할 뿐 중국의 수레를 사용하는 것을 꺼린다. 그 이유로 중국의 도로는 평탄하지만 조선은 길이 구불구불하고, 산이 험하고 냇물이 곳곳에 있어서라는 핑계를 댄다. 그럼 평탄한 도로에서라도 사용하며 장단점을 알아보라고 지시했지만, 여전히 변화가 없다. 이대로 두면 기술발전이 멈춰버릴 것만 같은 다급한 마음이 들었다. 그래서 강축을 강제로라도 사용하게 하는 법을 만들고, 담당부서(강축국)를 신설하고, 두 명의 담당자를 선발했다. 아무리 생각해도 강축은 우리나라에 꼭 필요한 운송수단이다.

4년 전에 박서생이 일본에서 보고 온 것을 토대로, 농지에 물을 퍼올리는 기계장치(수차)를 만들었었다. 그런데 아직까지도 실패를 거듭하고 있다. 2년 전에는 관리자급 공무원(행사직) 유순도가 대나무로 이 장치와 비슷한 것을 만들고 실험을 했는데 역시 실패했다고 했다. 당시에 나는 그의 실패가 정말 대견스러웠는데, 신하들은 "그러면 그렇지, 너까짓게" 하는 반응을 보이며 크게 웃었다. 또한 2년 전에는 사람이 발로 밟아서 물을 퍼올리는 방식의 장치를 독자기술로 개발하고, 전국에 설치했었다. 이 장치 또한 아직까지도 제대로 작동하지 않는다. 상황이 이런데도 우리나라는 땅의 토질이 나쁘고 샘물이 깊지 않아서 수차를 사용하기 어렵다는 핑계를 댈 뿐이다. 기술을 발전시키기 위해 노력하는 사람을 찾기가 쉽지 않다.

결국 작동하지 않는 수차를 모두 철거했다. 물의 흐름을 바꾸거나 거스르는 장치 개발은 풀기 어려운 숙제로 남겨졌다. 우리나라 농지에는 오직 물이 흐르는 힘만으로 논과 밭에 물을 대는 물레방아만 하염없이 돌아갈 뿐이다. 새로운 기술이 적용된 도구를 보급하면서 "우리나라 사람은 변화를 두려워하는 것을 넘어서 저항하는 것은 아닐까" 하는 생각을 하게 된다. 이 점은 화폐개혁을 추진했을 때, 익숙한 물물거래 방식을 버리지 못하던 행태와 닮은 점이 많다.

그렇지만 음악분야는 놀랄 만한 변화가 시도되고 있다. 그 변화의 하나로 1월 1일 경복궁 근정전에서 가진 공식연회(회례연)에서 처음으로, 향악을 대신해서 아악을 연주했다. 3년 전에 신하 박연의 장문의 보고서에 감동해서 향악을 아악으로 바꾸도록 지시했었다. 그동안 박연이 사명감을 가지고 악기와 악보 등 부족했던 많은 부분을 지속적으로 갖춰왔기에 이룬 멋진 성과다. 악기의 모양은 중국의 것을 따라한 것이 다수였다. 그러나 소리의 원리와 음률은 조선의 것을 발전시켜서 맑고 아름다운 연주를 해냈다.

박연이 탄생시킨 아악은 중국의 아악과 분명히 다르다. 아악에 대한 박연의 열정과 진정성 또한 남들과 다르다. 조선의 신기술이라 불러도 손색이 없다. 결국 기술의 변화는 사람의 의지와 신념이 만드는 것인가보다. 새로 만든 여러 악기 중에 편경이 있었는데, 한 개의 음이 높게 들렸다. 박연에게 이유를 물어보니, 편경 하나가 조금 덜 다듬어져 있는 것을 발견했다고 한다. "나도 박연과 음악을 논할 자격이 있구나"라는 생각을 했다. 즐거운 날이다.

국제정세의 변화 속에 탄생한 위대한 발명품

1434년, 38세, 재위 16년

토벌 이후 함경도로 쏠리는 힘의 균형

우리나라와 중국의 국경은 백두산을 가운데 두고 동서로 나뉜다. 서쪽은 평안도 압록강 물줄기를 따라서 나뉘고, 동쪽은 함경도(함길도) 두만강을 따라서 나뉜다. 압록강 강변은 대체로 농사짓기 좋은 편평한 땅이 많고, 두만강 부근은 산악지대가 많다. 두 강의 건너편 북쪽에는 수많은 여진족 부족이 여기저기 흩어져 살고 있다. 이들 중에 국경과 가까운 땅에는 오랑캐와 우디캐 두 여진족 부족이 살고 있다. 오랑캐는 압록강 강변에 자리잡고 농사지으며 살고, 우디캐는 산악지대에서 사냥하며 산다. 오랑캐는 강가의 사람이라는 뜻을, 우디캐는 숲속의 사람이라는 뜻을 담고 있는 이유다.* 자기가 따르는 추장을 중심으로 끼리끼리 무리지어 다니며, 약탈과 납치를 일삼는 것은 공통점이다. 함경도 회령 땅에는 오래전에 비집고 들어와 살고 있는 오도리라는 여진족 무리가 있다.

---

* 김구진, 「조선 전기 여진족의 2대 종족 오랑캐와 우디캐」, 백산학보, 2003

그런데 지난해 우리 군대가 압록강의 지류인 파저강 강변에 살던 오랑캐 무리를 토벌한 이후로 압록강 국경이 텅 비었다. 이제는 동쪽 두만강 국경이 북적인다. 오랑캐 무리 중에 일부는 중국의 만주 쪽으로 멀리 도망갔고, 나머지 무리가 두만강 인근의 산악지대로 옮겨간 것으로 보인다. 함경도 두만강 국경을 따라서 긴장감이 고조되는 이유다. 이 와중에 평안도 군사령관 최윤덕 장군이 사직서를 제출했지만 반려했다. 최윤덕은 작년부터 서울과 평안도를 오가며 외교재무 부총리(좌의정)와 여진족 토벌 총책임자 역할을 병행하느라, 몸과 마음이 지쳐 있는 상태라는 것은 이해한다. 그렇지만 지금은 그가 꼭 국경에 있어야 한다. 함경도 회령에 군대를 충원하고, 나무로 바리케이드(녹각성)를 친 진을 구축했다. 그랬더니 함경도 회령에 터를 잡고 살고 있던 오도리 추장이 서울까지 찾아와서, 자기들을 데리고 살 것인지 쫓아낼 것인지를 물었다. 회령은 땅이 비옥해서 농사가 잘되고 가축을 기르기에 적합한 곳이라 떠나기 싫은 것이다. 내 대답은 변함없이 확고하다. "우리 국민으로 살고자 한다면 환영한다."

국경을 따라서 조선사람이 살아야 나라를 지킬 수 있다. 그런데 함경도 회령 땅에 오도리들이 비집고 들어와 터를 잡은 이후로 우리나라 사람이 크게 줄었고, 황량한 땅으로 변했다. 함경도의 국경지역인 경원과 영북에 군대를 배치하려는데 지원하는 군인이 없다. 유일한 지원자는 험한 지역에서 오래 근무하면 노비에서 양민으로 신분을 격상시켜 주는 혜택을 받는, 보충군에 속한 군인뿐이다. 급한 대로 함경도의 아랫지역인 경성에 사는 도민을 경원으로 이

1434년, 38세, 재위 16년

주시키는 방안을 검토하고 있다. 평안도 국경은 사람이 사는 마을이 형성돼 있어서 다행이다. 지금 함경도 국경은 집, 물, 화장실, 배수로와 같은 생활 기반 시설이 열악하다. 그렇지만 군량미를 끊기지 않게 보급할 것이니 굶지는 않을 것이다. 군량미를 충당하려고 가을부터 관리의 급여를 삭감했고, 겨울부터는 궁궐의 아침밥을 줄였다. 지금은 군인이 먹을 밥상을 차리는 것이 최우선이다.

　　하루는 조선의 공공의 적 이만주와 어울려 다니며 협박을 일삼는 일부 오도리 무리를 토벌하는 논의를 했다. 함경도지사(도관찰사) 김종서는 반대를 했고, 함경도 영북을 방어하고 있는 이징옥 장군은 "우리 군대의 사기가 충천해 있는 지금 당장, 모조리 쓸어버려야 한다"는 상반된 의견을 냈다. 국무총리 황희는 우리가 먼저 공격하면 오히려 여진족들이 똘똘 뭉쳐서 반격해오는 빌미를 제공할 것이라며 반대했다. 두 의견 모두 틀린 말이 아니기에 결정을 미뤘다. 최윤덕 장군은 ①성을 돌로 견고하게 쌓고 ②오랑캐를 토벌한 서쪽 압록강 건너 땅에, 우리와 우호적인 여진족 세력이 이주하게 유도하는 전략을 짜는 것이 절실하다고 했다. 평안도와 함경도를 통틀어서 국경에 돌로 쌓은 안전한 성 하나 없는 것이 지금 우리의 현실이다. 최윤덕의 의견처럼 지금 함경도는 두만강 국경선을 따라서 방어체계가 허술하기 때문에 성을 쌓는 공사가 시급하다. 또한 그 성안에 사람을 살게 하는 것이 싸우는 것보다 먼저다. 마을이 없는 함경도의 국경지역에 신도시를 건설해야 하는 이유다.

　　4월부터 활 1,500개를 만들고, 글을 모르는 군인들이 공격과 방어체계를 쉽게 익히도록 진법을 그림으로 그리고, 하경복 장군의 아들 하한을 함경도 회령의 방어책임자(첨절제사)로 임명했다. 국경에서 잔뼈가 굵은 하경복 장군의 아들이 대를 이어 국경을 지킨다고 하니, 생각만 해도 마음이 든든하다. 하루는 평안도 국경에 근무하는 이각(61살) 장군이 중풍에 걸려 누워 있는 아내를 간호하기 위해서 휴가를 신청했지만 반려했다. 최윤덕 장군도 평안도로 돌려보냈다. 국경의 경계를 조금이라도 늦추면 여진족에게 공격의 빌미를 제공할 수 있다. 10월 30일, 두만강에 얼음이 얼면 말을 타고 우디캐 무리가 쳐들어올 것이라는 첩보를 입수했다. 함경도에 드리운 전쟁의 기운이 현실로 변하고 있다.

토벌 이후 복잡해진 국제정치

　　10월 12일, 맹날가래, 왕흠, 왕무 세 명의 사신이 서울에 왔다. 도착하자마자 작년에 오랑캐에게 빼앗아온 포로 56명, 소와 말 300마리, 그리고 금은 등의 재산을 적은 목록을 내보이며 즉시 돌려주라고 한다. 그런데 우리는 이미 모두 돌려줬다. 이 사실은 지난해 조선을 침범한 주동자인 오랑캐 추장 이만주까지 참여해서 작성한 문서에 명확히 기록돼 있다고 항변했지만, 사신은 우리를 믿지 않았다. 이 중에 사신 맹날가래는 작년 8월에도 조선에 와서 "조선이 이만주의 말 20마리를 훔치고, 이에 대항하는 것을 빌미로 이만주가 사는 곳을 공격해서 남녀노소를 가리지 않고 잔인하게 죽였다"라고 지껄였었다. 분위기가 심상치 않다. 그래서 원칙대로 처리하기로 했다. 황제가 보낸 글에 답변하는 원칙은 말이 아닌 외교문서에 적어서 보내는 것이다. 그랬더니 사신은 이례적으로 문서의 내용을 직접 확인하겠다고 했다. 작성되면 보여주고 밀봉하겠다고 대답했다. 사신은 며칠 뒤에 조선 관리, 오랑캐 대표, 중국 사신 이렇게 3자가 같은 날에 황제 앞에서 직접 보고하자고 했다가, 또 이틀 뒤에는 "조선이 돌려보내지 않은 포로와 재물을 이미 알고 있다"라는 황당한 말까지 하며 우리를 압박했다. 그들은 계속해서 사사건건 트집을 잡았다. 의심을 받는 것이 불쾌했지만, 외교문서에 작은 비단 한 조각까지 모두 돌려줬다는 사실을 꼼꼼히 적었다. 그리고 오랑캐가 조선과 중국 사이를 이간질하고 있는 상황까지 명확히 적었다.

나는 왕이 되던 날 "국민이 원하는 것에 부합하는 정치를 하겠다"는 비전을 제시했었다. 그 결과로 "국민이 하고 싶은 일을 즐기며 사는 그런 나라를 만들겠다"고 다짐했었다. 내가 먼저 솔선수범하고 나서, 신하에게 지시하는 '변역' 방식의 정치를 지향해온 이유다. 변역은 내가 먼저 바뀌고(變 변) 나서, 남이 바뀌기를(易 역) 바라는 마음을 담은 행동이다. 그래서 정치인에게 변역은 특별한 것이 아니다. 정치를 하려고 마음을 먹은 사람은 반드시 갖춰야 하는 기본 태도이다. 옛날 중국 한나라의 황제 두 명은 풍속을 변역시켰더니 국민과의 믿음이 두터워졌다고 했고, 당나라의 태종은 먼 곳에서 빈손으로 온 손님일지라도 후하게 대접하니 관계가 좋아졌다고 했다. 이처럼 변역하는 정치는 덕과 예를 갖춰서 사람을 대하는 방식이다. 그런데 여진족들은 지금까지 내가 우리 국민 이상으로 후하게 대우했는데도, 틈만 나면 조선을 비난하고 약탈을 멈추지 않는다. "여진족에게는 변역하는 방식을 적용할 수 없는 것인가?" 하는 의문이 든다.

그렇지만 지금처럼 전쟁의 기운이 커진 상황에서 왕은 바른길을 벗어나지 않아야 한다. 왕이 그때그때의 상황을 따르느라 섣부른 판단을 하게 되면, 적에게 불필요한 빌미를 제공할 수 있기 때문이다. 올해 들어서 서울에 찾아오는 여진족이 급격히 증가했는데, 이전에는 얼굴도 안 비추던 자들이 섞여 있다. 지난해 조선의 군사력을 확인한 뒤로 저마다 살아남을 길을 모색하고 있는 것으로 보인다. 스스로 찾아오는 여진족을 우호세력으로 만들기 위해 배불리 먹이고 선물을 후하게 챙겨주고 있다. 그렇지만 이들은 선물을 받을 때만 좋아한다는 사실을 그동안의 경험으로 이미 알고 있다. 때가 되면 후하게 대접하는 것은 적당한 선에서 멈추고, 입장을 선택하게 할 것이다.

내 생각에 중국은 여진족을 껄끄러워하지만, 조선의 군사력이 북쪽으로 확장되는 것 또한 원하지 않는 것으로 보인다. 그래서 여진족 편을 들며, 적당한 선에서 힘의 균형을 유지하도록 유도하고 있는 것이라 생각된다. 또는 여진족이 이간질한 거짓 정보를 사실처럼 믿고 있을 수도 있다. 정확히는 알 수 없지만 중국이 우리를 시험하고 있는 것만은 분명하다. 술자리에서 사신 왕흠이 나를 황제라고 부르며 내 의중을 떠보기도 했다. 정신을 바짝 차려야 한다.

북쪽의 국경을 넘나드는 여진족만큼이나 남쪽의 항구를

드나드는 왜인의 상황이 좋지 않다. 경상도 진해와 내이포 항구 인근에 360명이 넘는 왜인이 불법으로 거주하고 있다. 이들 중에 대부분은 대마도에 먹을 것이 없어서 무작정 배를 타고 조선으로 몰려온 자들이다. 측은한 마음에 머물게 했더니 그 수가 계속 불어났다. 이 상황을 허조는 "뜰에서 자고 가기를 애걸하던 자가 안방을 차지하려 한다"는 옛말에 비유했다. 왜인은 상황이 변하면 언제라도 적으로 돌변할 수 있으니, 대비를 단단히 해야 한다는 점을 지적한 것이다. 이 말이 내 귀에는 우유부단한 왕의 단점을 콕 집어 지적한 것처럼 들렸다. 내이포와 인근의 김해에 성을 쌓고, 만약에 사태가 벌어지면 우리 국민을 신속히 대피시키게 했다. 지난 1월에는 구리와 철을 가득 싣고 일본에서 돌아오던 우리 사신 일행이, 바다 한가운데서 왜적에게 물건을 모두 강탈당하고 간신히 살아 돌아오는 사건이 있었다. 3월에는 대마도주 종정성이 대장경을 달라는 무리한 요구를 했고, 7월에는 대마도에 납치됐던 우리나라 사람이 탈출해 왔다. 북쪽 국경에 군사력을 집중시킨 지금, 왜인과 불필요한 마찰이 생기면 안 된다. 큰 싸움으로 번지면 군사력을 둘로 나눠야 하기 때문이다. 살얼음판을 건널 때처럼 조심하고 또 조심해야 하는 때다.

이처럼 조선 반도를 둘러싼 국제정세가 요동치면서 중국, 여진족, 일본의 말과 글을 통역하고 번역하는 조선사람의 역할이 커졌다. 이 중에 중국어가 우선이다. 여진족은 군대의 힘으로 상대하지만, 중국과는 말과 글을 사용하는 외교로 대처해야 하기 때문이다. 2월 6일, 관리자급 신하 이변과 김하 두 명을 중국어 학습교재(직

해소학)를 제대로 배워오도록 중국으로 보냈다. 이 중에 김하는 서른 살이 넘어서 중국어를 배우기 시작했는데, 밤을 새워가며 공부하고, 중국어를 잘하는 사람을 찾아다니며 발음을 고치고, 집에서나 친구를 만날 때도 중국어 사용을 고집했다고 한다. 또한 외국어 통역과 번역을 담당하는 관청(사역원)에서 중국어를 담당하는 직원은 매달 1일과 16일 두 번만 출근하고, 이외에는 집에서 중국어 공부에 집중하도록 지시했다. 지난해 국가고시 1차시험 합격자 중에 젊은 인재 20명을 선발해서 중국에 유학을 보내려 했지만, 중국이 유학생을 받아들이지 않았다. 대략 짐작이 가지만, 중국이 거부한 명확한 이유는 아직도 모르겠다. 차선책으로 재택공부를 시키고, 중국출장 기회도 주고 있다.

소민을 사랑했던 착한 신하들

6월 1일, 수령을 세 번이나 지낸 옥고가 죽었다. 그는 항상 청렴하고 부지런한 모범을 보이며 아랫사람을 공손히 대했기에, 그가 다스리는 곳에서는 하급관리가 간사하게 굴지 않았다. 옥고를 세 번이나 수령에 임명했던 이유다. 왕을 대신해서 지방을 맡아 다스리는 수령의 고과평가 결과를 보면, 환관(내시)과 다방(茶房)과 같은 궁궐 출신 수령들이 최하위등급을 받는다. 이들은 리더십과 행정경험이 거의 없기 때문이다. 그럼에도 이들을 수령으로 임명하는 것은 전국에 비어 있는 수령 자리는 많은데, 마땅한 신하가 절대적으로 부족하기 때문이다. 상황이 이렇다보니 지난 10년 동안 수령 자리에서 쫓겨난 궁궐 출신 수령이 132명이나 된다. 90%에 이르는 숫자다. 옥고처럼 소민을 사랑으로 다스리는 인재를 어디에서 또 만날 수 있을까.

6월 2일, 나보다 더 나를 닮았고, 언제나 왕을 사랑으로 돌봐주던 신하 정초가 죽었다. 내가 왕이 되고 가장 좋아하는 것 하나를 꼽으라면 단연코 경연이고, 정초가 없는 경연은 상상할 수 없다. 그만큼 정초는 내게 특별한 사람이다. 정초는 내가 왕이 된 해에 장인(심온)이 역모에 몰려 죽임을 당할 때 경연에서 "지금은 보고도 못 본 듯 행동해야 한다"라며 내 마음을 어루만져줬고, 새로 임명한 수령은 반드시 가까이 불러서 "소민을 사랑하라"고 당부하라고 알려줬었다. 소민은 지배당하기만 해서 힘이 없고 움츠러드는 작은(小) 사람들이다. 가진 것이 적고(小) 지위가 낮은(小) 사람들이다. 그래서 정초는 언제나 서민을 소민이라 불렀다. 부민고소법을 논의할 때는 법이 확정되는 마지막 순간까지 "소민의 입장을 헤아려달라"고 호소했었다.

이렇듯 그는 소민의 행복을 위해 기꺼이 자신을 내려놓던 신하였다. 내가 태종에게 정치를 배웠다면, 정초에게는 소민을 대하는 태도를 배웠다. 그가 책임을 다해서 출판한 농사직설 책은 소민의 삶을 대대로 이롭게 할 것이라 확신한다. 정초는 언제나 배우고 또 묻기를 좋아하고(文 문), 옳은 것을 실천하며(景 경) 사는 데 주저하지 않았기에 '문경'이라는 이름을 지어줬다. 조선의 왕은 정초를 문경으로 추억할 것이다.

12월 8일, 허조(70살)가 병이 들어 사직서를 제출했다. 병이 나을 때까지 집에서 재택근무를 하게 했다. 허조를 대신할 인재가 없는 것을 어찌하겠는가. 12월 27일, 비서실장 안숭선(43살)이 모친의 병을 이유로 사직서를 제출했기에, 병이 나아지면 그때 출근하라고 하고 고향집으로 보냈다. 안숭선은 지난 4월에도 비서실장 자리에서 물러나고 싶다고 했었다. 올해는 유용생, 연사종, 정이오, 안수산, 권희달, 박영 등 고위관직을 지냈던 신하가 유난히 많이 죽었다. 나라를 다스릴 인재는 부족한데, 인재는 늙고 병이 들어 세상을 떠나고 있다. 지난 3월 초 이른 아침에 궁궐 마당에서 조회를 할 때, 발이 시려워서 푸른색의 방석을 깔고 서 있는 나이 든 신하를 보았다. 차마 치우라고는 말하지 못하고, 짚으로 엮은 자리로 바꾸라고 지적했다. 하루속히 나이 든 신하를 편히 쉬도록 퇴직시켜야 하는데, 그렇게 하지 못해서 미안하고 또 미안하다.

힘이 들어도 반드시 지켜야 하는 것들

경기도 철원은 군사훈련하기에 정말 좋은 장소다. 올해도 세자 향이를 데리고 봄과 가을에 두 번 다녀왔다. 그런데 내년부터는 철원에 가지 말라고 신하들이 극구 말린다. 지난 몇 해 동안 창성과 윤봉 등 사신 일행이 오가며 철원 주변에 사는 주민들이 큰 폐해를 입었는데, 여기에 더해서 해마다 훈련하러 오는 왕과 군인을 지원하느라 그 폐해가 줄어들지 않기 때문이다. 그래서 대안으로 경기도 철원을 강원도 철원으로, 충청도 죽산을 경기도 죽산으로 관리지역을 바꾸고, 가능한 경기도 안에서만 군사훈련을 하기로 했다. 더이상 국민의 피해를 이유로 신하의 입에서 군사훈련을 중지하라는 말이 나오지 않기를 바란다.

3월 28일 이른 아침에 세자 향이를 데리고 경기도 구리시에 있는 건원릉에 가서 할아버지(태조) 제사를 지내고, 아버지(태종)와 추억이 많은 광진구에 있는 낙천정에 들러서 점심을 먹고, 강을 건너서 송파구의 나루터(마전도) 부근 편평한 곳에서 하룻밤을 보냈다. 저녁을 먹고 불을 쬐며 아들에게 선대 왕의 이야기를 들려줬다. 다음날 돌아오는 길에 부모가 잠들어 있는 서초구에 있는 헌릉에 들러서 행복했던 추억을 떠올렸다. 이틀 동안 아들과 함께 여행을 하면서 나라가 탄생하고 유지되는 기본을 일러줬다. 아버지가 나에게 해준 것에는 못 미치지만, 나도 내 방식으로 아들에게 전해주고 있다.

가족의 이야기는 말로 전할 수 있지만 나라의 행적은 기록으로 전하는 것이 옳다. 왕이 되고 기록을 충실히 하기 위해, 왕의 행적을 기록하는 사관제도를 꾸준히 개선해왔다. 그동안 사관이 경연에 참여하게 했고, 내 옆에서 왕의 말과 신하의 말을 받아 쓰는 사관을 한 명에서 두 명으로 늘렸고, 비서실과 가까운 곳에 사관의 숙소를 마련했다. 하루는 비서실 재무수석(좌승지) 권맹손이 선대 왕의 역사를 기록한 실록에 빠진 기록과 오류를 여러 개 발견했다고 보고했다. 왕은 실록을 볼 수 없으니 정확한 내용은 알 수 없지만, 이 문제는 단순히 오류를 수정하는 것만으로는 충분하지 않다. 실록의 내용을 풍부하게 하는 방안을 모색해야 할 것으로 여겨졌다. 그래서 충분히 검토한 끝에 ①여러 관청의 행적을 기록하는 일은 해당 관청의 직원 중에 학식이 풍부한 사람을 선발해서 기록하는 일을 겸임하게 하고 ②각 관청의 기록물(시정기)을 다루는 담당직원이 성실한지를 매월 왕에게 보고하게 했으며 ③시정기는 매해 모아서 충청도 충주에 있는 기록물보관소(사고)에 보관하게 하고 ④신하가 왕에게 올린 보고서는 담당부서(춘추관)에서 직접 기록하고 분류하고 ⑤외국에 출장가서 보고 들은 것은 기록하는 양식을 추가로 만들게 했다. 그리고 마지막으로 ⑥왕 옆의 두 사관의 기록은 이해관계가 얽혀 있는 사람이 알게 되면 오해하거나 다툴 여지가 있으니, 사관의 집에 보관하는 지금의 제도를 유지하게 했다. 그동안의 제도 보완으로 풍부하게 기록된 역사가 후세의 삶을 풍요롭게 하는 데 쓰이기를 바란다.

집현전은 오로지 경연을 준비하고 운영하기 위해서, 내가 오래전에 수문전, 집현전, 보문각 3곳을 통합해서 만든 조직이다. 그렇기에 집현전에서 연구하는 학사라면 반드시 공부에 전념해야 한다. 그런데 지금 집현전 학사는 학문의 기본이 되는 책(사서오경)을 외운 수준도, 이해하는 수준도, 글을 짓는 수준도 모두 부족하다. 경연에서 다룰 부분만 골라서 그날그날 급하게 공부하고 참여하기 일쑤다. 그래서 책을 나눠주고 매일 공부한 분량을 검사하고, 매월 시험을 치르라고 지시했다. 나라의 일을 논의하고 대안을 마련하려면 공부하고 연구하는 사람이 꼭 있어야 하기 때문이다. 윤대에서 들으니 요즘 대다수의 집현전 학사는 언론, 감찰, 인사, 국방을 다루는 힘 있는 기관으로 옮기는 것이 소원이라고 한다. "태만한 마음을 접고 종신토록 집현전에서 공부하고 경연을 준비하라"고 단호하게 명령했다. 학사들의 반발이 예상되지만, 늙고 병든 신하의 퇴직을 허락하지 못하는 것과 같다.

3월 5일, 임신한 여성을 돌보고 갓난아이를 치료하는 방법을 서술한 의학서적(태산요록)을 출판해서 배포했다. 가난한 산모와 어린아이가 작은 병에라도 걸리면, 치료 한 번 제대로 못해보고 죽어가는 것을 지켜보는 일이 허다하기 때문이다. 아울러 여종 신분의 아내가 아이를 낳으면, 남편에게 1개월 휴가를 주게 했다. 아이를 낳은 여종의 산후조리를 위해 100일의 휴가를 주는 제도를 이미 시행하고 있는데, 정작 산모를 돌봐줄 사람이 없기 때문이다. 또한 ①왕과 신하 ②부모와 자식 ③남편과 아내 사이에 지켜야 하는 도리를 그림을 곁들여서 설명한 책을 전국에 배포했다. 이 세 가지 도리를 '삼강'이라 부른다. 삼강을 매일같이 실천하라는 의미로 책 이름을 『삼강행실』이라 지었다. 글과 그림을 같은 장에 수록했기에, 글을 모르는 사람도 쉽게 이해할 것이다.

비로소 탄생한 위대한 성과물

3월 18일, 세자와 함께 서대문 밖 희우정에서 군함의 성능을 점검했다. 이 군함은 류쿠국(일본 오키나와)에서 온 기술자가 모형으로 작게 만든 배다. 물살을 따라 내려가기도 하고 거슬러 올라가보기를 몇 번 반복해보았는데, 성능이 좋기는 했으나 우리 군함과 큰 차이는 없어 보였다. 배를 만들고 유지보수하는 기술은 중국, 일본, 조선 세 나라 중에 조선의 기술이 가장 뒤쳐져 있는 것이 현실이다. 신하는 "그러면 그렇지" 하는 정도의 덤덤한 반응을 보인다. 실제 크기로 제대로 만들면 성능 차이가 있을지 궁금했다. 우리나라 여자와 결혼한 류큐국의 기술자는 조선에 계속 머물고 있다. 류큐국과의 인연은 1418년 한여름에 풍랑을 만나서 조선 땅까지 표류해온 류큐국 사람을 정성껏 보살펴준 인연에서 시작됐다. 돌아올 때 경복궁의 광화문 앞에서, 광화문에 매달려 있는 종과 새로 만든 종의 소리를 비교하며 들었다. 새 종의 소리가 좋게 들렸다. 3월 26일, 새 종을 광화문에 매달았다. 광화문은 조선 정궁(경복궁)의 정문이고, 가장 큰 문이다. 이에 걸맞는 새 종으로 비로소 교체하니 뿌듯하다.

7월 1일, 지난해 제작한 새 물시계를 1년 동안 시험 운영을 거쳐서 사용하기 시작한 첫날이다. 이전의 물시계가 정밀하지 못해서 장영실에게 고쳐놓으라고 했는데, 아예 새것을 만든 것이다. 장영실이 일을 대하는 집요한 태도는 말릴 수가 없다. 작년에 제작한 별과 행성의 움직임으로 시간을 측정하는 시계장치(간의)와 비교하니, 시간이 털끝만치도 틀리지 않았다. 이 물시계는 사람이 손을 대지 않아도 자동으로 작동하고 시간을 알려준다. 이 광경이 신기해서 마치 귀신이 움직이는 것 같았다. 이 광경을 보고 놀라지 않은 사람이 한 사람도 없었다. 지금까지 전례가 없는 위대한 발명품이 탄생한 것이다. 모든 기계장치가 감춰져 있고, 보이는 것은 나무로 깎은 관

1434년, 38세, 재위 16년

복을 차려입은 사람 모양의 인형뿐이다. 이 인형이 매 시간마다 북을 쳐서 시간을 알려준다. 이 북소리를 경복궁의 남문, 서문, 월화문, 영추문, 광화문에 대기하고 있던 사람이 듣고, 한꺼번에 북을 쳐서 사방으로 시간을 알려줄 것이다. 이 물시계가 설치된 건물 이름을 '보루각'이라 지었다.

　　　　10월 2일, 해의 그림자로 시간을 측정하는 해시계(앙부일구)를 처음으로 종로1가 혜정교와 종로3가 종묘 앞, 두 곳에 설치했다. 앙부일구에도 장영실의 꼼꼼한 손기술 솜씨가 들어 있다. 구리를 틀에 부어서 가마솥 모양으로 만들었는데, 시간을 표시하는 위치에 12간지 동물(호랑이 토끼 용 뱀 말 양 원숭이 닭 개 돼지 쥐 소)을 순서대로 새겼다. 글자를 모르는 사람도 시간을 알아볼 것이다. 해시계를 종로 길가에 설치한 것은, 한낮에 사람이 가장 많이 지나다니는 곳이 종로이기 때문이다. 이 시계를 보고 일할 때와 쉴 때를 한눈에 알 수 있을 것이다. 그동안 일반 국민은 밤에는 최초의 물시계(경루)가 알려주는 북소리를 듣고 시간을 알았는데, 낮에는 시간을 알 수 있는 방법이 없었다. 이 문제를 말끔히 해결한 날이다.

　　　　1420년에 태종이 신하의 반대를 억지로 우겨가며 큰 금속활자를 주조했었다. 그런데 이 활자는 두어 장 찍어내면 글자가 삐뚤어져서 작업이 까다롭고 속도가 느린 단점이 있었다. 몇 해 전에 이천에게 이 문제를 해결하라고 지시했는데, 이 문제를 말끔히 해결해서 가져왔다. 이천은 무인이지만 천문을 비롯한 기술에 능한 특별한 인재다. 이 금속활자로 바로 책을 인쇄해보고 싶었으나, 지금은 구리와 쇠를 총동원해서 무기를 만들어야 하는 때다. 못내 아쉽다. 최소한의 재료와 비용을 들여서 시험해보니, 글자의 모양이 예상대로 깨끗하고 정갈하다. 작업 속도도 이전보다 두 배나 빠르다. 활자 개발에 참여한 사람들의 고생이 아름답게 다가온 날이다.

왕을 학창시절로 되돌린 책 출판 프로젝트

　　6월 26일, 집현전에 『자치통감훈의』 책을 출판할 팀을 꾸렸다. 자치통감훈의는 중국의 역사책(자치통감)에 이해를 돕기 위한 설명(훈의)을 추가하려는 책이다. 이 책이 출판되면 중국의 정치, 사회, 문화를 제대로 이해하게 될 것이다. 큰 것을 알고 이해하는 이유는 내 것을 발전시키는 데 그 목적이 있다. 팀원들에게 15일마다 맛있는 회식을 제공하며 체력을 보충해주고 있다. 자치통감훈의 책이 올해(갑인년) 주조한 큰 금속활자(갑인자)에 걸맞는 책이라 확신한다. 글자가 커지니 노인이 읽기에도 좋을 것이다. 총 30만 권 분량의 종이를 준비하면 대략 600질 정도를 인쇄할 수 있을 것이다. 팀을 꾸린 한 달 뒤부터 전국 각지의 종이공장이 쉬지 않고 돌아가고 있다. 종이 제작에 필요한 재료 구입과 비용을 충당하기 위해서 나라의 곡식 창고를 열었는데, 서민에게 일자리를 제공하는 기회로 작용했다. 나라에서 대규모 사업을 시행하니, 흉년으로 막혔던 경제에 조금이나마 숨통이 트이는 효과를 보고 있는 셈이다. 처음부터 의도한 것은 아니지만 잘된 일이다.

9월 22일, 큰 결단을 내렸다. 자치통감훈의가 출간되는 날까지 경연을 중지하기로 결정한 것이다. 자연스럽게 윤대도 중지했다. 이 책을 차질없이 출판하기 위해서는 집현전 학사들이 자료를 찾아서 글을 쓰고 보완하는, 고되고 지난한 반복의 시간을 견뎌내야 하기 때문이다. 2년은 족히 걸릴 것이다. 체력을 비축하며 급하지 않게 차근히 써나가야 제대로 끝낼 수 있다. 나 또한 오류를 찾아내고 교정하느라 매일 밤늦게까지 손에서 책을 놓지 않고 있다. 이 시간만큼은 총명했던 십 대 시절로 돌아간 듯한 기분이 든다. 책을 읽는 시간이 제일 즐거웠던 시절이다. 그래서인지 몸은 고되지만 지금 책과 함께하는 시간이 정말 즐겁다.

예전에 아버지가 방에 틀어박혀 지내는 내 건강을 염려해서 내 주변에 있던 책을 모두 치웠던 적이 있다. 그때 구소수간 책 한 권만 방에 덩그러니 남았었는데, 그 책을 읽고 또 읽었던 기억이 난다. 왕이 돼서도 얼마 동안은 밥을 먹으면서도 밥상 위에 책을 펼쳐놓고 읽곤 했다. 어느덧 계절이 바뀌고 12월이 되니, 책 읽기를 즐기는 나도 피곤이 쌓인다. 내가 책이 주는 즐거움에 빠져 지내는 동안에 아내(공비)가 여덟째 아들(이염, 영응대군)을 낳았고, 혜빈도 아들(이전, 영풍군)을 낳았다.

혼란의 끝은
시스템이 작동하는 세상

1435년, 39세, 재위 17년

적과의 관계 재정립 시작

지금까지는 외국인이 특산물을 가져오면 덤까지 얹어서 쌀과 생필품으로 바꿔줬다. 그러나 올해부터는 특산물을 가져와도 답례품을 주지 않거나, 최소한의 생필품만 바꿔주기로 방침을 정했다. 2년 전 여진족과 전쟁이 시작된 이후로, 위계질서가 명확해야 안전이 보장된다는 사실을 절실히 깨달았기 때문이다. 새해 첫날 오랑캐의 추장 이만주가 새해 선물을 보내왔다. 이만주는 1432년에 조선을 침공해서 조선을 혼란의 소용돌이 속으로 몰아넣은 자다. 그런 자가 거처를 옮겨다니며 숨어 살다가 선물을 보내온 것이다. 보름 뒤에는 여진족의 홀라온 부족 1천 명이 조선을 공격하려고 출발했으니 대비하라는 정보도 제공했다. 간사하고 뻔뻔한 자의 말이어서 믿지 않았다. 그런데 정말로 3일 뒤에 말을 탄 여진족 2,700여 명이 평안도 여연성을 포위했고, 90여 명의 사상자와 말 60마리가 죽고 나서야 후퇴했다는 보고를 받았다. 그리고 나서 한동안 잠잠하다가, 어느 날 이만주의 부하 한 명이 가족 10명을 데리고 귀순했다. 이만주가 또 공격할 것이라는 정보를 제공했다. 이번에는 대비를 갖췄는데 침입은 없었다. 그렇지만 이만주의 부하가 귀순한 것은 좋은 현상이다. 그동안 귀순한 자들의 증언과 증거를 종합해보니, 지난 1월 여연성을 공격한 여진족은 이만주와 연합한 홀라온 무리였다는 사실이 밝혀졌다. 이만주는 앞에서는 착한 사람처럼 행동하고, 뒤에서는 늑대와 같은 마음을 품고 쥐같이 잔꾀를 부리는 자다. 또 무슨 짓을 꾸미고 있는 것이 분명하다.

　　　여진족의 침입이 빈번한 평안도 여연군을 여연부로 승격시키고, 방어체계를 강화하고 있다. 하루는 여연 아래에 위치한 자성에서 여진족과 전투가 벌어졌는데, 훈련된 군인이 적었음에도 방어체계를 갖추고 싸우니 이전처럼 사람이 납치되는 일은 생기지 않았다. 그렇게 가을까지 여진족의 침입이 계속됐다. 겨울이 되니 얼음이 언 강을 건너와서 먹을 것을 구걸하는 여진족들이 있다. 불쌍하지만 빈손으로 돌려보냈다. 여진족과 상하관계를 분명하게 구분지을 때까지는 냉정해져야 한다. 몇 년은 족히 걸릴 것이다. 역사책에서 배운 진짜 왕은 국토를 개척하는 것을 나라의 근본으로 삼는다고 했다. 나 또한 땅을 뺏기지 않을 것이다. 귀순한 여진족들은 대체로 국경 부근에 자기들끼리 마을을 형성하고 뒤섞여 산다. 그런데 자기들끼리 물건을 훔치고 싸우는 사건사고가 끊이지 않는다. 남의 것을 약탈해서 생활하던 습관을 버리지 못하는 것이다. 이들 중에 적응하지 못하는 자는 옷 한 벌씩 지어 입혀서 살던 곳으로 돌려보내고 있다.

대마도 왜인에게는 정기적으로 먹을 것을 보내준다. 대마도는 도토리조차도 씨가 마른 심각한 상황인데, 조선 외에 정상적으로 식량을 구할 곳이 없다. 옛말에 "구석에 몰린 쥐는 고양이에게도 덤빈다"고 하지 않는가. 배고픔이 한계에 다다르면 또다시 해적으로 돌변할 수도 있기 때문이다. 그래서 조선에서 식량과 생필품을 구해갈 수 있도록 경상도의 내이포, 부산포, 염포 세 개 항구를 개방하고, 일정한 수의 배와 인원이 와서 무역하는 것을 허가했다. 그런데 7월에 내이포 항구 부근에만 수백 채가 넘는 왜인의 집이 새로 지어졌고, 해안가에는 배를 정박하고 사는 자도 수백 명이나 된다는 보고를 받았다. 심지어는 아이를 낳아 기르는 자도 있다고 한다. 물건을 팔러 온 자들이 그대로 눌러앉아 살고 있는 것이다. 다행히 부산포와 염포 항구는 염려할 정도는 아니었다. 9월부터는 무역을 마친 모든 왜인은 즉시 대마도로 돌아가게 조치했다. 돌아가지 않는 자와 기존에 머물러 살고 있는 왜인에게는 우리 국민 수준의 세금을 매기는 제도를 도입했다. 앞으로 이렇게 왕래하며 살아야 한다면, 제도권 안으로 끌어들여 익숙하게 하는 것이 유익할 것이라 판단했다.

빠르게 건설된 함경도 신도시

지난해 1월 함경도 군사령관(도절제사) 김종서가 신도시 건설계획을 보고했었다. 이 계획은 영북, 경원, 단천, 북청, 경성, 길주와 같은 군사요충지에 군대를 주둔시키고, 돌로 성을 쌓고, 많은 집

1435년, 39세, 재위 17년

을 지어 많은 사람을 살게 하는 것이 핵심이었다. 그런데 지금까지도 이곳으로 자발적으로 이사하려는 사람이 한 명도 없다. 강제로 이주시키는 방법을 선택할 수밖에 없다. 이로 인한 비난은 왕인 내가 책임질 것이다. 1월에 제주도에서 붙잡은 가축 도둑들을 평안도로 보냈다. 6월에는 함경도의 아래 지역인 고원, 영흥, 문천, 의천, 안변의 산골짜기에 사는 사람들 중에 500가족을 경성과 길주로 이주시켰다.

      1년여가 지난 지금, 함경도 신도시의 인구가 빠르게 늘었다. 하루하루 소비하는 밥의 양이 엄청나다. 이들을 배불리 먹일 만큼의 식량을 국경까지 옮겨야 하는데, 마땅한 방법이 떠오르지 않는다. 비가 내리면 땅이 질퍽해서 수레바퀴가 굴러가지 않을 것이고, 날이 춥거나 바람이 불면 배를 띄우지 못할 것이고, 눈이 내리면 수레를 끄는 소가 미끄러질 것이다. 이런 날을 빼고 나면 1년 중에 곡식을 옮길 수 있는 날이 얼마 되지 않는다. 여기에 더해서 육로로 옮기자니 북쪽지역은 험준한 산을 넘어야 하고, 배로 옮기자니 여진족의 공격이 우려된다. 이러지도 저러지도 못하는 진퇴양난의 상황이다. 그래도 평안도지사(관찰사)를 지냈던 이숙치가 2천 석의 쌀을 수레와 배를 적절히 이용해서 평안도 여연과 강계로 안전하게 운송한 경험이 큰 도움이 됐다. 7월에 황해도에 있는 쌀 2천 석을 함경도로 옮겼다. 그리고 충청도와 경상도에 있는 쌀 15,000석을 강원도로 옮겨놓았다. 군량미가 부족할 때 여진족과 전면전이 벌어지면 때는 늦게 된다. 남쪽의 쌀을 쉬지 않고 계속해서 북쪽으로 옮겨 저장해야 하는 이유다. 식량 운송 한 가지만 보더라도, 국경을 방어하는 일은 정말 많은 사람의 피와 땀이 어린 노고가 있어야 가능한 일이다. 지금 이 시간에도 식량을 실은 수레가 국경으로 향하고 있다.

국경을 지키는 장군의 숙명

　　4월 15일, 함경도 군사령관(도절제사) 김종서가 모친의 병을 돌보러 잠시 서울에 왔다. 경복궁 사정전으로 불러서 이야기를 나누다가 측은한 마음이 들었다. 일어나서 내가 입고 있던 왕의 겉옷(홍단의)을 벗어서 그의 어깨와 등을 덮어줬다. 문득 작년 6월 평안도 군사령관(도절제사) 이각(62살)의 휴가를 취소시켰던 날이 떠올랐다. 미안한 마음에 이각에게도 따뜻한 겹옷 한 벌을 보냈다. 당시 이각 장군이 휴가를 냈던 이유가 병이 든 아내를 간병하기 위해서라는 것을 알면서도, 나는 허락하지 않았다. 이각의 아내는 중풍으로 쓰러져 1년이 넘도록 누워 있었고, 그의 고향 집은 전라도였다. 그때 이각은 휴가신청서 내용 중에 영결이란 단어로 내 마음을 흔들었지만, 나는 무정하게 흘려 읽었다. 영결은 영원한 이별을 뜻하는, 가슴이 시려오는 글자다. 이각은 아내가 살아 있을 때 아내의 얼굴을 마주보고 "그동안 미안했고 또 고마웠다"는 말을 들려주고 싶었을 것이다. 이각 부부는 부모도 세상을 떠났고 자식도 없는 처지다. 그때 나는 이 모든 사실을 알면서도 왕의 임무를 다하기 위해 이각에게 못할 짓을 할 수밖에 없었다. 그때 미안했던 마음이 아직도 남아 있다.

　　그런데 공교롭게도 10월 12일 김종서의 모친이 죽었는

　　　　　　　　　　　　　　　1435년, 39세, 재위 17년

데, 한 달이 채 안 된 11월 6일에 이각의 아내가 죽었다. 김종서는 모친 상을 치르고 복귀할 수 있게 휴가를 줬지만, 이각은 오늘도 눈바람 몰아치는 국경을 지키고 있다. 김종서와 이각은 각각 조선의 최전방인 함경도와 평안도의 국경을 방어하는 군대를 책임지고 지휘하는 우두머리 장군이다. 두 장수가 한꺼번에 국경에 없는 것은 상상할 수 없다. 결국 이번에도 이각 장군에게 미안한 결정을 하고야 말았다. 만약에 이각의 아내가 김종서의 모친보다 먼저 죽었다면, 나는 그에게 고향집에 다녀오라고 했을까? 이각 장군은 변방에 오래 근무한 장군이다. 이에 반해 김종서는 내 비서실장 출신이다. 그래서 내가 김종서를 편애한다고 말하는 신하도 있다. 나는 누구를 편애하는 왕이 아니다. 그렇지만 김종서와는 오랜 시간 함께 지내며 각별한 정이 쌓였다는 점은 부인하지 않겠다.

부모가 죽어도, 아내가 죽어도, 장례를 치르러 집에 다녀오기가 쉽지 않은 것이 국경을 지키는 장수의 숙명이다. 그럼에도 국경을 지키는 장수가 조그만 사건사고라도 저지르면 서울의 관리들은 트집을 잡고 죄인처럼 대하기 일쑤다. 한 예로 지난 1월 여진족 한 명이 귀순해서, 예전에 평안도 여연을 공격하고 우리나라 사람 2명을 죽이고 7명을 납치해갔다는 몰랐던 사실을 증언했다. 이에 서울의 관리들은 이각 장군이 그동안 이 사실을 숨겨왔다고 몰아붙이며 "법대로 처벌해야 한다"고 죄인 취급했다. 얼마 전에 이각 장군에게 공개적으로 겨울옷 한 벌을 보내준 것은, 서울의 관리들에게 이 사건에 대한 내 결정을 간접적으로 표현한 것이기도 하다. 중앙정부의 관리들은 국경을 지키는 장군에게 똑같은 잣대를 들이대지만, 서울과 국경은 분명히 다른 곳이다. 국경을 지키는 장수에게 작은 허물은 언제라도 일어날 수 있는 일이다. 어쩔 수 없는 상황일 때도 있다. 왕이 앞장서서 그 상황을 고민한 뒤에 결정해야 하는 이유다. 지난 2월에 왕이 건강을 지키기 위해 마시는 술(향온주) 30병을 평안도의 장군들에게 보냈다. 눈보라 속에 나라를 지키는 노고를 위로하고 싶었다. 내가 굳이 말을 꺼내지 않더라도, 지금까지 내 행동을 보아온 이각 장군은 내 속마음을 알아줄 것이라 믿는다.

수령이 꼭 해야 할 일

새 수령을 임명하면 가까이 불러서 "수령의 직책이란, 소민을 사랑하는 일 외에 다른 일은 없다"라는 내 뜻을 일러주고 대화를 나눈다. 소민을 사랑하는 구체적 방법은 휼하는 정성으로 소민에게 다가가는 것이다. 그래서 수령은 ①소민의 살림살이를 살펴주는 마음으로 사랑하고(애휼) ②소민의 밥을 챙겨주고(구휼) ③소민을 때리지 말고(긍휼) ④소민의 처지를 어루만져주고(무휼) 그 결과로 ⑤소민이 배부르고 등 따뜻한 즐거움을 누리게 해주는 임무를 부여받은 신하라고 설명해준다. 수령은 소민에게 부모와 같은 사람이기에 사랑으로 다스려야 한다. 이 다섯 가지는 내가 왕으로 18년을 살면서 경험하고 깨달은 것이다.

이 말을 10년 이상 반복하니 어떤 때는 내가 앵무새가 된 듯하다. 이제는 이 말을 듣지 않은 수령이 없을 것이다. 나를 잔소리꾼이라고 여길지라도 죽는 날까지 이 말을 전할 것이다. 올해처럼 3년 연속으로 흉작인 해는 밥을 챙겨주는 구휼이 무엇보다 절실하다. 지난 3월에는 함경도 회령과 경원에 폭설이 내렸다. 고립된 채로 가축이 얼어 죽고, 사람이 얼어 죽기 직전까지 갔다. 새로 입주한 사람이 눈을 치우고 길을 내는 일에 익숙하지 않기 때문이다. 그때 수령이 썰매를 동원해서 식량을 보급하고 간신히 살려냈다. 또한 제주도는 9,935채의 집에 63,093명이 살고 있는데도 농사지을 땅이 너무나 부족하다. 땅은 좁은데 사람은 많아서 먹고살기 힘든 섬이다. 전라도에서 쌀과 콩 3천여 석을 제주도로 옮겨서 도민을 먹여 살리고 있다.

시스템이 작동하는 세상 만들기

찌는 듯한 더위가 계속되고, 거듭된 흉년으로 먹을 것이 없고, 그 결과 인심까지 팍팍해졌다. 북쪽 국경은 여진족과 대치하고 있고, 남쪽의 큰 항구들은 왜인 불법체류자가 넘쳐나고, 서울은 고아와 전염병 환자가 넘쳐난다. 왕인 나도 신세 한탄이 절로 나오는 해다. 왕이 이럴진대 일반 국민은 어떻겠는가. 이럴 때는 이웃에 도움을 요청하거나 나라의 시스템에 의지해야 한다. 그런데 이웃도 처지가 비슷해서 도움이 되지 못하고, 나라의 제도와 정책도 도움이 못 된다. 좋은 취지로 만든 법과 제도가 있어도 실효성이 떨어진다.

기와공장(별요)은 서민의 원망만 사고 있어서 결국 폐쇄했다. 오히려 부자에게 좋은 일만 한 꼴이 됐다. 곡식을 한 톨이라도 아껴보려고 금주령을 시행했지만, 감옥에는 막걸리 한 잔 마시다가 잡혀온 서민들뿐이다. 이래서 태종이 금주령을 쓸데없는 법이라고 했었나보다. 법의 취지에 맞게, 이들을 벌주지 못하게 했다. 취할 때까지 놀며 마시고도 교묘히 법망을 빠져나가는 자들을 벌주는 일에 집중하게 했다. 중국에서 수입한 수레(강축)와 일본에서 보고 온 것을 개량해 만든 물레방아(수차)는 제대로 써보지도 못하고 폐기해야 하는 상황이다. 강축은 비가 오면 길이 질퍽해서 못쓰고, 산이 험하면 길이 울퉁불퉁해서 못쓰고, 바닷가에 가면 모래가 많아서 못쓴다고 하니 어쩔 도리가 없다. 물을 퍼올려 농지에 물을 대는 수차 또한 잘못된 점을 지적만 할 뿐, 개선하지 않아서 몇 해째 고장난 채로 방치돼 있다. 이런 말을 들을 때면 장영실이 만든 물시계가 있는 경복궁 보루각에 가곤 한다. 물시계를 만들 때 장영실은 내가 옆에 있는 줄도 모르고 기계장치에 빠져 있다가, 나를 발견하고는 깜짝 놀라곤 했다. 그런 추억을 떠올리며 보루각 앞을 산책하면 기분이 조금 나아진다.

농사가 안 되니 사료만 축내는 가축을 도살해서 파는 사람이 많아졌다. 그런데 사가는 사람이 적으니 팔지도 못하고, 아까운 고기가 상해서 버려지고 있다. 서울시에서 고기 유통기한을 겨울은 10일, 여름은 5일로 정했다. 이를 어긴 사람은 처벌하기로 했다. 이 제도 또한 국민에게 원망을 받을 수 있다. 그래도 상해서 버리는 것보다는 낫지 않겠는가. 전국에 수령이 없는 고을과 군, 현이 너무 많다. 지형, 거리, 사람 수, 일의 효율을 따져서 통폐합하고 있다. 6년 전에 전라도지사가 개 어금니처럼 들쭉날쭉한 각 고을의 경계선을 반듯하게 정비해야 한다고 건의했었다. 그때 나는 주민 사이에 송사가 증가하는 것이 우려되서 결단을 내리지 못했었다. 지금에서야 그 제안이 옳았음을 알게 됐다. 그래서 계획안을 마련했다. 살림살이 형편이 나아지면 바로 시행하게 했다. 나라의 새 정책을 심의하고 법을 제정하는 '상정소'를 폐지했다. 정부조직(이조, 호조, 예조, 병조, 형조, 공조)의 기능과 중복되기 때문이다. 100살이 넘은 노인에게는 매년 쌀 10석을 지급하고, 매월 술과 고기를 보내는 것을 제도화했다.

지난 겨울부터 서울에 부모 없이 혼자 지내는 어린아이가 부쩍 늘었다. 먹을 것을 구하러 서울까지 먼 길을 걸어온 부모는 병들어 죽고, 그래서 고아가 된 아이들이 대부분이다. 하루는 동대문 밖에서 매사냥을 구경하다가, 헝겊을 이어 붙인 낡고 큼지막한 승려 옷을 입은 어린아이를 보았다. 측은한 마음에 옷감 1필을 손에 들려줬다. 내가 왕이 되던 해부터 혼자 굶고 있는 어린아이를 보면 병원에서 돌보라고 신신당부를 했는데, 아직도 제대로 지켜지지 않는 것 같다. 확인해보니 병원에 아이들이 잠을 잘 공간이 턱없이 모자랐다. 오히려 내가 챙기지 못하고 소홀했다. 긴급히 병원 옆에 집을 짓고, 심성이 착한 사람을 채용해서 아이들을 기르게 했다.

7월. 호적을 조사해보니 서울에 19,552가구가 살고 있고, 성 밖 3.9km 이내에는 2,339가구가 살고 있다. 서울은 사방이 빽빽하게 집이 들어차 있기에, 어린아이가 혼자 집을 나왔다가 길을 잃고 병원에 맡겨지는 경우도 있다. 집이 비슷비슷해서 길을 잃는 것이다. 내가 왕이 됐던 해도 이랬는데 하나도 나아지지 않았다. 서울 한복판에서 길 잃은 어린아이를 납치해서 노비로 삼는 유괴 범죄가 끊이지 않는다고 한다. 아이를 되찾으면 관청에서 부모에게 조선통보 11kg을 주고, 그 부모가 직접 아이를 찾아준 사람에게 보답하게 했다. 고마운 마음이 더 잘 전해지도록 하기 위함이다. 이 제도가 악용되지 않도록, 고의로 아이를 버린 부모를 현장에서 붙잡은 사람에게 상금을 주는 제도도 만들었다. 추운 겨울날, 경기도 벽제를 지나던 신하가 추위에 떨고 있는 아이를 발견하고 밥을 먹여서 병원으로 데려왔다. 제도를 재정비하니 시스템이 다시 작동했고, 귀한 생명을 살려냈다.

황제의 죽음과 뜻밖의 선물들

1월 29일, 중국황제(선덕)가 죽었다는 급한 보고를 받았다. 중국에 보내려고 선발해서 한식요리를 가르치던 여종들을 집으로 돌려보냈다. 이들이 다시 가족과 만나는 모습을 생각하는 것만으로도 흐뭇하다. 3월 18일, 사신 이의와 이약 두 명이 서울에 왔다. 우리나라와 여진족의 군사적 충돌 문제를 확인하고 해결점을 찾으러 온 것이다. 이번에 온 사신들은 첫 공식 외출 일정을 성균관의 문묘로 정하는 것부터 풍기는 풍모와 격이 이전에 오던 사신들과 확연히 구분될 정도다. 문묘는 공자가 있는 사당이다. 문묘에 도착해서도 큰 문으로 들어가지 않고 작은 문으로 들어갔고, 성균관 학생들과도 예를 갖추며 차를 마셨다. 그리고 선물을 주면 고마움의 표시를 꼭 한다.

1435년, 39세, 재위 17년

하필이면 이럴 때 나와 세자 향이가 한꺼번에 몸이 아파서, 둘째 이유(세조)가 모든 행사를 주관하고 있다. 예의가 아닌 줄은 알지만 도리가 없다. 사신 이의가 조선을 방문해서 보고 느낀 것을 시를 지어 나에게 보냈다. 읽고 또 읽어도 기분이 좋아지는 글이다. 4월 3일, 사신이 떠나는 날이다. 이약이 떠나기 전에 "천 개의 산과 수많은 갈래의 물이 사라지지 않듯이, 조선의 정성스런 마음이 중국과 닿아 있다"라는 말을 나에게 전해달라고 부탁했다고 한다. 이 말을 들으니 사신의 얼굴도 보지 못하고 보내는 것이 못내 아쉽기만 하다.

　　　4월 26일, 예전에 중국으로 보냈던 여종 53명을 데리고 또 다른 사신이 서울에 왔다. 이 여종들에게 "중국에서 보고 들은 것을 말하면 벌을 받을 것이다"라고 경고하는 것으로 국익을 위한 최소한의 조치를 하고 집으로 돌려보냈다. 이번에도 둘째 이유(세조)가 모든 공식행사를 주관하고 있다. 하루는 사신 한 명이 요리를 만드는 여종에게 사소한 선물을 주고는 "왜 답례를 하지 않느냐"며 꾸짖었다고 한다. 불쌍한 사람에게 이런 행동을 하다니 옹졸한 사신이다. 앞으로는 사신에게 물건을 받으면 비서실(승정원)에 알리고 대응하게 했다. 그리고 이번 기회에, 그동안 사신의 요구로 관직에 임명한 사람을 모두 파면했다. 만약을 대비해서 사신과 사촌 이내의 친인척은 그대로 뒀다.

　　　지난해 자치통감훈의 책 출판 팀을 꾸리면서, 책 원본도 제대로 확보하지 못한 채 원고를 쓰기 시작했었다. 그런데 7월 29일 새로 즉위한 황제가 141권 분량의 완전한 한 질을 기증해서, 원고 작업에 속도가 붙기 시작했다. 새 황제가 몇 달 전에 조선의 여종들을 돌려보내줬는데, 귀한 책까지 보내준 것이다. 그동안 이 책의 원고 작업은 국가고시에 합격한 조수가 기증한 100권과 수소문해서 찾은 몇 권을 가지고, 상상력을 발휘해서 끼워 맞추듯 원고를 써왔다. 그 동안 경연과 윤대까지 중지하고 원고 작업에 집중해왔는데 이제야 마음에 여유가 생긴다. 8월로 접어들며 왕이 해야 할 일이 줄었다. 윤 대를 다시 시작했다. 거의 1년 만에 내 방에 신하와 단둘이 마주 앉 아서 세상 돌아가는 이야기를 듣고 있다. 8월에 경복궁 경회루 보수 공사를 시작했다. 이 기간 동안 나는 둘째 이유(세조)의 집으로 거처 를 옮겼다. 2주 정도 머물렀는데 부자 간에 이런저런 이야기를 나누 는 시간을 자주 가졌다. 그동안 챙겨준 것이 별로 없는데 어느새 청 년(19살)으로 자랐다. 오히려 아버지의 건강을 걱정하고 있다. 급작스 럽게 사신이 연이어 방문하고 거의 모든 행사를 주관하게 했는데도, 힘든 기색 없이 치러낸 것이 대견스럽다. 칭찬을 많이 해줬다.

멀고 먼 인재양성의 길

　　나라가 위기 상황인데 2월에 비서실장(도승지) 안숭선, 6월에 외교재무 부총리(좌의정) 최윤덕, 9월에 재무부장관(호조판서) 안순, 11월에 인사행정부장관(이조판서) 이맹균이 차례로 사직서를 제출했다. 모친을 간병해야 하는 비서실장 안숭선을 제외한 나머지 는 모두 반려했다. 왕은 오랫동안 함께 일해온 신하가 필요하다. 하루는 공사 중인 곳을 둘러보았는데 머리가 백발인 노인이 나무를 다듬고 있었다. 나이를 물어보니 60살이 넘었다고 말한다. 60살이 넘으면 노역을 면제하는 법을 어긴 것이다. 담당자에게 자초지종을 물었더니 "이 노인은 목수인데, 솜씨를 따라올 사람이 없어서 면제하지 못한다"라고 말했다. 신하가 들으면 나에게 서운하다고 말할 수 있지만, 늙은 노동자가 은퇴하지 못하는 것은 안타까운 일이다.

올해는 부엉이가 경복궁에 들어와서 우는 날이 많았고, 경상도 거제 앞바다가 검붉은색으로 변하기도 했고, 밝은 대낮에 표범이 서울에 들어오는 등, 해괴한 일이 유난히 많았다. 궁궐에서는 그때마다 해괴제를 지낸다. 나쁜 기운을 멀리 쫓아내기 위함이다. 이런 일과 직접적인 연관은 없지만, 올해도 전 국방법무 부총리(우의정) 권진, 전 외교문화부장관(예조판서) 신상, 김자지, 원민생, 이징, 설순 등 많은 신하들이 세상을 떠났다. 태종이 쓰러진 날부터 마지막 순간까지 곁을 지켰던 신녕궁주도 죽었다. 그녀의 상가에 찾아가서 슬피 울고 돌아왔다. 5월 1일, 헌릉에 가서 부모님에게 인사하고 돌아오는 길에 낙천정에 들러서, 아버지와의 추억을 떠올리며 점심밥을 먹었다.

2월 27일, 국가고시 최종합격자를 발표했다. 그런데 시간이 한참 지난 4월 3일, 무과 2차시험에서 준비 상태가 허술해서 부정행위가 있었다는 보고를 받았다. 2차시험을 치를 때, 좁은 공간에서 사방을 허술하게 막고 순차적으로 시험을 치른 것이 원인이었다. 이런 환경을 아는 자들이 조직적으로 부정행위를 했다고 한다. 먼저 시험을 치른 자가 밖에 나가서 쓰고 있던 모자(갓)를 벗고, 가슴과 허리를 문지르거나, 나무에 돌을 매달아놓거나, 오색기와 경서 책을 가지고 올라가는 등, 자기들끼리 사전에 약속한 행동으로 출제된 문제를 알려줬다는 것이다. 결국 재시험을 치르기로 결정했다. 4월 17일과 18일 이틀 동안 국가고시 2차시험을 다시 치렀는데, 내가 직접 참관했다. 최종합격자는 문과는 33명 무과는 28명이었다. 성적에 따라 관직을 배정하고 합격을 축하하는 연회(은영연)를 성대하게 열었다.

　　　이렇게 시간적 행정적 낭비를 초래한 진짜 원인은 나라의 시스템이 부실해서 그런 것이다. 여기에 공부하기 싫어하는 학생들의 잔꾀도 한몫했다. 생각다 못해 성균관에 입학할 자격이 안 되는 선비를 뽑아서라도, 성균관에서 숙식하며 공부하는 학생을 적어도 100명까지 채우라고 지시했다. 그리고 출석하고 밥 먹는 시간을 체크리스트로 만들어 점수를 주고, 50점 이상을 얻으면 국가고시에 응시할 자격을 주는 제도를 만들게 했다. 이렇게 우겨서라도 공부하게 해야 한다. 세상을 떠나는 늙은 충신들의 자리를 젊은 인재로 채워야 하기에 왕의 마음이 급하다. 왕실의 아이들을 가르치는 왕실학교 또한 3개월 동안 결석을 한 자가 있을 정도로 엉망진창이다. 학교 건물을 보수하고 직원을 늘려서 공부하는 환경을 개선하고 있지만, 실제로 효과가 있을지는 알 수 없다. 이런 노력에도 불구하고 학생들은 여전히 떼를 지어 몰려다닌다.

국가 비상사태에 이르게 한 최악의 가뭄

1436년, 40세, 재위 18년

국경 방어 아이디어 공개 모집

　　평안도는 압록강변을 따라서 민가와 농지가 **빽빽하게** 몰려 있다. 특히 여연이 그렇다. 이곳에 강을 따라서 나무를 뾰쪽하게 깎아서 사슴(鹿 녹) 뿔(角 각) 모양처럼 엮은 바리케이드(녹각성)를 길게 설치했다. 여진족의 말이 쉽게 뛰어넘지 못하게 하려는 목적이지만, 허술한 곳이 곳곳에 있다. 바리케이드 주변에 요새를 구축하고 군인들이 24시간 경계를 늦추지 않고 있다. 그럼에도 여진족 500여 명이 말을 타고 침입해서, 농민 14명을 납치하고 말 51마리와 소 34마리를 약탈해갔다는 보고를 받았다. 이번에도 이만주의 짓이다. 압록강 건너편의 풀이 우거진 높은 곳에 숨어 있다가, 허술한 틈이 보이면 기습적으로 강을 건너와서 공격하는 행태를 반복하고 있다. 이러한 여진족의 공격 방식을 알면서도 피해 없이 방어하는 것은 불가능에 가깝다. 우리 농민이 경작하는 농지가 강을 따라 여기저기 흩어져 있기 때문이다. 가축을 몰고 나가서 흩어져서 일하다가 기습공격을 당하면 속수무책이다. 지금까지와는 다른 대책 마련이 필요하다.

6월 20일, 국경을 방어할 아이디어를 공개모집했는데 총 97명이 참여했다. 3년 전에 여진족 토벌작전을 세울 때는 고위급 신하의 생각을 빠짐없이 듣고 반영해서 최선의 결과를 만들 수 있었다. 이번에는 직접 회의를 하지는 않았지만, 경험 있는 관리자급까지(정4품 이상 품계를 유지하고 있는 사람) 확대해서 의견을 적은 제안서를 모았다. 창의적인 아이디어가 많았고, 몇몇 아이디어는 생각지도 못한 발상이어서 읽다가 미소짓기도 했다. ①압록강을 따라서 일정한 간격으로 높은 탑을 쌓고 감시하다가, 적이 쳐들어오면 화력을 집중한다. ②고된 일을 앞장서서 솔선수범하는 사람에게 혜택을 줘서 모범으로 삼는다. ③적이 숨어서 엿보는 곳의 나무와 풀을 베고 농지로 바꾼다.

④우리도 수시로 여진족을 공격해서 여진족을 지치게 한다. ⑤적이 타고 온 배를 빼앗아서 독 안에 든 쥐 꼴이 되게 한다. ⑥적정 수량의 화포를 추가로 배치하고 사용법을 익힌다. ⑦나무 바리케이드를 즉시 돌로 쌓은 성으로 교체한다. ⑧장수가 근무지로 이동할 때 식량만 갖고 가고, 군복과 병장기 운송은 나라에서 책임진다. ⑨국경을 오가는 사람에게 군사적 임무를 준다. ⑩수심이 낮은 강가에 철조망을 치고 못과 같이 뾰쪽한 마름쇠를 흩뿌려놓아, 강을 건너는 적의 침입을 지연시킨다. ⑪모든 농민에게 군사훈련을 시킨다. ⑫압록강 건너 여진족이 사는 땅에 바리케이드를 설치하고 군대를 배치해서 적을 두렵게 한다. 입수된 모든 아이디어를 평안도 군사령관(도절제사) 이천에게 보냈다. 현장의 의견을 듣고 적용하게 했다.

1436년, 40세, 재위 18년

국경에 사는 농부의 고단한 삶

농부가 가을에 추수를 마치면 이때부터 정기 군사훈련과 성을 쌓는 중노동이 기다리고 있다. 다람쥐가 쳇바퀴를 돌 듯이 해마다 반복된다. 때로는 무기창고에 보관된 무기를 수리하는 일도 해야 하고, 시키는 일은 뭐든 해내야 한다. 이처럼 농부는 나라에서 부르면 노동자가 되기도 하고 군인이 되기도 하는, 고단한 신분의 사람이다. 최근에 농민의 처지를 이해하기 쉬운 사연이 하나 있었다. 여진족을 토벌한 뒤에 헤어져 살던 가족이 다시 만나게 됐다. 그런데 10살 때 여진족에게 납치된 김오미라는 남자는 어머니를 보고도 반가워하지 않았다. 그는 납치된 이후에 여진족 여자와 결혼하고, 천 명 이상의 여진족을 거느린 천호라는 지위를 얻어서 호화롭게 살고 있었다. 그런데 어느 날 갑자기 조선군대가 쳐들어와서 강제로 그를 조선으로 데려왔다. 그리고 만난 가족이 가난한 농부 집안이었다. 하루아침에 자신의 신분이 가난한 농민 신세로 전락하게 된 것이다. 이와 반대로 여진족의 노비로 살던 사람들은 조선에 돌아와서 가족과 만날 날을 손꼽아 기다리고 있다.

8월 25일, 함경도 회령에 여진족 홀라온과 우디캐 무리가 침입해서 농민을 납치해갔다. 다행히 이징옥 장군과 회령에 살고 있는 여진족 오도리들이 함께 추격해서 모두 되찾아왔다는 보고를 받았다. 적진의 지형을 잘 아는 오도리가 길을 안내했기에 가능했다. 오도리가 우리를 도운 이유는 4년 전으로 거슬러 올라간다. 당시에 우디캐 무리가 회령에 침입해서, 오도리 부족의 추장(우두머리)인

동맹가첩목아를 죽였기 때문이다. 추장 동맹가첩목아가 죽은 이후로 오도리 부족은 동범찰과 동창이 이끌고 있다. 동범찰은 동맹가첩목아의 동생이고, 동창은 동맹가첩목아의 아들이다. 이 둘은 이권에 따라 아침저녁으로 마음을 바꾸는 자들이다. 언제라도 배신할 수 있다는 점을 조심해야 한다. 그래도 다행인 점은 오도리 부족이 두려워하는 이징옥 장군이 회령을 지키고 있다는 사실이다. 여기에 더해서 9월 26일, 회령에 돌로 쌓은 성이 완성됐다. 성 둘레가 1,180m에, 높이가 4.5m이고, 동원된 농민 노동자가 20,300명에 달한다. 성이 완공되던 날 3천여 명의 여진족 우디캐 무리가 함경도 경원 신도시에 또 쳐들어왔지만, 빈손으로 돌아갔다는 보고를 받았다.

　　조선과 여진족이 수년 동안 국경을 사이에 두고 싸우고 있지만, 이와 별개로 조선 농민과 여진족 농민 사이에는 오래전부터 끈끈하고 우호적인 관계가 유지되고 있다. 이들은 오랜 시간 동안 강을 넘나들어 농사를 짓고, 서로의 일손을 도우며 섞여 살아왔다. 그래서 내편 네편의 구분이 없는 것이다. 우리 농민의 집에서 여진족이 붙잡혔다고 해서 무턱대고 처벌할 수 없다. 이런 일은 언제라도 일어날 수 있기에 현장 지휘관에게 처리를 맡기는 이유다. 또한 국경에 토관이라는 특별한 관직을 임명해서, 일정한 지역을 나름의 방식으로 다스리게 한다. 토관은 그 지역민들의 문화를 잘 아는, 리더에 해당하는 사람이다. 그동안 토관이 없던 함경도 경성에 토관을 임명해서 그 지역의 방식대로 관리하게 했다.

만약의 사태를 대비하는 왕의 선택

5월 9일, 함경도 4개 신도시에서 2년 동안 3,262명이 전염병으로 죽었다는 보고를 받았다. 아직 도시 기반시설이 제대로 정비되지 않았고, 위생상태가 엉망이고, 좁은 곳에서 낯선 사람들이 뒤섞여 생활한 것이 원인으로 보인다. 지난해 가을에 하경복이 "전염병으로 죽은 함경도 사람이 수만 명이나 되고, 사람의 뼈와 해골이 들판에 널려 있다"고 보고했었는데, 사실이 아닌 것으로 확인되었다. 하경복이 무슨 이유로 과장된 말을 했는지는 모른다. 그렇지만 아무것도 묻거나 따지지 않고, 그를 그냥 쉬게 했다. 왕의 욕심으로 너무 오랫동안 국경에 묶어두었다. 그를 파직하고 "늙은 모친이 있는 고향으로 돌아가라"고 명령했다.

하경복과 나의 인연은 특별하다. 그는 나의 거듭된 부탁으로 젊어서부터 줄곧 국경을 지키는 임무를 맡아왔기에, 모친이 늙도록 얼굴조차 잊고 살아왔다. 아내가 지어주는 밥이며 아이들을 키우는 즐거움도 잊고 살아왔다. 그런 그가 어느덧 60살이 됐다. 그렇게 하경복을 고향집으로 보내고, 오래전에 그와 주고받은 편지를 꺼내 읽었다. 하경복이 "뼈에 새겨 보답하겠다"라고 적은 대목에서 다시 눈길이 멎었다. 국경의 다른 장교(장수)들 또한 몸과 마음이 지칠 대로 지치고, 불만이 쌓일 대로 쌓인 상태일 것이다. 사기를 충전할 대책이 절실하다. 우선 군대의 오래된 관습대로 군부대에 기생을 두어 아내가 없는 사람을 위로하게 했다.

여진족과의 혼란스런 대치 상황이 4년을 넘기고 있다. 그동안 평안도와 함경도 국경지역으로 다양한 계층의 국민을 강제로 이주시켜서 국경 방어를 강화하고 있다. 올해도 처제와 간통한 남자를 군대에 편입시켰고, 평안도 남쪽에 살던 211가족을 국경 가까이로 이주시켰고, 평안도 아래 지역에 근무하던 하급관리 15가족을 최전방으로 보냈다. 함경도의 두만강 강변을 따라서 회령, 종성, 경원, 공성(경흥) 4개 신도시가 빠르게 건설됐고, 2천여 채의 집이 새로 지어졌다. 이처럼 국경을 따라서 사람이 급격히 증가하니 식량 또한 빠르게 소비된다. 그 결과 윤6월 23일 현재 평안도 여연, 강계, 자성의 창고에 보관된 군량미가 4만여 석밖에 남지 않았다. 이 정도 양으로는 군인 9만여 명이 두 달 정도밖에 버틸 수 없다. 함경도 상황도 다르지 않다. 무슨 수를 쓰더라도 남쪽 창고에 저장된 곡식을 최대한 빨리, 최대한 많이, 북쪽으로 옮겨야 한다. 그래야 굶겨 죽이지 않을 수 있다. 마음이 급해지고 있다.

대마도와 일본의 정세에 변화가 생겼다. 일본은 자기들끼리 전쟁을 벌였다. 패배한 세력이 대마도로 도망쳐서 숨어 지내고 있는데, 승리한 세력이 대마도까지 쳐들어올 수도 있다는 정보를 입수했다. 이 정보가 현실이 돼서 대마도에서 큰 싸움이 벌어지고 패배한 세력이 경상도로 도망쳐오는 상황이 벌어지면, 조선이 우려하는 여진족과 왜적을 동시에 상대해야 하는 시나리오가 현실이 될 수 있다. 그런데 경상도는 20년 가까이 왜적의 침입이 없어서 방어체계가 허술해졌다. 지난 5월에 파면시킨 하경복 장군을 급히 경상도로 보냈고, 해안가 마을의 수령을 무관 출신으로 교체했다. 무관 출신 수령은 싸움은 잘하지만 관리와 행정 역량이 부족하다는 사실을 알고 있다. 그렇지만 지금은 관리와 국방이라는 두 마리 토끼를 한 번에 잡을 수 있는 상황이 아니다.

한 번도 겪어보지 못한 최악의 가뭄

4월까지 딱 한 번 비가 내렸다. 6월에 또 한 번 비가 내렸다. 그렇게 반년 동안 비를 본 날이 단 이틀뿐이다. 기우제라는 기우제는 안 해본 것이 없다. ①호랑이 머리를 물속에 넣는 기우제 ②풍운뢰우단, 삼각산 같은 기운이 센 곳에서 비는 기우제 ③무당이 굿을 하고, 중이 불공을 하는 기우제 ④광화문(남문)을 닫고 숙정문(북문)을 열어 찬 기운이 들어오게 하는 기우제 ⑤도마뱀을 가둬놓고 어린아이가 비는 기우제 ⑥각종 용을 그리거나 만들어놓고 수시로 비는 기우제 ⑦이외에도 조상에게 제사를 지냈고, 죄인을 석방했고, 전국에 용하다는 곳을 찾아다니며 수시로 기우제를 지냈다. 이 중에서 남쪽 성문을 닫고 북쪽 성문을 여는 기우제는 올해 처음 했다. 그만큼 간절했다. 정성껏 기우제를 하면 하늘이 조금이라도 반응을 보였는데, 올해는 반응이 없다. 한 번도 경험해보지 못한 최악의 가뭄이다. 비가 오지 않으니 전염병까지 극성이다. 전염병으로 가족이 모두 죽은 집도 있다.

윤6월에 이르러 며칠 동안 비가 내렸지만, 갈라진 땅의 틈을 메우기에는 턱없이 적은 양이다. 비가 메마르고 갈라진 땅으로 빠르게 스며들면서, 언제 비가 내렸나 싶을 정도다. 그래도 비가 내리니 방문을 활짝 열고, 내리는 비를 바라보며 숨을 크게 내쉬고 향온주 한 잔을 들이켰다. 모처럼만에 속이 뻥 뚫리는 기분이다. 여기까지가 전부였다. 하루는 밤에 경복궁의 내 방(강녕전)에 뱀이 들어와서 기둥을 오르내리다가 사라지는 장면을 시녀가 보았다고 말했다. 불을 밝히고 찾게 했는데, 내 책상 위에서 똬리를 틀고 있었다. 불길한 징조인 것 같아서 당분간 둘째 아들 이유(세조) 집으로 거처를 옮겼다. 한밤중에 서울 성안으로 표범이 들어와서 개를 물어 죽인 일도 있었다. 짐승도 먹을 것을 찾아 사람이 사는 곳으로 내려오는 것 같다. 비는 내리지 않고 불길한 일들만 벌어진다.

7월, 소나기가 한차례 내렸다. 그리고 또 비 소식이 없다. 상반기에 했던 기우제를 하반기에 또다시 반복하고 있다. 어느 날은 하루에 여러 곳에서 동시에 기우제를 지냈다. 이런 노력에도 불구하고 하삼도(전라도, 경상도, 충청도)의 거의 모든 벼가 말라 죽었다. 추수하는 것이 의미가 없을 정도다. 엎친 데 덮친 격으로 8월부터 11월 사이에는 우박이 내려서 간신히 키운 농작물에 극심한 해를 입혔다. 1년 동안 비를 본 날이 손가락으로 꼽을 정도다. 벌써 4년째 이어진 극심한 흉년이다. 전라도는 작년부터 지진이 계속돼서 불안이 가중된 상황이다. 여느 해 같으면 추수를 마친 들판에 한가하게 낟알을 쪼아먹는 새들이 보여야 하는데, 쩍쩍 갈라진 농지에 흙먼지만 끝없이 날린다. 결국 가을 군사훈련을 취소해야 했다. 군량미를 감당할 수 없기 때문이다. 오히려 군량미를 지급받는 강무를 기다리는 농민이 있었을 것이다. 그들에게는 미안한 결정이다. 흉년이 들면 북쪽에 사는 사람들은 먹을 것을 구하러 하삼도까지 먼 길을 걸어내려온다. 그런데 도착해보니 하삼도조차도 먹을 것이 부족해서 망연자실한 얼굴이다. 그 결과 어린 자식을 나무에 묶어놓고 도망치는 부모가 생겼다. 이곳에서는 어린아이를 굶어 죽이지는 않을 것이라 믿기 때문에 하는 극단적인 선택이다. 그렇게 생이별한 부모의 마음에는 피눈물이 흐를 것이다. 올해는 하삼도에 속한 충청도에서조차도 집을 버리고, 부모를 버리고, 자식을 버리는 지경에 이르렀다. 이 와중에 강원도가 조금 풍년이 들어서 고향을 떠나는 사람이 줄었다. 작게나마 위안이 된다.

최악의 가뭄 속에 질기게 살아내는 사람들

왕이 있는 궁궐도 예외가 없다. 궁궐에서 1년 동안 지출하는 비용을 쌀로 계산하면 57,280석 정도인데, 궁궐 곡식을 저장한 창고(풍저창)에 남은 쌀이 123,300석뿐이다. 간신히 2년을 버텨낼 정도의 양이다. 왕으로서 특단의 결정을 내릴 수밖에 없는 상황이다. 지난 윤6월에 집현전 인원을 32명에서 20명으로 줄이는 결단을 한 것도 이와 같은 이유에서였다. 집현전은 지금까지 규모를 계속 키워왔다. 단 한 번도 줄인다는 생각을 해본 적이 없는 조직이다. 그렇지만 집현전을 가장 먼저 감축대상으로 선택한 이유는, 국가의 비상 상황에서는 왕이 아끼는 조직도 예외가 될 수 없다는, 상징적인 결단이 필요했기 때문이다. 이후로 ①모든 관리의 내년 1월 급여를 삭감하기로 했고 ②궁궐에서 연회를 준비하는 인원 11명을 내보내고, 남은 직원은 급여를 삭감했고 ③시녀들의 급여를 일괄적으로 삭감했고 ④말에게 먹일 사료가 부족한 말 목장의 관리인 수를 줄였고 ⑤학교는 방학하게 해서 급여와 밥을 아꼈다. 급여 생활자들은 2년 전에도 급여를 삭감해서 살림살이가 팍팍한 상황인데, 이번 조치로 감당하기 힘든 고통을 분담하게 됐다. 그래도 예외는 있다. 작년에 100살이 넘은 노인에게 쌀 10석을 주는 제도를 만들었는데, 1년 만에 5석으로 줄이자고 한다. 100살 넘은 노인이 가진 지식은 책에도 없고, 어려울 때 힘이 되는 축복과 같다. 그대로 주게 했다.

국민의 살림살이가 막다른 상황으로 몰리니 흉흉한 소문이 난무한다. 약해진 국민의 마음을 현혹시키는 무당들이 전국에 활개치고 있다. 어떤 자는 장대 끝에 옛날에 죽은 장군과 재상의 이름을 적은 깃발을 매달고 다니다가, 무지한 사람들이 모이면 귀신을 불러서 대화하는 것처럼 현혹시키고 불안을 조성한다. 그리고 재물을 뜯어간다. 이것을 무당들끼리 두박신을 불러오는 의식이라고 부른다. 처음 시작한 자부터 모조리 잡아들였다. 또한 장사꾼(홍리인)들은 시골을 돌아다니며 사람들을 현혹시켜서 물건을 판다. 무지한 사람들은 그나마 남아 있는 곡식을 주고, 당장 필요 없는 물건과 바꾸게 되는 것이다. 빈집에 몰래 들어가서 재산을 훔쳐가는 장사꾼도 있다.

9월, 들판에 추수할 벼가 없어도 너무 없다. 예상을 못한 것은 아니지만, 최악의 상황이 눈앞의 현실이 되니 암담하다. 결국 가난한 서민에게 무료로 나눠주던 밥을, 스스로 먹을 것을 구하지 못하는 진짜 가난한 서민에게만 선별해서 주자는 결정에 동의했다. 국가가 비상상황으로 내몰렸기에 국무총리실(의정부)에서 결정한 대책이다. 최악의 상황들이 한꺼번에 찾아오니, 무엇을 어떻게 바꿔야 지금의 난관을 헤쳐갈 수 있을지 막막하다. 오늘도 모여서 고민만 하다가 해가 지면 신하도 집으로 돌아가고, 나도 내 방으로 돌아오는 일상을 반복하고 있다. 처음으로 왕으로서 한계를 경험하고 있다. 지금 창고에 남은 식량으로 내년 추수 때까지 지금보다 더 소비를 줄이며 또 1년을 버텨내야 한다. 내년에도 흉년이 계속되면 조선사람 모두가 굶어 죽게 되는, 진짜 국가비상사태로 돌변한다. 상상조차 하기 싫은 최악의 사태다.

지난해까지 국민 한 명이 나라에 밀린 세금의 합계가 쌀 70석에 육박하는 엄청난 양이다. 세금을 내라고 국민을 독촉해야 하는 극단적인 상황으로 내몰렸다. 끝까지 독촉하지 말라고 했지만 국무총리실은 단호하다. 나라살림을 충실히 관리했던 유정현도 "국민의 빚을 탕감하는 것은 지금 빚을 뒷날로 미루는 미봉책일 뿐이다"라고 입버릇처럼 말했었다. 그때도 지금도 신하의 결정을 따라야만 했다. 내가 머뭇거리는 사이에 국무총리실이 결정을 주도하며 위기를 극복해가고 있다. 다만 국경지역만큼은 강제로 이주한 사람이 많으니 빚 일부를 탕감하라고 했다. 결국 집과 땅 등 재산이 있는 사람은 빚을 갚았다. 그러나 가난한 사람은 도망쳐서 숨어 사는 신세로 전락하고 말았다. 차마 두고 볼 수 없어서 재산을 다시 돌려주고, 내년 추수 때까지 기한을 연장해주라고 명령했다. 왕이 된 지 20년이 다 됐지만 나는 아직도 불쌍한 사람을 냉정하게 대하지 못한다.

그렇게 시간이 지나고 추운 겨울이 됐다. 아무리 흉년이 들어도 먹을 것이 떨어지지 않던 하삼도조차도 밥과 바꿀 수 있는 것이라면, 밥그릇까지 내다 팔아서 먹을 것을 구한다. 시장 상인은 이러한 사람을 상대로, 비싼 쌀에 값싼 곡식을 섞거나 모래를 섞는 등 온갖 방법으로 속여서, 적게 주고 많은 이익을 챙긴다. 흉년마저도 재산을 모으는 기회로 이용하는 자들이 도처에 득시글대고 있는 것이다. 그렇다고 이자들을 엄하게 단속하면, 시골에 사는 사람들은 쌀을 구할 곳마저 없어진다. 이러지도 저러지도 못하고 속만 썩고 있다. 옛사람이 말하기를, 배고플 때 무만큼 좋은 먹거리가 없다고 했다. 그런데 우리나라 사람은 무를 겨울에 먹는 야채 정도로 생각할 뿐, 무의 좋은 점을 잘 모른다. 그래서 봄에 무 씨를 받아서 가을에 심어서 보릿고개를 넘을 때 요긴하게 먹도록 경작하게 했다. 일본에 다녀온 통역사 윤인보가, 일본사람은 칡뿌리와 고사리를 캐 먹고 허기를 면하더라고 했다. 즉시 먹는 방법을 확산시키게 했다. 내년에 봄보리가 익을 때까지 또 한 번의 보릿고개를 어떻게든 버텨내야 한다.

국가 비상경영 시스템으로 전환

4월 25일, 오늘은 왕이 기쁜 마음으로 신하와 권력을 나눈 상징적인 날이다. 이른 아침에 황희, 최윤덕, 노한 세 명의 총리(삼정승)가 찾아왔다. 앞으로는 국무총리실(의정부)을 중심으로 국가의 현안 문제를 토론하고 결정하겠다는 제안을 했다. 지금까지의 조선이 왕이 위정자의 위치에서 모든 결정을 주도하는 국가경영 시스템으로 작동했다면, 앞으로는 국무총리실이 주도하는 국가경영 시스템(의정부서사제)으로 전환하는 것을 의미한다. 왕은 믿어주고 따라주면 되는 것이다. 즉시 모든 부처에 그대로 통보했다. 사실 이 제안은 내가 작년에 국무총리실 조직에 파격적인 인사를 단행할 때부터 압박해온 결과다. 한 명의 국무총리(영의정)와 두 명의 부총리를 중심으로 운영되는 국무총리실(의정부)은 모든 정부조직을 총괄하는 최상위 조직이다. 두 명의 부총리는 외교재무 부총리(좌의정)와 국방법무 부총리(우의정)로 구분한다. 인사, 재무, 외교 분야를 관장하는 외교재무 부총리는 문신이 맡아왔고, 국방법무 부총리보다 서열이 높은 것이 그동안의 관례였다. 공부를 많이 한 문신의 정책적 판단 역량이 무신보다 탁월하기 때문이다.

　　　　외교재무 부총리를 좌의정이라 부르고 국방법무 부총리를 우의정이라 부르는 이유는 의전과 관계가 있다. 행사나 회의 때 왕의 왼쪽에 문신이 자리하고, 오른쪽에 무신이 자리하는 것에서 따왔다. 그런데 지금 좌의정은 무신 출신 최윤덕이다. 이 정도면 지금까지 없었던 파격적인 인사 아닌가. 최윤덕 장군은 1433년에 여진족을 토벌할 때부터 외교재무 부총리(좌의정)를 맡기에 충분한 역량을 갖췄다는 사실을 스스로 증명했다. 문신들이 이 점을 인정했기에 가능한 인사였다. 이후로 나는 국무총리실(의정부)이 주도적으로 국가를 경영하라고 요구해왔다.

올해 들어 눈병이 심해져서 문서를 제대로 읽을 수 없을 정도로 시력이 나빠졌다. 지난해 수개월 동안 낮에는 적지 않은 문서를 읽어가며 일하고, 밤에는 잠을 줄여가며 자치통감훈의 책 원고 작업을 하며 눈을 혹사시킨 후유증인 듯하다. 국무총리실은 내 눈병까지 고민한 후에 무한한 책임감을 가지고 결단을 한 것이다. 지나고 생각해보니 신하의 말이 내 생각과 다를 때마다 나는 이유를 충분히 설명하며 대화해왔고, 세 총리(삼정승)와는 따로 생각을 맞춰왔다. 어느 순간부터는 "세 총리가 내 생각을 읽고 있구나" 하는 믿음을 갖게 됐다. 그리고 오늘, 마침내 세 총리가 내 뜻을 받아들인 것이다. 내가 왕이 되고 신하에게 한 첫 말이 "더불어 의논하자"였는데, 오늘에서야 지속가능한 시스템을 갖췄다. 20년 가까이 걸렸다. 앞으로 국무총리실(의정부)이 주도하는 국가경영 시스템으로 전환하면 현장의 소리를 보다 정확하게 반영할 수 있을 것이고, 속도 또한 빨라질 것이다. 그 결과로 실무를 책임지는 신하가 각자의 위치에서 책임감을 가지고 일하는 문화가 정착될 것이다. 생각만 해도 흐뭇하고 마음이 든든한 국무총리실이다. 총리들이 퇴근할 때 튼튼한 말 한 마리씩을 선물로 준비했다. 깜짝 놀랄 것이다.

5월 7일, 국무총리실(의정부)에 특별한 법 하나를 만들라는 숙제를 줬다. 나라에 큰 공을 세운 신하에게는 공신이라는 특별한 지위를 부여한다. 그리고 가족이 범죄를 저질러도 용서하는 등의 특별한 혜택을 준다. 그런데 공신의 자손이 이 점을 악용해서, 고의로 죄를 짓고도 벌을 받지 않는 일이 끊이지 않아서 민심을 악화시키는 주요 원인이 됐다. 이 일 처리를 현업 부서에 맡기면, 고위급 신하인 공신들의 압력에 못 이겨 검토조차 못한다. 그렇지만 왕에 버금가는 권위와 위상을 가진 국무총리실이라면 다를 것이다. 그래서 공신 가족의 범죄를 관리하고 처벌하는 특별법을 주도적으로 만들게 지시했다. 그동안 이런 사실을 알면서도 이러지도 저러지도 못하고 쌓아두기만 했던 왕의 고민 하나를 꺼낸 것이기도 하다. 하루는 병이 심한 자가 사람을 때려 죽인 사건을 판결해야 했다. 대다수의 신하들은 "사람을 죽인 자는 반드시 죽여야 한다", 법대로 처벌해야 한다고 주장했다. 그러나 국무총리 황희는 "사형은 면하게 하는 것이 바람직하다"고 말했다. 황희가 지금까지 내가 해온 것처럼 말한 것이다. 나는 황희의 말을 그대로 따라서 결정했다. 황희가 국무총리 자리에 있으니 든든하다. 그런데 6월 2일, 황희가 또 사직서를 제출했다. 내가 죽기 전에는 허락하지 않을 것을 알면서 왜 이러는지 정말 모르겠다.

도리를 망각한 왕실사람들

　　3월 12일, 강원도에서 봄 군사훈련을 하던 중에 윤회(57살)가 죽었다는 연락을 받았다. 윤회는 10살 때 중국의 역사책 『통감강목』을 통째로 외울 정도로 천재로 불렸다. 재작년에 방대한 분량의 자치통감훈의를 출판하는 팀을 꾸렸을 때, 그를 팀장으로 삼았었다. 당시 그는 중풍으로 몸이 불편했지만, 장장 21달 동안이나 아픈 몸을 참아가며 자치통감훈의를 출판해냈다. 그리고 보름 만에 눈을 감은 것이다. 이 책을 출판하는 일이 그에게 얼마나 귀한 일이었는지를 짐작할 수 있는 대목이다. 지난해 6월 햇살이 좋던 날, 경복궁 경회루에서 윤회와 내가 집현전 학사들과 한데 어울려 술을 한잔 걸치고, 시를 지어 나누며 웃고 떠들던 날이 새록새록 생각난다. 조선 최고의 문장가이면서 술꾼이었던 윤회는, 밤새 술을 마시고 취한 채로 출근해서 사고를 친 날이 여러 번이었다. 그때마다 태종도 나도, 제발 술을 줄이라고 당부했었다. 그는 왕실에 큰일이 생기면 언제나 기쁨과 슬픔을 담은 글을 지어서 세상에 알렸던 신하였다.

왕은 매해 정해진 날에 나라의 안위와 국민의 평안을 기원하는 바람을 담아서 '삭제, 여제, 망제'라는 세 가지 제사를 지낸다. 삭제는 조상에게 고마움을 전하는 의식이고, 여제는 자손이 없거나 억울하게 죽은 사람의 마음을 달래는 의식이며, 망제는 산천에 지내는 의식인데, 조상의 묘가 산천에 있으니 타향에 있는 사람이 조상에게 절하는 의식이라고도 할 수 있다. 이 세 제사에 사용하는 향을 준비하는 일과 소원이 이루어지기를 바라는 마음을 담은 글 (축문)을 쓰는 일은 언제나 내가 직접 한다. 내년에는 꼭 풍년이 들어서, 국민 모두가 굶주림을 면하게 해달라고 빌고 또 빌고 있다.

하루는 이복생이 멀리 강원도 춘천의 기생집까지 찾아가서 술판을 벌인 일이 발각됐다. 이복생은 정종(큰아버지)의 아들이다. 이날은 태종의 기일이었는데, 작은아버지의 제삿날 조카가 술판을 벌인 것이다. 더 기가 막힌 점은 자신의 형(이군생) 이름으로 술집에 드나들었다는 것이다. 나에게는 제삿날에 황해도 해주의 온천에 다녀온다고 해서, 몸이 많이 아픈가보다라고 생각했었다.

　　　작년 5월에는 이인, 이의, 이예, 이지, 이신, 이강, 이승 일곱 형제들이 술판을 벌인 사건이 있었다. 이들은 모두 왕실사람이다. 이 사건은 궁궐에서 일하는 장미라는 여인이 병을 치료하러 궁궐 밖으로 나갔을 때, 이인이 장미를 자신의 할머니 집으로 불러들이며 시작되었다. 그리고 여러 날 동안 일곱 형제들이 모여서 장미와 함께 술판을 벌인 일이 들통난 것이다. 여기에 더해서 이인의 매부 김경재 또한 장미를 자기 집으로 데려가서 술판을 벌였다고 한다. 이들 형제의 이름 중에 인, 의, 예, 지 네 글자는 착하고, 의롭고, 예의 바르고, 지혜롭다는 뜻이다. 맹자가 말한, 사람이 사람답게 사는 네 가지 도리를 가리킨다. 서울을 출입하는 큰 문 이름에도 네 글자가 있다. 서울의 동대문이 흥인(仁)문이고, 서대문이 돈의(義)문이고, 남대문이 숭례(禮)문이고, 북대문이 홍지(智)문인 이유다. 이름 값도 못한 자들이다. 지방에 사는 유사덕과 박호생이라는 선비가 자기 집에 공부방을 차리고, 어린아이 수십 명을 모아 글을 가르친 지가 오래됐다고 한다. 본래부터 선비는 학식과 사람 됨됨이를 두루 갖춘 사람을 가리키는 말이었으니 이들이 진정한 선비다. 조선에 이런 선비가 있어서 내가 희망을 가지고 산다.

국경의 평화를 위한
강경한 정책

1437년, 41세, 재위 19년

모래 알갱이처럼 흩어지는 여진족들

여진족 우디캐 무리가 함경도를 자주 공격하고 있다. 신하들은 지금이 우디캐 무리를 응징할 적기라고 재촉한다. 이미 1년 전에 여진족을 응징해도 된다는 황제의 허가를 받아놓은 상태다. 중국이 조선의 군사작전을 허가한 이유는, 여진족이 중국과 조선 사이를 이간질한 실상과 여진족이 조선을 침탈한 사실을 명확하게 알린 결과다. 그동안 중국과 쌓아온 외교적 신뢰관계도 한몫했다. 내가 공격명령을 내리기만 하면 여진족 무리를 소탕하기 위한 걸림돌은 아무것도 없다. 그런데 함경도에 건설한 신도시가 아직 안정되지 않았고, 우디캐 무리에 버금가는 홀라온 세력을 견제해야 하고, 또 다른 변수가 발생할 수 있다는 이유로 결단을 내리지 못하고 있다. 오늘도 신하는 더이상의 소모적인 질문과 토론은 그만하고, 당장 공격명령을 내리라고 재촉한다. 그렇지만 돌다리를 두들겨보듯 신중해야 한다.

4월 11일, 함경도 군사령관(도절제사) 김종서가 우디캐 토벌계획을 보고했다. 함경도에서 우디캐가 거주하는 수빈강까지 가는 길에는 노루와 사슴이 많이 서식하니, 사냥하러 가는 것처럼 위장하고 이동하면 적이 눈치채지 못할 것이라고 한다. 그러면서 9월 추수 무렵에 공격하자고 제안했다. 만약 적이 도망치면, 그들이 농사지은 곡식으로 우리 군대가 밥을 지어 먹으면 된다는 것이다. 듣고보니 그럴듯한 아이디어다. 그러나 중앙정부 관리의 생각은 달랐다. 불안한 계획이라는 것이다. 때를 놓치지 않으려는 현장의 군인과, 신중을 기하려는 중앙정부 관리의 의견이 내 머릿속만큼이나 대립하고 있다. 나 또한 어느 한쪽의 의견이 탁월하다고 생각되지 않는다. 5월 6일, 이 와중에 평안도에 오랑캐 300명이 말을 타고 침입해서 전투가 벌어졌다는 보고를 받았다. 왕이 우물쭈물하는 사이에 오랑캐 무리가 평안도를 공격한 것이다. 이렇게 여진족의 침입이 끊이지 않다보니 결국 민심이 급격히 악화됐다. 20여 년 동안 지지고 볶으며 어울려 살아온 오도리 부족을 화풀이 대상으로 삼고, 욕하고 때리는 사건이 빈번하게 발생하고 있다는 것이다. 그 결과 오도리 부족의 추장 동범찰이 부족을 이끌고 두만강 건너 땅으로 떠나려는 시도를 하기에 이르렀다. 악화된 민심을 가라앉힐 방법도 찾아야 한다.

　　　　오도리 부족의 추장 동범찰이 서울까지 나를 찾아와서 "그동안 원수처럼 지내던 우디캐 부족과 화해했다. 국경 너머 땅으로 가서 살고 싶다"고 말하며, 우리나라 사람에게 당한 설움을 토로했다. 정작 오도리들이 우리에게 저지른 잘못과 우리나라 사람에게 받은 호의는 한 마디도 언급하지 않았다. 역시 동범찰은 믿지 못할 여진족이다. "하고 싶은 대로 하라"고 대답하고 돌려보냈다. 그렇게 두 달이 지난 어느 날, 우디캐와 홀라온 두 무리가 연합해서 조선을 공격할 것이라는 첩보를 입수했다. 그렇지만 이제는 크게 걱정하지 않는다. 오늘처럼 다른 여진족 추장들이 속속들이 알려주고 있기 때문이다. 이들 중에는 지금까지 한 번도 보지 못한 여진족도 있다. 이처럼 생각지도 않은 곳에서 해결 방안이 찾아졌다. 지금 여진족들은 조선과 계속 싸워야 한다는 강성주의자들과, 조선에 귀화해서 살아남아야 한다는 자들이 이합집산을 하고 있는 것으로 보인다. 상황이 어찌 전개될지 알 수 없지만, 우리에게 호재로 작용하는 것만큼은 분명해보인다.

오해를 줄이는 왕의 리더십

비로소 결단을 했다. 눈엣가시인 오랑캐 이만주 무리를 휩쓸어 죄다 없애버리는 것이 그 어떤 것보다 우선이다. 6월 19일, 평안도 군사령관 이천에게 이만주 무리를 토벌할 모든 권한을 맡겼다. 그리고 나는 "야만적인 적을 토벌할 때는 싹 쓸어버리는 것이 상책"임을 강조하며 세부지침을 내렸다. 이만주가 숨어 있는 은신처를 파악한 후에 출정하고, 이번 공격에 실패하면 다시 공격하기 어려울 것이니 눈에 보이는 적을 모조리 사살하고, 곡식을 불태우고, 집을 헐어버리고, 재산을 빼앗아오라고 명령했다. 시간이 지나고 이날을 떠올려보니, 내 말 속에 여러 해 동안 여진족에게 쌓인 감정이 섞여 있었다. 평소의 나답지 않게 흥분했던 것 같다. 6월 30일, 이천에게 세부 작전계획을 보고받았다. 그간 이만주의 은신처를 알아내기 위해 아홉 번이나 정탐을 보냈는데, 한 명만 살아서 돌아왔다고 한다. 그렇지만 한 가지 분명한 것은, 이만주가 어디에 살건 추수할 곡식을 버리고 멀리 도망가지는 못한다는 점이다. 공격명령을 하달했다. 이 명령은 신하 몇 명만 아는 극비사항이다.

9월 7일, 7,793명의 군인을 세 부대로 편성하여 평안도 강계에서 압록강을 건넜다는 보고를 받았다. 그리고 며칠이 지나 적을 소탕했다는 보고를 받았다. 오랑캐 무리가 우리의 공격을 눈치채고 깊은 산속으로 숨어버려서 대규모 전투는 없었고, 60명을 사살하고 집과 식량을 모조리 불태웠다고 보고했다. 이 보고를 들은 일부 신하는 "이 정도 승리는 300명 정도의 군인이 갔어도 가능한 일이다"라고 폄하하며 숙덕거렸다. 이런 뒷말을 하는 신하는 대체로 욕심이 많은 자들이다. 한 예로 며칠 전에 조선에 귀순하겠다고 찾아온 여진족에게 내가 비싼 안장을 얹은 말을 선물했었다. 그랬더니 "비싼 선물을 주면 다른 여진족이 너도나도 찾아오게 된다. 그러면 나라의 경비가 부족해진다"며 걱정하는 말을 했다. 내가 "그렇다면 모자란 경비를 경들이 분담하면 어떻겠느냐?"라고 물었더니, 순간 조용해졌다.

10월 27일, 평안도 군사령관 이천이 서울에 왔다. 승리하고 돌아왔는데, 어깨가 처지고 기가 죽어 있는 모습이 안쓰러웠다. 주변의 차가운 시선을 의식했기 때문이다. 나는 이에 아랑곳하지 않고 반갑게 맞이했다. 내 방에서 맛있는 음식을 함께 먹으며 긴 이야기를 나눴다. 이천이 평안도로 돌아가는 날에 다시 가까이 불러서,

겨울 옷 한 벌을 들려보냈다. 필요한 것이 있으면 사소한 것이라도 언제든 요청하라고도 말해줬다. 국경에서 일어나는 일은 중앙정부와 달리 한 치 앞도 예측할 수 없다. 과정 전체를 들여다보고 신중히 판단해야 한다. 그래야 먼 곳에서 일하는 신하의 마음을 얻을 수 있고, 왕의 실수 또한 줄일 수 있다.

지난 1433년에 이은 두 번째 여진족 토벌에서도 이만주를 죽이지 못한 아쉬움이 남는다. 그렇지만 이제까지 조선이 싸운 방식과는 다르게, 그들의 집과 식량을 불태우고 눈에 띄는 적을 모조리 사살했다. 이만하면 조선에 대한 두려움을 심어놓기에 충분했을 것이다. 우리 군대의 거친 행동이 다른 여진족들 사이에 퍼지면서 여진족 전체가 당황하고 술렁이는 것이 분명하다. 그래서인지 토벌 이후 귀순해오는 여진족과 조선에 우호적인 행동을 하는 여진족이 눈에 띄게 많아졌다. 어쩌면 지금의 대치 상황이 의외로 쉽게 끝날 것 같은 느낌이다.

지난 8월에는 변함없이 함경도 군사령관(군절제사) 임무를 충실히 수행하고 있는 김종서와 편지를 주고받았다. 내 말을 세자 향이가 또박또박 받아 적은 장문의 편지를 보냈었다. 국방에 관한 문제와 내 생각을 세자에게 알려주려고, 일부러 상세한 부분까지 설명했다. 이 편지를 읽은 김종서는 내 의도를 알아채고 상세한 부분까지 길게 쓴 답장을 보내왔다. 24살 세자 향이가 55살 김종서와 대화하듯 주고받은 편지를 통해, 향이가 국경의 대치 상황을 이해하는 데 보탬이 됐으리라. 이렇게 편지를 주고받게 한 또 다른 이유가 있다. 아버지

(태종)가 나에게 황희를 연결해준 것처럼, 나도 세자 향이에게 김종서를 연결해주고 싶었기 때문이다. 황희가 영의정이 되어 나를 보필하듯이, 훗날 김종서가 세자의 든든한 버팀목이 되어주기를 희망한다. 김종서에게 믿음의 표시로 왕이 입는 옷 한 벌을 선물로 보냈다.

불안불안한 국경과 바닷가의 마을들

　　2월, 추운 겨울임에도 경상도, 전라도, 충청도, 강원도에 사는 사람을 평안도, 함경도의 국경지역으로 이주시키고 있다. 평안도 안에서도 아래 지역의 하급관리 15가족을 평안도 여연과 자성으로 이주시켰다. 이주를 거부하는 국민의 저항이 여전히 거세다. 한 예로 하급관리 한 명은 스스로 팔뚝을 끊어서 불구자가 됐다. 측은하지만 한겨울이니 추위와 배고픔을 겪지 않도록 정성을 다해 돌봐주라는 한 마디밖에 해줄 것이 없다. 국경 가까이로 국민을 강제이주시키는 일은 지금처럼 마음을 모질게 먹고 추진해야 한다. 이들을 먹여살리는 일은 또 다른 문제다. 식량을 국경까지 운송하기가 너무나 힘이 들고 어렵다. 하루는 함경도 경성의 식량창고가 바닥을 드러낼 날이 얼마 남지 않았다는 급박한 보고를 받았다. 얼음이 녹고 있다고는 하지만 아직 겨울이다. 찬바람이 몰아치는 강을 따라서 배로 식량을 옮기는 위험한 방법까지 검토하기에 이르렀다. 그렇다고 사는 형편이 나아진 것도 아니다.

　　함경도 신도시의 집들은 2천여 채의 집을 짧은 기간에

짓다보니 엉성한 곳이 많다. 불이 나면 순식간에 잿더미로 변할 정도로 초가지붕이 다닥다닥 붙어 있다. 급한 대로 지붕에 진흙을 바르고, 가축이 먹는 풀은 집 밖에 보관하게 하는 등, 당장 할 수 있는 화재예방 대책을 마련하게 했다. 또한 귀순한 여진족을 포함해서 처음 보는 사람들이 한 곳에 뒤섞여 아웅다웅 살다보니, 크고 작은 사건 사고가 끊이지 않았다. 그래서 '인보법'으로 주민의 안전을 확보하기로 했다. 인보법은 글자 그대로 이웃끼리(隣 인) 서로 보호해주는 (保 보) 법이다. 예컨데 10가족, 50가족, 100가족 단위로 자기가 보호할 이웃을 정하고, 그 가족 주변에 낯선 사람이 접근하거나 드나들면 관청에 신고해서 대응하게 하는 법이다. 또한 아이들을 가르칠 학교를 세우고 선생도 보냈다.

　　　　해결해야 할 왜인들 문제 또한 산더미다. 지금까지 해온 것처럼 대마도주에게 매년 쌀과 콩을 합한 200석과 생필품을 보내주는데도 부족하다고 한다. 추가로 또 보냈다. 우리 살림도 빠듯하지만, 저들의 처지를 모른 척 방관할 수는 없다. 일본의 난리를 피해 피난 온 사람이 있어서 식량이 더욱 부족한 것으로 보인다. 대마도는 여기에 더해서 화재까지 난 상황이다. "이들이 먹을 것을 찾아 조선 땅까지 몰려오지 않을까?" 조짐이 불안했다. 그래서 확인해보니 경상도 내이포 항구 한 곳에만 배마다 굶주린 왜인들이 가득 차 있었다. 모두 합하면 1천여 명에 육박할 정도였다. 사고를 방지하기 위해 경상도 진주, 사천, 고성 등지로 배를 분산해서 정박시키고, 먹을 것을 배급하게 했다. 지금 전라도의 곡식 20여만 석을 경상도까지 배로 옮기고 있다. 굶주린 왜인들이 이 사실을 알게 되면 약탈을 시도할 수도 있을 거라는 생각이 들었다. 대비를 강화했다.

　　　　전라도의 진도, 경상도의 울릉도와 남해도는 농사가 잘되는 섬이다. 이 섬에 왜적이 기습적으로 들이닥치면 안전을 확보하기 어렵다. 그래서 오래전부터 농사가 잘되는 섬에는 무인 출신을 수령으로 임명해왔지만, 이것만으로 안심하기에는 부족하다. 하루는 강원도지사가 울릉도에 말 목장을 만들고, 군인이 정기적으로 수색하는 방안을 제안했다. 왜인이 울릉도에 숨어 사는 것을 방지하기 위한 좋은 제안이다. 또 어느 날은 대마도주가 남해의 많은 섬 중에 하나인 소온사도에서 자라는 나무를 베어서 배를 만들기를 청했지만 정중히 거절했다. 지금도 왜인의 배는 차고 넘친다. 또한 왜인이 항구 주변에서 쉽게 구할 수 있는 것들로 활과 화살을 만들어 쏘는 장면을 목격했다는 보고를 받았다. 무기 제작법을 부산포의 우리 군인에게 배웠다고 한다. "앞으로는 왜인이 보는 앞에서 무기를 다루지 말라"고 명령했다. 역시나 예상처럼 감시가 소홀한 외진 곳에서 왜인이 왜적으로 돌변해서 약탈을 시도하는 사건이 수시로 발생하고 있다. 한 번은 우리 배 3척이 소금을 가득 싣고 가다가 무인도에 정박했는데, 한밤중에 왜적이 공격했다. 돌을 던지며 가까스로 막아냈다고 한다. 평안도에서는 북쪽으로 올라가는 왜선 50여 척을 목격했다고도 하고, 왜선 100여 척이 조압도 앞바다에 나타났다고도 보고한다. 자세히 파악하고 다시 보고하라고 했다. 이 즈음에 떼지어 다니는 물고기를 멀리서 보고, 착각한 것일 수도 있기 때문이다.

두 번의 보릿고개를 극복해내는 신하들

1월 1일, 새해 첫날부터 국무총리실(의정부)은 법과 제도를 개선하는 일로 바쁘다. 새로 임명된 수령이 신속하게 부임지로 이동해서 일을 시작할 수 있도록, 형식적인 절차를 모두 없애는 개선안을 마련해서 가지고 왔다. 새 수령이 왕에게 인사하러 궁궐에 오는 절차도 폐지시켰다. 이제는 왕이 수령에게 "소민을 사랑하라"고 직접 당부할 기회도 없어진 것이다. 아쉽지만 그대로 따랐다. 또한 국무총리실은 왕자를 포함해서 왕실사람이 필요 이상의 땅을 소유하지 못하게 하는 새 법도 만들었다. 현재 소유한 땅이 이 법을 넘어서면 모두 회수하게 했다. 지금 국무총리실 앞에서는 왕도 왕실도 힘이 없다. 그래도 좋다. 지금처럼 일하면 된다.

한 해 동안 국무총리실은 몇 가지 주요한 정책을 추진했다. 먼저 오래된 물시계의 시간이 정확하지 않아서, 장영실이 만든 물시계(자격루)가 알려주는 시간으로 통합했다. 또한 수령이 책상 앞에서 서류만 쳐다보고 현장에 다니지 않는 것을 방지하기 위해, 수령이 매달 현장을 방문하고 기록한 문서를 제출하게 했다. 나라에서 빌린 곡식을 갚지 않고 버티는 사람이 급증했다. 그 결과 나라의 창고(의창)가 바닥을 드러내고 있다. 그래서 2년 이내에 국민이 빌려간 곡식만큼은 지방 수령이 책임지고 받아내게 명문화했다. 그런데 이 법을 집행하는 과정에서 빚을 갚지 못한 한 여성을 지방의 관리가 때려 죽이는 사고가 발생했다. 현장의 하급공무원은 시키면 시키는 대로 한다. 자신의 밥벌이 자리를 지켜야 하기 때문이다. 국무총리실이 어쩔 수 없어서 선택한 방법이 귀한 생명을 빼앗는 결과를 초래했다. 나 또한 뾰족한 대안이 없기에 "국민의 살림살이 형편을 살펴가며 속도를 조절하기 바란다"는 원론적 수준의 말만 했다.

올해 가을 추수 때부터 처음으로 세금을 매기는 방법을 공법으로 바꾸기로 했다. 그런데 시행할 엄두를 못 내고 있다. 세금을 걷기조차 힘겨운 흉년이기 때문이다. 황해도와 평안도 등지는 세금을 추가로 1/3로 줄였고, 국경지역으로 강제로 이주시킨 사람은 2/3까지 줄인 상황이다. 상황이 이러니 집현전을 제외한 신하들과 지방의 수령들은 오히려 공법을 폐지하라고 한다. 저항이 거세다. 이런 상황이라면 공법으로 세금제도를 개혁하는 일은 흐지부지될 것이 불을 보듯 뻔하다. 올해도 이전과 같이 손실답험법 방식으로 세금을 결정해야 했다. 그렇지만 공법은 후세를 위한 법이기에, 아무리 힘이 들어도 토론과 검토는 계속되어야 한다는 여지를 남겼다.

올 한 해 동안 농사방법 연구에도 힘을 기울였고, 성과도 있었다. 보리 한 줄기에 4~5개의 이삭이 달린 보리를 모아서 종자개량을 했고, 모심기를 끝내고 남은 농지에 콩, 기장, 메밀을 심으라고 독려해서 한 뼘의 땅도 놀리지 않았고, 추수가 끝나자마자 나라에서 보관 중인 묵은 쌀에 덤을 얹어서 올해 생산한 햅쌀과 바꿔 놓았다. 만약의 경우를 대비해서 종자용 쌀을 확보한 것이다. 바람에 잘 견디는 벼 종자도 연구하고 있다. 내가 혼자 정책결정을 주도했다면 이처럼 슬기롭게 대처하지 못했을 것이다. 이제 죽을 고비는 넘긴 것 같으니, 이제부터 하나하나 차근히 수습해야 한다.

사면초가, 그래도 하얀 꽃은 핀다

내 나이가 벌써 40살이 넘었다. 마흔 살은 미혹되지 않는 나이라고 해서 불혹(不惑)이라 부르는데, 아직도 나는 왕으로서 부족한 것투성이다. 최근에는 도적 무리가 때와 장소를 가리지 않고 물건을 훔치는 것을 넘어서 생명을 빼앗는 짓도 서슴지 않는다. 사람을 죽인 자는 모두 법대로 사형에 처한다. 그래서 감옥에 사형수가 너무 많다. 수년 동안 거듭된 흉년으로 국민들이 수단과 방법을 가리지 않고 먹을 것을 구하려다 지금의 처참한 현실을 낳은 것이다. 지난해부터 죄인의 팔뚝 힘줄을 끊는 강력한 처벌을 하는데도 범죄가 줄지 않는다. 담당부서(법무부)는 다리 관절의 힘줄을 끊는 더 강력한 처벌을 해서, 걸어다니지 못하게 해야 한다고까지 주장한다. 감정이 실린 수준의 형벌이어서 거부했다. 거리에는 팔에 힘줄이 끊기고, 먹물로 범죄자라는 낙인이 새겨진 사람이 있다.

4월 15일, 드디어 낮과 밤 관계없이 시간을 측정할 수 있는 장치가 만들어졌다. 낮에는 해의 그림자로 시간을 측정하고, 해가 없는 밤에는 별이 시간을 알려주는 장치다. '일성정시의'라고 이름 지었다. 모두 네 개를 만들었다. 하나는 경복궁 만춘전 동쪽에, 또 하나는 기상을 관측하는 서운관에, 나머지 두 개는 평안도와 함경도 국경에 하나씩 배치했다. 군대에서 가지고 다닐 수 있도록 추가로 작게도 제작했다. 그동안 밤에 시간을 알 수 없어서 불편했는데 걱정이 말끔히 해소됐다. 5년 전에 경연을 하다가 정인지와 정초에게 중국과 다른, 조선의 시간을 측정하는 장치를 만들도록 지시했었다. 당시에 시험삼아 나무로 만든 것을 발전시켜 구리로 정밀하게 만든 것이다. 그동안 여진족에게 납치됐다가 조선 땅으로 탈출해온 중국 사람이 1천 명이 넘는다. 모두 즉시 고향으로 돌려보냈는데, 광석을 제련하는 기술자 한 명만큼은 돌려보내고 싶지 않았다. 장영실에게 기술을 전수받게 했지만 이마저도 여의치 않았다. 결국 중국과의 외교 문제가 발생할 것을 우려해서 돌려보낼 수밖에 없었다.

8월 29일, 강원도에 바람이 심하게 불고, 평안도에 우박이 내리고, 강화도 교동 밭에는 벌레가 들끓었다. 그런데 서울은 배나무, 회화나무, 자두나무에 하얀 꽃이 활짝 폈다. 옛날부터 흰색은 행운과 상서로운 미래를 상징한다고 했다. 회화나무꽃은 계절에 맞게 피었지만, 본래 봄에 피는 배꽃과 자두꽃이 이례적으로 함께 피어서 주변이 온통 흰색 물감을 칠해놓은 듯하다. 흉년과 대치 상황으로 숨을 수도, 달아날 수도 없는 사면초가의 현실에 희망의 메시지로 다가왔다.

고맙고 또
고마운 신하들

1438, 42세, 재위 20년

7년여의 긴 혼란 끝에 보이는 귀순 행렬

1월 6일, 오도리 부족의 추장 동범찰과 동창이 소수의 부족을 데리고 두만강을 건너 중국 요동으로 도망쳤다. 황제에게 찾아가서 이만주와 같은 곳에 살게 해달라고 요청했는데, 황제가 거부했다고 한다. 30년 가까이 함경도 회령에서 바람 잘 날 없던 오도리 부족이 조선의 적인 이만주와 동지가 되려는 것이다. 어느 하루 오도리 한 사람이 작은 실수를 했는데, 조선의 관리가 감정을 섞어서 매질을 한 것이 결정적 원인이 됐다고 한다. 당시에 이만주가 조선과 오도리 부족 사이를 이간질해서 나쁜 감정이 누적된 상태였는데, 이 같은 돌발사건이 터졌던 것이다. 그렇지만 대다수의 오도리는 조선을 두려워하기에 추장을 따라가지 않고 조선에 남았다. 그러나 중국으로 떠난 자들이 정착했다는 소식을 듣게 되면, 조선에 남아 있던 자들도 조선을 떠나는 상황으로 번질 수 있다. 동범찰과 이만주를 따르는 무리가 합쳐서 세력이 커지는 것은 조선에 또 다른 위협이 될 수 있다. 남아 있는 오도리들이 조선을 떠나지 못하게 무조건 막아야 한다.

작년 12월, 말을 탄 여진족 3천여 명이 평안도 벽동에 들이닥쳐서 바리케이드를 불태운 사건이 있었다. 이때 신진보 장군이 압록강 건너까지 쫓아가서 싸우다가 많은 사상자를 냈고, 결국 패했었다. 당시에 신진보 장군의 무리한 판단으로 아까운 목숨을 잃었다. 그가 부임하기 전에 가까이 불러서 이야기를 나눴더니 "이만주에게 독약을 먹여서라도 잡아오겠다"라고 거침없이 말했었다. 그가 적을 가볍게 여기고 혈기 왕성하다는 사실을 그때 알게 됐지만, 그대로 보낼 수밖에 없었다. 국경을 지킬 장수가 절대 부족한 것이 지금 조선의 현실이기 때문이다. 그래도 다행인 점은 그날의 패배 이후로 사람들 사이에 돌로 쌓은 성이 있어야 안전해진다는 공감대가 커진 것이다.

　　평안도의 압록강 강폭이 좁은 곳에는 여진족이 시도 때도 없이 출몰해서, 우리 농민에게 피해를 입히고 달아나기를 반복하고 있다. 그 결과 많은 농민이 집과 땅을 버리고 안전한 곳으로 떠났다. 강변에 사람이 줄어드니 국경방어가 허술해지는 악순환이 초래됐다. 우리가 강변 마을에 군대를 지속적으로 배치하고 정비하는 이유다. 그래도 희망이 보이는 것은 조선에 귀화한 여진족들이 우리 농민이 떠난, 농사가 잘되는 강변을 따라 삼삼오오 모여 자식을 낳고 정착했다는 점이다. 우리 농민이 줄어든 곳에서 이들이 조선과 여진족 사이의 군사적 완충 역할을 해주고 있다. 국경이 안정을 찾아가는 데 큰 보탬이 되고 있다. 이들이 농사를 지어서 스스로 먹을 것을 구하는 것은 덤이다. 이러한 결과로 이만주의 영향력이 점차로 줄어드는 효과를 보고 있다. 우리에게는 여러 가지로 호재다.

작년 가을에 여진족 거여첩합을 붙잡아서 잠시 강화도에 두었다. 거여첩합은 함경도 국경을 수차례 침범하여 우리 국민을 죽이고 납치해간 악랄한 자이지만, 함부로 처벌할 수는 없다. 이자를 따르는 무리가 황제에게 찾아가서 조선을 해코지하면 오히려 우리가 난감한 상황에 몰릴 수 있기 때문이다. 분하지만 거여첩합에게 집과 노비를 주고, 가족과 함께 서울에 살게 하는 것으로 결정했다. 여진족에게 감정이 많은 우리 국민이 보기에는 왕을 욕할 수도 있는 결정이다. 그렇지만 여진족이 이 광경을 보고 돌아가서 "조선은 귀순하면 누구라도 죽이지 않고 후하게 대접한다"고 소문을 퍼뜨리는 것이 내가 바라는 전략이다. 예상대로 거여첩합이 서울에서 풍요롭게 사는 모습을 직접 확인하고 돌아가는 여진족이 있었다.

내 마음이 통한 것인지, 2월 1일 홀라온 추장 한 명이 경복궁까지 먼 길을 찾아와서 귀순 신청을 했다. 그리고 2월 5일에는 중국 땅으로 도망친 오도리 부족의 추장 동범찰의 아들이 귀순했다. 이럴 때일수록 긴장을 늦추면 안 된다. 2월부터는 귀순하려는 여진족은 반드시 신상명세를 작성하게 하고, 알고 있는 여진족의 동향을 말하게 했다. 그리고 다른 방편으로 사형수 중에 몇 명을 선별해서 여진족 동향을 정탐하기 위해 보냈다. 귀순자의 말과 우리가 정탐한 동향을 비교하면 보다 명확한 정보를 얻을 수 있을 것이다.

하루는 귀중한 첩보를 입수했다. 이만주 무리가 황제를 만나러 가는 우리나라 사신 일행을 평안도 건너 중국 땅에서 공격하고, 이때 사신 일행을 보호하려고 평안도를 지키는 우리 군대가 국경을 넘어가면, 그 빈틈을 이용해서 이만주와 연합한 다른 여진족 무리가 평안도를 기습 공격할 것이라는 내용이었다. 이만주가 연합하려고 시도했던 여진족 추장이 찾아와서 이만주의 계략을 낱낱이 털어놓았기에 알게 된 것이다. 또 하루는 여진족 홀라온의 몇몇 추장이 부하를 보내서 귀순의사를 밝혔다. 그 다음날에는 중국으로 도망쳤던 오도리 추장 중의 한 명인 동창이 이만주의 딸과 결혼하려 했으나 거절당하자, 조선에 찾아와서 20여 일 동안 머물며 불평불만을 늘어놓고 돌아갔다. 떠나던 날에 "지금 오도리 30여 가족이 두만강 너머의 훈춘 지역에 머물고 있는데, 그들을 함경도 회령으로 다시 데려오고 싶다"고 말했다. 내가 기다리고 기다리던 말이었지만 "내가 현지 사정을 모르니 알아보고 답해주겠다"라고 대답하고 보냈다.

  이처럼 1년 내내 정말 다양한 여진족들이 경쟁하듯 귀순하러 서울까지 찾아왔다. 서울까지 먼 길을 왔으니 밥을 먹이고 편히 쉬게 한 뒤에, 지위의 높고 낮음에 따라 차등 있는 선물을 주었다. 최근에는 비용을 감당하기 버거울 정도로 많이 왔지만, 그래도 이 방법이 국경을 안정화하는 데 기여한 것은 숨길 수 없는 사실이다. 귀순자가 급격히 증가한 가장 큰 이유는 수년 동안 함경도 회령, 종성, 경원, 경흥 네 곳에 신도시를 건설하고, 인구를 늘리고, 돌로 성을 쌓아 방어체계를 강화한 영향이 가장 크다. 평안도 또한 올해만 해도 평안도 남쪽에 사는 사람들을 북쪽 압록강 강변으로 이주시켰다. 그 결과 4개월 만에 여연에 150가족, 자성에 140가족, 강계에 300가족, 이산에 160가족, 벽동에 100가족, 창성에 150가족이 증가했다. 늘어난 인구만큼 여진족에 맞서 싸울 사람 수가 늘었기에 여진족이 공격할 엄두를 못 내는 것이다. 비로소 7년여 동안 압록강과 두만강을 사이에 두고 벌어진 긴장과 대립의 끝이 보이는 듯하다. 길었던 전쟁의 기운이 사라지면 다시 원래대로 돌려놓아야 할 것이 너무나 많다. 그 일들은 그때 가서 생각하자. 지금은 대치상황을 끝내는 것이 최우선이다.

두 번의 보릿고개를 견뎌내는 국민들

1월 2일, 안순이 함경도지사로 재직하던 당시에 도민을 먹여살린 경험을 이야기하는데, 듣고 있던 모두가 울컥했다. 굶주린 도민에게 먹이려고 관청 앞에 큰 솥을 걸어놓고 죽을 끓였는데, 불과 수십 명만이 찾아와서 먹었다는 것이다. 그 이유를 알아보니 입을 옷이 없어서 집 밖으로 나올 수 없었다는 것이다. 부랴부랴 몸을 가릴 얇은 옷이라도 나눠줬더니, 1천 명이 넘는 사람들이 밥을 먹으러 몰려들었다고 한다. 부끄러움을 가릴 천쪼가리 한 장조차 없었던 것이다. 이들의 비참한 처지를 생각하니 가슴이 미어진다. 안순이 말한 15년 전과 지금 상황이 크게 달라지지 않은 것으로 보인다. 국경의 군인들이 겨울 옷을 지어 입을 수 있도록 개털 가죽 1,100벌을 보냈다.

요즘에는 관청에서 밥을 받아갈 때 이름을 적게 한다. 그랬더니 신분이 드러나는 것이 두려워서 굶으며 숨어 지내는 사람이 늘었다고 한다. 앞으로는 묻지도 따지지도 말고 밥을 주게 했다. 이미 작성한 명부는 불태워 없애게 했다. 이 사실을 국민 모두가 알 수 있게 홍보하게 했다. 안순은 밥을 나눠주는 곳(진제장)에 수령이 나와 있으면 더 많은 사람이 찾아와서 먹을 것이라고 했다. 그래서 서울 시부터 실무 부처의 관리를 배치했다. '진제장'은 국민에게 밥, 옷, 생필품을 나눠주는 곳으로 전국에 정말 많이 설치돼 있다. 여기에 더해서 관청 앞에 줄을 서는 배고픈 사람들에게 쌀, 간장, 소금을 조금씩 나눠주고 있다. 처음에는 이 방법이 효과가 컸다. 그런데 몇 달이 지난 뒤에 많은 사람이 죽었다. 원인을 명확히 밝혀내지는 못했지만, 죽은 사람들이 대체로 쌀밥을 간장에 비벼서 급하게 먹은 사람들이라고 한다. 내 오지랖이 불쌍한 생명을 죽게 한 것 같아 마음이 아프다. 안순의 말처럼 그냥 죽만 배급했으면 살 수 있었던 사람들이다.

2월, 조선사람 모두가 봄보리가 익는 날만을 손꼽아 눈이 빠지도록 기다리고 있다. 한 예로 안마하는 맹인, 여의사(의녀), 연회에서 노래하고 춤추는 사람과 같이 전문분야의 기능인들은 나라에서 주는 식량에 의지해서 산다. 그런데 2월로 접어들면서 이들에게 식량을 줄 수 없는 최악의 상황에 몰렸다. 왕 또한 반찬 수를 줄였다. 경기도는 특단의 대책을 마련했다. 부잣집에 쌓아둔 곡식을 가난한 서민에게 빌려주고, 가을 추수 때 갚는 방식을 부자들에게 제안했다. 경기도에서 책임지겠다고도 했다. 다만 이자는 나라에서 정한 만큼만 받는 조건이다. 하루는 쌀 수만 석을 가진 남이라는 부자에게 재산의 10분의 1도 안 되는 1천 석만큼만 꾸어주라고 했다. 그랬더니 남이가 자취를 감추고 나타나지 않았다. 남이는 수령까지 지낸 자다. 당장 잡아들이게 했다.

충청도는 유래를 찾기 어려울 정도로 흉년 피해가 심각하다. 겨울에 굶어 죽은 도민이 25명이나 되고, 농사일을 할 사람이 없다고 해도 믿을 정도로 심각하다고 한다. 그동안에 충청도에 곡식 30만 석을 보내고, 1월, 2월, 3월에 걸쳐 총 12만 석을 더 보냈다. 충청도와 가까운 창고의 곡식과 군량미를 총동원한 것이다. 그렇지만 밑빠진 항아리에 계속해서 물을 붓고 있는 형국이다. 전라도는 거리를 떠도는 사람이 헤아릴 수 없이 많다고 한다. 그동안은 북쪽의 추운 지방 사람들이 몰려왔었는데, 이제는 충청도 사람들까지 전라도로 몰려든 것이다. 어떤 부모는 잠잘 곳을 빌려주면 아이가 잠든 한밤중에 아이만 남겨두고 몰래 떠나기도 하고, 먹을 것이 있는 집 근처의 나무에 자식을 묶어놓고 사라진다고 한다. 자식만큼은 굶어 죽지 않게 하려는 부모들의 눈물겨운 행동이다. 이렇게 혼자 남겨진 아이만 32명에 이른다.

7월이 되고 비가 조금 내렸다. 동대문 밖 들판에 나가서 벼가 익어가는 풍경을 확인했다. 올해 농사도 흉작이 예상되지만 그래도 분명히 작년보다는 나아진 것으로 보인다. 모처럼 흐뭇한 날이다. 근처의 다섯째 이여(광평대군)의 새 집을 둘러보고 돌아왔다. 8년 전에 농부들의 농사 비법을 모은 책(농사직설)을 출판했었다. 이 책이 보급되면 탁월한 농업기술이 온 나라에 퍼져서 생산량이 증가할 것이라 큰 기대를 품었었다. 그렇지만 효과를 봤다는 말은 거의 들리지 않는다. 그래도 언젠가는 효과를 볼 것이라 생각하며, 올해 또 추가로 책을 인쇄하고 보급하고 있다.

일하다 죽는 신하들

　　3월, 여진족이 '어금니가 있는 큰 돼지'라고 부르며 두려워하는 이징옥 장군이 지금 함경도 국경에 없다. 갑자기 국경방어에 큰 구멍이 뚫려버린 긴급상황이다. 이징옥이 풍병에 걸려서 온몸에 침을 맞고 뜸을 뜨고 있던 중에 모친상을 당했다. 그래서 요양을 겸해서 잠시 고향에 보냈었다. 그런데 그의 아버지마저 병이 들었다. 이제는 이징옥을 쉬게 해야 할 때인 듯하다. 시급히 그를 대체할 장수를 결정해야 한다. 함경도 군사령관 김종서가 김효성 장군을 추천했다. 김효성은 지난 1433년에 여진족을 토벌할 때 공을 세운 장군이다. 그런데 김효성 역시 고향에 늙은 모친이 있는 것이 마음에 걸린다.

　　그동안 이징옥과 김종서를 함경도 국경에 함께 두었지만, 사실 둘은 생각과 행동이 너무나 달랐다. 이징옥이 몸이 앞서는 전형적인 무인이라면, 김종서는 생각이 깊은 전형적인 문인이다. 한 예로 여진족을 대하는 말을 들어보면, 이징옥은 "모조리 죽여야 뒤탈이 없다"고 주장하는 싸움꾼인데 반해, 김종서는 "서로 죽이는 싸움은 끝이 없다. 참아가며 살살 달래야 한다"라는 신념을 가진 전략가다. 지금까지 나는 둘의 의견을 종합해서 최선의 대안을 찾아왔다. 용맹한 이징옥과 유연한 김종서를 함경도에 함께 둔 이유였다. 성격이 상극인 두 사람이 한곳에서 지내는 것이 쉽지 않았을 텐데, 그동안 조화를 이루며 국경을 지켜준 것이 정말 고맙다. 이징옥이 없는 지금부터는 김종서의 전략을 따를 것이다. 내가 항상 강조하는 말처럼 진짜 답은 현장에 있기 때문이다. 이 참에 이유, 이용, 이구, 이여

네 아들에게 함경도 신도시를 한 곳씩 맡아서 국경을 지키는 데 힘을 보태라고 했다. 둘째 이유(세조)는 경원을 맡았고, 셋째 이용(안평대군)은 회령을, 넷째 이구(임영대군)는 경흥을, 다섯째 이여(광평대군)는 종성을 맡았다.

어느덧 또다시 겨울이 찾아왔다. 여진족의 침입이 현저히 줄었다. 마치 혼란이 사그라들기를 기다렸다는 듯, 함경도와 평안도 국경을 각각 맡은 책임자인 김종서(56살)와 이천(63살)이 한 달 사이로 사직서를 제출했다. 즉시 반려했다. 올해 내내 국무총리(영의정) 황희(76살), 평안도지사(도관찰사) 박안신(80살), 대사헌 안숭선(47살), 국방부장관 정연(50살), 예문관 대체학 권제(52살), 국방부차관 신인손(55살)이 차례로 사직서를 제출했지만, 모두 반려했다. 특히 지난 가을에 조말생(69살)이 병을 이유로 사직서를 제출했을 때에는 "한가한 직책이라도 맡아서 일해라. 그만둘 생각은 꿈도 꾸지 마라"고 했었다. 올해 초에는 장관급(2품) 이상의 고위급 신하는 나이가 70살이 넘고 병이 들어도, 병을 치료하면서 관직을 유지하라고 명령했다. 대신에 나이 든 신하의 출근시간을 아침 회의가 끝난 뒤로 늦췄다. 미안하지만 왕이 해줄 수 있는 것이 이 정도밖에 없다. 이종선(71살), 권채(40살), 하경복(62살), 조계생(76살), 맹사성(79살), 우승범, 홍여방 등 고위관리들이 하나 둘 하늘로 돌아갔다.

이들 중에 맹사성과 하경복의 이야기를 하지 않을 수 없다. 맹사성은 조선 건국 때부터 충직한 관리였고, 하경복은 나와 스무 살 차이가 나지만 편지를 주고받는 친구 같은 장군이었다. 맹사성은 죽는 날까지 아랫사람이 집에 찾아오면 돌아갈 때까지 예의를 갖춰 공손하게 대했고, 이웃에 사는 선배의 집 앞을 지날 때면 반드시 말에서 내려 걸어서 지났던 사람이다. 나는 그의 이러한 행동을 알고 나서, 나와 닮은 사람이라고 생각하며 평소에 맹사성을 존경했다. 나에게도 세상에 알려진 비슷한 일화가 있다. 신하 원민생이 세자를 충녕대군(이도)으로 교체한다는 외교문서를 가지고 베이징(연경)에 갔을 때, 사신으로 조선을 자주 다녀간 황엄과 만나서 나눈 대화다. 원민생이 "조선의 세자를 바꾸려 한다"라고 황엄에게 말했더니 "이도(충녕대군)가 세자가 됐구나"라고 바로 알아차리고 대답했다고 한다. 황엄이 조선에 중국 사신으로 왔을 때, 내가 태종이 거처하는 창덕궁 앞을 지날 때마다 말에서 내려 걸어가는 모습을 보고, 그때부터 장차 조선의 왕이 될 왕자라고 판단했었다고 한다. 당시에 나는 깜깜한 밤이든, 비가 오든 눈이 오든 가리지 않고, 왕이 있는 궁궐 앞을 지날 때면 말에서 내려 걸었다. 왕에게 존경을 표하는 행동이었다.

하경복은 15년 동안이나 국경을 지키다가 고향으로 돌아가 쉬던 중에, 또 경상도 군사령관(군절제사)을 맡아서 일했다. 그렇게 하경복은 일밖에 모르는 왕을 만나서 평생 동안 일만 하다가 죽었다. 무술에 능했던 그였지만 사람을 힘으로 굴복시키지 않았다. 언제나 사람의 마음을 어루만지고 달래는 것을 우선했다. 이처럼 공직에서는 한없이 너그러웠던 그였지만, 자신과 가족에게는 너무나 냉정한 사람이었다. 한 번은 하경복이 휴가를 받아서 집에 가보니, 자신의 집이 큰 집으로 바뀌어 있었다. 아내가 급여를 알뜰하게 모아서 큰 집을 지은 것이다. 이를 본 하경복은 아내에게 칭찬은 고사하고 오히려 화를 내며 "나는 평생토록 초가집에 만족한다"라며 "당장 집을 철거하라"고 명령했다고 한다. 사위와 아들, 동네 사람들이 나서서 겨우 말려서 집을 헐지는 못했다고 한다. 이처럼 하경복은 다른 장군들에게는 보기 힘든 덕을 갖춘 신하였고, 맹사성은 관리가 갖춰야 하는 겸손함이 몸에 밴 신하였다. 하경복은 나와 함께 청백하게 살았던 장군이었고, 맹사성은 할아버지(태조) 때부터 변함없이 청백하게 살아온 관리였다. 두 신하는 온갖 술수로 재산을 모으고 특권을 누리는 양반들이 판치는 세상에서 청백한 신하의 상징과도 같았다. 그리고 또 한 가지, 하경복의 외아들 하한이 아버지를 이어서 함경도 국경을 지키는 장수가 되었다. 고마운 일이다.

왕과 신하 사이의 자존심 대결

『태조실록』을 모두 읽었다. 태조(할아버지) 시대의 역사인 태조실록을 내가 본 것이다. 아무리 생각해도 신하가 태조실록을 순순히 내 앞에 가져온 진짜 이유를 모르겠다. 내가 태조실록을 꼭 보아야 하는 이유를 잘 설명하고 설득해서 가져온 것으로 보이지만, 실상은 신하의 실수로 여겨진다. 내친 김에 『태종실록』까지 가져오라고 했지만, 이번에는 접근조차 못했다. 나 또한 왕이 실록을 읽으면 공정성을 훼손할 여지가 있기에, 왕이 실록을 못 보게 하는 것이 옳다고 생각한다. 그렇지만 태종실록에 어떤 내용이 쓰여 있는지 궁금한 것은 숨길 수 없는 사실이다. 그래도 태조실록을 보았으니 이것으로 충분하다.

4월 23일, 경연을 하는 중에 비서실에 근무하는 허후가 뜬금없이 넷째 이구(임영대군)가 기생을 첩으로 삼은 문제를 거론했다. 왕실사람이 기생을 첩으로 삼는 것은 이미 사례가 있다. 그리고 넷째가 이미 나에게 허락을 받고 한 것이다. 허후는 이 사실을 알면서도 따지는 것이다. 이에 나는 "기생일지라도 결혼하지 않은 여자이기에 문제될 것이 없다"고 대답했다. 이에 허후는 "왕자의 첩은 양반 가문의 처녀여야 옳다"라고 말한다. 그렇다면 "왕실사람의 기생 첩을 모두 이혼시켜야 하는 것인가?"라고 다시 물었다. 그랬더니 "다 내쫓아도 해로울 것이 없다"라고 단박에 대답했다. 원칙적으로는 허후의 말이 옳다. 그렇다고 이미 결혼한 첩을 모두 쫓아낼 수는 없지 않은가. "넷째 이구는 공부를 좋아하지 않아서 허락했다"라고 에둘러 대답했다. 나의 이러한 이해와 양보를 구하는 말투에도, 허후는 한 치도 물러서지 않고 "허락했더라도 취소하면 그만이다"고 딱 잘라 대답한다. "이미 얻은 첩을 버리라는 말은 차마 못하겠다. 그렇지만 고민해보겠다"라는 말로 허후와의 논쟁을 서둘러 끝냈다.

신하들이 모두 지켜보는 자리에서 허후가 왕자의 허물을 콕 집어 거론하며, 한 치도 물러서지 않고 따지니 말문이 막혔었다. 허후는 일주일 전의 경연에서도, 경복궁 건물 지붕에 값비싼 청기와를 얹으려는 계획을 취소하라고 집요하게 따졌었다. 그때도 나는 말 한 마디 못하고 듣기만 했었다. 청기와를 구우려면 화약의 필수 재료인 염초를 낭비하게 된다는 등, 구구절절 옳은 말만 했기 때문이다. "내가 사치를 부리는 왕도 아닌데, 한 번쯤 모른 척 넘어가도 될 것인 데, 너무 심한 것 아닌가" 하는 생각이 들어서 듣는 내내 불편했다.

　　　　허후는 아버지 허조를 빼닮았다. 허후를 보고 있으면 "그 아버지에 그 아들이다"라는 말이 헛말이 아님을 알게 된다. 허조 는 왕 앞에서도 원칙을 대쪽같이 고집하는 신하이며 인사행정분야 의 전문가다. 미루어 짐작해보건대 최근에 허후가 내게 한 말들은 허후가 전면에 나섰을 뿐, 대다수 신하의 공통된 의견으로 보인다. 아무리 그렇다 하더라도 경연에서 왕자까지 거론하는 것은 왕과 신 하 사이의 선을 넘은 행동이다. 그날 이후 경연을 중지했다. 그렇게 7개월을 흘려보냈다. 11월 23일, 감사원(사헌부)에서 기생을 첩으로 삼는 관습을 금지하는 법안을 가져왔다. 예쁜 기생 첩을 서로 먼저 차지하려고 형제나 친구 사이에 싸우고, 부부관계가 악화되고, 선비 의 풍속을 해치는 원인이라는 조사보고서도 함께 가져왔다. 남녀관 계의 문제를 법으로 해결할 수 있을까? 승인은 했지만 근본적인 해 결 방안은 아닌 것 같다. 같은 날, 신하는 그동안 나에게 집요하게 대 들었던 허후가 맡은 역할을 장관급 신하에게 맡기자는 타협안을 제 시했다. 앞으로는 신중하게 발언하겠다는 뜻으로 해석된다. 이에 나 는 "그렇게까지는 하지 않아도 된다"라는 말로 타협했다. 신하들과 자존심을 건 한판 승부는 이렇게 왕실의 권위를 해치지 않는 적절 한 선에서 마무리됐다. 그동안 경연을 하고 싶은 마음이 간절했지만, 왕실의 권위와 격을 유지하는 문제는 물러설 수 없는 중대한 사안이기에, 참고 또 참으며 이날을 기다렸다. 경연을 다시 열고 "집현전은 오로지 경연을 위한 조직이다. 그리고 경연은 계속돼야 한다"고 첫말을 꺼냈다. 경연을 하는 내내 즐거웠다. 누가 뭐라고 하든 나는 지금까지 한 번도 허후를 미워하지 않았다. 지난 5월에 허후의 아버지 허조를 국방법무 부총리(우의정)로 승진시켰고, 허후 또한 우부승지(정3품)로 승진시켰다. 국경에는 하경복의 아들 하한이 있고, 서울에는 허조의 아들 허후가 있으니 든든하다.

요양과 치료를 반복하는 날들

큰형(양녕대군)이 세자였을 때, 아버지와 큰형 사이가 틀어진 것은 아직도 나에게 안 좋은 기억으로 남아 있다. 그래서인지 나는 하루에 밥 한 끼는 큰아들 향이와 함께 먹으려고 노력한다. 틈틈이 다른 아들들과도 밥을 같이 먹고, 공부도 도와준다. 특히 둘째 이유(세조)의 공부를 자주 챙긴다. 가끔이지만 해가 지면 경복궁 후원에서 아이들과 활을 쏘기도 한다. 세자 향이는 지난 3월부터 조선 최고의 중국어 선생인 김하에게 3일마다 중국어를 배우게 했다. 장차 조선의 왕이 될 세자는 독한 마음을 가지고 중국어 공부를 해야 한다. 같은 아들들이지만, 큰아들은 나를 이어서 왕이 돼야 하기에 많은 책임을 지우고 있다. 4월 21일, 일곱째 아들 이임(평원대군, 12살)이 어느새 커서 장가를 갔다. 내가 몸이 아파서 제대로 축하해주지 못해서 미안하다. 4월 29일, 장관급 이상의 관리들이 병문안을 왔다. 이틀 후에는 차관급(부제학) 이상이 병문안을 왔다. 더 이상 병문안을 이유로 찾아오지 못하게 조치했다. 너무 아파서 단순한 일은 세자에게 맡기고 싶지만, 신하들의 반대로 그러지 못하고 누워서 일하고 있다.

그러는 와중에, 큰형(양녕대군)을 포함한 왕실사람 다수가 내가 오래전에 금지시킨 돌싸움을 반송정(서대문구)에서 벌였다는 보고를 받았다. 그런 잔인한 게임을 하루도 아니고 여러 날 계속했다는 것이다. 내가 우겨서 큰형이 서울을 자유롭게 오갈 수 있게 했는데, 반년이 채 안 돼서 또 사고를 친 것이다. 신하들은 큰형을 다시는 서울에 들어오지 못하게 하려고, 또 한 판 벌일 기세로 부글부글 끓고 있다. 이 즈음에 작은형(효령대군)은 병이 들어 위독한 상태다. 네 달이 지난 9월이 돼서야 작은형이 병이 나아졌다는 소식을 전해왔다. 찾아가서 얼굴을 마주하니, 순간 목이 메어 말을 잇지 못했다. 이날 잔치를 열었는데 작은형이 일어나 춤을 췄고, 나도 따라 일어나 형과 함께 춤을 췄다. 하룻밤 자고 돌아오려 했는데 소나기가 내려서 수행원들이 비에 흠뻑 젖고 말았다. 수행원을 그대로 바깥에서 재울수 없어서 서둘러 궁궐로 돌아왔다. 도착하니 한밤중이다. 그래도 작은형의 밝은 모습을 보았으니 이것으로 충분하다. 나 또한 아직도 아픈 몸이 낫지 않은 상태다.

9월 27일, 넷째 이구(임영대군)의 집으로 거처를 옮겨서 요양과 치료를 계속하고 있다. 10월이 되니 몸이 조금 나아져서, 할머니(신의왕후) 제사를 지내러 길을 나섰다. 그런데 하필이면 강을 건너는 중에 바람이 세차게 불며 눈과 비가 섞여 내렸다. 그날 밤, 비를 피해서 선 채로 밤을 지새운 수행원이 있었다고 한다. 비가 그치고 나서야 불을 피워서 젖은 옷을 말리며 한숨을 돌릴 수 있었다. 그날 강원도에서는 집이 무너지고 나무가 뽑힐 정도로 비바람이 세찼다고 한다. 개성에 있는 제릉(신의왕후 능)에 도착해서 제사를 지내고 돌아오는데, 길가에 늘어선 사람들 틈에서 학생과 노인의 노랫소리가 들렸다. 멀리까지 할머니를 보러 온 왕의 효심과, 왕을 사랑하는 국민의 마음을 가사에 담은 노래였다. 고마운 사람들이다. 그렇게 3주 정도를 바깥에서 보내고, 10월 16일에 경복궁으로 돌아왔다.

왕이 조급해하면 안 되는 이유

　　1월 7일, 장영실이 흠경각을 완성했다. 장영실은 5년 전에 자동 물시계(자격궁루)를 만들고 나서 곧바로 이 시계장치 개발을 시작했다. 흠경각은 단순한 건물이 아니다. 지금까지 한 번도 듣지도 보지도 못한 물시계와 천문시계를 결합한, 독창적인 시계가 설치된 특별한 건물이다. 이 시계는 시간과 절기, 두 가지를 한 번에 알려준다. 1년에 24번 바뀌는 절기는 농부에게 할 일을 알려주는 꼭 필요한 농사정보다. 놀라운 사실은 흠경각 안에 사람이 없는데도 시계가 작동한다. 이 광경을 직접 본 사람은 놀라움을 감추지 못하고 "마치 귀신이 시계를 움직이는 것 같다"라고 수군거린다. 장영실이 자신의 재능과 열정을 바쳐서 꿈에서나 볼 수 있는 상상 속의 기계를 만들어낸 것이다. 이 시계는 앞으로 사람의 삶을 풍요롭게 하는 데 쓰일 것이다.

그래서 이 시계가 있는 건물 이름을 '흠경'이라고 지었다. 흠경은 『서경』에 쓰여 있는 "하늘을 공경하고 사람에게 때를 알게 한다"라는 글에서 따왔다. 하늘과 사람을 공경하고(欽 흠) 또 공경한다(敬 경)는 뜻을 담은 이름이다. 매일 밤 다섯 명씩 이곳에서 숙직하며 기계장치를 살피게 했다. 흠경각 시계가 24절기를 정확히 알려준다고 하니 마음 한 켠이 든든하다. 그렇지만 시계만으로 마음이 놓이지 않는다. 그래서 수령에게 농사 시기를 적어서 벽에 걸어두고, 농부가 때를 놓치지 않도록 늘 알려주라고 지시했다.

7월 10일, 들판에 곡식이 익을 때가 되어가니 벼가 머리를 숙이려 한다. 이제 세금을 정해야 하는 때가 코앞인데, 신하는 아직도 공법으로 바꾸는 논의를 시작할 생각이 없어보인다. 오랜만에 총리와 각 부처 장관을 한자리에 모았다. 그리고 "공법을 거부하면 강행하지 않을 것이니 허심탄회하게 생각을 꺼내보자"라며 회의를 시작했다. 그런데 서로의 반응을 살필 뿐 별다른 의견이 없어서 흐지부지 끝났다. 다음날 공법과 직접 관계되는 부처의 차관급 관리자를 따로 불러서 의견을 묻고, 전라도와 경상도에 시험적으로 적용하기로 결정했다. 총리와 장관을 제외시키고 반쪽짜리 합의를 한 것이다. 11월 20일, 국무총리 황희와 국방법무 부총리(우의정) 허조가 한목소리로 "공법은 가난한 사람을 더 가난하게 하고, 부자를 더 부자로 만드는 악법이 될 것이다"라며 반대를 분명히 했다. 그래도 공법을 반대하는 황희와 허조가 "세금을 감면하는 기준을 조정하면 공법을 고려해볼 수도 있다"라고 여지를 남긴 것은 첫 번째 성과다.

8월 26일, 경상도 경주를 다스릴 수령으로 우승범을 임명했다. 그랬더니 우승범이 궁궐로 찾아와서, 자신은 병이 있어서 큰 병원이 있는 도시에 살아야 한다고 했다. 내가 아무 말도 하지 않자 다른 신하를 추천하기까지 했다. 그래도 내가 말없이 바라보니 한참 동안 울다가 돌아갔다. 그날 나는 "고위급 관리가 따뜻한 아랫목만 찾고 있구나"라고 괘씸히 여겼다. 그런데 10월 9일 우승범이 죽었다는 연락을 받았다. 집무실 밖으로 나와서 그냥 한참을 걸었다. 여러 생각이 주마등처럼 스쳐 지나갔다. 내가 우승범을 경주 수령으로 고집한 이유는 반드시 그가 경상도 땅에 있어야 했기 때문이었다. 조선은 지금 8년 동안이나 논의를 이어온 세금제도를, 손실답험법에서 공법으로 바꾸는 기로에 서 있다. 공법으로의 전환은 사회 전반에 혁명적인 변화를 가져올 것이다. 그래서 모든 국민이 논의 하나하나에 촉각을 세우고 민감하게 반응한다. 전라도와 경상도에 공법을 처음으로 시험 적용하기로 결정한 지금, 실무를 책임지는 재무부(호조)의 담당 차관(참판)인 우승범이 현장의 수령으로 부임해서, 주민들과 섞여 살면서 제도를 다듬는 것이 최선의 방법이라 생각했다.

또한 우승범은 인사(이조), 국방(병조), 외교(예조), 건설(공조), 재무(호조) 부처에서 다양한 직무를 두루 거치며 성장한, 몇 안 되는 실무에 밝은 고위관리자였다. 그래서 적임자라고 판단했다. 평계로 들리겠지만 그가 건강이 안 좋다는 말을 했을 때, 경주에 가기 싫어서 둘러대는 것으로 흘려들었던 이유가 있다. 그는 타고난 술꾼이면서 자타가 공인하는 강철 체력을 지닌 사람이었기 때문이다. 그렇다 하더라도 우승범이 죽은 것은 전적으로 그를 경주에 보내려는 마음이 앞서서 생긴 내 실수다.

지난 2월에 태조실록을 읽다가, 우승범의 아버지 우홍수와 형제 세 명이 곤장을 맞다가 죽은 희대의 사건이 생각났다. 태조(할아버지)의 실수로 그의 아버지와 형제들이 억울하게 죽은 사건이었는데, 내가 또 우승범을 졸지에 죽게 만들었다. 왕이 많은 일을 처리하면서 동시에 개개인의 상황을 세심히 살피는 것이 쉬운 일은 아니다. 그렇지만 이유를 불문하고, 내가 조금 더 세심히 살폈다면 막을 수 있었던 죽음이다. 당시에 태조도 나와 같은 마음이었을 것이다. 나중에 들으니 태종(아버지)이 뒤늦게나마 우승범의 아버지와 형제들의 원통함을 풀어줬다고 한다. 우승범이 나를 찾아왔던 날, 또박또박 말을 잇지 못하고 눈물 섞인 말을 늘어놓던 모습이 지금도 눈에 선하다. 이래서 왕이 실록을 보아서는 안 되는 것인가보다. 경회루 2층에 올라와서 멍하니, 먼 산을 바라보고 서 있다.

▬▬▬ 새로운 국가경영 시스템 만들기

황희가 이끄는 국무총리실을 중심으로, 각 부처가 유기적으로 협력하며 국가를 경영하는 시스템이 본격적으로 가동되고 있다. 신하가 집단으로 모여서 세세한 부분까지 챙겨가며 법과 제도를 만들고 또 다듬고 있다. 행정 처리에 속도가 붙는다. 나는 그대로 따르기만 하면 될 정도로, 문서에 고민한 흔적이 물씬 배어 있다. 국무총리실이 주도해서 바꾼 법과 제도를 몇 개 골라보았다. ①대마도 왜인이 조선에 오면 기본 식량을 제공하는데, 항상 서류와 실제 인원 수가 달랐다. 지금까지 인원수보다 많은 식량을 배급해왔던 것이다. 그래서 왜인이 사는 곳 주위에 울타리를 치고, 들어오는 문과 나가는 문 딱 두 개만 설치해서 왜인의 수를 명확히 세기로 했다. ② 1년에 1월과 8월, 두 번 지급하던 급여를 사계절이 바뀌는 첫 달(1월, 4월, 7월, 10월)마다 네 번으로 나누어 지급하기로 했다. 이 방식이 적용되면 식량관리와 살림살이에 여러 장점이 있을 것이다. ③고아를 입양하는 사람은 주소와 이름 등 신상명세를 정확히 기록하게 했고, 추가로 여러 혜택을 주기로 했다. 아동 학대를 차단하면서 동시에 아이를 기르는 데 더 많은 도움을 주려고 한 것이다. ④나라의 상징적인 큰 제사를 제외한 모든 행사를 국무총리실에서 주관하기로 했다. 왕의 부담을 줄여주려는 것이다. ⑤사건을 판결하면 어떤 사건은 서류만 100장을 넘기기도 한다. 상황이 이렇다보니 하급관리가 보고를 위해 문서에 옮겨 적을 시간이 촉박했다. 그래서 원본은 밀봉하고, 요점만 따로 적어서 보고하게 했다. ⑥화약을 보관하는 창고의 경계 근무를 강화하는 방안도 마련했다.

이처럼 국무총리실이 앞장서서 제도를 정비하니 각 부처도 따라서 합리적으로 행동한다. 한 예로 강원도 농민은 농한기가 되면 벌목한 목재를 뗏목으로 엮어서 강물을 따라 서울까지 옮겨와서 판매한다. 강원도 사람들의 중요한 밥벌이 수단이다. 그런데 이렇게 힘들게 옮겨온 나무를 악덕 업자가 협박해서 빼앗거나 헐값으로 사들인다. 그자들을 수색해서 모조리 잡아들였다. 내가 지시한 일이 아니다. 서울시에서 주도한 일이다. 내가 그동안 이상적이라고 여기고 꿈꿔왔던 나라를 경영하는 시스템이 구축되고 있는 것이다. 1436년에 국무총리실을 중심으로 일하는 방식을 전환하도록 유도했으니, 불과 2년 만에 빠르게 자리를 잡아가고 있다.

한편으로 국무총리실의 권한이 커지니 감사원(사헌부)에서 국무총리실을 견제하기 시작했다. 감사원에서 국무총리실의 고위관리(당상관)를 직접 불러서 조사하려 했는데, 국무총리실에서 이를 막았다. 또 하루는 국무총리실에서 감사원의 문서를 기록하는 하급관리(서리)에게 조사관련 문서를 가져오게 했는데, 감사원에서 거부했다. 두 조직 사이의 기세 싸움으로 보인다. 감사원은 국무총리실을 가리켜 "왕의 권력을 등에 업은 조직이다"라는 언급까지 했다. 급기야 4일 후에 국무총리 황희와 총리실 고위관리들이 집단으로 사직서를 제출하기에 이르렀다. 내가 반려하자 황희는 두 달 후에 또 사직서를 제출했고, 또 반려하자 이번에는 11월 19일에 황희와 허조가 동시에 사직서를 제출했다. 두 조직의 기세 싸움이 1년이 다 돼가는데도 좀처럼 해결될 기미가 보이지 않는다. 여전히 팽팽하다. 그럼에도 내가 나서서 중재하지 않는 이유는, 지금의 대립구도가 두 조직이 서로의 역할에 충실한 것이기 때문이다. 비리와 부정이 섞이지 않으려면 행정과 사법을 주관하는 두 부서의 견제가 멈추지 않아야 한다. 서로를 견제하며 자기가 맡은 역할에 최선을 다하는 신하들이 있어 듬직하다.

절대적인 믿음이란 무엇인가?

1439년, 43세, 재위 21년

물고기 소민을 사랑하는 관리들

　　윤2월 7일, 드디어 평안도 여연에 돌로 쌓은 성이 모습을 드러냈다. 성 둘레가 363m이고 높이가 4.5m에 불과하지만, 활 쏘는 곳이 207곳이나 된다. 작지만 알찬 성이다. 여연은 여진족과의 전쟁이 시작된 곳이고, 여진족에게 가장 많이 공격받은 곳이다. 그런 땅에 견고한 방어체계를 갖춘 것이다. 그런데 하루는 평안도 군사령관 이천이 보낸 편지가 도착했다. 뜯어보니 "성을 쌓고 있는 소민에게 밥을 가져가면, 물고기가 수레바퀴 자국에 고인 물로 모여드는 것 같이 순식간에 달려드는데, 이 모습을 지켜보는 것이 괴롭다"라고 적혀 있었다. 그리고 "성을 돌로 쌓는 것이 옳은 일이지만, 나무 바리케이드를 수리해서 쓰면 안 되는 것인가"라는 질문도 적혀 있었다. 소민을 사랑하는 절절한 심정이 그대로 전해졌다. 나도 마음이 아프다. 소민을 측은해하는 심정은 이해하지만 들어줄 수는 없다. 여진족과의 대치상황이 아직 완전히 끝난 것이 아니니, 반드시 돌로 쌓은 성이 있어야 이 혼란을 끝낼 수 있다. "밥이 배고픔을 해결하지만, 성은 목숨을 지켜줄 것이다."

　　5월, 함경도 두만강을 따라서 꽃이 피어났다. 흰 나비 떼가 하늘을 뒤덮으며 날아와서 이틀 동안 놀다가 강 건너로 날아갔다고 한다. 옛날부터 흰색 생명은 운과 복을 함께 가지고 온다고 하는데 "앞으로 좋은 일이 있을 징조인가?" 하는 기대를 갖게 한다. 그래서인지 올해는 전염병이 크게 줄었고, 곡식 생산량도 조금 늘었다. 민심도 따라서 안정되고 있다. 함경도의 종성 신도시에 집이 500채가 넘었기에, 학교를 세우고 선생을 보냈다.

　　3월, 황제가 보낸 문서에 "오도리 부족의 추장 동범찰과 동창이 오도리 부족을 이끌고 이만주가 사는 곳으로 이사가겠다고 요청했기에 허락했다"라고 적혀 있었다. 작년 1월에 같은 요청을 했을 때 황제가 허락하지 않았던 것을 이번에 허락한 것이다. 내가 즉시 황제에게 사람을 보내서, 오도리 부족과 그동안의 자초지종을 상세히 알렸다. 그랬더니 황제가 바로 허락을 취소했다. 그 결과로 조선에 남아 있는 오도리 부족이 조선 땅을 떠날 명분이 사라졌다. 이후에도 동범찰과 동창이 황제에게 이만주 무리가 살았던 파저강 부근에 터를 잡겠다고 요청했는데, 황제가 크게 화를 냈다는 소식도 전해 들었다. 지난해 조선에서 도망친 동범찰과 동창 일행은 황제에게도 밉보여, 정착할 곳을 정하지 못하고 떠돌이 신세가 된 것으로 보인다. 이만주에 버금가는 악행을 일삼았던 여진족 거여첩합도 올해 병으로 죽었고, 동범찰의 형이 귀순하겠다는 의사를 전해왔고, 1년 내내 수많은 여진족들이 경쟁이라도 하듯 귀순의사를 밝히러 서울까지 먼 길을 찾아오고 있다. 지난해보다도 많다. 이제 이만주 일당만 사라지면 조선과 여진족 사이에 평화가 한 발짝 가까이 올 것이다. 그러나 여진족은 우리가 긴장을 늦추면 금방이라도 이빨을 드러낼 것이 틀림없다. 여진족을 상대할 때는 왕이 단호해져야 하는 이유다. 변화된 국제정세에 맞춰 국방부(병조)를 중심으로, 변방(邊 변)을 방어하는(備 비) '비변전략'을 새롭게 세우고 있다.

소민을 사랑하는 수령 찾기

감옥에서 갑자기 통증을 호소하다가 죽는 사람이 잇따라 보고됐다. 과도하게 매를 맞거나 고문을 당한 것이 원인이었다. 법에는 죄수를 묶어서 옆으로 눕히고 살이 많은 넓적다리와 정갱이 부위만 때리다가, 과하거나 상처가 생기면 반대쪽으로 돌려 눕히고 때리라고 명시돼 있다. 옆으로 눕히는 이유는 뼈를 때리지 않기 위함인데, 현장에서는 죄수의 등, 정강이 같은 뼈가 있는 부위를 때리고, 두 사람이 번갈아 때리고, 머리를 움켜쥐고 마구 흔들며 호통치고, 양쪽 귀밑 머리카락을 나무 틈에다 끼워놓고 잡아당겨서 피부가 찢어지게도 한다. 잔인하기 이를 데 없다. 앞으로 이렇게 모질게 고문을 한 사례가 발견되면, 해당 지역의 수령을 엄벌에 처할 것이라고 알렸다. 그리고 글로 쓰인 형벌 방법을 현장에서 쉽게 이해하도록 그림을 추가하고, 감옥시설을 개선한 표준설계도를 배포했다. 국무총리실의 제안으로 그림과 도면을 보내기는 했지만, 소민을 사랑하는 마음이 없는 수령에게 이것으로 해결될 것인가, 하는 의구심이 든다.

계속된 흉년으로 농민을 구제하기 위해 전국에 설치한 곡식창고(의창) 중에 빈 곳이 많다. 수령들은 빈 창고를 다시 채우기 위해, 가난한 소민에게 빚을 갚으라고 독촉하는 것이 일상이 됐다. 경연에서 이 문제를 거론하니 한 신하가 "지금 성을 쌓는 등의 노역에 농민을 자주 동원하고 있다. 그래서 농민이 자신의 본업인 농사일을 못하게 됐다. 그럼에도 농민은 허투루 소비하는 것이 많다"라며, 문제의 원인을 왕과 농민 탓으로 돌렸다. 또 허조는 "농민이 나라의 창고에서 빌려간 식량을 수령이 갚으라고 독촉하는 것을 왕이 각박하다고 평가하는 것은, 나라의 장래를 생각하면 옳지 않다"라고 말하며, 수령의 행동을 두둔했다. 이들의 말이 모두 틀린 것은 아니다. 사실 농민이 매해 곡식을 빌려가니, 군량미를 저장한 창고까지 헐어서 먹여살리는 것이 현실이다. 그래서 "퍼주면서 나라를 경영하면 장래가 심히 걱정된다"는 허조의 말이 옳다. 그렇다고 왕까지 나서서 농민 탓을 할 수는 없지 않은가. 농민을 굶겨 죽일 수는 없지 않은가. 전국의 수령에게 빚을 회수할 때 너무 야박하게 몰아붙이지 말라고 당부하고 있지만, 나 또한 당장 어찌하는 것이 옳은지 정말 모르겠다.

10월 10일, 언론청(사간원)에서 의창에 곡식을 채우는 방안을 보고했다. 빠르게 훑어보니 절과 지방공무원(향리)에게 나눠준 땅을 회수하고, 장사꾼에게 세금을 더 걷는 방안이었다. 국무총리실에 검토를 맡겼다. 11월 6일, 건설교통부차관(공조참판) 이진이 혼자 깊이 고민했다고 말하며 대안을 보고했는데, 소민이 즐겨 마시는 노동주(막걸리)를 못 마시게 하자는 것이다. 여가생활을 제약하는 내용이 대부분이다. 또, 일하지 않고 노는 소민은 도적으로 변할 가능성이 있으니, 공사장으로 내몰아서 하루 종일 일을 시켜야 한다고도 주장했다. 시름에 빠진 소민의 삶을 공감해주지는 못할망정 도적 취급을 하는 것이 말이 되는 것인가. 힘든 노동 후에 마시는 막걸리 한 잔도 사치라는 것인가. 이것이 의창에 곡식을 채우는 정상적인 방법인가. 화가 치밀었지만 꾹 참고, 이 제안 또한 국무총리실에 검토를 맡겼다.

하루는 인사행정부장관(이조판서)인 허조의 형(허주)의 아들 허성이 "요즘 관리들은 수령에 임명되면 좌천된 것이라 여기고, 청탁을 하거나 병이 들었다고 꾸며서 사직하기 일쑤다"라고 지적했다. 그 결과 지금 지방에는 임기가 꽉 차서 교체해야 할 수령이 많은데, 새 수령을 찾는 일이 정말 어렵다고 보고했다. 몇 해 전에 지방의 수령에 임명되면 부임지에 가족을 데려가지 못하게 법을 고친 이후로 더 심각해졌다고 한다. 특히 유승연이라는 자는 세 번이나 수령이 됐는데 한 번도 부임지에 가지 않았다고 한다. 괘씸하기 그지없다. 당장 잡아다가 100대를 때리고, 다시는 관직을 갖지 못하게 했다. 결국 하위직급의 신하까지 수령으로 임명하는 것을 검토하기에 이르렀다. 특히 함경도와 평안도 국경지역의 수령은 경험이 있는 사람이 맡아야 하기에, 고과평가가 나빠도 교체할 엄두를 내지 못하는 실정이다. 지방에는 수령이 없는 마을도 수두룩하다.

노인은 젊은이가 살아갈 길을 일러주는 사람

강원도 평강에는 본래 800여 가구가 넘는 사람이 살았는데, 지금은 200가구가 채 되지 않는다. 먹고살 것이 없으니 고향을 버린 것이다. 남은 사람들에게 세금 혜택을 주기로 했다. 겨울이 지나고 눈이 녹고 봄이 찾아왔다. 전국의 산과 들 여기저기에는 겨우내 눈에 가려졌던 사람의 주검과 뼈와 해골이 드러났고, 그대로 방치돼 있다. 국민이 겪고 있는 혹독한 굶주림을 대변하기에 충분하다. 특히 5월에 함경도 경흥에 5일 동안이나 소나무 꽃가루 같이 노란 비가 내렸는데, 이를 본 노인들이 "풍년이 들 징조다"라고 말했다고 한다. 그때 나도 그렇게 되면 소원이 없겠다는 희망을 가졌었다. 추수를 해보니 2년 전보다는 나아졌지만 결국 올해도 흉작이다. 그래도 전라도에 조금 풍년이 든 것에서 위로와 위안을 찾았다. 전라도까지 흉작이었으면 어쩔 뻔했는가.

11월이 됐다. 61살 민의생이 오늘 눈이 내리는 광경을 보고 "풍년이 들 징조다"라고 말했다. 지난 겨울에 경기도에만 눈이 내리지 않았었다. 그래서 경기도가 유독 흉년이 심했던 것인가? 실제로 눈이 많이 오면 봄에 물이 풍부해지고, 곡식을 뜯어 먹는 황충 피해가 적다. 이처럼 노인은 젊은이가 모르는 많은 정보를 알고 있는 빅데이터 그 자체다. 노인이 나라의 큰 재산인 이유다. 전국 곳곳에 노인이 살고 있어야 젊은이들에게 급한 일이 생기면 해결 방법을 물어볼 데가 있다. 90살이 넘은 노인에게는 약간의 쌀을 받아가도록 작은 관직(산직)을 주는 한 가지 이유다. 그런데 나이를 속이고 산직을 받으려는 노인이 정말 많다. 따지지 말고 관직과 쌀을 주게 했다. 어차피 몇 살 차이 나지 않는 노인이 아닌가. 또한 70이 넘은 노인의 자식이 감옥살이를 하면, 노인의 집과 가까운 곳에 수용하는 법을 만들었다. 돌봐줄 가족이 없는 죄인의 옥살이는 정말 고되고 힘들기 때문이다.

국무총리실은 왕이 믿고 따르는 시스템

　　6월 11일, 비서실장이 황희의 집에 다녀왔다. "허리가 굽고 귀가 잘 안 들리는 것은 맞지만 정신은 또렷하다"고 보고했다. 큰 병이 아니라니 정말 다행이다. 국무총리 황희에게 특별히 재택근무를 허락했다. 아니 할 수밖에 없었다는 표현이 적절하다. 그의 나이가 어느덧 77살이다. 재택근무를 허락하지 않았으면 또 사직서를 냈을 것이 틀림없다. 황희와는 사직서에 얽힌 추억이 많다. 사직서를 가장 많이 낸 신하가 황희다. 그가 사직서를 내면 나는 반려하고, 또 내면 또 반려하는 것을 반복하고 또 반복해왔다. 다음날 허조와 신개를 외교재무 부총리(좌의정)와 국방법무 부총리(우의정)로 임명했다. 드디어 조선 최고의 전략가 황희와 조선 최고의 인사행정 전문가 허조가 국무총리실에 함께 자리를 잡는 날이 왔다. 황희가 집에 있는 것이 못내 아쉽다.

　　왕이 못 보는 것을 국무총리실은 보고 있을 것이라는 믿음을 나는 갖고 있다. 그래서 나와 생각이 달라도 가능한 그대로 따른다. 따지면서 시간을 소모하는 것보다, 왕의 믿음이 신하의 책임감을 키운다는 사실을 그동안의 경험을 통해서 알게 됐다. 실수가 있다면 그때 가서 보완해도 충분하다. 국무총리실이 올해는 민생문제와 직결되는 법과 제도를 개선하는 데 집중하고 있다. 몇 개 골라보면 ①돌볼 사람이 없는 90살 이상 노인의 복지 혜택을 늘린 것 ②단순한 일자리를 줄이고 부족한 일자리를 늘려서 효율화한 것 ③귀한 식재료인 밀가루에 참기름과 꿀을 넣고 버무려 만드는 약과(유밀과)는 특별한 날에만 사용하도록 법으로 금지하고 있는데, 지방 수령이 지키지 않는 것을 발견하고 법 적용을 엄격히 한 것 ④여진족이 서울에 들어오면 무기를 압수했다가 돌아갈 때 주게 한 것 ④중국 사례를 연구해서 뜨거운 죽을 큰 독에 담아두었다가 식으면 배급하는 기준을 마련해서, 급하게 밥을 먹고 죽는 사람을 줄인 것 ⑤전쟁터에서 나라를 위해 싸우다 죽은 병사의 주검을 둘러메고라도 오는 것 등을 제도화한 것이다. 이처럼 국무총리실이 중심이 돼서, 나라 곳곳에 산재한 빈틈을 촘촘히 메우고 있다.

거의 모든 민생관련 현안을 검토하고 결정하는 일을 국무총리실에 떠넘겼는데도, 직원들은 일이 많아졌다고 불평하지 않는 눈치다. 오히려 일을 즐기는 것으로 보일 정도다. 왕이 시시콜콜 참견하지 않아서인 것 같다. 국무총리실에서 일을 검토할 때, 참고할 책이 없어서 이리저리 구하러 다닌다는 이야기를 들었다. 앞으로 책을 출판할 때는 국무총리실에 1부를 꼭 보내게 했다.

조선 최고 인사행정 전문가의 죽음

황희와 더불어 국무총리실을 작동시키는 양대 축 중에
한 명이 허조(71살)다. 그런 그가 외교재무 부총리(좌의정)로 승진한
지 6개월 만에 죽었다. 허조는 죽기 직전까지도 나라를 걱정하던 조
선사람이다. 비서실장 김돈에게 "우리나라는 북쪽 땅은 여진족과 대
치하고 있고, 동쪽 바다에서는 대마도와 일본을 경계로 하고 있다.
만약 이들이 한꺼번에 조선을 공격하면 나라가 위태롭게 된다. 한시
도 국방을 소홀히 하면 안 된다"는 유언을 남겼다. 이 말을 전해 듣
고 허조의 아들 허후를 불러서 "아버지의 깊은 뜻을 마음에 새기겠
다"는 말로 위로를 전했다. 허조는 5년 전에도 "왕이 왜인 문제를 우
유부단하게 처리해서 경상도 항구에 불법체류자가 크게 증가했다"
라고 나에게 대들며 경각심을 일깨웠었다. 허조는 아내와 아들 그리
고 형이 지켜보는 가운데 웃으면서 하늘로 돌아갔다고 한다. 그런데
나는 눈물이 난다. 3일 동안 고기반찬을 먹지 않고, 아침 회의를 중
지하는 것으로 애도를 표했다. 허조는 그렇게 마지막 순간까지도 조
선의 기둥을 받치는 주춧돌 역할을 마다하지 않고 살다가, 평안히
눈을 감았다.

오래전에 태종은 나에게, 허조는 국무총리 감으로 충분
한 신하라고 말했었다. 또 하루는 연회 자리에서 허조의 어깨에 손
을 얹고는 "허조는 왕의 기둥이며 주춧돌이다"라고 내게 말했다. 그
리고 허조에게는 "지금 내가 한 말의 뜻이 무엇인지 아는가?"라고 물
었다. 그날은 태종이 죽기 얼마 전이었다. 태종은 자신이 죽은 뒤에

도 나를 잘 보필해주라고 허조에게 부탁했던 것이다. 그날 허조가 정말 크게 울었던 기억이 아직도 생생하다. 그 장면은 내가 13살 때 태종이 양녕대군, 효령대군, 성녕대군 그리고 나까지 네 형제를 한자리에 불러서, 형제 간에 우애를 당부했던 그 자리에 있었던 황희에게 했던 말과 똑같았다. 그날 황희도 울었었다. 이처럼 허조와 황희는 태종이 나에게 연결해준 특별한 신하다. 그런 두 신하가 국무총리실에서 만났는데, 한 명은 죽었고 한 명은 집에서 누워 지내는 날이 많다.

허조는 자신이 옳다고 믿는 것이라면 끝까지 고집을 꺾지 않았다. 그래서 나와 의견 충돌이 많았던 신하였다. 그렇지만 자신의 생각을 차근히 설명하고, 끝내 나를 설득시키곤 했다. 특히 부민고소금지법을 만들 때 나는 약자인 부민의 입장을 지지했었고, 그는 수령의 입장을 대변했었다. 그 당시 허조는 수년 동안 계속된 토론 과정에서 줄기차게 타당한 근거자료를 제시하며 나를 설득했다. 그리고 결국 내 생각까지 바꿔놓았다. 허조에게 설득된 것은 그가 말을 조리 있게 해서가 아니었다. 그는 항상 남들이 소홀히 여기는 부분까지 깊이 고민하고 나서, 다같이 모여 토론하는 자리에서 주장했기 때문이다. 또한 허조는 다른 신하들과 달리, 자신이 깊이 고민했음에도 왕이 알아달라는 말을 한 번도 입 밖으로 꺼내지 않았다. 그래서 내가 그의 말을 소홀히 여기지 않았던 것이다. 허조는 그런 신하였기에 죽기 하루 전날에야 비로소 관직에서 물러날 수 있게 허락했다. 이제 조선의 주춧돌 허조는 왕의 곁에 없지만, 그의 아들 허후, 그의 형 허주, 형의 아들 허성, 그의 동생 허척이 역할을 나누어 맡아서 조선을 지탱하고 있다. 허조의 이름인 조는 빽빽할 조(稠)이다. 이름만큼이나 빽빽하게 많은 인재가 태어나고 길러지는 든든한 가문이다.

왕실 가족의 부끄러운 행동들

지난해 10월, 황해도 제릉까지 먼 곳을 다녀오다가 길이 좁은 곳에서는 가마에서 내려 말을 탔었다. 그날 비와 바람을 많이 맞았다. 주변 사람들에게 숨기고 있지만, 그날부터 지금까지 8개월이 다 되도록 앞이 잘 보이지 않는다. 올해 봄 군사훈련 때에도 10여 일 동안 찬바람을 맞으며 이동하고, 들판에 천막을 치고 잠을 잤었다. 그때는 양쪽 눈이 모두 어두워져서, 한 걸음 앞의 사람 정도만 간신히 알아볼 수 있을 정도로 악화됐었다. 그래도 끝까지 강무를 소화했었다. 다행히 지금은 그 정도는 아니다. 여기에 더해서 10여 년 전부터 한 쪽 다리가 계속 불편했고, 등이 아픈 지도 오래다. 등이 심하게 아픈 날은 돌아눕는 것조차도 힘이 든다. 그 고통은 참기 힘들다. 당뇨(소갈증)가 있은 지는 더 오래됐다. 한 가지 병이 나으면 다른 병이 몸을 아프게 한 지가 10년이 넘었다. 몸이 심하게 아픈 날은 온천에 몸을 담그고 쉬고 싶은 마음이 간절하다. 작은 일은 세자에게 맡겨서 훗날을 준비하고 싶지만, 신하의 반대가 너무 심해서 엄두를 못 내고 있다. 어느덧 세자의 나이도 내가 왕이 된 나이보다 세 살이나 많은 25살이다. 어리지 않은 나이다. 가을 군사훈련에서 또 찬바람을 맞으면 병이 커질 것 같다. "세자에게 군사훈련을 맡기고 싶다"

라고 신하에게 속마음을 꺼냈다. 내가 군사훈련에 참여할 수 없는 이유를 충분히 설명했음에도, 국무총리실에서 돌아온 대답은 "군대에 명령하는 일은 세자의 일이 아니다. 왕의 일이다"라는 한 마디뿐이었다. 생각이 꽉 막힌 신하들이다. 아무리 반대해도 이번에는 내 뜻대로 하겠다고 우겨보았지만, 서로의 주장만 되풀이하다가 흐지부지 시간을 넘겼다.

넷째 이구(임영대군)가 작년에 기생 금강매를 첩으로 들인 일에 이어서, 올해 또 여자 문제로 사고를 쳤다. 넷째가 간통했던 막비라는 여종이 아내(공비)의 시녀로 궁궐에 들어왔는데, 찾아가서 또 관계를 가졌다. 여기에 만족하지 않고 금질지라는 여종에게도 접근했다고 한다. 넷째 이구가 오래전에 여종 가야지와 간통했을 때는 아내가 울면서 말린 적도 있었다. 이구는 내 자식이지만 어려서부터 공부에 뜻이 없고, 잘못을 하고도 뉘우치는 기색이 없는 미친놈 같다. 황희와 허조를 비밀리에 불러서 수습방안을 찾았다. 이구가 궁궐에서 이런 행각을 벌이는데 일조한 환관(내시) 김전을은 매를 때리고 군대로 내쫓았고, 함께 몰려다니던 친구들 또한 관직을 회수하고 군대에 입대시켰다. 이구의 임영대군이라는 칭호도 회수했다. 이구가 금강매를 첩으로 들일 때부터 따끔하게 혼을 냈어야 했는데 그러지 못한 내 잘못이다. 이 모든 사실을 기록으로 남기지 않으려고 몇몇 신하와 비밀리에 의논하고 처리했는데, 감사원(사헌부)에서 나를 추궁하듯이 사건의 자초지종을 캐물었다. 나는 "이 말을 사관이 들었으니, 내가 죽으면 실록에 자세히 기록하겠지"라는 말까지 했다. 이구

1439년, 43세, 재위 21년

가 여전히 여종 가야지를 만난다는 보고를 또 받았다. 내가 혼을 내려 하는데, 신하들은 스무 살이나 된 이구가 아직 어리다고 말린다. "하는 짓이 꼭 큰형을 닮은 정말 미운 자식이다." 가야지는 먼 곳으로 쫓아보냈다.

작은형(효령대군) 집안 노비들의 횡포가 점점 더 심해지는 것 같다. 길거리를 떠도는 400여 명 이상의 불쌍한 사람들을 노비처럼 부리고, 이들에게 세금을 걷고, 도망치면 잡아다가 때린다는 보고를 받았다. 왕실집안의 노비가 나쁜 짓을 한 것이 이번이 처음이 아니다. 3개월 전에도 작은형과 여섯째 이유(금성대군)의 노비들이 전라도에서 횡포를 부렸고, 넷째 이구(임영대군)와 다섯째 이여(광평대군)의 여종이 길에서 다퉜다는 보고도 받았다. 그때 총 17개 항목의 행동지침 매뉴얼을 만들어서 배포했는데, 아직까지도 그대로다. 매뉴얼만으로 이런 행태가 바로잡히지는 않을 것이라 생각은 했지만, 하나도 개선되지 않은 것은 심각한 문제다. 지난 1월 8일, 나의 여러 아내 중에 한 명인 소의 김씨가 아들(이거)을 낳았다. 김씨는 13살에 궁에 들어와서 허드렛일을 하던 여종이었다. 김씨가 비록 천한 신분이지만, 아내(공비)가 막내 이염(영응대군)을 맡아 기르게 했을 정도로 부드럽고 아름다운 인품을 지닌 여인이다. 김씨는 6남 2녀를 낳았는데 딸은 모두 죽었다. 그런 소의의 신분을 격상시켜주고 싶어서 신하에게 물으니, 신하 또한 당연한 결정이라고 했다. 소의는 왕실사람 모두가 보고 배워야 하는 본보기를 보여주는 그런 사람이다.

익숙하고 편한 것을
따라 사는 사람들

1440년, 44세, 재위 22년

비로소 안정된 신도시와 역할을 다한 전략가

3월 15일, 그동안 함경도에서 탈출한 군인이 1,650여 명에 이른다는 보고를 받았다. 이외에 다른 내용은 한 줄도 없었다. 그래서 내가 여기저기서 들었던 것들을 조사해서 추가로 보고하게 했다. ①신도시에 입주한 주민이 이사를 간다고 하는데 사실인가? ②신도시 입주민만 유독 떠돌아다닌다는데 그 이유가 무엇인가? ③인구가 줄고 있는 것을 관리가 제대로 파악하고 대처하고 있는가? ④여진족에게 납치되는 국민이 있다고 하는데, 이 사실을 왕에게 숨기고 있는 것은 아닌가? 상세하게 조사한 보고서를 가져오게 했다.

그런데 4월 5일에 어이없는 보고 하나를 받았다. 지난 3월 6일에 함경도 회령에 불이 나서 집 57채와 성의 시설물 일부가 흔적도 없이 잿더미가 되고, 아이가 세 명이나 죽는 화재사건이 있었다는 것이다. 날짜를 따져보니 지난 3월 15일에 가져온 보고서에 포함돼 있어야 할 큰 사건이었다. 왕을 감쪽같이 속인 것이다. 실제는 이보다 더 심각한 상황이었을 것이라 생각된다. 다시 빠짐없이 조사하고 보고하게 했다. 여진족의 침입이 잠잠해지기는 했지만 아직 대치상황이 끝난 것은 아니기에, 생각도 고민도 많아지는 날이다. 함경도 군사령관(도절제사)은 왜 계속해서 사실을 숨기는 것일까? 국경은 사람이 살기에 척박하다는 사실을 왕이 이미 알고 있는데도 말이다. 그는 왕의 비서실장까지 지냈던 신하다.

4월 7일, 오도리 부족의 추장 동범찰과 동창이 회령으로 몰래 숨어 들어왔다는 첩보를 입수했다. 신속히 군대를 보내 붙잡으려 했더니 산속으로 숨어버렸다. 6월 23일에 이르러 회령에 남아 있던 오도리 부족 중에 348가족을 협박해서 강제로 끌고, 두만강을 건너 또다시 도망쳤다. 다행히 80여 오도리 가족은 이들을 피해다니며 끌려가지 않았다. 얼마 뒤에 이만주와 세력을 합쳤다는 첩보를 입수했다. 결국 내가 그토록 우려했던 일이 현실이 됐다. 동범찰과 동창이 이끄는 오도리 무리와 이만주 무리가 합쳐지며 분쟁의 불씨가 커진 것이다. 황제는 이들 무리에게 "어디에 살더라도 조선의 국경을 침범하지 말라"고 경고했다.

함경도 군사령관 김종서는 이번에 오도리 무리가 도망가는 것을 막지 못한 책임을 피할 수 없게 됐다. 어쩌면 이번 사태가 김종서를 쉬게 해주는 계기가 될 수도 있다는 생각이 든다. 그는 무예 실력이 모자라고, 몸이 작은 문과 출신의 전략가다. 그런 그가 험악한 함경도 땅에서 여진족과 대치하며 군대를 통솔하고 국민을 보호하는 막중한 역할을 맡아왔다. 또한 조선의 만년대계를 지탱할 신도시 건설을 차질없이 이끌어왔다. 김종서였기에 가능한 일이었다. 그런데 오늘 들으니, 김종서가 지난 1월에 중앙정부의 관리들이 국경의 장수가 겪는 노고를 인정하지 않는 것에 대해 부당함을 호소하는 장문의 글을 보냈었다고 한다. 이 사실 또한 왕에게는 감쪽같이 숨겼다.

　　당시 감사원은 김종서에게 10개가 넘는 비리 혐의를 들이대며 수사를 강행했는데, 그 혐의 중에는 여진족 홀라온 부족이 김종서가 아끼는 기생에게 뇌물을 주며 편의를 봐달라고 청탁한 것, 농지 관련 사건을 감정대로 판단한 것, 근무지에 기생을 데리고 간 것 등이었다. 김종서 입장에서 보면 그냥 지나쳐도 될 만한 작은 일들이다. 한겨울에도 눈비를 맞으며 국경을 지키는 장수의 노고와 현장 상황을 하나도 고려하지 않은 것이다. 또한 서울에서 편하게 생활하는 관리가 책상 앞에서 만든 기준을 국경의 장수에게 들이대며 "잘못한 것을 인정하라"고 추궁한 것으로 보였을 것이다. 그래서 서운하고 감정이 상했을 것이다. 옛날부터 국경은 매일 특수한 상황이 벌어지는 변화무쌍한 곳이기 때문에 허물이 없는 국경의 장수가 드물다고 했다. 그렇지만 감사원 또한 할 일을 충실히 했다. 그렇기에 어느 누구를 나무라지도 칭찬하지도 않았다. 12월 4일, 비로소 김종서(58살)를 쉬게 했다. 늦은 감은 있지만 지금이라도 김종서의 무거운 짐을 내려준 것은 잘한 결정인 것 같다.

　　올해 내내 여진족이 줄지어 귀순하고 있고, 조선과 여진족 사이에 점차로 위계질서가 잡혀가고 있다. 이러한 결과로 나는 경복궁 근정전에 앉아서 조선 주변에서 일어나는 국제정세를 꿰뚫어볼 수 있게 됐다. 한 예로 동범찰과 함께 조선을 침입하려던 자가 동범찰을 배신하고, 우리에게 정보를 흘려줄 정도로 조선의 영향력이 커졌다. 서울에 자주 오는 오랑캐 부족의 추장 중에 한 명은 올 때마다 동범찰과 동창의 근황과 여진족 사이의 관계 변화를 알려주고 간다. 평화로운 날의 연속이다.

평안도는 아직 행성이 완공되지 않은 곳이 있어서 방어 체계가 허술한 곳이 산재해 있다. 그래도 돌로 쌓은 성이 군데군데 생겨서 이전보다는 확실히 안전해졌다. 6월 17일, 여진족 홀라온과 우디캐 두 부족의 연합군 280여 명이 평안도 여연을 또 공격했다. 그렇지만 우리의 피해는 거의 없었다. 사실 이번 공격도 4개월 전에 여진족 홀라온 부족의 추장 중에 한 명이 정보를 알려줘서 손쉽게 방어할 수 있었다. 함경도는 그동안의 노력으로 4개 신도시에 돌로 쌓은 성이 차례로 완공됐고, 인구도 따라서 늘었다. 그 결과로 한 곳이 공격당하면 최대 400명 정도의 군인이 당장 도우러 올 수 있는 비상 방어체계까지 갖췄다. 자연스럽게 여진족의 대규모 공격이 자취를 감췄고, 소규모 무리의 산발적인 피해만 수시로 발생한다. 신도시에도 점차로 활기가 돌고 있다.

나를 뒤돌아보게 한 고약한 놈

1월 11일, 법무부차관(형조참판) 유계문을 경주시장으로 임명했다. 그랬더니 그가 수년 동안 지방에서 수령으로 근무하고 돌아왔는데 또 5년을 지방에서 근무하라고 하니, 가더라도 서울에서 가까운 곳에 가족을 데리고 가게 해달라고 애걸한다. 한 달 전에 강원도지사(관찰사)를 지냈던 유효통을 경주시장에 임명했는데, 아내가 병이 들었다는 이유로 거부해서 유계문을 임명한 것인데 또 거부한 것이다. 그런데 5일 뒤에 이 둘과 아무런 관계가 없는 법무부차관 고약해가 뜬금없이 찾아와서 '수령 60개월기한 임기제법' 때문에 수령이 게을러졌다고 말하며, 이전처럼 3년으로 줄이는 것이 옳다고 했다. "내가 이미 알고 있다"고 대답했더니 그대로 돌아갔다. 다음날 고약해가 또 찾아와서 '수령 60개월기한 임기제법'을 비판하기에, 내가 이 법을 밀어붙이겠다는 의지를 강하게 드러냈다. 그랬더니 갑자기 닭똥 같은 눈물을 흘렸다. 그리고는 오래전에 강원도에서 근무할 때 일화를 섞어가며, 모두가 싫어하는 이 법을 폐지하는 것이 옳다는 주장을 또 늘어놓았다. 뭔가 의심쩍은 생각이 들었지만 "내가 이미 경의 뜻을 알고 있다"고 말하고 돌려보냈다. 그리고 한동안 찾아오지 않았다.

그런데 두 달이 지나고 경복궁 근정전에서 신하들이 모두 자리를 잡고 회의를 시작하려는데, 고약해가 불쑥 자리에서 일어났다. 그리고는 작은 목소리로 두 번이나 "제가… 제가… "라고 말을 더듬으니 이내 사방이 조용해졌다. 알아듣게 큰소리로 다시 말하라고 했다. 그랬더니 대뜸 '수령 60개월기한 임기제법'을 시행한 뒤로 부정한 방법으로 재산을 모은 수령이 증가했다고 말하며, 이 법을 당장 폐지해야 한다고 또 주장한다. 짧은 사이에 벌써 세 번째다. "불법으로 재산을 모은 수령이 누구냐?"고 묻고 말을 이어가려는데, 고약해가 내 말을 자르고 또 자기 말을 계속하려 했다. 순간 화가 치밀

1440년, 44세, 재위 22년

어서 "내 말을 끝까지 들어라"라고 상황을 정리한 다음에, 잠시 마음을 가다듬었다. 그리고 나서 고약해에게 말할 기회를 다시 줬다. 고약해는 지금까지 죄가 드러난 수령이 두세 명인데 자신의 입으로 말할 수 없다며, 다시 하고 싶은 말을 장황하게 늘어놓았다. 그의 말을 끝까지 들은 뒤에 "내가 다 이해했다"라고 말하며, 이제 그만 자리에 앉으라고 했다. 그날 고약해는 신하들이 지켜보는 앞에서 왕에게 무례한 행동을 서슴지 않았다.

　　　　고약해가 지난 1월에 나에게 찾아와서 이 법을 폐지해달라고 했을 때, 동시에 작은형(효령대군)에게도 찾아가서 "유계문이 거부한 경주시장 자리를 자신에게 떠넘기면 안 된다"라고 말했다고 한다. 나는 이 사실을 며칠 전에 작은형에게 직접 들어서 이미 알고 있었다. 고약해는 현재 법무부차관인데, 유계문 또한 법무부차관이다. 그래서 유계문이 거부한 경주시장 자리에 자신이 임명될 수 있다고 판단했던 것으로 보인다. 짧은 기간에 세 번이나 '수령 60개월기한 임기제법'을 폐지해야 한다고 주장한 것을 보면, 그가 지방의 수령으로 가는 것을 얼마나 싫어하는지 짐작이 된다. 사실 나는 고약해를 경주시장 후보로 생각해보지 않았는데, 돌아보니 고약해가 재무부차관을 지냈던 경험까지 있어서 스스로 유력한 후보라고 판단했을 만하다. 아무리 그렇더라도 신하들이 모두 있는 공개된 자리에서 왕에게 목청껏 소리를 높여가며 대들다니, "고약한 놈이다." 이 사건이 있은 뒤에 비서실장이 "고약해는 겉과 속이 다른 사람이다"라고 단정 짓듯이 일러줬다. 한 예로 강원도와 충청도에서 수령으로 근무할 때 항상 기생을 데리고 다녔음에도, 입만 열면 기생제도를 개혁해야 한다고 떠벌렸다고 한다. 고약해는 태종 때 내가 발탁하고 특별히 진급시켜서 키운 신하다. 그래서 내가 누구보다 잘 안다고 자신했었는데, 사실은 잘 몰랐던 것이다. 그자의 무례한 행동이 마음에 남아서 괘씸했지만 감사원에서 용서하는 것이 좋겠다는 의견을 내서, 파직하는 선에서 마무리지었다. 그가 맡았던 법무부차관 자리에 정인지를 임명했다. 시간이 지나서도 고약해가 궁궐 안에서 왕에게 소리친 사건 처리를 둘러싸고, 사람들 사이에 의견이 분분하다.

고위관리가 지방 근무를 싫어하는 이유

병을 치료할 약재가 너무 부족하다. 대부분의 약재를 중국에서 수입해서 사용하는데 그 양이 얼마 안 되기 때문이다. 장관급(2품) 이상 고위관리가 병에 걸리면 의사에게 진찰받게 하고, 시중에서 구할 수 없는 약을 적당히 준다. 차관급(3품)부터는 병원에서 처방받은 평범한 약재를 준다. 그런데 이마저도 약 보급을 감당할 수 없어서 더 줄여야 할 형편이다. 상황이 이러다보니 일반 국민은 병이 들어도 약을 구하기가 하늘의 별 따기만큼이나 어려운 현실이다. 의사도 부족하다. 우리나라 사람이 자주 걸리는 질병과 약재를 기록한 『향약집성방』 책을 집필한 의사 노중래도 늙어간다. 약재는 수입하면 된다지만 의사는 하루아침에 양성할 수 없다.

지금 조선에서 의사가 양성되지 못하는 큰 이유는 의사

를 천한 직업이라 여기기 때문이다. 상황이 이렇다보니 향약집성방책을 출판하며 얻은 조선의 풍토와 특성에 기반한 귀한 의술이, 후대에 전해지지 못할 수도 있는 절박한 상황이다. 매년 2월과 8월에 두 번 의사 임용고시를 치르고는 있지만, 사람의 생명을 살리는 숙련된 전문가를 길러내는 데는 한계가 있다. 솔직히 말하면 의료분야는 어디를 어떻게 손을 대야 문제를 해결할지 엄두가 나지 않는 분야다. 상황이 이렇다보니 병이 들면 너나없이 마음을 맑게 유지시켜 준다고 알려진 약, 청심원(淸心圓)부터 찾는다. 병을 치료할 약을 구할 수 없다보니 사람들은 청심원을 만병통치약으로 여기고 있을 정도다. 그런데 청심원은 소합원, 보명단과 함께 주로 중풍을 치료하는 약이다. 다른 병에 쓰면 부작용이 있을 수 있다. 그렇지만 지금 조선사람은 이 약에 의존할 수밖에 없는 현실이다.

　　해마다 서울 주변의 관청에서는 청심원을 만들어서 소속 공무원에게 나눠주고, 지방 관청은 구할 수 있는 약재를 이것저것 쓸어모아서 소합원과 보명단을 만들어 보급한다. 비상시에 사용하라고 보급하는 것이다. 민간에서도 집집마다 자기들만의 방식으로 만들어서 상비약으로 보관한다. 이렇다보니 약의 품질이 엉망이고 약효가 있는지도 의문이다. 그래서 검증된 기관 이외에 개인이 약을 만드는 것을 법으로 금지시켰다. 약의 성분이 미흡하기 때문에 금지시키기는 했지만, 잘한 일인지는 판단이 서지 않는다. 최근에 네 명의 경험 많은 관리가 경주시장을 거부한 것이 이러한 열악한 의료시스템과 직접적인 연관이 있다. 늙으면 병원이 가깝고 약을 구하기 편리한 큰 도시를 선호하기 때문이다. 그래서 서울 인근 지역을 벗어나는 것을 죽는 것만큼이나 싫어하는 것이다. 실제로 우승범은 병에 걸려 죽었고, 고약해는 64살이다.

사회의 약자를 돕는 왕의 평범한 지식

서대문구 홍제동에 있는 나라에서 운영하는 공관(홍제원) 길가에서 여자 시체가 발견됐다. 수사를 시작하니, 부총리급(좌찬성) 고위관리인 이맹균이 찾아와서 자기 집 여종이라고 자백했다. 그 여종이 잘못을 저질러서 아내가 때리고 머리를 짧게 잘랐는데, 갑자기 죽었다고 말했다. 시체를 홍제원 길가에 버렸다는 사실은 자기도 지금에서야 알았다고 했다. 그런데 수사를 해보니, 이맹균과 여종이 관계를 가진 사실을 알게 된 이맹균의 아내가 흥분해서 여종을 참혹하게 때려죽인 사건이었다. 이 사건의 내막이 세상에 알려지고 난 후에, 이맹균의 동네사람들이 집 앞과 골목을 가득 메우고, 이맹균의 아내를 욕하고 비웃었다. 이맹균을 욕하는 사람은 한 사람도 없었다. 이맹균이 70살 노인이 되도록 자식이 없기 때문이다. 자식을 낳지 못한 여자의 질투가 커져서 사람을 죽이기까지 했다고 하니, 사람들의 비웃음거리가 된 것이다. 예전에는 이런 사건이 벌어지면 해코지라도 당할까 염려해서 구경할 엄두조차 내지 못하던 소민들이, 이제는 양반집 앞에 무리지어 모여서 구경하고 숙덕거리기까지 한다. 세상이 참 많이 좋아졌다는 생각이 든다.

1440년, 44세, 재위 22년

옛날부터 아내를 강제로 내쫓아도 손가락질 받지 않는 7가지 관습이 전해내려온다. 이맹균의 아내는 이 중에 자식을 못 낳은 것, 질투한 것, 살인까지 한 것이다. 신하들은 관습에 따라 이맹균 부부를 강제 이혼시키고, 아내는 벌을 줘서 소민들에게 통쾌한 감정을 느끼게 해줘야 한다고 재촉한다. 그러나 나는 결혼한 여자가 7가지 규범을 어겼더라도 옛날부터 전해오는 아내를 버리면 안 되는 3가지 경우를 들었다. 이 중에 가난하다가 부자가 된 경우, 집안에 삼년상이 있는 경우, 두 개를 충족하고 있으니 "이혼 시킬 수 없다"고 대답했다. 그리고 나서 "오히려 아내를 통솔하지 못한 이맹균의 죄가 더 크다"고 말했다. 내가 말한 3불거(三不去)는 신하가 말한 7거(七去)가 남발되는 것을 막는 보완 기능으로 쓰인다. 약자인 여자를 보호하는 최소한의 사회적 규범이다. 그리고는 이맹균을 먼 지방으로 쫓아보내는 것으로 사건을 마무리했다.

그런데 쫓겨난 지 세 달이 채 안 돼서 이맹균이 죽었다. 이 소식을 전해들은 사람들은 "아내의 기에 눌려서 죽었다"고 수근거리며, 그의 아내에게 또 손가락질을 한다. 이맹균이 늙은 데다가 자식까지 없어 그나마 첩을 보는 즐거움으로 살았는데, 먼 곳으로 쫓겨나 마지막 즐거움마저도 빼앗겨서 빨리 죽었다고 여기는 것이다. 내가 아는 이맹균은 15살에 국가고시에 합격한 맡은 일에 충실했던 관리였고, 성품이 온화한 사람이었다. 세자 향이가 이맹균의 죽음에 애도를 표했다. 나이 차이가 많이 나는데도, 세자는 이맹균의 처지가 자신과 다르지 않다고 여기는 듯하다.

무시가 방법이다

　　큰형(양녕대군)에게 서울에 집을 지을 땅을 줬다. 그랬더니 감사원에서 이 소식을 듣고 득달같이 따지러 왔다. 2년 전에 큰형이 서울에 출입할 수 있는 길을 은근슬쩍 터줄 때에는 참고 조용히 넘어갔는데, 지금 집을 지어주려는 것을 보니 "이 모든 것이 계획된 것이냐"라고 따진다. 내 의도를 꿰뚫어본 것 같아서 속으로 뜨끔했다. 그날 이후 큰형을 비방하는 문서는 모두 "비서실에서 나 대신 답하라"고 명령했다. 그랬더니 감사원과 언론청에서 매일같이 찾아와서 관련 법조문을 들이대며 따지는데, 판에 박힌 것처럼 똑같은 말을 되풀이한다. 들어주기 지겨울 지경이다. 신하에게 "큰형이 서울에 오면 잠시 머물 집을 짓는 것일 뿐이다"라고, 생각하기에 따라서 해석이 달라질 수도 있는 모호한 대답을 했다. 이런 상황이 5월까지 세 달 동안 계속됐지만, 내가 문서를 거들떠보지도 않고 대응을 안 하니 점차 잠잠해졌다. 역시 식상한 문제를 해결하는 데는 무시가 최선의 방법이다.

　　그렇게 시간을 보내고, 한 해를 마감하는 12월 27일에 "오늘부터는 크고 작은 연회에 큰형이 참석하도록 연락하라"라고 대못을 박았다. 2년여에 걸쳐서 큰형에 관한 이슈를 땅, 집, 연회 순서로 하나씩 선점해왔고, 오늘 궁궐 출입까지 할 수 있도록 마침표를 찍었다. 순간 신하들은 눈을 동그랗게 뜨고 멍한 표정으로 서로의 얼굴을 쳐다봤다. 왕의 갑작스런 한 마디가 어이없는 모양이었다. 그리고 나서 이틀 동안 밤마다 경복궁의 내 방(강녕전) 앞에서 가면을

　　　　　　　　　　　　　　1440년, 44세, 재위 22년

쓰고 잡귀를 몰아내는 나희 공연을 열게 했다. 궁궐에 있는 사람들 까지 나와서 늦은 밤까지 즐겁게 구경했다.

스스로 권위를 세워가는 국무총리실과 황희 가족의 사연

각 부처에서 국무총리실과 먼저 협의하고 대안을 마련 한 다음에, 왕에게 보고하고 결정하는 새로운 시스템에 신하들이 점 차로 익숙해지고 있다. 작고 사소한 일도 독단적으로 처리하지 않고 협업해서 정책을 수립하는 방법에 익숙해져가는 것이다. "왕은 일을 맡기면 의심하지 말고, 맡기면 끝까지 믿으라"던 허조가 옳았다. 내 가 직접 관련 부처와 의논하며 다스릴 때와는 비교가 안 되게 많은 일이 순조롭게 처리되고 있다. 간혹 각 관청에서 왕에게 직접 보고하 는 일이 있는데, 그런 일 또한 국무총리실의 검토를 거쳐서 결정하게 유도한다. 이러한 결과로 국무총리실 업무의 폭과 깊이가 민생 현안 부터 왕실을 건전하게 유지하는 일까지 상당히 커졌고, 충분히 고민 한 법과 제도를 만들어냈다. 유명무실해진 법을 바로 세우기도 하고, 건물과 직책의 이름을 바꾸고 새로 짓는 일까지도 한다.

잘못된 사회관습을 뜯어고치는 일에도 소홀하지 않다. 한 예로 우리나라는 남자는 16살부터 30살 사이에, 여자는 14살부 터 20살 사이에 결혼하도록 법에 정해져 있다. 그런데 고위관리와 많 이 배운 사람은 부자와 사돈을 맺으려고 혈안이다. 부잣집 자식이라 면 나이가 어린아이까지 결혼시키려고 한다. 결혼 상대의 집에 노비가 몇 명인지가 부자를 구분하는 기준이라고 한다. 세상이 어찌되려고 이러는지 모르겠다. 당장 오늘부터 법을 어기는 자는 무조건 처벌하고, 몰래 한 결혼은 강제로 이혼시키는 등, 적폐처럼 고착된 잘못된 풍속을 바로잡게 했다. 부모 나이가 50살이 넘는 등 특별한 경우에만 예외적으로 12살 어린아이도 결혼시킬 수 있게 했다.

그런데 국무총리실의 위상이 올라가니 긍정적인 일만 있는 것이 아니다. 부작용도 뒤따른다. 한 예로 눈치가 빠른 하급공무원이 이 점을 악용한다. 문서를 처리하는 하급행정직원을 선발할 때면 국무총리실로 신청자가 몰린다. 하급관청에 일을 시키고 자신은 편히 지내려는 자들이다. 그리고 제도를 개선할 때마다 각 관청의 직무 또한 따라서 바뀌게 된다. 이런 개선이 자주 벌어지다보니 실무자가 자주 바뀌었다. 그 결과 전문성과 책임감이 줄어드는 문제가 발생하고 있다. 한 예로 제사 때는 환관(내시)이 향과 축문을 나르는 등 중요한 역할을 담당한다. 그런데 평소에 일이 적다는 이유로 통폐합을 하니 훈련된 사람이 부족해서 실수가 잦아졌다. 하나를 바꾸면 또 다른 문제가 발생하기는 하지만, 큰 문제는 아닌 것으로 보인다.

하루는 국무총리실에서 중국의 사례를 검토해보니 70살이 된 신하가 사직서를 내는 것은 신하의 권리라고 보고한다. 만약 퇴직을 허락하지 않으면, 왕이 늙은 신하에게 등에 대고 앉을 등받이(안석)와 지팡이를 선물하고, 왕 앞에서 사용하게 허락하는 것이 관례라고 한다. 집현전까지 나서서 70살이 넘은 신하를 명예롭게 퇴직시키는 것을 법에 명문화해야 한다고 거들었다. 일에 중독된 왕을 만나서, 평생 동안 일만 하다가 죽어간 동료들을 보아왔기 때문에 적극적으로 바꾸려는 것이다. 나는 단호하게 거부했다. 정부에는 나이 든 신하가 많다. 한 예로 허해는 출근은 하지만 제대로 서 있지도 못할 정도로 늙었다. 그래도 출근해서 일한다. 하루는 외교문화부 실장급 고위관리(예조참의)인 75살 김중곤이 사직서를 제출했기에 바로 수락했다. 국무총리실과 집현전의 뜻에 따르는, 최소한의 성의를 보인 것이다. 그렇지만 여기까지다.

국무총리실을 책임지고 있는 황희가 최근에 곤란한 상황에 직면했다. 사람들은 황희에게 치신, 보신, 수신 이렇게 세 아들만 있는 것으로 알고 있다. 중생이라는 막내아들이 한 명 더 있는지는 잘 모른다. 막내 중생은 궁궐에서 일하던 여종이었던 첩이 낳은 아들이다. 중생이 몇 년 전에 궁궐에서 일했었다. 그 즈음에 왕자 이여(광평대군)의 금으로 만든 허리띠와 세자가 쓰던 겨울 모자를 잃어버린 사건이 있었다. 이외에도 금으로 만든 몇몇 물건을 도둑맞았다. 그런데 최근에 중생의 짓이라는 혐의를 확인했다. 그의 집을 압수수색했더니 도둑맞았던 물건들이 중생의 이불 속에서 발견됐다. 중생을 조사하니 일부 발견되지 않은 물건은 형 보신에게 줬다고 실토했다. 그런데 보신은 "받지 않았다"고 딱 잘라 잡아뗐다. 금 몇 덩이에서 시작된 문제를 갖고, 신하 중에 최고 높은 자리인 국무총리(황희)의 아들(황보신)을 고문할 수는 없지 않은가. 더욱이 78살이나 되는 노인이 퇴직하지도 못하고 있는데 말이다. 보신이 사실대로 말했으면 쉽게 풀 수 있는 사건이었다. 그런데 끝까지 거짓말로 일관하는 바람에, 보신의 윤이라는 기생 첩과 주변 인물까지 줄줄이 엮이며 사건이 복잡해지고 커졌다. 결국 중생을 고문해서 사실 관계를 정리했고, 보신은 100대를 때려서 멀리 쫓아보냈다. 내 자식을 벌준 것같이 마음이 쓰인다. 보신의 기생 첩 윤이도 100대를 때리고, 함경도 경원에 노비로 보냈다. 사건을 마무리하고 나서야 보신이 끝까지 진실을 말하지 않은 이유를 알게 됐다. 황희가 여종 첩이 낳은 막내 중생을 아들로 인정하지 않았기 때문이었다. 아버지를 따라서 치신, 보신, 수신 세 형제들 또한 중생을 동생으로 인정하지 않았던 것이다. 중생도 자신의 성을 조 씨로 바꾸고 조중생이라 부르며, 황 씨 가문인 것을 거부하며 살아왔다고 한다. 그래서 사건이 복잡하게 꼬였던 것이다. 이번 사건으로 황희 가족의 숨겨진 이야기가 세상에 알려졌다.

공법의 문제점

　　5월 8일, 국무총리실에서 경상도와 전라도에 공법을 적용해도 무리가 없을 것이라는 긍정적인 의견을 비로소 냈다. 두 달 후에는 시범적용 과정에서 발견된 문제를 정리하고 대안까지 제시했다. 10년째 반대만 거듭하던 신하들의 입에서 이런 말이 나오다니, 감격스런 날이다. 보고서에 "한 마을 안에서도 농지의 등급 차이가 나는데, 전체를 같은 등급으로 세금을 걷는 것은 공정하지 않다"라고 호소한 농부의 말도 적혀 있었다. 그리고 한 달 뒤에 공법을 보완하는 규정을 제시했다. 아직 국무총리실 입장이 공법을 찬성하는 쪽으로 바뀐 것은 아니다. 그렇지만 변화가 싹튼 것만으로도 논의가 진전되고 있다는 증거다.

그런데 추수를 마친 가을 어느 날, 경상도 사람 1천여 명이 서울까지 올라와서 공법을 당장 폐지하라고 농성을 벌이며 승문고(신문고)를 쳤다. 놀라서 이유를 들어보니, 공법이 농지등급을 상 중 하 3가지로 단순하게 구분한 것이 원인이었다. 10년 전에 공법 국민투표 결과를 보고하던 날, 최윤덕이 걱정하던 것과 같은 이유다. 기름진 농지를 소유한 부자가 세금을 적게 내고, 척박한 농지를 가진 사람이 세금을 더 많이 내는 세금 방식이라는 주장이다. 애초의 의도는 가난한 사람의 세금을 줄여주려 한 것이었다. 그런데 실제로는 가난한 농민이 상대적으로 세금을 더 많이 내게 된 것이다. 앞으로 3년여 동안 시범적용을 거쳐서, 농지등급을 더 세부적으로 구분해야 공정한 목적을 달성할 수 있다는 사실을 확인했다. 큰 성과다.

나라와 국민,
가족은 무엇인가?

1441년, 45세, 재위 23년

소보다 못한 노동자

국경지역 몇 곳에 성을 쌓았다. 올해에만 전국에서 동원한 농민 노동자가 4만 명에 육박한다. 여진족이 자주 출몰하는 평안도 여연에서 조명까지, 평안도 벽단, 함경도 온성 등지에 행성과 바리케이드 공사를 했다. 그런데 힘들여 쌓은 성들이 채 반년도 안 지나, 여름 장맛비에 휩쓸려 많은 곳이 허물어졌다. 어이가 없는 상황이다. 현장을 조사하고 돌아온 관리가 "주먹으로 내리쳐도 허물어졌을 정도였다"라고 보고했다. 눈에 보이는 성의 바깥만 돌로 쌓고, 보이지 않는 곳은 모래와 흙으로 대충 메운 부실공사였다는 것이다. 그래서 현장감독에게 책임을 물어야 한다고 했다. 현장감독을 처벌하면 부실공사 문제가 해결되는가. 아니다. 현장의 복잡한 상황을 직접 보지 않은 채 한쪽 말만 듣고 왈가왈부해서는 안 된다. "시간을 가지고 판단하겠다"라고 대답하고 판단을 미뤘다. 내가 보기에 이 문제의 핵심은 성을 쌓는 기술 문제가 아니다. 사람을 사랑하는 마음 없이, 목표를 달성하려고 재촉했던 것이 문제다. 여기에 더해서 공사기간을 맞추려고, 간신히 죽만 먹은 노동자를 이른 아침부터 늦은 밤까지 일을 시킨 것이 진짜 원인이다. "소도 밥을 먹이고 쉬게 한 다음에 일을 시키는데, 노동자가 소보다도 못한 것인가."

공사 총책임자 황보인을 포함해서 현장의 감독들이 공사기간을 맞추려고 과도하게 일을 시킨 것은 부정할 수 없는 사실이다. 나 또한 공사를 빨리 끝내라고 재촉한 부분이 있으니 이 문제에서 자유롭지 못하다. 그래서 누구도 탓할 수 없고 누구도 벌줄 수 없다. 그러던 중에 황보인이 서울로 돌아오는 도중에 쓰러졌다. 과로인 듯하다. 즉시 담비가죽으로 만든 따뜻한 옷과 약을 보냈다. 그리고 황보인의 일을 대신할 이숙치를 신속하게 국경으로 보냈다. 이유를 막론하고 공사는 계속돼야 한다. 지금은 성을 쌓을 돌을 부지런히 모아야 하는 때다.

최종선택, 어디에서 살 것인가?

1월 8일, 황제에게 편지를 썼다. 30여 년 전부터 함경도 회령에 정착해서 살아온 오도리 부족과 지냈던 희로애락을 일일이 나열하고, 지난해 중국으로 끌려간 오도리들이 다시 조선으로 돌아올 수 있게 도와달라는 내용을 적었다. 한 해가 다 가도록 답장이 없다가, 12월 24일에 이르러 중국(명나라)의 개국공신 오양과 왕흠 두 명의 특별사신이 서울에 왔다. 다음 해 2월까지 두 달 동안 머물며, 조선에 거주하고 있는 오도리를 포함해서 여진족 모두를 한 명씩 불러서, 거와 류 둘 중에 하나를 선택하도록 단답형으로 물었다. 거(去)는 중국 땅으로 돌아가는 것이고, 류(留)는 조선 땅에서 지금처럼 사는 것이다. 여진족에게 어디에서 살 것인지를 스스로 결정하라는 질문이다. 여진족은 사신 앞에 나와서 거와 류, 둘 중에 하나를 선택하면 그것으로 끝이다. 특별사신이 서울까지 와서 이런 질문을 한 이유를 파악해보니, 이번에도 이만주가 황제에게 찾아가서 "조선이 여진족을 조선 땅에 강제로 붙잡고 있다"고 이간질을 한 것이 원인이었다. 황제가 이 사실을 확인하고 조치하려고 특별사신을 서울에 보낸 것이다. 이전에도 이만주와 그 일당이 중국정부에 수시로 찾아가서 조선을 이간질했었다. 그때마다 사실을 바로잡느라 어려움이 많았다. 그런데 이번 위기가 오히려 조선과 중국 사이에 신뢰를 돈독하게 하는 좋은 기회가 될 것이라는 확신이 들었다.

지금 조선에 거주하는 여진족은 조선에 고마운 감정을 가진 사람이 많다. 한 예로 지난 9월에 낭보을간이라는 오도리 부족의 노인이 찾아와서 "먼 길을 걸어오기 힘이 드는 늙은이지만, 1년에 한 번은 인사하러 오겠다"고 말하기도 했었다. 내 예상대로 사신의 질문에 여진족들은 모두 류라고 대답했다. 이만주의 부하였던 몇 명만 거라고 대답했을 뿐이다. 우리가 여진족을 데려와서 앞에 앉히면, 두 사신은 거와 류를 묻는 단순한 질문을 하는 것으로 일을 끝낸다. 매일 하는 것도 아니다. 일을 마친 뒤에는 선물을 챙기고, 기생과 어울려 술 마시며 노는 데 정신이 팔려 있다. 주지는 않았지만 금, 은, 진주와 같은 진귀한 보석까지 요구하며 흥청망청 놀다가, 선물을 싸가지고 서울을 떠났다. 사신들이 서울에 머무는 동안 이만주와 그 일당은 나에게 사람을 보내서, 친한 사이인 척 안부를 물으며 사신의 동향을 살폈다. 그리고 같은 시간에 평안도 여연을 공격하는 이중적인 행태를 보였다.

　　　내가 이런 일들을 감수하면서까지 오도리 부족을 조선에 살게 하려는 이유가 있다. 국경에 조선과 우호적인 여진족 세력이 살게 되면 자연스럽게 여진족의 동향을 알게 되고, 그만큼 국경이 안전해지기 때문이다. 여기에 덤으로 인구가 늘고 경제활동이 풍성해지는 효과도 따라온다. 그렇지만 우리나라 사람과 여진족 사이의 이질적인 문화를 극복하는 일은 풀어야 할 숙제다. 지난 6월 3일, 사람을 때려 죽인 여진족을 사형시키지 않고 살려주는 호의를 베푼 것도 숙제를 푸는 한 가지 방법이었다. 올해는 조선여자에게 장가보내고 신혼 집과 살림살이를 챙겨준 오도리가 유난히 많았다.

　　　함경도 온성에 다섯 번째 신도시가 건설되었다. 우선적으로 800가구 정도를 입주시켰다. 앞으로 경상도에서 600가구, 전라도에서 550가구, 충청도에서 450가구를 선별해서 입주시킬 계획이다. 그동안 신도시를 운영하며 축적한 경험을 살려서 ①이주민에게 집과 농지를 주고 ②각종 노역을 면제시키고 ③학교를 세우고 ④온성군에서 온성부로 승격시키고 ⑤공무원을 선발했다. 이처럼 처음부터 입주민의 정착을 돕는 정책을 착실히 준비했다. 이 모든 정책수립을 국무총리실이 주도했고, 왕은 언제나처럼 그대로 따랐다. 함경도는 나라의 근본이 되는 땅이기에 계속해서 단단해져야 한다. 온성은 큰 도시가 될 것이다.

왕이 소심하게 별준 날

　　1월 11일, 아침 회의를 특별히 경복궁 근정문과 홍례문 사이의 마당에서 했다. 겨울 아침에 늙은 신하들을 꽁꽁 언 흙바닥에 세워놓고 회의를 한 것이다. 지금까지 고위급 신하와 외국인까지 참석하는 큰 규모의 아침 회의는 한 달에 네 번(1일, 6일, 21일, 26일) 실내에서 해왔다. 야외에서 한 것은 오늘이 처음이다. 지난해부터 외국인 참석자까지 그 수가 늘다보니 장소가 비좁고 복잡해서 변화를 시도했다.

　　마당 한가운데에 영제교가 있다. 장관급(2품) 이상은 다리 안쪽에 서게 하고, 이외는 다리 건너에 위치하게 했다. 다행히 바람이 불지는 않았지만 한겨울인지라 볼이 얼고, 여기저기에서 발이 시리다고 볼멘소리를 숙덕인다. 나도 속으로 한 마디했다. "너희들만 추운 것이 아니다. 나도 춥다." 추운 것을 알면서도 조회 장소를 마당으로 바꾼 것은, 긴장감을 불어넣고 회의 분위기를 바로잡기 위함이다. 한 예로 지난해부터 회의에 참석하는 여진족이 늘어났는데, 이때부터 몇몇 장군이 내 앞에서 몸을 꼿꼿이 세우고 걸어다녔다. 본래 왕 앞에서 모든 신하는 허리를 숙이고 총총걸음으로 단정하게 이동해야 하는 것을 알면서도, 여진족에게 위세를 부리고 싶었던 듯하다.

　　국상 때만 신는 흰색 신발을 신고 온 자도 있었다. 그때마다 감사원장에게 느슨해진 기강을 바로잡으라고 지시했지만 시늉만 할 뿐이었다. 이런 일들을 잊지 않고 모아두었다가 오늘 한 번에 바로잡고자 마음먹고 마당으로 나온 것이다. 왕이 신하에게 소심하게라도 벌준 것 같아 시원한 기분이 들었다. 이후로도 가능한 마당에서 아침 회의를 한다. 좋은 건물을 비워두고 마당에서 조회를 하니, 여진족이나 왜인들은 신기해한다. 여름이 찾아왔다. 시원한 바람이 불어오니, 신하들이 오히려 사방이 트인 마당을 좋아한다.

바람 잘 날 없는 왕실 가족

3월 17일, 아내와 함께 충청도 아산(온수현) 온천으로 출발해서 3일 만에 도착했다. 오는 길에 비가 내려서 길이 질퍽하여 군데군데 물 웅덩이가 생겼고, 마을을 지날 때는 말을 타고 왕의 행렬에 끼어드는 사람이 있었을 정도로 어수선했는데도 빨리 도착했다. 온천에 온 이유는 내 왼쪽 눈이 문서를 읽을 수 없을 정도의 실명 수준으로 악화됐기 때문이다. 아침 회의를 자주 취소할 수밖에 없는 최악의 상황이었다. 치료를 더 이상 미룰 수 없었는데, 온천이 효과가 있다고 해서 급하게 서둘러 온 것이다. 눈병이 심각해진 원인은 내가 잘 안다. 하루 아침에 생긴 병이 아니다. 어려서부터 밤낮을 가리지 않고 책을 읽은 것에서부터 시작됐다. 그리고 7년 전에 자치통감훈의 책을 출판할 때 1년여 동안 쪽잠을 자가며, 등불에 의지해서 원고를 보느라 눈을 혹사시킨 것이 직접적인 원인이다. 늦은 밤까지 일하기를 반복해서 병이 깊어진 것이다. 내 나이가 45살밖에 안 됐는데 벌써 두 눈이 흐릿하고 아파서, 지팡이를 짚지 않고는 걸어다닐 수조차 없을 지경에 이르렀다.

　　15일 정도 온천에 몸을 담그니, 밤에 책을 읽을 수 있을 정도로 눈이 밝아졌다. 아내의 병도 많이 좋아졌다. 70살이 넘은 박후생이라는 노인이 알려준, 온천하는 방법을 그대로 따른 덕분이다. 그 노인에게 관직(중군 부사직)을 주는 것으로 고마움을 전했다. 이제 서울로 돌아갈 때가 된 것 같다. 내가 이곳에 머무는 동안 주변 사람들에게 피해를 끼친 내역을 파악하고 보상했다. 이 기간 동안 세자(문종)가 왕의 빈자리를 메우고 있고, 며느리(현덕빈)는 출산을 앞두고 있다. 시간을 갖고 계속 치료하기를 권하는 신하의 의견을 뿌리치고, 5월 2일 부랴부랴 서울로 향하고 있다. 몸과 마음이 정말 가볍다.

　　7월 23일, 기다리고 기다리던 손자(단종)가 태어났다. 내가 진짜 할아버지가 된 날이다. 세자 향이(문종)가 26살이 되도록 자식이 없어서 걱정이 이만저만이 아니었는데, 오늘 근심 걱정이 싹 날아갔다. 기쁜 마음으로 경복궁 근정전에서 황제에게 보낼 편지를 쓰고 나서 촛불 가까이에 비춰가며 읽고 있는데, 갑자기 초가 땅에 떨어졌다. "좋은 징조인가? 나쁜 징조인가?" 다음날 손자를 낳은 며느리가 죽었다. 말로는 다 표현할 수 없는 슬픔이 밀려왔다. 풍수지리를 세심히 살펴서 안산읍 와리산에 묘 터를 정했다. 며느리 상여가 떠나는 모습을 차마 지켜볼 수 없었다. 국민들이 길을 가득 메우고 슬피 울었다고 한다. 세자가 결혼한 이후로 경복궁 동쪽에 있는 동궁의 자선당 건물에 신혼살림을 차리고 살았는데, 이곳에서 이혼하고 재혼하고 아내가 죽는 아픔을 계속해서 겪었다. 자선당 터의 풍수가 좋지 않은 것 같다. 마음 같아서는 당장 건물을 헐어버리고 다시는 그곳에 살지 못하게 하고 싶었지만, 차마 그러지 못했다. 급하지 않은 공사는 모두 중지하고, 자선당 건물 가까운 곳에 새 건물을 짓게 했다.

　　며느리 장례를 치르고 열흘 뒤에는 막내 이염(영응대군)이 아파서 여섯째 이유(금성대군) 집에서 요양 중이고, 윤11월 16일에는 아내의 병이 또다시 심해져서 다섯째 이여(광평대군) 집으로 요양을 갔다. 나는 막내와 아내의 병 상태를 챙기러 매일같이 아들들 집에 다녀온다. 그 사이에 세자 향이의 생일이 끼어 있었다. 10월 3일, 경복궁의 내 방(강녕전)에 생일상을 차리고 세자와 마주 앉았다. 기운이 빠지고 어깨가 축 처진 세자를 보니 애틋하고 불쌍한 감정이 밀려온다. 부모로서 해줄 수 있는 것이 생일을 축하해주고 몇 마디 말로 위로해주는 것이 전부다. 이 와중에 넷째 이구(임영대군)는 한밤중에 여자에게 남자 옷을 입혀서 경복궁에 들어오게 하다가, 광화문을 지키는 경비병에게 발각됐다. 이놈은 아무리 생각해도 큰형(양녕대군)과 같은 피를 물려받은 것 같다. 12월 2일, 아내가 경복궁으로 돌아왔다. 그렇지만 쉬지를 못한다. 5일 뒤에 있을 새 며느리를 맞이하는 준비를 챙기고 있다. 세자의 아내(세자빈) 자리는 오래 비워둘 수 없다. 그래서 서둘러 또 결혼을 시키는 것이다. 세자는 싫어도 해야 한다. 나라의 관례가 그렇다. 이제는 잘 살아야 할 텐데 걱정이 앞선다. 지난 9월에도 아내는 아픈 몸을 참아가며 양로연을 직접 챙겼다. 이때가 되면 양로연을 손꼽아 기다리는 노인에게 실망을 안겨주지 않으려는 아내의 정성스런 행동이다. 나 또한 일을 멈추지 않아서 나아지는가 싶던 눈병이 다시 심해졌고, 아침 회의를 거르는 날이 또 늘었다.

왕을 대신하는 국무총리실의 일 처리 솜씨

함경도 온성에 다섯 번째 신도시가 건설되니, 국경지역에서 식량을 소비하는 속도가 더 빨라졌다. 이들을 먹여살리려면 큰 배를 동원해서 한 번에 더 많은 양의 곡식을 옮겨야 하는데, 현실은 배도 부족하고 배를 다룰 숙달된 선원도 너무 적다. 이 많은 양의 곡식을 육로로 운송하는 것은 길이 험해서 불가능하다. 매해 전라도에서 2척, 경상도에서 5척의 배를 새로 만들어서 서울로 보내게 했다. 그런데 이번에는 배를 만드는 재료인 소나무가 턱없이 부족한 문제에 직면했다. 썩은 소나무일지라도 함부로 베어내지 못하게 법으로 금지하고 있지만, 집을 지을 때 워낙 많이 사용하다보니 법도 소용없다. 어쩔 수 없이 3년마다 새 배를 만드는 것으로 변경했다. 3년 전에 중구 약수동 버티고개(벌아현)부터 노원역까지 길가에 심었던 소나무는 잘 자라고 있는지 궁금하다. 배로 곡식을 운반할 때는 반드시 관리자(수참판관)가 배에 탑승해서, 곡식이 상하지 않도록 관리하면서 운반하는 것이 기본이다. 그런데 배가 위험하다는 이유로 식량 관

1441년, 45세, 재위 23년

리자가 탑승을 거부하는, 어처구니없는 일이 아무렇지도 않게 벌어지고 있다. 이동하는 배에 관리자가 없으니 물에 젖고 썩어서 버려지는 곡식이 적지 않다.

하루는 국무총리실에서 삼면이 바다로 둘러싸인 우리나라는 간척사업을 통해 농지를 늘려야 한다는 보고를 했다. 이 보고를 들을 때는 타당한 제안이라고 여겼다. 그런데 실상은 땅이 부족한 것이 아니었다. 권력자의 가족과 친척이 농지를 소유만 하고 있는 것이 가장 큰 원인이었다. 땅을 거래할 때 계약서를 작성하지 않는 횡포도 한몫했다. "괘씸한 놈들이다." 잡아다가 관용을 베풀지 말고 법대로 처벌하게 했다. 그리고 권력자가 불법으로 매입한 농지는 몰수했다. 국무총리실이 정책을 추진하는 과정에서 권력자의 해묵은 횡포를 발견하고 조치한 것이다. 몸이 아픈 왕을 대신해서 국민을 먹여살리는 일도, 소나무를 관리하고 배를 만드는 일도, 양반의 부정부패를 관리하는 일도, 세금제도를 개혁하는 일도, 각종 제도를 개선하는 일도 모두 국무총리실에서 족집게처럼 찾아내고 적절한 조치를 취한다. 왕의 빈자리가 느껴지지 않을 정도다. 이제 내가 물러나고 새 왕이 등장해도 될 만하다.

그래도 가끔이지만, 국무총리실과 내 판단이 다를 때가 있다. 한 예로 남자들 옷은 관직에 따라 기준이 정해져 있어서 문제가 없지만, 여자들 옷은 기준이 없다보니 과소비의 원인이 됐다. 형편이 되는 여성은 값비싼 비단(사라, 능단)을 사용해서 옷을 화려하고 사치스럽게 꾸민다. 그런데 이를 유행처럼 따라하는 가난한 서민이 생기니 물가가 올랐다. 그 결과 서민의 살림살이 형편이 나빠지는 악순환을 초래했다. 이에 국무총리실에서 유부녀는 남편의 관직 등급에 따라 옷을 꾸미는 차등을 정하고, 사신을 맞이하는 행사에서는 사라와 능단으로 장식한 화려한 옷을 입지 못하게 하는 방안을 제시했다. 그러나 나는 이 제안에 동의하지 않았다. 예쁜 옷을 입지 못하게, 법으로 금지하는 것은 과하다는 생각이다. 여자에게 "이거는 입어도 되고 저거는 입지 마라"고 참견하는 것 또한 옳지 않다고 생각한다.

황희와 허조, 그 아버지에 그 아들

　　　　지난해 있었던 절도 사건 판결로 황희의 둘째아들 황보신의 땅을 국가에서 몰수했었다. 그런데 황보신이 자신의 비옥한 땅을 형(황치신)에게 주고, 황치신 소유의 척박한 땅으로 바꿔서 국가에 납부한 사실이 발각됐다. 감사원에서는 재무부차관으로 재직 중인 황보신을 파면하라고 했다. 다음날 언론청에서도 "황치신이 탐욕스럽다며 침을 뱉으려는 사람까지 있다"라고 거침없이 비판했다. 나는 듣기만 했다. 그 다음날 또 거론하기에 "내가 이미 알고 있다"라고 말했는데, 또 다른 신하가 나서서 벌을 줘야 한다고 멈추지 않았다. 하루 쉬고 다음날 또 따지러 왔다. 결국 사건을 재조사하라고 지시할 수밖에 없었다. 두 달이 지난 어느 날, 황희가 편지를 보내왔다. "비옥한 땅으로 다시 납부할 테니 묘 주변의 땅만큼은 지키게 해달라"고 적혀 있었다. 형제들이 할아버지 묘 주변의 땅을 지키려는 과정에서 저지른 일이었다. 그런데도 관련 관청에서 자초지종을 감안하지 않고 원칙대로 물고 늘어진 것이다. 압류한 땅 옆에 국무총리 아버지의 묘가 있지 않은가. 그렇게 사건이 마무리됐다.

　　　이 사건을 계기로 국무총리 황희와 전 부총리 허조의 자식들을 비교하게 됐다. "그 아버지에 그 아들이다"라는 옛말이 틀리지 않다. 대쪽 같은 신념으로 살았던 허조와, 거의 모든 일에 해결 방안을 제시하던 황희의 성품을 자식들이 쏙 빼닮았기 때문이다. 속담에도 "아들은 아버지의 훈계하는 말이 아니라, 아버지의 뒷모습을 따라한다"라는 말이 있지 않은가. 허조는 언제나 동료들의 의견을 대변하듯 왕에게 끝까지 따지고 반영시키니, 동료들과 관계가 원만했다. 허조의 자식들 또한 내가 빈틈을 보이면 아버지 허조처럼 어김없이 나타나서 따진다. 이에 반해 황희는 주머니 속의 송곳처럼, 회의 때마다 탁월한 아이디어로 왕에게 칭찬을 들었다. 이런 황희를 시기하고 질투하는 동료가 적지 않았다. 그래서 이번에 황희의 아들들 사건 처리 과정에서도, 가볍게 넘겨도 될 만한 것들까지 물고 늘어진 듯하다. 마지막까지도, 황보신이 벌을 받았으니 그의 아들은 법대로 "국가고시 시험을 볼 수 없게 하는 것이 옳다"라고까지 주장했다. 이 법은 이미 예외조항이 있는데도 무리한 주장을 한 것이다. 그렇지만 나는 한여름 무더위 때는 국무총리 황희를 늦게 출근하게 배려했고, 황치신은 서울시장(한성부윤)으로 복직시켰다. 이후로 황희 가족에 대해 불만을 토로하는 말에는 일절 대꾸하지 않고 있다.

새 시대로
들어서는 조선

1442년, 46세, 재위 24년

끝없이 동원되는 소민들

한겨울이다. 농민 노동자 1만 명을 모아서 허물어진 행성을 다시 쌓고 있다. 성이 무너져 내려서 재공사를 해야 하는 구간이, 지난 2년 동안 쌓은 행성의 절반에 가까운 7.3km나 된다. 상황이 이러니 "새 행성을 쌓는 것이 의미가 없다. 새 성을 쌓는 공사를 중지해야 한다"는 목소리가 커졌다. 하루는 바른 말을 하는 일이 직업인 정언(正言) 이휘가 찾아와서 "행성이 없을 때도 국경을 잘 지켰으니 서두를 필요 없다"고 하더니, 여기에 더해서 "국민을 힘들게 하는 사람이 왕이다"라고까지 했다. 흉년에 공사를 강행해서 국민을 힘들게 한다는 말뜻은 이해한다. 그러나 "내가 왕이 된 이후로 흉년이 아닌 해가 없지 않은가. 그럼 언제 어떻게 국방을 튼튼히 할 수 있는가?"라고 되묻고 싶었지만 꾹 참았다. "이미 담당부서와 합의하고 진행하는 일이다"라고 짧게 대답하고 돌려보냈다. 중앙정부 관리의 생각이 이와 같이 어리석으니, 부실공사 문제를 처리할 때 내가 현장 관리자만의 탓으로 돌리지 않았던 이유다. 당시에 부실공사 책임을 물어 파면했던 현장감독 박근을 복직시켰다. 그가 나쁜 마음을 먹고 한 짓이 아니라는 것을 알기 때문이다. 이런 신하에게는 잘못을 만회할 기회를 주는 것이 나라에 이익이다. 이 방법은 태종에게 배웠다.

올해도 함경도 온성과 종성 신도시에 새 행성을 쌓았다. 동원되는 노동자는 성을 쌓는 것도 중노동이지만, 공사장으로 가는 길부터 고되고 힘이 든다. 노동자는 먹을 식량을 자기가 사는 지역의 관청에서 받는다. 황해도 공사를 예로 들면 황해도 안에 사는 노동자는 40일 동안 먹을 식량을 받고, 거리가 먼 충청도에 사는 노동자는 두 달치 식량을 받는다. 일하는 한 달과 이동하는 거리를 계산해서 배급받는 것이다. 이 정도 양의 식량을 짊어지고 산을 넘으며, 공사현장에 제때 도착하는 것은 쉽지 않다. 그것도 눈이 쌓인 추운 겨울에 말이다. 그래서 내년 봄부터 황해도의 공사는 황해도의 노동자만 동원하는 방안을 검토하고 있다. 노동자 수가 부족해서 공사기간이 늘어나겠지만, 함경도 사람에게 2달치 식량을 제공하면 밥만큼은 배불리 먹일 수 있을 것이라 생각된다.

지난해 8월 함경도 갑산 부근의 산에서 길을 잃고 일주일 가까이 헤매던 사람들이, 70~80여 가구가 모여 사는 두 마을과 절을 보고 왔다고 한다. 그런데 이곳은 지도에도 없고, 알려지지도 않은 마을이었다. 연대장(대호군) 김방귀를 보내서 여섯 달 동안 수색했지만 찾지 못했다. 그런데 최근에 그곳에서 3년이나 살다 왔다고 주장하는 사람이 나타났다. 그 사람을 앞세워 또다시 산을 샅샅이 뒤졌지만, 여전히 찾지 못하고 있다. 이상한 일이다.

새롭게 구성된 다민족사회

몇 년 전부터 정말 다양한 여진족들이 조선에 귀화했다. 이들 대부분은 국경과 가까운 지역의 좁은 땅에서 부대끼며 살고 있다. 최근에 여진족이 얼마나 다양한지를 알 수 있는 사건이 있었다. 사롱개의 아들 다롱개가 벌인 가짜 이름 사건이다. 사롱개와 다롱개 부자는 우리나라 사람을 죽인 전과가 있고, 조선의 공공의 적인 이만주와도 연결돼 있는 자들이다. 하루는 다롱개가 경복궁 근정전의 아침 회의에 참석했다. 그런데 회의 참석자 명단에 다롱개는 망가라는 가짜 이름을 적었다.

이 둘을 잡아와서 조사하니, 끝까지 아버지와 아들 관계가 아니라며 버텼다. 그런데 이 둘을 안다고 하는 자들의 대답은 또 달랐다. 큰 사고를 친 것은 아니기에 사롱개는 풀어주고, 다롱개(망가)만 서울에 붙잡아뒀다. 다롱개가 어느 집 자식인지, 또 다롱개와 망가 어느 것이 진짜 이름인지 확인할 방법이 없다. 이처럼 조선사람이 복잡한 여진족의 관계를 파악하는 것은 쉽지 않은 일이다. 지금 이 시간에도 알 수 없는 여진족이 강을 건너 조선 땅으로 들어와서 귀화 신청을 하고 있다. 이 중에는 서로 원수 사이였던 자들이 옆집에 살기도 한다. 여진족은 법과 제도를 갖추고 살아본 적이 없다. 그래서인지 불만이 생기면 목소리를 높이고 막무가내로 대들기 일쑤다. 이들 중에는 나라에 내는 세금 개념을 모르는 자도 있고, 알면서도 못 내겠다고 버티는 자도 있다. 이들을 달래고 타이르며 하나씩 더불어 사는 방식을 알려주고 있다. 법대로 처벌하면 이들 대부분은 감옥에서 살아야 하는 처지로 전락하게 될 것이다. 법대로 처벌하면 안 되는 이유다. 그래서 오래전부터 국경 마을에는 우두머리가 거느리는 가구 수에 따라 백호, 천호, 만호라는 특별한 관직을 준다. 그들만의 권위와 위계질서를 따라 사는 것을 인정해주는 것이다. 부작용이 있기는 하지만, 이 제도가 우두머리를 중심으로 그들만의 사회구조를 안정시키는 역할을 톡톡히 한다. 우두머리의 자식은 서울로 데려와서 공부시키는데, 우두머리가 사고를 치지 못하게 하는 효과가 있다.

　　7월 29일, 함경도 군사령관(도절제사) 이세형이 서울로 오다가 쓰러졌는데, 얼마 안 돼서 죽었다. 경기도 포천에서 쓰러진 이세형을 서둘러 서울의 병원으로 옮겨 치료했기에 모친의 얼굴은 보고 떠날 수 있었다. 이세형은 평안도와 함경도에서 두 번이나 수령을 지내고 군사령관까지 승진했다. 그는 함경도 군사령관 김종서가 떠난 빈자리가 느껴지지 않을 정도로 훌륭히 임무를 수행했던, 숨은 보석 같은 인재였다. 급히 김효성을 그의 자리에 임명했다. 국경을 방어하는 장수의 자리는 잠시도 비워둘 수 없다. 북쪽 국경은 경험이 축적되면서 점차로 안정을 찾아가고 있다. 반면에 남쪽의 바닷가는 급격히 증가한 왜인 문제로 치안이 불안해졌다. 우리나라 사람들에게 무기를 몸에 지니고 다니라고 해야 할 정도다. 여기에 더해서 대마도에는 일본 내부의 전쟁에서 패한 패잔병 5천여 명이 도망와서 머물고 있다고 한다. 만약의 사태를 대비해서, 위급 상황을 서울까지 알리는 봉화를 점검했다. 그래도 다행인 것은 대마도 왜적이 지난해에 이어 올해도 중국에 가서 노략질을 할 뿐, 조선 땅에는 얼씬도 하지 않는다는 점이다. 조선의 반격이 두려워서 노략질할 엄두를 못 내는 것이다. 중국에 왜적의 동향 정보를 알려줬다.

왕권이양을 위한 본격적인 기싸움

　　2월 2일, 여섯째 이유(금성대군) 집에서 눈병을 치료하고 한 달 만에 경복궁으로 돌아왔다. "내 눈병이 심하니 세자에게 일을 맡기고 싶다"라고 내 의중을 신하에게 넌지시 건넸다. 신하들은 마치 짜맞춘 것처럼 한꺼번에 눈물을 흘렸다. 그리고 "아직 젊으니 병이 빨리 나을 것이다"라고 한목소리로 말한다. 그렇지만 더 이상 눈병을 참으며 일하는 것은 무리이다. 그래서 "중요하지 않은 일에 한해서만 세자에게 맡기겠다"고 다시 말했다. 이번에도 반대했다. 첫 번째 이유는 내가 46살밖에 안 된 젊은 왕이라는 것이고, 두 번째는 중국과의 외교문제를 거론했다. 내가 한 발 물러서서, 제사와 군사훈련만이라도 세자에게 맡기자고 했지만, 이마저도 거부했다. 한 달 정도 지난 뒤에 "내가 눈병 말고도 오랫동안 당뇨병(소갈증)과 여러 병을 앓고 있어서 합병증이 염려되고, 일을 판단하고 처리하는 것이 예전만 못하다. 작은 일이라도 세자에게 맡기고 싶다"고 했다. 반년 동안 세 번이나 내 의중을 드러낸 것이다. 이 즈음에 왕과 왕비가 묻힐 능자리를 찾으라는 지시도 했다. 이번에는 아무도 대답하지 않고 꿀 먹은 벙어리처럼 내 말을 듣기만 했다.

　　7월 28일, "앞으로 작은 일 처리는 세자가 맡는다"라고 일방적으로 통보했다. 그리고 세자의 일을 도울 '첨사원'이라는 부서를 신설하고, 관리를 선발하라고 명령했다. 며칠 뒤에 감사원에 근무하는 이사철이 찾아와서 "동서고금을 막론하고 세자가 왕을 대신해서 일 처리를 했다는 근거가 없다"고 말하며, 첨사원 신설 반대를 분명히 했다. "오호, 드디어 내가 짠 그물에 너희들이 걸려들었다." 이제야 비로소 왕과 신하 사이에 본격적인 기싸움이 시작되겠구나. 언제 끝날지 모를 왕과 신하 사이의 지리한 왕권이양 협상이 시작된 것이다. 그래서 "그럼 내 병이 낫기를 기대하는 것인가?"라고, 한 치도 물러서지 않고 불쾌한 감정을 섞어서 되물었다. 그랬더니 "왕이 아직 젊기에 병이 곧 나을 것이다"라고 조금도 물러서지 않는다. 그날부터 신하만 바뀔 뿐 계속 찾아왔다. 나 또한 매일같이, "할 말을 다했으니 더 이상 말하지 않겠다"라고 같은 말을 되풀이했다. 팽팽한 날의 연속이다.

요즘 신하들의 말과 행동을 보면, 지금까지 왕에게 당했던 것을 되갚아주려고 작정한 사람처럼 느껴진다. 그동안 내가 늙고 병이 든 신하를 퇴직시키지 않았던 것처럼 "왕도 죽을 때까지 일해야 마땅하다"라고 압박하는 듯하다. 중국 사례를 빗대는 것도 내가 신하에게 했던 방식과 똑같다. 하다하다 안 되니 "아랫사람의 말을 따르는 것이 덕이 있는 왕의 아름다운 행동이다"라고까지 언급한다. 이처럼 지금은 신하들이 한마음으로 똘똘 뭉쳐 있는 상태. 내가 비집고 들어갈 틈이 없다.

8월, 장마가 물러가고 햇빛이 내리쬐니 정말 덥다. 모두에게 유익한 아이디어를 생각해냈다. 나이 든 신하에 한해서 경복궁 근정전에서 일하는 것을 허락했다. 근정전이 다른 사무실보다 시원하기 때문이다. 이 결정이 법에 어긋난다며 시기하는 관리가 있다. 최근에 내가 근정전을 비우는 날이 많아서 허락한 것인데, 무엇이 문제가 된다는 말인가. 한편으로는 "왕의 전용 공간을 신하가 사용하게 되면, 나중에는 세자가 사용해도 문제될 것이 없다"라고 내가 몰아가려는 것은 아닌지 의심하는 신하도 있었다. 지금 상황으로 보면 충분히 의심받을 만하다. 이런 상황이 8월 한여름 무더위 내내 이어졌다. 이렇게 팽팽한 긴장 속에서 눈병이 악화됐다. 하는 수 없이 왕이 신하를 피해서, 여섯째 이유(금성대군)의 집으로 또다시 거처를 옮겼다.

　　9월 3일, 국무총리실에서 첨사원 조직도를 작성해서 보고했다. 7개월여 동안 끌어온 협상이 첫 관문을 통과한 것이다. 국무총리실은 중립적인 위치에서 이 모든 상황을 지켜보고 있었다. 그러면서 내 나이를 집중해서 거론한 신하의 말보다, 병을 내세운 왕의 상태를 더 심각한 상황으로 인식하고, 왕의 손을 들어준 것으로 보인다. 세금제도를 개혁하는 공법을 논의할 때도 국무총리실은 왕과 신하 중에 누구의 편도 들지 않았다. 오로지 국가와 불쌍한 사람의 입장에서 고민하는 것을 알 수 있다. 곧바로 첨사원을 이끌 고위직과 하위직을 포함해서 총 14명의 관리를 선발했다. 가장 강하게 반대했던 이사철을 첨사원에 포함시켰다. 이사철이 첨사원 설립을 반대했지만 반대한 분명한 이유가 있었으니, 이를 보완할 방법을 찾아가며 맡은 역할을 충실히 수행할 것이라 확신한다. 내 경험에 비추어보면, 신념을 갖고 반대한 신하와는 충분한 시간을 가지며 대화해야 한다. 그 이유를 확인하고 나서 왕의 뜻을 충분히 설명한 뒤에 반대했던 일을 맡기면, 그 신하는 신념을 가지고 일할 가능성이 매우 크다. 10년 전에 여진족을 토벌할 때 총사령관 임무를 맡았던 최윤덕 장군도 그랬다. 이 방법은 태종이 나를 가르친 왕권 수업과 허조가 알려준 인재를 환대하는 방법에, 내 경험을 더한 것이다.

　　　왕이 아프다는 이유로 군사훈련을 폐지할 수 없다. 그런데 신하들은 세자가 군사훈련을 지휘하는 것이 불가하다고 고집을 부린다. 내 눈에는 근본적인 대책 없이 거부만 하는 오활한 신하로 보인다. "에돌며(迂 오) 멀리 돌아가지 말라(闊 활)"고 내 의지를 단호하게 전달했다. 세상을 살아가는 이치에 어두운 사람들이 아니니 내 뜻을 알아챘을 것이다. 그날 이후에도 신하는 물러서지 않았지만, 결국 내 의지대로 세자가 서울과 가까운 경기도 양주 인근에서 4일 동안 가을 군사훈련을 지휘했다. 11월이 되고 눈병이 조금 나아졌다. 그렇지만 찬바람이 부는 계절이 찾아오니, 말을 하거나 몸을 움직이면 온몸을 찌르는 것 같은 통증이 어김없이 따라왔다. 1년 내내 아픈 곳이 몸 전체를 따라 옮겨다닌다. 내가 말을 하지 못하는 상태이니 아무도 병문안을 오지 말라고 명령했다. 한해 동안 작지만 큰 진전을 이뤄냈다.

찬바람이 불면 간절해지는 온천

　　3월 3일, 아내와 세자를 포함한 온 가족이 강무를 겸해서 강원도 이천 온천으로 여행을 떠났다. 그러고보니 강무장에 아내와 함께 온 것도 처음이다. 강무는 세자가 지휘하게 했고, 나는 틈틈이 세자와 더불어 사냥을 하며 아이들과 정을 쌓았다. 9살 막내 이염(영응대군)은 여행이 지겨운가보다. 아픈 어머니는 제대로 놀아주지 못하고, 아버지는 형들과 사냥만 하고, 매일같이 덜컹거리며 이동하니 낮잠도 제대로 못 잔다. 가끔씩 손에 활을 쥐어주고 쏘게 했지만 여전히 투덜댄다. 데리고 놀 만한 다람쥐 두 마리와 새끼 독수리 두 마리, 그리고 진기한 새를 구해다줬더니 조금 나아졌다. 하루는 사슴 한 마리가 둘째 이유(세조)가 탄 말을 들이받아서 말에서 떨어지는 사고를 당했다. 놀란 가슴에 아들들이 말을 타며 사냥하는 것을 중지시켰다. 그렇게 여유롭게 이동해서 13일 만에 강원도 이천의 온천에 도착했다. 따라온 신하도 온천으로 병을 치료하게 했다. 이번만큼은 병이 낫는 것을 확인할 때까지 느긋하게 치료하고 싶은 마음이 굴뚝 같다. 긴급한 일은 국무총리실이 있으니 걱정이 없다.

돌아오는 길에 내가 탄 수레가 부서지는 대형사고가 발생했다. 왕이 이번 여행 동안 먼 길을 오랫동안 다녀와야 해서, 장영실이 특별히 정성을 들인 수레였다. 신하는 수레를 부실하게 만든 장영실을 역모죄로 처벌해야 한다고 난리다. 그렇지만 이 사고는 수레의 결함 때문이 아니다. 길이 험해서 발생한 사고였다. 본래 이곳은 사람만 간신히 지나는 풀로 뒤덮인 숲길이었다. 왕이 온다고 하니 왕의 수레가 지날 길을 만들기 위해 뒤덮인 풀을 베어내고, 길을 넓히고, 다리를 새로 놓았던 것이다. 오는 길에 보니 베어낸 풀이 길가에 군데군데 산더미같이 쌓여 있었다. 여기까지 오는 길이 예상했던 것보다 더 험했던 이유를 누구나 알 수 있었다. 온천 건물 또한 급하게 짓느라 공사가 제대로 마무리되지 않았다. 천장에서 흙더미가 떨어져내려서 사고로 이어질 뻔한 적도 있었다. 주민의 노고가 이만저만이 아니었을 것이다.

또 한 가지 큰 문제가 발견됐는데, 이곳은 큰 물길이 사방으로 둘러 있는 곳이어서 비가 많이 내리면 고립될 수 있는 안전하지 않은 곳이었다. 신하들은 "부자와 권력자의 자식은 마루 가장자리에 앉지 않는다"는 옛말에 비유하며, 장마 전에 서둘러 돌아가는 것이 좋겠다고 했다. 주민들에게 폐를 끼치지 않으려고 일부러 한적한 곳을 찾아서 멀리까지 왔는데, 계획이 틀어졌다. 서울로 출발했다. 돌아오는 길에 냇물을 건너려는데 갑자기 폭우가 쏟아졌다. 냇가 밖으로 피해서 비가 잠잠해지기를 기다렸다가, 빗물이 줄어든 다음 날 새벽에 간신히 물을 건넜다. 비를 피할 곳이 없어서 많은 수행원이 밤새 비를 맞으며 추위에 떨어야 했다. 올 때도 물살이 빨라서 아내가 물길을 걸어서 건넜는데, 돌아올 때도 어김없이 물살이 힘들게 한다. 그래도 마을 근처를 지날 때, 길에서 생각지도 않게 신선한 채소를 얻는 행운이 따랐다.

내가 온천을 떠난 다음날, 온천에서 화재가 발생했다는 보고를 받았다. 네 명의 주민이 고의로 불을 지른 방화였다. 방화범과 온천이 있는 지역을 다스리는 수령을 처벌하는 것은 사건의 핵심이 아니다. 최대한 가볍게 처벌하게 지시했다. 문제의 핵심은 왕 때문에 주민이 길을 내고 건물을 짓는 등, 강제노동에 동원됐기 때문이다. 내가 탄 수레를 만든 장영실과 장인들 또한 가볍게 처벌하게 했다. 수레가 부서지기는 했지만 내 몸에 상처 하나 나지 않은 것을 보면, 장영실이 수레를 튼튼하게 만든 것은 사실이다. 이 특별한 수레가 아니었다면 왕이 다치는 대형 사고가 날 뻔했다. 사고 소식을 듣고, 깜짝 놀라고 풀 죽어 지냈을 장영실을 생각하니 측은하다.

4월 22일, 우여곡절 끝에 서울로 무사히 돌아왔다. 나는 궁궐로 가지 않고 여섯째 이유(금성대군)의 집으로 곧장 갔다. 궁궐 안에 병든 사람이 있다는 보고를 받았기 때문이다. 이번 여행은 사건사고가 정말 많았다. 그렇지만 죽거나 다친 사람 없이 안전하게 돌아왔으니, 이것으로 됐다.

금수저 학생들의 일탈

왕실학교를 설립한 본래 목적을 비웃기라도 하듯 왕실의 학생들이 학교에 오지 않는다. 성균관 학생도 마찬가지다. 그들 중에는 학교에 입학만 해두고 끼리끼리 몰려다니며 놀다가, 왕이 국가고시 시험장에 직접 나온다고 하면 그때부터 출석하고 벼락공부를 하는 자들도 있다. 시험이 끝나면 또 학교에 코빼기도 보이지 않는다고 한다. 시험을 볼 자격 기준 중에 하나가 학교 출석일수를 채우는 것인데, 전체 기간 중에 언제라도 출석일수만 채우면 되는 점을 교묘하게 악용하는 것이다.

하루는 성균관 학생 26명이 종로구 삼각산에 있는 절에 가서 중을 때리고 물건을 빼앗는 사고를 쳐서, 감옥에 가뒀다는 보고를 받았다. 이전에도 이와 유사한 사건이 있어서 학생이 절에 출입하는 것을 법으로 금지시켰는데, 또 사건이 벌어진 것이다. 그들은 며칠 동안이나 절에서 유흥을 즐기고, 불경을 뺏고, 불상이 올려져 있는 탁자를 부수고, 이를 말리는 중을 폭행하는 몰상식한 행동을 서슴없이 저질렀다. 부모들이 나서서 아직 어린 학생이니 보석으로 석방하기를 요청했지만 받아들이지 않았다. 그랬더니 다음날 "중들이 떼를 지어 어린 학생을 몽둥이로 때렸다"라며, 중들이 잘못한 것만 조목조목 나열했다. 중이 학생을 때린 것은 정당방위에 해당하는 행동인데, 오히려 중이 잘못한 것으로 몰아가려 했다. "행패를 부린 것이 선비의 도리인가?"라고 일축했다.

집현전에서 이 상황에 대한 의견을 냈다. 학생들의 죄는 밉지만, 국가고시만큼은 치를 수 있는 기회를 주자고 했다. "먼저 사람이 돼야 한다"라고 단호하게 거부했다. 일주일 뒤에는 한술 더 떠서 성균관 학생 90명이 떼를 지어 왕에게 찾아왔다. 불교를 이단이라 부르며, 감옥에 갇힌 학생들을 풀어달라고 지껄였다. "괘씸하고 어이없는 놈들이다"라고 일축했다. 법무부장관(형조판서)은 사건이 일어난 날, 그의 아들이 그 절에서 중에게 공부를 배우고 있다가 사고를 접했다. 그래서 나만큼이나 강경한 입장이다. 두 달 정도 지나 학생 중에 스무 살이 넘은 자 5명은 60대를 때렸고, 십 대 학생은 훈방조치했다. 중은 2명만 80대를 때렸다. 이 정도면 정신을 차렸을 것이라 생각했다. 그런데 내 생각뿐이었다.

세 달여가 지난 어느 날, 서울의 다른 학교(서부학당, 중부학당) 학생 10명이 보등사라는 절에 가서, 중을 묶어놓고 똑같은 짓을 벌였다는 보고를 받았다. 선처 없이 엄하게 처벌하게 했다. 그랬더니 이번에는 왕에게 "이단 종교를 우대하는 왕이다"라고 뒷말을 하는 자들이 있었다. "학생들에게 무엇을 어떻게 가르쳐야 하는가?" 나는 선한 마음 위에 학문을 쌓아야 인재로 성장한다는 믿음을 갖고 있는데, 이처럼 현실은 완전히 다르다. 하루 종일 갑갑하다. 그래도 학생 중에는 이놈들처럼 사고를 치는 학생만 있는 것은 아니다. 식량을 싸가지고 성균관에 등교해서 공부에 전념하는 학생도 있다. 이런 학생을 '스스로(私 사) 식량을(糧 량) 싸가지고(齎 기) 와서 공부에 전념한다(齋 재)'라는 의미로 '사량기재'라고 부른다. 기특한 학생이다. 사량기재에게 혜택이 돌아가도록 시험과 관련된 제도를 보완하고 있다.

법을 바로 세우는 것은 결국 사람의 문제

일반 국민은 힘든 일을 당하면 법에 의지하게 된다. 법에 하소연하는 것 외에 다른 방법이 없기 때문이다. 이럴 때 중앙정부에서 관여하는 경우가 있다. ①일반 국민들까지도 대나무로 그릇을 만들고, 짐승의 가죽으로 물건을 만드는 직업을 천하게 여긴다. 그래서 이 일을 하는 사람들에게 '백정'이라는 새 이름을 지어주고, 일반 국민들과 섞여서 살게 했다. 그런데도 '신백정'이라고 바꿔 부르며 차별대우를 멈추지 않았다. 이를 관리하고 감독해야 하는 수령조차도 아무렇지도 않게 백정에게 일을 시키고, 백정이 만든 물건을 함부로 집어간다. 결국 중앙정부가 나서서 백정에게 피해를 준 자들의 명단을 보고하게 했다. ②몇 년 전부터 범죄자가 급증해서 감옥이 비좁다. 감옥에서 병에 걸리고 굶어 죽는 죄수가 늘었다. 그런데 문서를 허위로 만들어서 죄수가 죽은 사실을 감추는 경우가 허다하다. 죄수에게 식은 밥 한 덩이라도 물에 말아서 먹이는 정성만 있었어도 살릴 수 있었던 사람을 방치해서 죽게 한 것이다. 이를 방지할 방법을 법에 명시하게 했다. ③세금제도를 공법으로 바꾸려는 이유가 지방의 하급관리가 문서를 조작하는 비리 때문인데, 아직도 버릇을 고치지 않은 못된 자들이 있다. 불시에 조사해서 적발된 하급관리는 가족 모두를 국경지역으로 쫓아보내는 엄벌에 처하게 했다. ④수령에 임명되면 최대 10일 이내에 부임지로 가는 것을 법으로 정했는데도 가지 않는 수령이 있다. 신임수령을 기다리는 해당 지역에서는 신임수령이 오는 길을 안내하려고 하급관리를 서울까지 보낸다. 이 하급관리는 몇 달 동안 서울에서 허송세월을 하는 경우가 허다하다. 그런데 안타까운 일은, 이렇게 서울에 온 하급관리가 자리를 오래 비우면 일자리가 없어지기도 한다는 것이다. 이처럼 법이 있어도 현실에서는 무용지물이 되는 경우가 다반사다.

왕이 나서서
해야 하는 일

1443년, 47세, 재위 25년

오늘부터 세자가 왕이다

　　4월의 이른 아침이다. 오늘은 특별한 날이다. 마음을 가지
런히 하고 책상 앞에 앉았다. 붓을 들고 글을 써내려갔다. "나는 오래
전부터 병을 달고 살아왔다. 최근에는 견디기 힘들 정도로 몸이 아프
다. 그렇게 병을 핑계로 게으른 왕으로 변했다. 왕이 병들면 세자가 나
라를 다스리는 것이 오래된 전통이다. 그래서 나는 한 달에 두 번(1일,
16일)만 아침 회의에 참석하겠다. 또한 국방, 형벌, 인사와 같이 복잡
한 의사결정을 제외하고는, 모두 세자에게 맡기겠다. 조선의 신하는
오늘부터 세자의 신하"라고 적었다. 그리고 비서실에 전달했다.

　　비서실 직원들이 깜짝 놀라서, 서로를 쳐다보면서 할 말
을 잊고 한숨만 내쉬었다고 한다. 내용 중에 "세자가 남면해서 조회
를 받는다"라고 적은 글이 있는데, 특히 이 대목을 인정하지 못하겠
다는 입장이다. 세자가 남면하는 자리에 앉는 것은 단순한 대행을
넘어서, 왕으로 인정하는 의전이기 때문이다. 회의나 행사를 할 때,
왕은 항상 등으로 북쪽에 벽을 쌓듯 하고 남쪽을(南 남) 바라보고(面

면) 앉는다. 이것이 '북벽남면'하는 왕의 자리다. 왕의 자리를 정하고 나면, 신하를 문인과 무인 둘로 구분하고 자리를 배치한다. 문인은 왕의 왼쪽인 동쪽에, 무인은 왕의 오른쪽인 서쪽에 자리한다. 문인과 무인이 서로 마주 보게 된다. 세자는 문인 자리에 위치하는 것이 관례다. 이런 자리 배치가 왕이 참석하는 회의나 행사의 기본 의전이다. 문인을 동반이라 부르고, 무인을 서반이라 부르는 것은 자리 배치에서 따온 말이다.

비서실의 반대 의견에 아랑곳하지 않고, 국무총리실에도 왕권이양을 알리는 문서를 보냈다. 국무총리실 직원 모두가 한꺼번에 몰려와서, 한목소리로 "두렵다"고 말한다. 이 소식을 들은 장관과 차관들도 몰려와서 "불가하다"고 말한다. 왕이 신하에게 판단을 물은 것이 아니다. 왕이 결정하고 통보한 것이다. 사태의 심각성을 깨달은 신하들은 하루도 빠짐없이 끈질기게 반대 의견을 냈다. 내가 수년 전부터 세자에게 왕의 권한 일부를 넘기겠다고 말할 때마다 신하는 "안 된다"라고 반발했다. 그러다가 왕이 조용해지면 따라서 잠잠해지는 땜질 처방 식의 대응을 반복해왔다. 그런데 이번만큼은 왕이 끝장을 볼 것이라는 사실을 남면이라는 단어에서 직감한 것이다.

하루는 왕의 뜻을 거부하면 "왕을 사퇴하고 병이나 치료하며 한가하게 살겠다"라고 무책임하게 대응했다. 그랬더니 다음날부터는 거의 모든 신하가 떼를 지어 몰려왔다. 정말로 왕이 바뀔 수 있다는 사태의 심각성을 인지하고, 집단의 힘으로 저항하는 것이다. 그렇게 4월이 다 지나갔다. 5월이 되고 드디어 경복궁 건춘문 안쪽에 세자가 일할 건물이 완공됐다. "세자가 이어가는(繼 계) 밝은 새 시대(照 조)"라는 뜻을 담아서 '계조당'이라고 이름 지었다. 계조당은 세자가 일하는 전용 업무공간이다. 계조당에서 세자가 공식적인 회의를 주관할 때는 남면하고 앉지만, 스승, 고위급 관리, 친척 어른을 만날 때는 지금처럼 동반의 자리에 앉는 타협안을 국무총리실에서 제시했다. 나도 동의했다. 지난해 첨사원 조직을 신설하고 올해는 일할 수 있는 환경을 만들었으니, 왕권이양을 위한 첫 단추를 비로소 뀄다. 앞으로 나에게 결재받을 사항은, 왕의 비서실인 승지원과 세자의 비서실 역할을 담당할 첨사원이 협의한 다음에, 선별해서 가져오게 했다.

　　　왕(王)이라는 글자에는 왕의 무한한 책임이 담겨 있다. 가로 선 세 개는 위에서부터 하늘(天) 사람(人) 땅(地)을 상징하는데, 이 셋의 가운데를 반듯하게 관통하는 세로 선이 왕이 있어야 할 위치이며 해야 할 역할이다. 그래서 왕은 국민이 의지할 수 있는 곳에 있어야 하고, 왕이 그곳에서 무한한 책임감을 가지고 세상 모든 일에 관여하고, 중재하고, 결정해야 한다. 이 무거운 책임을 세자에게 넘겨주려니 아버지로서 마음이 무겁다. 세자가 슬기롭게 풀어나가기를 희망하며, 내 아버지 태종이 그랬던 것처럼 나 또한 가능한 많은 것을 준비해주고 떠나고 싶다. 그러려면 신하가 뭐라 하든 정신만큼은 온전한 지금 시기를 놓치면 안 된다. 세자가 본격적으로 왕권 수업을 받기 시작한 이후로, 헌릉(태종의 능)과 건원릉(태조의 능)을 보수하는 일, 나와 아내가 죽어서 묻힐 장소를 정하는 일 등의 집안일은 둘째 이유(세조)와 셋째 이용(안평대군)이 세자에게 물려받아서 챙기고 있다.

빚이 줄지 않는 서민들의 살림살이

평안도 창성에 성과 행성을 쌓았다. 새로 쌓은 성이 5년이 지나도 무너지지 않으면, 공사를 담당했던 관리에게 상을 주는 제도를 신설했다. 잘못을 따지고 처벌하는 것보다는 칭찬을 하고 상을 주는 방법이 효과가 클 것이다. 가을이 되고 함경도 온성과 종성 두 곳에 성을 쌓아야 하는데, 올해 가뭄이 지난 1436년에 비견될 정도로 심각해서 공사를 할 수 없는 상황이다. 그래도 성을 쌓았다. 중국의 만리장성에 빗대어 "조선이 천리장성을 쌓고 있다"라고 말하고 다니는 자도 있다고 한다. 그들의 눈에는 왕이 고집을 부리는 것으로 보이나보다.

국경에는 항상 식량이 모자란다. 식량을 하삼도에서 배를 이용해서 운송하는데, 날씨가 안 좋으면 배가 뒤집히는 사고가 난다. 추위가 찾아오는 11월에 곡식을 운반하던 배가 64척이나 파손됐고, 물에 빠진 군인 4명을 찾지 못했다. 파손된 배가 중국 저장성의 정강까지 표류해 떠내려가기도 했다. 국경에 식량을 보급하는 일은 얼음이 어는 겨울을 제외하고는, 1년 내내 멈추지 않아야 하는 고된 일이다. 국경 마을에는 식량만 부족한 것이 아니다. 옷과 생필품을 구하는 것도 쉽지 않다. 갈아입을 옷 한 벌조차 없는 사람이 부지기수다. 이런 상황을 간파하고 있는 장사꾼이 옷과 생필품을 가지고 국경 마을을 돌아다니며 곡식과 바꿔간다. 그렇게 곡식을 사 모은 장사꾼은 국경 인근의 관청에 곡식을 넘겨주고, 확인증을 받아서 서울로 돌아온다. 그 확인증을 서울의 관청에 보여주고 쌀로 바꿔간다.

장사꾼은 운송 비용을 한 푼도 들이지 않고 큰 차익을 얻는 것이다. 이렇게 국경과 서울에서 곡식을 바꿔주는 제도는 국경 마을까지 쌀을 운반하기 힘들어서 만든 특별한 제도다. 그런데 나라에서 국경까지 힘들여 운송하고 주민에게 배급한 곡식을 장사꾼이 모아와서 잔꾀를 부린 것이다. 이처럼 장사꾼(홍리인)은 이익(利 리)을 얻기 위해서라면(興 흥) 무슨 짓이든 하는 사람이다. 태종 때도 이런 장사꾼이 있었다. 최근에는 중국 상인까지 국경 마을에 들어와서, 옷감을 좁쌀로 바꿔가서 열 배나 되는 차익을 남긴다는 소문이 있다. 조선의 장사꾼은 이익은 얻지만 식량만큼은 그대로 국경에 남겨둔다. 그런데 중국의 장사꾼은 힘들여 운반한 식량을 중국으로 빼간다는 사실에 화가 치민다.

이런 거래를 '환돌리기'라고 부른다. 환은 나라에서 빌린 곡식을 뜻하는 이름인 환자곡의 앞 글자만 따온 말이다. 환돌리기는 서민이 나라에서 빌린 곡식으로 물건을 사는 것이니, 빚으로 빚 갚기 또는 빚 돌려막기와 다를 바 없다. 여기에 더해서 장사꾼은 당장 필요하지 않은 물건까지 달콤한 말로 꾀어서 사게 한다. 가진 것을 모두 탕진한 서민은 다음 해에 추수를 해도 빚을 갚지 못한다. 무지한 서민은 빚이 계속 늘어나게 된다. 국가는 이런 불쌍한 서민이 굶어 죽지 않도록 또 곡식을 빌려줄 수밖에 없다. 결국 악순환에서 빠져나오지 못하게 되는 것이다. 내가 상인(홍리인)을 부정적으로 보는 이유다. 그렇다고 환돌리기 수법이 나쁜 것만은 아니다. 이 거래방식이 국경과 산속 마을에 사는 서민이 입을 옷과 생필품을 구할 유일

1443년, 47세, 재위 25년

한 방법이다보니, 무턱대고 금지할 수도 없다. 고민이 많아지는 날이지만, 내 힘만으로는 문밖에 나갈 수 없을 정도로 병이 심하다.

이제부터 여진족은 전략적 공생관계

서울에는 집과 노비와 관직까지 받아서 불편함 없이 사는 여진족들이 있다. 그런데도 자기들끼리 만나면 다투고 싸우기를 멈추지 않고, 노비를 함부로 다루고, 주변 사람에게 무례한 행동을 서슴없이 한다. 이들 중에 몇몇은 밤에 떼를 지어 몰려다니며 술을 마시고 민가 부근을 어슬렁거리다가, 지나가는 사람을 때리고 물건을 뺏기도 한다. 조선사람도 술을 마시고 취해서 길거리에서 고성방가하는 행동을 하지만, 사람을 때리거나 강도 짓을 하지는 않는다. 이들은 아직도 사람을 납치해서 함부로 부리던 버릇을 버리지 못했다. 평생을 산과 들에서 말을 타고 자유롭게 살던 여진족들이 정착 생활을 하려니 좀이 쑤실 것이다. 그래서 지금까지 최대한 선처하며 배려했지만, 주민들의 불만이 너무 많이 쌓였다. 하루는 외교문화부 장관(예조판서) 김종서가 서울에 사는 여진족을 모아서 밥을 먹이고 타일렀는데, 집으로 돌아갈 때는 의기투합해서 자기들끼리 형제의 의를 맺었다고 한다. 그렇지만 여기까지였다. 역시 변한 게 없었다. 지금 이들이 사는 곳은 법과 제도가 정비된 조선의 수도 서울이다. 더 이상 무례한 행동을 하는 자는 관직을 박탈하고, 노비를 학대하는 자는 노비를 몰수하게 했다.

여러 여진족 부족이 좁은 공간에서 복작거리며 사는 국경 마을 상황은 심각한 수준이다. 특히 함경도 회령 땅에 오래 살아온 오도리들까지도 자기들의 잘못은 한 마디도 안 하고, 함경도 군사령관(도절제사) 김효성이 "오도리를 개, 돼지 보듯 한다"라고 불만 가득한 말을 쏟아낸다. 김효성은 오도리들이 조선을 배신하고 떠난 이후로, 남아 있는 오도리에 대한 감정이 좋지 않다. 김효성에게 가능한 감정을 누르고 따뜻한 말로 타이르게 했다. 내가 여진족을 후하게 대하는 가장 큰 이유는, 조선 땅에 우호적인 여진족이 살고 있어야 국방에 관한 고급 정보를 얻을 수 있기 때문이다. 한 예로 9월에 말을 탄 우디캐 400여 명이 함경도 종성에 침입했지만, 우리 기병 700여 명이 신속하게 출동해서 물리칠 수 있었다. 두 달 전에 정보를 입수하고 대비했기 때문이다. 이런 고급 정보를 알려주는 사람은 대체로 우리가 따뜻하게 보살핀 여진족이다. 지금은 줄 것은 주고 받을 것은 받는 전략적 공생관계를 유지하는 것이 바람직하다. 시간이 지나면 여진족의 후손이 이 땅에서 조선 말을 하는 조선사람이 되어 살 것이다.

10월, 오도리 부족 출신으로 조선 말을 잘하는 마변자가 찾아왔다. 9월에 패하고 도망간 여진족이 전열을 재정비하기 전에 기습공격하여, 적을 섬멸할 적기라고 알려줬다. "추수가 막 끝난 지금 식량까지 모조리 불태우면, 앞으로 10년 간은 쳐들어올 엄두를 못 낼 것이다"라고 솔깃한 말까지 곁들였다. 나는 동의하지 않지만, 군사령관(도절제사)이 옳다고 하면 군대를 움직여 여진족에게 두려움을 심어주는 것에 찬성한다. 이전에 김종서가 군대를 이끌고 적이 사는 곳과 가까운 산과 들에서 시끄럽게 사냥하니, 도망치는 여진족이 많았었다. 함경도 군사령관 김효성에게 ①도로의 멀고 가까운 것은 몇 리나 되며 ②마을은 몇 곳이고 몇 집이며 ③섬멸하는데 예상되는 기간은 얼마이며 ④군대가 이동하는 길은 몇 개이며 ⑤얼마의 군인이 필요하며 ⑥시기는 언제가 좋으며 ⑦우리가 공격했을 때 주변에 도와주는 다른 여진족이 있는지 ⑧있다면 규모와 거리는 얼마나 되는지 ⑨주변에 여진족이 숨어들어갈 산은 있는지 등을 파악해서, 군사작전을 비밀리에 철저히 수립하라고 조목조목 지시했다. 한시가 급한데, 마변자는 이런 내 행동을 지켜보며 한숨을 푹푹 내쉬고 있을 것이다.

왕이 비밀스럽게 보낸 시간들

최근에는 오른쪽 다리도 아프다. 온천에 있을 때는 통증이 싹 사라지지만, 서울로 돌아오면 도로 아프다. 지금까지 두 번 온천에 다녀왔는데, 주변에서 "온천에 다녀오는 것이 좋겠다"라고 거듭 청해서 다녀오기로 했다. 그러나 국민에게 피해를 주는 일이 없어야 한다. 밥상을 차리는 것을 예로 들며 "절대로 국민에게 부당한 일을 시키지 말라"는 조건을 달았다. 내가 가기로 생각을 바꾼 이유는, 나도 아프지만 아내와 세자가 아프기 때문이다. 둘째 이유(세조)도 데리고 갔다. 서울에는 셋째 이용(안평대군)과 다섯째 이여(광평대군)를 남겨뒀다.

3월 3일, 충청도 온양 온천에 도착해서 하루 종일 온천을 하며 정말 편하게 쉬고 있다. 모르는 사람이 보기에는 놀고먹는 한량처럼 보일 것이다. 그렇게 3월 한 달 내내 왕이 무슨 일을 하는지 모르게 숨기며 보냈다. 사관 또한 내가 온천에 있을 때는 얼씬도 못하니 알 수가 없다. 내가 한 일을 아는 사람은 세자와 정인지를 포함해서 극소수뿐이다. 내가 죽은 뒤에 실록이 쓰여지면, 3월 한 달 동안 왕의 기록이 하나도 없을 수도 있다. 지금 왕이 하는 일을 적어서 기록을 남기고 싶은 마음이 굴뚝 같지만, 끝까지 비밀을 유지해야 하는 일이다. 적절한 날을 잡아서 왕이 한 일의 결과물을 공개하면, 왕이 온천에서 무슨 일을 했는지 어렵지 않게 짐작할 수 있을 것이다.

왕이 비밀리에 일을 벌이는 동안, 따라온 신하와 환관(내시), 하급관리들이 모두가 한통속이 돼서 "절대로 국민에게 부당한 일을 시키지 말라"는 내 당부를 지키지 않고, 뇌물을 받아 챙기고 노는데 정신이 팔려 있었다. 특히 이번 여행에서는 왕이 그들을 찾지 않으니, 저마다 필요한 것 이상을 요구하며 국민들을 성가시게 했다. 결국 왕만 비밀이 새나갈까봐서 걱정했을 뿐이다. 어느 누구도 왕에게 관심이 없었다. 문득 이런 생각이 들었다. 자신들은 그렇게 불법을 저지르며 놀면서, 왕이 서울에 없는 동안 큰형(양녕대군)이 왕의 놀이터(성동구 살곶이)에서 매사냥을 즐긴 것에 대해서는 왜 그렇게 거침없이 험담을 늘어놓는가. 어이가 없었지만 웃고 넘겼다. 그렇게 한 달을 보내고 서울로 돌아왔다. 그리고 올해 가을 군사훈련은 취소하자고 했다. 군사훈련은 매번 신하는 반대하고 나는 밀어붙였던 사안이다. 그런데 내가 먼저 훈련을 중지하자고 하니, 신하들이 어리둥절한 모습이다. 지금까지 한 번도 이런 적이 없었기 때문이다. 지금 왕이 꼭 해야 할 일이 있기 때문이라는 사실을 대부분의 신하는 모른다.

사회의 약자를 돕는 새 문자 공개

12월 마지막 날, 우리나라 사람의 말을 듣고 글자로 적을 수 있는 "훈민정음이라는 세상에 없는 새 문자를 만들었다"라고 세상에 알렸다. 아직 끝나지 않은 왕의 비밀 프로젝트 결과를 세상에 공개한 것이다. 우리나라 국민 대부분은 한 번도 글을 배운 적이 없다. 그래서 글을 쓸 줄도 읽을 줄도 모른다. 슬픈 현실이다. 그 현실을 바꾸고 싶었다. 무지해서 힘들게 살아온 국민에게 사람답게 사는 즐거움을 선물하고 싶었다. 새 문자는 '국민을(民) 즐거운 세상으로 인도하는(訓) 바른(正) 소리(音)'라는 뜻의 '훈민정음'이다.

한자는 수많은 글자를 외워서 사용하는 데 반해, 훈민정음은 오로지 28개의 문자(자음, 모음)를 조합하는 것만으로 모든 소리를 글로 적을 수 있다. 초성, 중성, 종성 세 가지 조합으로 한 개의 글자를 만드는 단순한 방식이다. 이렇게 간단하지만, 표현할 수 있는 글은 무궁무진하다. 이런 발명을 "왕이 주도했다"라고 밑도 끝도 없이 일방적으로 발표하니, 신하는 눈을 동그랗게 뜨고 서로의 얼굴을 바라본다. 도대체 왕이 무슨 말을 한 것인지 영문을 알 수 없다는 표정이다. 나는 오랫동안 비밀리에 새 문자를 만들어왔다. 온천에 가서 틀어박혀 지낸 이유도, 군사훈련을 취소한 이유도 모두 훈민정음 연구에 집중하는 시간을 갖기 위함이었다. 오늘 공개한 훈민정음은 하늘, 사람, 땅, 이 셋이 작동하는 원리를 따라가며 발견한 이치를 차곡차곡 모아온 결과물이다. 나는 하나로서 셋을 관통하는 임무를 부여받은 왕으로서 해야 할 일 한 가지를 한 것이다.

"새 문자를 만들겠다"라는 결심은 오래전에 했다. 그리고 수년 동안 계속된 여진족과의 혼란에서 장교급 군인들이 글자를 읽지 못해서 드러난 어이없는 작전 실수들을 지켜보면서, 어려운 한자를 대체할 쉬운 글자의 필요성을 다시 한 번 절감했다. 일반 국민만 글을 모르는 것이 아니었다. 특히 군대 조직 안에는 한자를 읽을 줄도, 쓸 줄도 모르는 장교가 부지기수였다. 전투가 벌어지는 현장에서 군대를 직접 통솔하는 중대장급 장교 중에도 있었다. 그 결과 장교 본인도 제대로 전술을 이해하지 못했으니, 작전 수행 능력이 형편없는 오합지졸 수준을 벗어나지 못했던 것이다.

실제로 내가 보고받은 것만 해도 용감하게 싸우기만 할 뿐, 전술적 판단이 형편없어서 다 잡은 적을 눈앞에서 놓치는 경우도 있었다. 국경과 바닷가에 피땀을 흘려가며 여러 성을 쌓았지만, 군사 작전을 제대로 수행할 수 없는 구조였다. 그동안 이 문제를 해결하려고 그림으로 그려서 설명하기도 했다. 그러나 이 방법은 한계가 분명했다. 복잡한 상황을 설명하는 것은 그림으로도 불가능했다. 그렇다고 몸 쓰는 장수에게 방에 들어앉아 어려운 한자 공부를 하게 할 수는 없지 않은가. 일반 국민의 경우는 더 심각했다. 글자를 몰라서 매를 더 많이 맞기도 하고, 감옥에 더 오래 갇히기도 하고, 사기를 당한 경우는 헤아릴 수 없을 정도로 많았다. 심지어는 억울하게 사형 판결을 받는 경우도 있었다. 그런데도 대부분의 관리는 소민이 글자를 읽을 줄 모르는 약점을 이용했다. 글을 모르는 소민을 쉽게 관리하고 지배하는 것을 당연하게 여겼다. 여성의 경우는 더 심각했다. 여의사(의녀)와 같은 여성 전문인력을 양성하려 해도, 글을 읽을 줄 아는 여성이 없어서 어려움이 많았다. 기생 중에 선발해서 글을 가르쳐서 양성하기도 했다. 사관이 내 말을 기록했으니, 훗날 이 땅에 사는 후손들은 왕이 오늘 얼마나 큰 결과물을 공개한 것인지 알게 될 것이다. 앞으로 차근히 완성해갈 것이다.

윤사윤과 대화하는 즐거움

공법을 전국에 확대 적용한 지도 어느덧 3년이 지났다. 그렇지만 국무총리 황희는 "지금이라도 공법을 중지하는 것이 옳다"는 주장을 굽히지 않고 있다. 그렇지만 나는 황희가 반대를 위한 반대를 하는 것이라고 생각하지 않는다. 나는 공법을 공정하게 관리한다. 한 예로 올해 여름부터 공법관련 문서는 누구도 볼 수 없게 밀봉해서 왕에게 제출하게 했다. 땅을 많이 가진 사람의 청탁 비리를 원천적으로 차단하기 위함이다. 공법은 반드시 가난한 서민에게 유리한 법이 되어야만 한다. 국무총리 황희의 반대도 이 점을 보완해야 한다는 것이 핵심이다. 황희의 주장을 곱씹는 과정에서 공법의 취약한 부분이 보완되었다. 공법을 적용해보니 실질적 세금을 결정하는 농지등급과 수확량 산정 기준 두 개가 공정해야 한다는 사실을 다시 한 번 절감했다. 두 기준을 가난한 서민에게 유리하도록 보완하는 것이 급선무라는 확신이 섰다. 공법을 전담할 부서(전제상정소)를 신설하고, 둘째 이유(세조)에게 일을 맡겼다. 둘째 이유와 정인지는 올해 내내 농지등급과 수확량 산정 두 가지를 어떤 기준으로 할 것인지 의논에 의논을 거듭했다. 정인지는 전국을 돌아다니며 직접 농지를 확인한 후에 농지등급을 정하는 역할을 맡았다.

전국에 도적 무리가 기승을 부려서 항상 낯선 사람을 조심하며 살아야 하는 것이 눈앞의 현실이다. 국무총리실까지 나서서 "도적의 팔꿈치 쪽에 새기던 먹물 낙인을 얼굴에 새기는 마지막 방법을 써야 한다"라고 제안하기에 이르렀다. 누가 도적인지 쉽게 알도록 하는 방법을 쓸 수밖에 없는 최악의 상황이라는 것이다. 너무 과한 형벌이지만 왕이 그대로 따를 수밖에 없는 현실이 참담하다. 도적이 늘어난 이유를 대자면 끝이 없다. 올해만 해도 상반기 내내 비가 내리지 않아서 봄보리 농사를 망쳤다. 보릿고개를 넘겨도 희망이 없는 절망적인 상황이기 때문에 목숨을 걸고라도 계속해서 남의 것을 훔치는 것이다. 줄일 수 있는 경비는 모두 줄여야 하는 국가 비상상황에 직면한 것이다. 제일 먼저 왕의 밥상의 반찬을 줄였고, 양로연을 포함해서 모든 잔치와 연회를 취소했고, 각종 경비 지출을 막았다. 그런데 8월 중순 이후로 비가 오기 시작하더니, 하루이틀 사이에 한강 물이 넘치고 강가의 집이 물에 잠기고 떠내려가는 홍수로 돌변했다. 그동안 서민의 세금을 줄이고 쌀을 배급받는 노인의 관직만큼은 그대로 두었지만, 이렇게 변덕스럽고 모진 자연재해 앞에서 서민은 어디서 어떤 즐거움을 느끼며 살아가야 하는가.

　　　　12월이다. 한해를 다 보내고 뒤돌아보니 그래도 나는 띠동갑인 윤사윤(35살)과 대화하는 즐거움이 있었다. 작년 1월에 그를 언론청(사간원)의 관리자급(헌납)에 임명했는데, 2년째 같은 자리에서 같은 일을 하게 했다. 윤사윤만큼 언론청에 어울리는 사람이 없기 때문이다. 지난해 성균관 학생들이 중을 폭행하는 사고를 쳤을 때, 그는 왕이 학생에게 과한 벌을 주는 실수를 하지 않도록 지적했었다. 세자의 비서실 역할을 하는 첨사원을 신설할 때도, 군사훈련을 세자에게 맡길 때도, 그는 내 의도와 반대되는 논리를 말하며 내 마음을 돌리려 애썼다. 윤사윤은 언제 어디서든 거침없이 바른말을 해댄다. 그렇지만 그는 자신의 주장을 말하기 전에 먼저 내 의도를 묻는다. 그래서인지 그와 대화를 하면, 서로 반대 입장을 관철시키기 위해서 듣기 싫은 주장을 늘어놓는데도 편안한 분위기가 연출된다. 신기한 경험이었다. 그는 사람의 마음을 헤아려가며 대화하는 습관이 몸에 밴 현명한 선비라는 것이 전해졌다. 이런 이유로 윤사윤을 2년째 언론청에 그대로 둔 것이다. 내가 요즘 "윤사윤을 보는 즐거움으로 산다"라고 말한 것이 과한 표현이 아니다. 윤사윤을 보고 있으면, 남의 뒷말을 신경 쓰지 않고 묵묵히 자기 일을 하던 유정현과 닮았다는 생각이 들 때가 있다. 윤사윤은 둘째 이유(세조) 아내(정희왕후)의 오빠다. 둘째 이유와는 처남 사이인 것이다. 그럼에도 윤사윤은 검소하게 산다.

이제 한 걸음 남은
마지막 고비

1444년, 48세, 재위 26년, 27년된 왕

지금 국경은 소프트한 관리로 전환해야 할 때

지난 몇 해 동안 바닷가 가까운 곳에 성을 쌓는 공사는 순조롭게 진행됐다. 목표를 어느정도 달성한 것이다. 그래서 특별히 올여름에 한해서 해안가의 공사를 중지하고, 피로가 누적된 농민을 쉬게 했다. 그랬더니 '정언(正言)' 허추가 찾아와서 "국경지역의 성을 쌓는 공사도 중지하는 것이 옳다"라고 말한다. 여진족과 대치 중인 국경과 바닷가는 군사적 긴장 상황이 분명히 다르다. 똑같은 잣대로 판단하는 것은 옳지 않다. 올해 성을 쌓지 말자고 하고 또 내년에도 쌓을 수 없다고 한다면 언제 국민이 안전해질 수 있겠는가. 사실 국경지역은 농민 노동자의 고충을 감안해서, 작년부터 가능한 같은 도 안의 노동자만 동원하는 것으로 이미 공사 규모를 줄였다. 이 정도의 공사마저 중지한다면 국민의 안전을 보장할 수 없다. "하루가 늦어지면 십 일이 늦어지고, 십 일이 늦어지면 1년이 늦어진다"는 속담에 비유해서, 공사를 멈출 수 없는 이유를 설명했다. 또 하루는 감사원의 관리자급 신하(장령) 박중손이 아침 일찍부터 찾아와서 "지금까지

성이 없어도 잘 방어했다. 그런데 왜 해마다 성을 쌓아서 국민을 힘들게 하는 것이냐"며 따졌다. "다시는 언급하지 말라"고 일축했다.

하루는 한밤중에 압록강을 가로질러 침입하는 적의 배 7척을 발견하고 모두 침몰시켰다는 보고를 받았다. 장수들은 제대로 싸워서 적의 목숨을 끊어놓지 못한 것에 대해 불만이 많다고 한다. 이처럼 용맹한 조선의 장수들이 자랑스럽다. 그런데 현장을 조사하고 온 관리의 말은 달랐다. 오히려 작전 실패라는 것이다. 즉, 군대가 몸을 숨길 때는 풀이 무성한 좁은 곳을 선택해야 하는데, 우리 군대는 사방이 트인 곳에 매복했고, 배에서 내린 적이 포위망 안으로 들어올 때까지 참고 기다려야 하는데 배에서 내리자마자 공격했으며, 화포를 한 곳에 집중해서 쏴야 하는데 마구잡이로 쏴대서 적이 도망치기 쉬운 결과를 초래했다는 것이다. "병법의 기본도 몰랐고, 훈련도 안 돼 있었다"고 지적하며, 상벌의 구분을 명확히 해야 한다는 것이다. 안 그래도 군사작전 수행 능력이 부족해서 외교문화부(예조) 건의로 병법을 기록한 책 60부를 급히 인쇄해서 보냈는데, 상황이 알고 있던 것보다 더 심각하다.

그동안의 노고로 적의 공격을 방어할 성벽은 높아졌지만, 이를 뒷받침하는 작전수행 역량이 한참 모자란다는 사실이 이번 전투로 다시 한 번 확인됐다. 하드웨어에 해당하는 성은 무너지면 다시 쌓으면 되지만, 작전수행 역량은 눈에 보이지도 않고 하루아침에 쌓을 수도 없는 소프트한 역량이다. 조금 다른 이야기지만 지난 1월에 곡식 10만여 석을 실은 배가 평안도에 제때 도착하지 못했다. 이런 상황을 이미 알고 있던 감사원의 한 관리가 "평안도는 식량이 부족해서 한 곳 이상의 공사는 불가능하다"라고 보고했을 때, "구중궁궐에 사는 내가 어찌 경보다 더 잘 알겠는가"라고 대답했던 말이 생각난다. 듣는 사람에 따라서는 "핑계 대지 말고 빨리빨리 일해"라고 왕이 신하에게 강요하는 명령으로 들릴 수도 있겠지만, 내 의도는 "현장에서 직접 보고 들으며 일하는 관리의 판단을 믿는다"는 표현이었다. 결국 작전수행과 같은 소프트한 역량은 진실된 마음을 가진 사람이 아니면 가질 수도, 이룰 수도 없는 능력인 이유다. 멀리 있는 왕이 도움을 줄 수 있는 것은 별로 없다.

　　여진족이 귀화하면 먹고살 농지를 주는데, 땅을 받지 못하면 귀화를 취소하고 돌아가겠다고 억지를 부리는 자가 있다. 또한 결혼을 하고 편안히 살다가, 돌연 80이 넘은 부모를 돌봐야 한다며 떠나겠다는 자도 있다. 국경지역에는 이처럼 수령이 판결해야 할 이해관계가 얽힌 일이 많다. 수령의 일이 몇 년 전과 비교해서 확실히 복잡해졌다. 소프트한 역량을 요구받고 있는 것이다. 멀리 있는 왕은 현장을 다스리는 수령의 소프트한 대처를 믿고 지켜보는 것밖에는 방법이 없다. 몇 년 전까지만 해도 국경지역의 수령의 역량은 싸움을 잘하면 충분했는데, 지금은 관리 역량을 필요로 한다. 혼란이 사그라지니 국민의 살림살이를 보듬고 챙길 소프트한 관리 역량이 절실해졌다. 이런 시기에 함경도 종성 신도시의 방어책임자(절제사) 김후 장군이 죽었다. 그는 두 번이나 함경도 종성을 방어하는 책임자로 일했던 신하였다. 처음에는 고과 평가도 낮았고, 뇌물까지 받아서 파면당했었다. 그러나 주변의 반대를 무릅쓰고 다시 종성을 맡기니, 맡은 바 임무를 훌륭히 수행하며 나라에 보답하다가 죽었다. 김후는 국경지역에 꼭 필요한, 싸움과 관리 두 가지 역량을 두루 갖춘 몇 안 되는 하이브리드한 인재였다. 나 또한 그를 믿고 발 뻗고 잘 수 있었다고 해도 과한 말이 아니었다. 험한 곳에서 죽도록 고생만 시켜서 미안한 마음에, 그의 가족에게 제사에 사용할 물건과 위로의 글을 보내서 조금이나마 슬픔을 달래줬다. 그리고 전라도와 경상도 해안을 지키는 장군들에게 경각심을 심어주는 공문을 발송했다. 근래들어 무기 관리를 소홀히 하고, 군함 상태가 불량하고, 훈련을 게을리하고, 군인들에게 허드렛일까지 시킨다고 한다. 만약의 사태가 발발하면 어떻게 적을 물리칠 것인가. 근래에 수상한 왜선의 이동이 수시로 보고되고 있다. 한시도 경계를 늦추지 말라고 적었다. 얼마 뒤에 거제도 외도(외매매도)에서 큰불이 났다는 보고를 받았다. 이 섬은 무인도다. 왜인의 소행으로 짐작된다.

훈민정음을 대하는 지식인의 태도

집현전 학사 최항, 박팽년, 신숙주, 이선로, 이개 그리고 돈녕부에 근무하는 강희안과 같은 젊은 학자들에게 『운회』라는 중국 책에 적혀 있는 한자의 발음을 훈민정음으로 표기하게 했다. 훈민정음으로 중국어사전을 만드는 일이라 할 수 있다. 결코 쉽지 않은 작업이지만 젊은 학자들이 협력해서 잘 해낼 것으로 기대한다. 세자

(문종)와 둘째 이유(세조), 셋째 이용(안평대군)에게 이 작업을 관장하게 했고, 나는 회식과 선물을 준비하는 역할을 맡았다.

그랬더니 4일 후에 집현전의 책임자(부제학)인 최만리가 비장한 눈빛을 하고 찾아왔다. "조선의 왕이 언문을 만들었다는 말을 듣고 놀라움을 숨기지 못하겠다. 조선과 같이 작은 나라가 어찌해서 큰 나라(중국)의 문자(한자)를 사용하지 않으려 하는가. 이 사실을 중국이 알면 외교상에 문제가 생길 것이다. 부끄럽다"라고 비장하게 첫말을 뗐다. 그리고 나서 적어서 갖고 온 훈민정음의 가치를 왜곡하고, 폄하하고, 반대하는 이유를 또박또박 읽었다. ①지금껏 문자를 만든 사례가 있다면 오직 오랑캐뿐이다. 조선이 언문(훈민정음)을 사용하면 오랑캐 수준의 나라로 전락하는 것이다. ②조선에는 이미 어려운 한자를 보조하는 쉬운 '이두문자'가 있고, 판결문을 이두문자로도 설명해준다. 따라서 언문을 사용한다고 해서 감옥에 갇히고 매 맞는 사람의 억울함이 해소되지 않는다. ③언문을 쓰더라도 중국에 먼저 알리고, 허락을 받은 다음에 사용하는 것이 큰 나라를 섬기는 예의에 맞다. ④언문이 있더라도 교육 과목 중에 하나일 뿐이다. ⑤또한 왕이 언문을 만든 사실을 알고도 침묵하는 것은 학자로서의 양심을 저버리는 것이기 때문에 자신이 나섰다고 했다.

나는 최만리의 말이 끝날 때까지 가만히 듣기만 했다. 그리고 잠시 그대로 있었다. 그의 강한 말투와 비장한 표정을 지켜보면서, 학자로서 그가 느꼈을 감정과 기분이 충분히 전해졌다. 나 역시 왕으로서 논리를 조목조목 내세우며, 함께 자리한 학자들과도 대화를 나눴다. 논리적인 설명이 가득한 최만리의 주장이 나를 궁지로 몰기는 했지만, 내 의지에 어떠한 영향도 미치지 못했다. 최만리는 나와 눈높이를 맞추려 하지 않았고, 글을 읽을 줄 모르는 서민이 겪는 한 많은 삶을 공감하려 하지도 않았기 때문이다. 그의 말은 오로지 중국에 기대어 살아온 우리나라 지식인 계층의 기득권을 대변하는 말에 지나지 않았다. 그동안 내가 최만리와 같은 신하가 눈치채지 못하게, 비밀리에 훈민정음을 만들어온 이유다.

오늘은 최만리가 훌륭한 학자라는 사실만큼은 다시 한 번 확인한 날이다. 최만리는 나와 세상을 보는 관점이 달랐을 뿐이다. 그는 왕 앞에서 학자로서 당당한 모습을 보여줬다. 그래서 그의 말이 아름답게 들렸다. 그렇지만 오늘 대화를 나눈 집현전의 학자들 중에 정창손과 김문, 두 놈은 학자가 아니다. 정창손은 "무식한 사람이 언문을 배운다고 해서 충신이나 효자가 되는 것이 아니다"라고 소민을 비하하며, 넘지 말아야 할 선을 넘었다. 김문은 며칠 전에는 "새 문자를 창제한 것이 타당하다"라고 말해놓고, 오늘은 자신의 상사인 최만리의 주장에 편승해서 "불가하다"라고 했다. 자기가 한 말을 손바닥 뒤집듯이 아무렇지도 않게 바꾼 것이다. 김문의 말은 선비로서 가장 못된 말에 해당한다. 두 놈만 벌을 줬다.

초수리 온천 여행

초수가 눈병에 효과가 있다고 들었다. 산초나무(椒 초) 열

매 맛처럼 톡톡 튀는 물(水)이 샘솟는 초수리로 여행 가기로 했다. 왕이 머물 행궁을 짓고 나와 아내 그리고 세자, 이렇게 몸이 아픈 셋이 길을 나섰다. 2월 28일에 출발해서 3월 2일에 충청도 청주 초수리에 도착했다. 도착하자마자 모두 지쳐 쓰러졌다. 하루라도 빨리 병을 치료하고 싶은 마음에 서둘러 달려왔기 때문이다. 오는 길에 내 수레를 막아 세우고 억울함을 하소연하는 80살이 넘은 노인이 있었는데, 밥을 먹이고 담당자를 정해주고는 바로 이동하기도 했다.

초수로 치료하는 동안에는 주변에 사는 노인과 아이 280명을 초대해서 쌀밥을 배불리 먹였고, 행궁을 짓느라 고생한 사람들에게는 쌀 2석 씩을 나눠줬다. 70살 이상 노인이 있는 집에는 더 많이 보내줬다. 이렇게 왕이 초수리에 머문 동안 주변 사람을 배불리 먹이는 것을 빠뜨리지 않았다. 초수의 효과가 있어서였을까. 4월 어느 날부터는 왕이 웃는 모습을 보일 만큼 표정이 밝아졌다. 정말 오랜만에 웃어본다. 그렇게 두 달을 머물며 치료했다. 서울로 돌아오는 길은 정말 더웠기에 군인들이 입은 무거운 갑옷을 벗게 했다. 찡그리던 군인들의 표정이 한결 밝아졌고, 웃으며 걷는 군인도 있다. 서울로 돌아온 뒤에 이날의 기억을 살려서, 궁궐 안에서 근무하는 군인에 한해서 5월부터 8월까지 무더운 여름 동안에는 갑옷을 입지 않고 근무하게 했다.

온천에서 돌아올 때 억울함을 하소연하던 노인 생각이 나서, 경기도지사 이선에게 서민의 살림 형편을 물었다. 올해는 큰 어려움이 없다고 했다. 그런데 다음날 국무총리실에서 가져온 보고서는 정반대였다. 이선을 다시 불러서 물었더니, 바닥에 납작 엎드려 벌벌 떨면서 "죽을 죄를 지었다"는 말만 반복했다. "네가 왕실사람이라 하더라도 불쌍한 서민을 굶어 죽게 한다면 용서하지 않겠다"라고 한 마디하고 돌려보냈다.

그런데 그날 이후로 왕이 행차할 때 그 많던 구경꾼이 한 사람도 보이지 않았다. 이선이 경기도지사 권한으로 왕이 지나는 길가에 구경꾼이 나오는 것을 금지시켰고, 감사원도 이에 동조한 것이다. 추가로 잘못이 드러나는 것이 두려웠던 이선과 감사원의 합작품이었다. 서울로 돌아와서 추가로 조사해보니 경기도지사가 제때 식량과 종자를 보급하지 않은 잘못이 더 드러났다. 바로 관직을 박탈했다. 네 달이 지나고 이선을 왕의 친인척을 관리하는 관청(돈녕부)의 책임자로 임명했다. 이선에게는 이 일이 어울릴 것이라 생각했다. 이선은 경기도지사를 맡을 정도의 인재는 못 되지만, 공권력을 이용해서 남의 재산을 뺏는 그런 나쁜 사람은 아니다. 가난하게 사는 왕실사람에 지나지 않는다.

그런데 생각지도 못했던 곳으로 불똥이 튀었다. 작년에 온양 온천에서 뇌물을 받았던 신하가 많았는데, 그중에 이순몽이 온갖 종류의 뇌물을 63.7kg이나 받아 챙겼다고 고발됐다. 당시는 내가 비밀리에 훈민정음 작업에 집중할 때였고, 신하들은 현지에서 필요한 물건 정도만 받아서 휴가를 즐긴 줄로만 알았다. 그래서 가볍게 처벌했었다. 그런데 지금에 와서 법무부가 이순몽을 콕 집어서 거론한 것이다. 곰곰이 생각해보니 내가 그때 이순몽을 포함해서 세 명을 콕 집어서 고문하지 말라고 지시했던 말이 생각났다. 법무부 담당자가 그때, 왕의 말 때문에 망설이다가 지금 고발하는 것인가 하는 생각이 들었다. 그런데 1년여가 훌쩍 지난 지금, 이순몽을 고발한 이유는 다른 데 있었다. 왕의 큰 즐거움이 늦둥이 막내 아들 이염(영응대군)의 재롱을 보며 쉴 때라는 사실을 간파한 이순몽이 이염의 생일날마다 진귀한 선물을 바쳤고, 선물을 받은 왕은 이순몽이 나쁜 짓을 해도 벌을 주지 말라고 지시했고, 그래서 이순몽이 거리낌 없이 뇌물을 챙긴다는 소문이 돌았다고 한다. 나를 어찌 보고 이런 해괴한 소문을 퍼뜨리는가. 괘씸한 자들이다. 그런데 다른 한편으로 생각해보니 전혀 해괴하지 않다. 순간, 왕이 막내 이염을 특별히 귀여워하는 모습을 보고, 다른 자식들이 이와 같은 생각을 할 수도 있다는 생각이 들었다. 내가 왕으로 살아온 27년 동안 가장 지키고 싶었던 것이 넘치지도 모자라지도 않는 삶을 사는 것이었다. 무소불위의 권력을 가진 왕이 공평하게 사랑을 표현하며 사는 모습을 보여주는 것은 어려운 일이구나.

몸이 열 개라도 모자라는 정인지

초수리에 내려와서 병을 치료하면서도 내 머릿속은 공법의 세금체계를 정해야 하는 문제가 떠나지 않는다. 초수에 몸을 담그고 있어도 머릿속은 복잡하기만 하다. 옛날부터 나라의 근본은 국민이고, 국민은 밥을 하늘처럼 따른다고 했다. 왕을 따르는 것이 아니다. 국민은 농사지은 수확물에서 세금을 내고, 남은 것으로 밥과 옷을 구한다. 그래서 대다수의 국민이 농민인 우리나라는 농사가 잘 돼야 자신이 살고, 가족을 포함한 주변 사람까지 살리는 생생한 즐거움을 얻을 수 있다. 이것이 내가 왕으로서 이루고 싶은 "소민을 살리고(生) 나라를 살리는(生) 생생한 즐거움(樂)이다." 마을의 집집마다 살림이 넉넉해지고 이웃과 밥을 나누는 그런 일상의 행복을 소민이 누리게 해주고 싶다.

　　　　그래서 정인지를 초수리로 불렀다. 지금 신하 중에 정인지가 제일 바쁘다. 그는 왕의 명령을 알리는 관청(예문관)의 책임자(대제학)이니 늘 왕의 곁에 있어야 하고, 공법을 만들며 하삼도의 상황을 파악하고 조정하는 책임자(순찰사)이니 지방출장을 자주 다녀야 한다. 또한 궁궐을 지키며 군사기밀을 전달하는 책임자(지중추원사)라서 한시라도 긴장을 늦추면 안 된다. 정인지는 몸이 열 개라도 모자랄 것이다. 오래전 나도 초보 왕이고 정인지도 신입일 때, 중요한 행사에서 정인지가 의장을 준비하지 못했던 날이 있었다. 그날 나는 "집에 가라"고 심한 말을 했다. 정인지가 상처를 받았을 것이다. 우리 둘만, 아니 사관까지 셋이 아는 추억이다. 정인지의 세 가지 일 중에, 공법을 다루는 하삼도 순찰사 역할이 무엇보다 중요하다. 공법을 밀어붙인 지가 벌써 10년이 훌쩍 지났지만 아직도 반대하는 신하가 다수다. 그리고 소민은 왕이 왜 그토록 공법에 집착하는지를 아직도 잘 모른다. "국민이 원하지 않는 법이다"라고 주장하는 말에 영향을 받은 이유도 있다. 서둘러 공법의 세부규정을 마무리 짓고, 국민에게 공법의 장점을 알려야 한다. 세부규정을 세울 때는 수학을 잘해야 하는데, 정인지는 글공부와 수학 모두 다 잘하는 하이브리드한 인재다. 여기에 더해서 정인지는 공법 도입의 필요성을 공감하는 몇 안 되는 신하다. 내가 병을 치료하는 사이에도 감사원의 관리는 초수리까지 먼 길을 찾아와서 "지금은 흉년이고 공법은 공평하지 않다"는 등, 이미 한물간 이유를 거론하며 "공법은 폐지하는 것이 옳다"라는 주장을 멈추지 않는다. 이럴 때는 무시하는 것이 상책이다.

　　내가 그토록 기다리던 새로운 세금 산정방식의 초안이 마련됐다. 이 계산 결과를 토대로 추가 조사를 거쳐서, 정인지와 나만이 아는 잠정적인 방안을 정했다. 국민 전체가 극도로 민감하게 반응하는 사항이기 때문이다. 충청도 서천의 비인면을 예로 들면, 최상의 풍년일 때는 2,225석의 세금을 내고, 최하의 흉년일 때는 445석의 세금을 내게 된다. 그해 수확량에 따라 1,780석의 차이를 두는 방안이다. 다른 신하들과 협의를 거쳐서 15년을 끌어온 공법 세금제도를 확정했다. 이날이 11월 13일이다. 이순지, 김담과 같은 수학자들이 복잡한 세금의 총 규모를 계산해냈기에 공법의 세금체계를 이해하고 확정할 수 있었다. 그동안 해와 달의 움직임을 매일같이 측정해냈던 천문학 실력이 공법의 세금체계를 계산하는 데에도 쓰인 것이다. 어쩌면 우리나라 수학자들의 실력이 중국을 능가할 수도 있다는 생각이 들었다. 오래전에 나도 정인지에게 수학 기초를 배웠지만 어려워서 "왕이 수학까지 잘할 필요는 없다"는 핑계를 대고 포기했었다.

　　공법의 세금체계는 ①농지의 기름지고 척박한 수준을

6개 등급으로 구분하고 ②수확량을 9등급으로 분류하는 것이 핵심이다. 이 두 개를 바둑판에 비유해서 설명하면, 모든 농지의 세금 등급이 가로 6칸×세로 9칸 = 총 54칸으로 구분된다. 이 54개 칸 안에서 모든 농지의 세금기준이 정해지는 것이다. 각각의 칸이 세금등급에 해당하는 것이다. 모든 사람의 세금등급을 한눈에 볼 수 있어서 공정성이 한층 강화됐다고 할 수 있다. 정말 오랜 시간을 토론하고 고민한 후에 결정한 방법이다. 오늘도 정인지는 하삼도로 출장을 갔다. 농지등급을 조사하고 있을 것이다. 오늘도 경상도 함안과 고령의 농지등급을 정했다는 보고서가 도착했다.

말로 표현할 수 없는 슬픔

　　11월에 한 많은 삶을 살았던 장모가 죽었다. 보름이 채 안 지난 12월에는 나를 참 많이 닮았던 다섯째 아들 이여(광평대군)가 천연두(창진)를 이기지 못하고 죽었다. 오래전에 태종이 죽고 삼년상이 끝나기 전에, 막내 여동생 정선공주와 큰딸 정소공주가 한 달 사이로 죽었을 때에도 말로 표현할 수 없는 슬픔을 겪었었다. 지금이 그때와 다르지 않다. 그렇지만 내 슬픔이 어머니를 하늘로 보내고 또 자식을 가슴에 묻은 아내(공비)의 슬픔보다는 크지 않을 것이다. 그런 아내 앞에서 소리내어 울 수도 없다. 아내는 초수리에서 서울로 돌아오던 날 병든 장모를 보기 위해 처가로 갔었다. 그리고 세 달 동안 장모와 아들의 병간호를 번갈아가며 챙기느라 자신의 병을 돌볼

겨를이 없었다. 장모가 죽은 뒤에도 이여를 살리려고 이여의 집에 살면서 간병을 했다. 그 기간 동안 나는 여섯째 이유(금성대군)의 집에 머물렀고, 그냥 멍하니 하루하루를 보내는 것이 일상이었다. 밥 한 톨도 삼키고 싶지 않던 날의 연속이었다.

　　　신하들은 이여를 치료했던 의사 배상문을 벌주라고 한다. 왕의 가족이 치료받다 죽었다고 해서 의사를 벌주는 것은 잘못된 관습이다. 지금부터라도 고쳐야 한다. 왕의 몸은 한 사람의 소유가 아니라는 신하의 말에, 마지못해 밥을 먹고 기운을 조금 회복했다. 12월에 큰형(양녕대군)의 딸이 죽었다는 연락을 받았다. 그렇지만 지금은 큰형의 얼굴을 마주 보고 위로할 형편이 못 된다. 그래도 신하의 반대를 무시하고 경기도 광주에 있는 강무장을 사용할 수 있게 했으니, 내가 찾아보지 못하더라도 큰형답게 그곳에서 사냥하며 마음을 달랠 것이다. 지난 7월에 나와 아내가 묻힐 능 자리를 부모가 묻혀 있는 헌릉 서쪽으로 정한 것 또한 잘한 일 같다. 얼마 전에 경복궁에서 멀지 않은 연희궁을 수리하게 했다. 연희궁은 왕이 서쪽으로 행차할 때 거처하는 궁궐이라 해서 '서이궁(西離宮)'이라 불렀는데, 내가 행복이 넘치는 궁궐이라는 뜻을 담아서 '연희궁(衍禧宮)'이라는 새 이름을 지었다. 이제는 한적한 곳에서 조용히 지내고 싶다.

자기 할 일을 다하는 큰아들(문종)과 작은아들(세조)

　　　1월 1일, 세자가 새해를 맞이하는 아침 행사를 주관했고, 경연과 제사, 외교업무도 모두 세자가 주관하는 것으로 정했다. 올해부터 세자는 정기적으로 계조당의 가장 높은자리에 남쪽을 바라보고 앉아서, 신하를 좌우에 서게 하고 국방에 관한 일을 의논한다. 신하와 의논을 마치면 세자는 내 방으로 와서 설명하고, 의사결정 방향을 정하는 순서로 일을 한다. 그리고 나서 왕의 결정을 해당 부서에 문서로 보내는 것으로 마무리한다. 세자의 설명 중에 좋은 아이디어가 보이면, 나는 법과 제도로 만들라는 당부를 잊지 않는다. 내가 죽기 전에 조선과 세자를 위해 남겨줄 수 있는 것이 있다면, 그것은 왕으로 살아오며 축적한 내 경험을 좋은 법과 제도로 남겨주는 것이라는 생각이 요즘 들어 선명해졌다.

그렇게 만든 법과 제도 몇 개를 나열하면 ①왕이 서울에 없을 때 민생에 관련된 급한 일이 생기면, 먼저 실행하고 나중에 보고하게 했다. ②조선의 관리가 중국에 출장 가서 회식할 때, 그 자리에 감사원 직원이 꼭 참석해서 중국에서 경솔한 행동을 못하도록 당부하게 했다. ③행성의 돌 틈 사이로 풀과 나무가 자라면 빗물이 스며들어서 허물어질 수 있고, 적이 손으로 잡으며 쉽게 기어오를 수 있다. 농한기 때마다 뽑아내게 했다. ④관리가 범죄를 저지르면 나라에서 나눠준 땅을 몰수하는 법이 있는데, 이 법을 왕에게 보고 없이 즉시 법대로 실행하게 했다. 다만 공주와 옹주의 남편이 범죄자일 경우에는 공주와 옹주가 상속받게 했다. ⑤70살이 넘은 노인의 밥을 챙겨주는 사람은 국경지역으로 강제이주시키는 대상에서 제외하는 법이 있는데 지켜지지 않았다. 법이 제대로 실행되도록 보고체계를 강화하게 했다. ⑥효자에게는 9급공무원 자리를 주고, 이미 공무원이면 1계급 특진을 하게 하는 제도를 신설했다. ⑦왕자가 결혼할 때, 신부 집에서 화려하고 비싼 물건을 신랑 집에 주고, 사치스런 장식을 하는 일체의 행위를 금지하게 했다. 신부 집에서 수십 수레 분량의 물건을 보내는 경우도 있는데, 결혼식이 끝나면 신부 집 재산이 거덜 나기 때문이다.

내가 한창 젊었을 때는 신하의 보고를 받고 내 생각과 다르면 "너의 말이 아름답다. 그러나"라고 말하고 나서, 내 생각을 차근히 설명하는 열정이 넘쳤었다. 그런데 몸이 약해진 지금은 "내 지시대로 하지 않으면 용서하지 않겠다"라는 말을 내뱉을 때가 있다. 최근에 말이 거칠어지고 사무적으로 변한 것을 나 스스로도 느끼고 있다. 내 머릿속이 온통 "아직 해야 할 일이 남았는데"라는 조급한 생각으로 가득하기 때문이다. 몸이 낫기 전까지는 이런 마음의 병을 회복하기 어려울 것 같다.

2년 전부터 전국에 흩어져 있는 태조(할아버지)의 초상화(쉬용)를 하나하나 서울로 옮기고 있다. 태종(아버지)의 초상화는 한 점이 남아 있다. 태종은 딱 한 번 초상화를 그렸는데 "틀린 곳이 있으니 내 초상화가 아니다"라고 말하면서 불태워버리라고 명령했다. 그때 내가 차마 버리지 못하고 몰래 숨겨뒀었다. 그런 이유로 태종의 초상화가 한 점이라도 남아 있는 것이다. 작년에 화가를 불러서 태조와 태종의 초상화를 다시 그리게 했는데 10월에 완성됐다. 초상화 뒷면에 왕의 이름을 적어서 후세 사람이 어느 왕인지 쉽게 알게 했다. 왕의 초상화를 보관하고 제사 지내는 선원전 건물도 보수공사를 마쳤는데, 새 초상화를 들여놓으니 정말 아름답고 화려하다. 지금까지 선원전에 왕의 초상화가 없었던 이유는 태종이 싫어했기 때문이고, 이후로는 내가 게을렀던 탓이다. 이 일 또한 내가 죽기 전에 정리해야 할 일이었는데, 오늘 그 일을 마치니 홀가분하다. 그러고보니 아직 내 초상화를 그리지 못했다. 후세 사람에게 아름답게 보이려면 한 살이라도 젊을 때 그려야 하는데, 나는 아직 마음의 준비가 안 됐다.

올해는 내가 두 달 동안이나 서울을 비웠고, 가족이 죽는 큰일로 왕의 임무에 소홀한 날이 많았다. 그 기간 동안에 세자가 왕의 일을 잘 수행했다. 또한 큰아들로서 집안일의 중심도 잘 잡아줬다. 두 가지 일을 동시에 하면서도 힘들다는 말 한 번 하지 않고 묵묵히 책임을 다한 세자가 있어서 정말 든든했다. 이처럼 세자의 역할이 커진 이후로 둘째 이유(세조)의 역할 또한 커졌다. 신하들과의 회식 자리에서 분위기를 띄우는 일, 바깥에서 화포 시험발사를 지켜보는 일, 나와 아내가 묻힐 능 자리를 답사하는 일, 장모의 장례 절차를 챙기고 죽은 장인의 명예를 회복시키는 일과 같이, 몸을 쓰는 모든 일은 둘째 이유(세조)가 맡아서 처리했다. 세자가 몸이 아프기 때문이다. 그러면서도 이유는 『치평요람』을 쓰고 훈민정음을 디자인하고 있는 집현전의 정인지, 신숙주, 성삼문과 같은 훌륭한 학자들과 자주 회식을 하며, 보고 들은 것들이 쌓여서인지 지혜가 한층 더 성장한 것 같다. 치평요람은 역사 속 왕들의 리더십을 다룬 책이다.

지금 우리 사회의 공공의 적

소를 훔쳐가고 칼을 들고 협박하는 것도 모자라서, 사람을 때려죽이고 재산을 빼앗는 강력사건이 줄지 않는다. 죽은 김후 장군의 가족이 사는 집에 한밤중에 떼도둑 40여 명이 말을 타고 쳐들어와서, 여종을 때려 죽이고 재산을 훔쳐가는 사건도 있었다. 도적을 붙잡으면 발의 힘줄을 끊는 모진 벌을 주기도 하는데, 절뚝거리면서 도적질을 하는 자도 있다. 먹물로 새긴 죄수 문신을 석방뒤에 지우는 자가 있다. 먹물이 피부 속으로 스며들 때까지 3일 동안 더 감옥에 가둔 뒤에 석방시키고 있지만, 이 또한 큰 효과를 보지 못하고 있다. 이처럼 떼를 지어 몰려다니는 도적 무리를 소탕하기 위해, 올해 초에 부사관급 하급군인(진무) 300여 명을 전국에 파견해보았지만 효과가 없었다.

도적 중에는 백정과 같이 힘이 쎄고 몸이 날쌘 자들이 섞여 있어서, 말을 달리며 활을 쏘는 등 무기를 잘 다루기 때문이다. 오히려 세력이 계속해서 불어나고 있다. 결국 농민이 추수해서 집 안에 쌓아둔 곡식을 지켜주기 위해, 10월에 왕을 호위하는 정규군(삼군진무, 갑사, 별시위)까지 도적 무리가 급증한 경기도, 황해도, 강원도로 보내기에 이르렀다. 신하들은 중국은 참외 한 개를 훔친 자도 사형에 처한 기록이 있다며 "도적에게 무거운 형벌을 주거나 죽이는 것 외에 다른 방법이 없다"라고 한목소리로 말한다. 정말로 죽이는 것 외에 다른 방법은 없는 것인가. 조선은 중국과 다른데, 우리가 그렇게까지 하면 되겠는가. 몇 해 전 허후가 법무부장관(형조판서)이었을 때, 범죄자의 딱한 사정을 귀 기울여 듣고 판결해서 사형을 면한 사람이 많았다. 중국과 다른 조선은 이런 방법을 사용하는 것이 옳다.

국가고시 시험을 대리로 치르는 일이 공공연하게 벌어지고 있다. 어떤 자는 시험에 나올 만한 예상문제를 뽑고(抄 초) 모은 (集 집) '초집(커닝 페이퍼)'을 몰래 보고 쓰고도 들키지 않았다고 자랑한다. 어이가 없다. 내가 왕이 되기 전에 국가고시 시험에 얽힌 나와 태종의 일화가 있다. 하루는 태종이 붓과 먹을 들고 가는 나를 발견하고 "누구에게 선물하려 하느냐"라고 물었다. "스승 이수가 국가고시 1차시험을 치른다고 해서 선물로 주려 한다"라고 대답했다. 이수는 1차시험에는 합격했지만 2차시험에는 불합격했다. 그때 태종이 "이수가 불합격한 것을 보니 시험이 공정했다"라고 했던 말이 기억난다. 5월 13일, 국가고시 2차시험 날이다. 내가 직접 경복궁 근정전 앞에서 국가고시 문과시험을 감독했고, 세자는 무과시험을 감독했다. 이날 시험장의 자리 배치를 바꿨다. 수험생 간격을 1.8m 이상 멀찍이 떨어져 앉게 했고, 머리를 맞대고 말을 주고받다가 발각된 수험생은 즉시 쫓아내게 했다. 문과 33명, 무과 28명이 최종 합격했다.

왕으로서 마지막 할 일과
미안한 마음

1445년, 49세, 재위 27년

불과 10년여 만에 잊혀진 혼란

최근 들어 함경도 신도시에서 귀화한 여진족 소유의 말과 소를 훔쳐가는 사건이 잦아졌다. 해당 지역의 수령은 남의 일처럼 대수롭지 않게 여기고 강 건너 불구경하듯 처리한다. 이로 인해 귀화인의 불만이 커졌다. 사실 이런 사태의 원인은 귀화인이 먼저 제공했다. 귀화인들이 우리나라 사람에게 행패를 부리고 괴롭혔기 때문에 누적된 불만이 지금 터져나오는 것이다. 수령 또한 이 사실을 알고 있기에 당장 어찌하지 못하는 것이라 생각된다. 나 또한 법대로 처벌한다고 해결되는 일이 아니라는 것을 알기에, 수령의 일 처리에 동의한다. 나라가 안정되니, 불과 몇 년 전까지 서로 죽이고 죽였던 아픈 기억을 쉽게 잊은 것 같다. 이 모습을 보고 있으면 과거와 미래를 염두에 두지 않고, 현재만 아등바등하며 살아가는 소민들의 모습이 보인다. 어쩌면 내가 고민하는 미래는 당장의 배고픔을 해결해야 하는 그들에게는 사치가 아닐까? 이렇게 또 몇 년이 지나고 나라가 더 안정되면, 전쟁을 먼 옛날의 이야기쯤으로 취급할 것만 같아 두렵다.

왕권을 이양하는 5단계 전략

　　새해 첫날 아침부터 풍수가들이 몰려와서 왕의 거처를 서울 사대문 밖으로 옮기는 것을 반대하고 있다. 나는 뒤도 돌아보지 않고, 둘째 딸 정의공주 집으로 거처를 옮겼다. 풍수를 따른다고 될 일이 안 되는 것이 아니다. 작년에 풍수가의 말을 듣고 여섯째 이유(금성대군) 집으로 거처를 옮겼지만, 결국 장모와 아들이 죽었다. 새해 첫날에 서울을 떠나기로 결심한 것은 오로지 세자(문종)에게 왕의 권한을 넘겨주기 위함이다. 오래전에 내가 왕이 됐을 때, 하나의 궁궐에 두 명의 왕이 있으니 신하들이 힘들어했다. 그때도 태종이 서울 밖에 건물을 짓고 나가 살며 서울에는 필요할 때만 왔던 이유다. 나 또한 신하를 불편하게 만들고 싶지 않다.

　　내가 가려는 목적지는 지난겨울에 수리하라고 지시한 서대문구 연희동에 있는 연희궁이다. 신하는 핑계를 대며 공사를 시작하지도 않고 있다. 연희궁에는 해충과 뱀이 많아서 왕이 지낼 곳이 못 되니, 차라리 초수리 또는 개성으로 가서 병을 치료할 것을 권했다. 임시방편으로 작은형(효령대군)의 별장인 희우정을 수리하고 있다. 서울로 돌아가지 않고 버틸 것이다. 그랬더니 이번에는 연희궁은 담벼락도 출입문도 제대로 없어서 경호할 수 없고, 많은 수행원들이 머물 방이 없어서 찬 이슬을 맞으며 잘 수밖에 없다는 이유를 댔다. 그렇게 말 같지도 않은 말을 이어가며 두 달을 소비했다. 2월 마지막 날인데도 신하들은 한통속이 돼서, 아직까지도 연희궁 공사를 끝내지 않고 여유를 부린다. 수단과 방법을 가리지 않고 왕이 연희궁으로 가는 것을 막으려는 것이다. 세자는 가끔씩 내가 머무는 희우정에 와서 신하와 아침 회의를 하는데, 한 번 오면 서울로 돌아갈 생각을 하지 않고 며칠씩 머물다 간다. 1월이라 찬바람이 불고 쉴 곳도, 잠잘 곳도 충분하지 않은데 말이다. 내가 조회를 주관했을 때는 악기를 연주했는데, 연주가 빠졌다. 북을 치고(鼓 고) 피리를 불어서(吹 취) 조회 분위기를 고취시키게 했다. 신하 또한 아침 일찍부터 희우정으로 출근하느라 고생이 이만저만이 아니다. 서울로 돌아갔다가 일이 있을 때만 오라고 했지만 말을 듣지 않는다. 특히 세자는 한 달이 다 되도록 머물다가 돌아갈 때도 있다. 세자는 나를 닮아서 건강하지 않기에, 일을 마치면 편히 쉬어야 하는데도 불구하고 고집을 부린다.

　　　그렇게 18일이 지나고, 왕의 자리를 세자에게 물려주겠다는 내 뜻을 둘째 이유를 통해서 신하들에게 명확히 전달했다. 득달같이 찾아와서 눈물을 흘리며 만류했지만, 역사는 돌이킬 수 없다. 왕이 직접 신하에게 말해도 되지만 둘째 이유를 통해서 전달한 데는 그만한 이유가 있다. 큰아들 이향(문종)이 왕이 된다는 사실을 둘째 이유(세조)에게 명확히 알게 하기 위함이다. 내가 살아 있는 동안에 자식들과 신하들에게 왕권을 승계하는 순서를 명확히 인식시키는 것이 필수다. 그래야만 아버지 형제들과 같은, 목숨을 건 싸움을 막을 수 있다. 나 또한 어려서 외삼촌들의 손에 죽을 고비를 넘기지 않았는가.

　　　2월 11일, 둘째 아들 이유를 부르는 이름을 진양대군에서 수양대군으로 바꿨다. 진양은 밝은 곳으로(陽 양) 나아간다(晉 진)는 뜻으로, 둘째 이유에게 잘 어울리는 이름이다. 그러나 동시에 왕이 될 수 있다는 희망을 품은 이름이다. 이유는 세자와 비교할 수 없을 정도로 튼튼하고 공부도 잘한다. 한마디로 문무를 모두 갖춘 아들이다. 슬프지만 그런 아들을 부르는 이름을 바꿔서라도, 아버지가 자식의 희망을 꺾어야 했다. 오랫동안 잠을 이루지 못하고 혼자 고민하고 내린 결정이다. 새 이름 수양을 설명하면, 옛날 중국의 한 왕에게 백이와 숙제라는 두 아들이 있었다. 두 아들은 아버지의 잘못된 정치를 바로 잡으려 했지만, 끝내 뜻을 이루지 못하고 산으로 들어가서 풀뿌리와 고사리를 캐어 먹으며 평생을 살았다. 훗날 사람들은 두 왕자를 성인으로 추앙했다. 두 형제가 살았던 산 이름이 수양산이다. 이 산 이름에서 따왔다. 이름을 바꾼 이유가 하나 더 있다. 2년 전에 새로 지은 세자의 집무실 이름이 '계조당'이다. 계조당과 진양의 뜻이 같았던 것도 바꾼 이유 중에 하나다. 계조당이 "밝음을(照 조) 이어간다(繼 계)"는 뜻이고, 진양 또한 "밝은 곳으로 나아간다"는 뜻이다. 이름을 바꾼 이유까지 설명하지 않았지만, 둘째 이유(세조)는 금방 알아차릴 것이다. 오해 없이 받아들이기를 바란다.

4월 12일, 우여곡절 끝에 연희궁으로 들어오는 데 성공했다. 다음날 국무총리 황희, 국방법무 부총리(우의정) 하연, 장관급 고위관리 이숙치와 정인지가 찾아와서 안부를 묻기에 "며칠 설사로 고생했는데 지금은 많이 나아졌다"고 말했다. 그리고 국방부장관(병조판서) 안숭선까지 불러서 국방에 관한 밀린 이야기를 나눴다. 4월

28일, 왕권이양을 다시 시도했지만 역시나 부정적인 반응이다. 내 몸이 아프다는 이유 한 가지로는 신하의 고집을 꺾을 명분이 약하다. 요즘 내 몸은 다리까지 퉁퉁 부어서 안 아픈 곳이 없을 정도다. 장님을 불러서 물리치료를 받았더니 조금 나아지기는 했지만 통증은 여전하다. 태종이 그랬던 것처럼, 더 늦기 전에 반드시 왕권이양의 마침표를 찍어야 한다.

5월 1일 황희, 하연, 김종서, 이숙치, 정인지를 부르고, 둘째 이유(세조)도 참석하게 했다. 신하들의 얼굴 표정에서 싸늘한 공기가 방 안 전체를 짓누르고 있음을 느낀다. 이 무거운 분위기 속에서 "나는 국방을 제외한 모든 일을 세자에게 이양한다"라고 첫 말을 꺼냈다. 그리고 나서 "나는 병이 깊어서 오래 살지 못할 것이다. 한두 해 동안이라도 살아 있는 동안 왕으로서 마지막 할 일을 하고 싶다. 내 뜻을 이해해달라"고 애절하게 부탁했다. 누구도 말을 꺼내지 못하고 얼마 동안 침묵이 흘렀다. 황희가 나서서 왕의 말을 공식문서로 작성하게 했다. 왕권을 이양하려고 시도한 과정을 돌이켜보니 ①2년 전에 세자를 남면하는 왕의 자리에 앉히는 의전을 시도했고 ②이후로 계속해서 왕권이양의 당위성을 주장했고 ③올 새해 첫날에 왕이 서울 성 밖으로 거처를 옮겼고 ④2월에 둘째 아들 이름을 수양대군으로 바꾸고 ⑤오늘 왕권이양 선언을 문서로 남겼다. 왕권이양을 위한 5단계 전략이라 부를 만하다. 결국 신하와 자식 모두가 동의할 수밖에 없는 분위기를 조성하고 마침표를 찍게 한 것이다.

이것으로 왕으로서 해야 하는 큰일 하나를 마무리지었

다. 실제로 세자에게 왕의 권한을 넘겨주기까지는 크고 작은 여러 일이 뒤따라야 한다. 완전한 마침표를 찍을 때까지 속도를 줄이지 않을 것이다. 첫 번째 후속조치로 사관을 세자가 공부하며 일하는 자리(서연)에 처음으로 배치했다.

왕, 남편, 아버지 노릇의 균형

왕권이양에 온 신경을 집중하고 있던 1월에 일곱째 아들 이임(평원대군, 19살)이 홍역을 앓다가 10일 만에 죽었다. 일곱째 이임은 풍채가 좋고, 기세가 당당하고, 슬기로운 아이였다. 신하들이 나에게 밥을 먹으라고 성화를 부릴까 싶어 내가 먼저, 아침에 향온주도 마셨고, 죽도 먹었고, 몸에 탈도 없다고 알렸다. 지금은 정말 혼자 있고 싶은데, 신하는 자꾸만 초수리에 가서 쉬고 오라고 강제로 권한다. 아내는 작년 겨울에 장모와 다섯째 아들 이여(광평대군)가 죽은 이후로 죽만 간신히 먹으며 버텨내고 있는데, 또 어린 아들을 가슴에 묻는 슬픔을 겪게 됐다. 지금 아내에게 위로의 말을 건넬 사람이 없다. 내 말조차도 위로가 되지 않을 것이다. 지금은 가만히 울게 두는 것이 최선의 방법일지 모른다. 그래도 아내가 "100일 후에는 밥 위에 고기 반찬을 올려 먹겠다"고 했으니 기다려보자.

4월에 12살 막내 이염(영응대군)이 장가를 갔다. 다른 아이들이 장가갈 때는 한창 바쁘게 일할 때여서 제대로 챙겨주지 못했고, 키우는 재미도 모르고 살아왔다. 내 병이 깊어진 뒤로는 늦둥이 이염의 재롱을 보며 시름을 잊었다. 큰아들(문종)에게 왕권을 이양하면서, 둘째 아들 이유(세조)에게 지울 수 없는 상처를 준 것은 아닌지 하는 생각이 들 때가 있다. 그럴 때마다 아버지로서 못할 짓을 한 것 같아 마음이 아프다.

『치평요람』이라는 리더십 책에 정인지가 쓴 '사위미성'이라는 글이 있다.* 글자대로만 해석하면 "일(事 사)을 아직도(爲 위) 끝내지(成 성) 못했다(未미)"라는 뜻이다. 그렇지만 이 문장을 왕에게 적용하면 "끝내지 않고 죽는 것이 왕의 일이다"로 해석할 수 있다. 왕의 일이란 꾸준히 해야 하는, 선무에 해당하는 일이 대부분이기 때문이다. 그래서 만년이 가도 흔들리지 않는 나라를 만들고자 하는 왕은 성과를 내려고 무리해서는 안 된다. 태종이 나에게 왕의 권력을 잘 넘겨준 것처럼, 나 또한 조선을 잘 다스리다가 다음 왕에게 잘 넘겨줘야 하는 이유를 명확히 알게 해준 글이다. 둘째 아들 이유(세조) 또한 정인지에게 이 말을 듣게 되면, 나의 마음을 알아주기를 희망해본다.

옛사람도 창업하는 사람보다, 유지하고 발전시키는 사람이 힘이 더 든다고 했다. 내가 직접 해보니 이 말에 담긴 의미를 조금은 알 것 같다. 태조가 조선을 창업한 이후로 내가 네 번째 왕이다. 지금 내가 다섯번 째 왕을 결정해야 하는 임무를 맡았기에 해야 할 일을 한 것이다. 왕으로서 어떠한 개인적인 감정도 실으면 안 됐던 것이다. 이렇게라도 위안이 될 만한 이유를 찾아보아도, 역시 둘째 아

박현모, 『세종의 적솔력』, 흐름출판

들에게 미안하다. 이유(세조)의 큰아들 이숭(덕종)에게 정의대부 도원군이라는 관직을 내렸다.

내가 희우정에 임시로 머물고 있을 때, 하루는 김종서와 정인지가 내가 묻힐 능 자리를 둘러보고 와서 풍수에 대해 설명했다. 그 자리는 내가 부모 옆에 묻히고 싶어서 7년 전에 헌릉과 가까운 자리를 알아보라고 지시하고, 지난해에 정한 자리다. 이날 우리 셋은 "이제 왕이 묻힐 자리를 결정했구나"라는 생각에, 몇 마디 나누지 못하고 그냥 헤어졌다. 말로 표현하지는 않았지만, 서로 울컥하는 감정을 참을 수 없었다. 김종서와 정인지는 남아 있는 신하 중에 나를 가장 잘 아는 신하다. 두 신하가 돌아가고, 나는 한동안 자리에서 일어서지도 눕지도 못했다. 옛날부터 왕이 묻히는 자리는 나라의 번영과 관계가 있다고 믿고 있기에, 왕으로서 나라와 자식에게 보탬이 되는 자리인지 확인하고 결정했다.

끝나지 않는 왕의 고민거리들

이제 화포를 쏘면 1천 걸음 거리까지 멀리 날아간다. 태종 때 300걸음 나가기도 버거웠던 것에 비교하면 정말 많이 발전했다. 그동안 묵묵히 일해온 장인들에게 먹을 것을 주고 싶었으나, 거듭된 흉년으로 인해 다른 물건으로 포상했다. 오래전에 허조가 화약의 재료인 "염초 제조비법을 외국이 알지 못하게 철저히 감춰야 한다"라고 강조했었다. 외교관 이예가 일본에 다녀올 때 일본의 화포를 보았는데, 우리 것에 비해 성능이 한참 못 미쳤고, 조선의 염초를 달라는 일본의 요구에는 "없다"라고 일축했었다. 화포와 화약을 만드는 기술은 주변 나라 중에 우리가 최고라고 자부해도 손색이 없다. 이제부터 걱정되는 것은 비밀 유지와 원활한 재료 수급이다. 비밀을 유지하는 데 가장 큰 문제는 염초를 만드는 장인이 노비신분이라는 점이다. 삶이 고단하기에 왜인이 달콤한 말로 구슬리면 넘어갈 수도 있다. 실제로 왜적에게 잡혀가서 "염초 제조 비법을 말하라"는 고문을 당하고 간신히 살아 돌아온 사람도 있었다. 만약 알고 있었다면 고통을 못 이겨서 다 털어 놓았을 것이라고 말했다.

　　　화포를 충분히 만들고 싶어도 조선 땅에서 구리, 철과 같은 금속을 거의 캘 수 없다. 찌그러진 놋그릇 하나까지 허투루 버리지 않고 모두 수집하는 이유다. 금속을 제련할 때 금속이 잘 녹도록 풀무질을 하는데, 숙련된 장인 수도 적다. 그래서 금속이 매장된 땅을 발견한 사람과 제련 기술을 발전시킨 장인에게는 각종 포상을 주게 했다. 그리고 화포 제작 기술자를 전국에 파견해서 화포를 현장에서 제작하게 했다. 화포와 화약 관련 일은 환관(내시)에게 맡겼다. 환관은 24시간 왕 가까이에 있기 때문이다. 또한 기술자를 화포장이라는 이름으로 바꾸고, 직급을 높이고, 조직을 키웠다.

　　　하루는 외교문화부의 실장급 고위관리(예조참의) 조수량이 세자에게 "지금 신하는 한 사람도 바른 말을 하지 않는다"라고 말하며, 윤대 제도를 다시 부활시킬 것을 건의했다고 한다. 그렇지만 윤대를 한다고 바른말을 하지는 않는다. 내가 해보니 처음에는 분명히 효과가 있었다. 그러나 점차로 왕에게 자기 이익을 좇는 말을 너무 많이 늘어놓았고, 자기 생각을 솔직히 털어놓는 신하도 드물었다. 세자도 이 점을 알고 있다. 그래서 윤대를 폐지한 것이다. 조수량이 "우리나라는 법을 쉽게 만드니, 오늘이라도 바로 바꾸면 된다"라는 말도 했다고 한다. 듣고 보니 작년부터 내가 죽을 수도 있다는 마음에, 이것저것 많은 것들을 제도로 만들라고 지시한 것들이 마음에 걸린다. 그중에 하나가 국방 분야의 인재를 선발할 때는 상피법을 예외적으로 적용하지 않게 했었다. 상피법은 친인척이나 가까운 양반끼리 이권을 주고받는 부정행위를 막는 법이다.

작년 강원도에 이어서 서울에 지진이 발생했다. 수년 전에 경상도에서 시작된 지진이 전라도, 충청도, 강원도를 거쳐서 서울까지 왔다. 내 예상대로 진짜로 지진이 조선 땅을 휘젓고 돌아다니는 것은 아닌지 불안한 생각이 멈추지 않는다. 제주도에 총 69명이 나병에 걸려서 사람이 살지 않는 곳에 격리시켰다. 이 중에는 자살한 사람도 있고 완치된 사람도 있다는데, 나머지는 어찌 사는지 궁금하다. 그리고 올해에만 사형을 판결한 사건이 27건이나 된다. 내가 몸이 아프다는 핑계로 판결문을 이전보다 충분히 검토하지 못한 것 같다. 억울하게 죽은 사람이 한 사람이라도 있었다면, 왕으로서 못할 짓을 한 것이다. 11월 21일, 국가기록물관리소(춘추관)에서 『태조실록』 15권, 『정종실록』 6권, 『태종실록』 36권을 각 4본씩 인쇄했다. 1본은 서울 춘추관에 보관하고, 나머지 3본은 충청도 충주, 전라도 전주, 경상도 성주의 역사기록물보관소(사고)에 분산 배치하자는 제안을 그대로 따랐다. 역사를 후세에 안전하게 전하기 위한 좋은 방법이다.

사상 초유의 위기에 직면한 식량 상황

　　　　입춘이 지났는데도, 전라도와 경상도를 제외한 전국에 폭설이 매일같이 내리고 있다. 봄나물을 캐 먹을 수조차 없을 정도다. 서울은 배고픈 사람을 병원에 머물게 했는데, 인원이 넘쳐난다. 전염병이라도 퍼질까 걱정이다. 의사를 충원하고 옷이 없는 사람은 옷을 주게 했다. 올해도 어김없이 군량미 창고를 헐어서 국민들에게 나눠주고 있다. 곡식을 받아가려고 소, 말, 수레를 끌고 온 사람들이 창고 앞에 장사진을 치고 있다. 먼 지방에서 서울까지 걸어온 사람도 섞여 있다. 사람, 짐승, 수레가 서로 뒤섞여서 혼란스럽고, 시간이 가도 줄어들지 않는다. 오늘도 눈이 내리고 있다. 아침 일찍부터 밤늦게까지 식량을 나눠주는 공무원의 고생도 이만저만이 아니다. 4월이 되니 지금까지 그나마 식량에 여유가 있었던 전라도마저 먹을 것을 배급해달라고 한다. 이러다가 진짜 군량미마저 바닥을 드러내는 사상 초유의 사태가 벌어지는 것은 아닌지 아찔하다. 아마 올해가 식량을 가장 많이 보급한 해로 기록될 것 같다.

　　　　날씨가 따뜻해졌는데도 기다리는 비는 내리지 않고, 햇무리만 보인다. 논에 물이 부족하니 모를 심을 수도 없는 지경이다. 하늘 탓을 하며 손을 놓고 있을 수는 없다. 비용을 줄일 수 있는 것은 모두 줄이기로 했다. 가장 먼저 공무원 점심밥의 양을 줄이고, 내

밥상의 반찬을 줄이고, 내가 아침마다 마시는 향온주를 중지하고, 궁궐에서 시중을 드는 인원을 더 감원하고, 감옥에 갇힌 범죄자 중에 죄질이 가벼운 죄수를 풀어주게 했다. 그랬더니 하늘이 감동했는지 3일 동안 흡족한 양의 비가 내렸다. 아침에 빗소리를 안주삼아 향온주 한 잔을 들이키니 비로소 답답했던 기분이 사라졌다. 그런데 7월이 되니 역시나 굵은 장대비가 쏟아지고 비바람이 거세다. 나무는 뿌리째 뽑혔고, 벼는 논바닥에 쓰러져 흙탕물에 잠겼다. 결국 지난 3월에 국가고시 1차시험을 취소한 결정에 이어서 양로연까지 취소할 수밖에 없다. 하늘이 무심하고 야속하다.

　　　비가 그치고 물이 빠지니 이번에는 들판에 해충이 들끓는다. 그나마 살아남은 곡식과 채소를 뜯어먹는 것이다. 충청도의 피해가 가장 크다. 농사 상황이 이렇다보니 지난해 공법에서 확정한 새로운 세금제도를 실제로 적용하는 것은 꿈도 꿀 수 없게 됐다. 여기에 더해서 서민은 옛날이나 지금이나 장사꾼에게 속아서 물건을 산다. 종로 한복판의 큰 가게 상인 중에도 사기꾼이 있다. 쌀자루 아래에 모래나 나무껍질을 넣고 위에만 쌀을 덮어 쌀이라고 속여서 파는 자가 있다. 쌀이 귀하니 이런 일이 흔하게 벌어지는 것이다. 적발하고 처벌하는데도 악덕 장사꾼이 줄지 않는다.

　　　하루는 국방법무 부총리(우의정) 신개가 최악의 상황으로 치닫는 국가재정을 충당하기 위해서, 국가가 소금을 독점적으로 매매하자는 방안을 제안했다. 대다수의 신하는 서민의 이익을 나라가 뺏는 격이라는 이유로 반대했다. 지금까지 소금은 가난한 바닷가 서민이 만들고 유통해온 그들의 귀한 수입원이기 때문이다. 비서실에 근무하는 박이창 또한 "예전에 해봤는데 결과가 좋지 않았다"라고 말하며 거듭해서 만류했다. 그래도 혹시나 하는 마음으로, 민간이 보유 중인 솥을 이용해서 소금을 시험적으로 생산해보기로 방침을 정했다.

지금 국가에서 소금을 전매하려는 목적은 하나다. 오로지 가난한 서민에게 나눠주는 식량창고(의창)에 곡식을 채울 비용을 버는 것 한 가지뿐이다. 지금 국가의 재정상황으로는 더 이상 의창에 곡식을 채울 여력이 없기 때문이다. 내가 왕으로 있는 한 "국가는 서민과 이익을 다투지 않는다"는 점을 분명히 했다. 그리고 8월 20일, 소금을 관리하는 부서인 의염색을, 운송 부서인 전운색과 통합하고 확대 개편했다. 색(色)은 말 그대로 컬러라는 단어인데, 특정 분야의 기술자들이 모인 부서 이름 뒤에 색을 붙여서, 일의 전문성을 구분한다. 의염색은 말 그대로, 소금(鹽 염)을 전담(轉 의)하는 부서(色 색)라는 뜻이다. 의염색을 고민하고 있을 때 하루는 집현전에 근무하는 이계천이 찾아왔다. 10년 전에도 이 법을 검토했으나 부정적이었다는 근거자료를 가져왔는데, 결정을 하는데 도움이 되는 자료였다. 이처럼 집현전은 왕이 일할 때 꼭 필요한 조직이다. 그렇지만 인재는 집현전에서 오래 일하는 것을 꺼린다. 내가 억지로 붙잡아두지만 감사원(사헌부)과 같은, 일이 돋보이고 승진이 빠른 부처로 옮기려고 안달이다.

한(恨)을 정(情)으로
살려내는 목소리들

1446년, 50세, 재위 28년

아내는 믿음을 정으로 바꿔온 사람

작년 10월부터 아내와 나는 둘째 이유(세조) 집에서 지내고 있다. 내가 경복궁과 가까운 곳에서 지내고 있으니, 세자와 신하들은 이곳까지 찾아와서 아침 회의를 하고 돌아간다. 1월에만 8번이나 다녀갔다. 자주 찾아오지 못하게 하려고 연희궁(서대문구 연희동)으로 다시 나왔다. 그럼에도 세자는 2월에 9번이나 연희궁에 다녀갔다. 나 때문에 세자와 신하들을 고생시킬 수 없어서 어쩔 수 없이 3월에 이유(세조)의 집으로 다시 돌아왔다. 그런데 다음날부터 아내가 아프기 시작하더니, 보름을 채 버티지 못하고 세상을 떠났다. 슬픔을 억제할 수가 없다. 그런데 어머니가 죽었다는 것이 무엇을 의미하는지 모르는 늦둥이 막내 이염(영웅대군, 13살)은 상복을 입지 않겠다며 투덜댄다. 이 어린아이를 남겨두고 하늘로 떠나야 했던 아내의 심정이 얼마나 슬펐을까. 상심한 자식들에게 힘들더라도 밥을 꼭 챙겨 먹으라고 당부했다. 그런데 오히려 자식들이 "어머니를 위해 불교경전(불경)을 만들겠다"며 나를 위로한다. 비용은 나와 아이들이 분담하면 되겠지만 신하들의 반발을 무마하는 것이 문제다. 그런데 생각지도 않게 국무총리실이 순순히 동의했다. 신하 전체의 의견은 아니다.

이에 힘을 얻어서 회의 시간에 "중국의 성인 묵자는 자기 자신은 박하게 살았지만, 부모는 후하게 장사지냈다"라며 말문을 열었다. 변계량, 정효강과 같이 불교에 우호적인 신하 이름을 대어가며 "너희들 또한 몰래 부처를 섬기는 사람이 있지 않느냐"라는 말로 불경 제작을 위한 분위기를 조성하고 대화를 시도했다. 역시나 냉담하다. 벽과 대화하는 느낌이다. 집현전은 "왕이 불경을 만든다면, 지금까지 태조와 태종이 불교를 억제하고 사회 분위기를 바르게 한 업적이 헛수고가 될 것이다"라고 반대를 분명히 했다.

"내가 불교를 믿지 않는 것을 알지 않는가. 왕인 내가 아파서 죽을 지경인데, 이 정도 부탁도 못 들어주느냐"고 타협을 시도했지만, 역시나 벽에다 대고 왕 혼자 떠들 뿐이다. 그렇지만 왕이 아닌 아들들이 나서서 어머니를 위한 불경을 만든다고 하니, 신하들도 어쩔 수 없어 한다. 반대할 명분이 작아진 것이다. 그렇게 불경을 제작하고, 인쇄한 불경을 경기도 고양시 대자암으로 옮겨서 아내의 명복을 빌고 있다. 이 즈음에 작은형(효령대군) 또한 절에서 왕비의 명복을 빌고 있었는데, 큰형(양녕대군)이 새와 짐승을 잡아와서 절 안에서 구워 먹었다고 한다. 작은형이 큰형에게 화를 내며 한마디했더니, 큰형은 "나는 살아서는 왕의 형이고, 죽어서는 불자(효령대군)의 형이니 깨달음의 경지에 오를 것이다. 사는 것이 즐겁지 않은가"라고 말했다고 한다. 누구도 못 말리는 큰형이다.

1446년, 50세, 재위 28년

아내의 이름을 소헌이라 정했다. 아내가 살아서 불리던 이름이 공비였다. 겸손하고 예의 바른 아내의 모습을 보고 태종(아버지)이 지어준 이름이다. 죽은 뒤에 불릴 아내의 이름을 내가 직접 정하니 기분이 이상하다. 소헌은 "밝음(昭 소)을 일깨워주는(憲 헌) 사람"이란 뜻이다. 실제로 아내는 왕인 나보다 더 아랫사람을 믿어주던 왕비였다. 한 예로 공비는 자신이 낳은 아이를 후궁에게 맡겨 기르게 했을 정도였고, 후궁 또한 정성껏 길렀다. 온갖 탐욕이 넘치는 궁궐에서 이런 사례는 없었다. 그렇게 아내는 후궁들과 믿음을 쌓고 정을 쌓으며 살았던 왕비였다. 믿음을 한자로 신(信)이라 쓰는데, 이 글자에는 믿음을 연결하는 방법이 담겨 있다. 사람(人)에게 말(言)을 바르게 하는 방법이, 상대에게 믿음을 심어주는 좋은 방법이라는 글자다. 아내는 글자 그대로 후궁에게 말 한마디를 해도 겸손하게 했다.

아내가 하늘로 떠나던 날, 나는 신하 신자근의 집으로 거처를 옮겼다가 저녁에 다시 작은형(효령대군) 집으로 옮겼다. 그렇게 며칠을 작은형 집에 머물다가 큰형(양녕대군) 집으로 갔다. 지금 내 마음을 어루만져줄 수 있는 피붙이는 형들밖에 없다. 신하는 내가 마음을 둘 곳이 없어서 큰형 집으로 가는 것을 알면서도 못마땅해한다. 큰형과 관계되는 일은 반대부터 하는 것은 아직도 여전하다. 네 달이 채 안 지났는데, 다섯 번이나 잠자리를 바꾸니 몸이 편하지 않다. 손이 심하게 떨려서 붓을 드는 것조차도 힘에 부친다. 비서실장만 곁에 남게 하고, 나머지 비서실 직원들은 모두 세자(문종)가 있는 경복궁으로 보냈다. 세자와 협의하고 결재를 받게 한 것이다. 세자에게는 내 걱정은 하지 말고 5일에 한 번씩만 오게 했다. 둘째 이유(세조)는 말라리아에 걸려서 치료받고 있다.

아내를 땅에 묻을 날을 7월 1일로 정했다. 지난해까지만 해도 이맘때는 비가 오지 않아서 기우제를 지내야 했는데 올해는 정반대 날씨다. 여기에 더해서 전염병까지 번지고 있다. 그래서 아내의 능 공사 인원을 8천 명으로 줄였고, 석실 뚜껑과 같이 무거운 돌 운반을 마치면 4천 명으로 줄이게 했다. 그런데 장맛비에 강물이 넘쳤다. 결국 발인 날짜를 연기해야만 했다. 날이 맑게 해달라고 기청제를 지냈는데, 다음날 거짓말같이 맑아졌다. 7월 16일, 새벽 1시를 알리는 북소리가 울렸다. 그리고 입에 막대기(하무)를 문 군인들이 상여를 메고 엄숙하게 영릉을 향해 궁궐을 나섰다. 영릉은 부모님이 묻혀 있는 헌릉(서초구)과 붙어 있는 땅이다. 영릉으로 가는 길에 비바람이 심해서 한강을 건널 수 없었다. 가까운 낙천정(광진구)으로 이동해서 하룻밤을 머물기로 했다. 이곳은 태종이 왕에서 물러나고 노닐던 곳이다. 아버지가 며느리에게, 그동안 미안했으니 쉬었다 가라고 하는 것만 같다. 다음날 아침 7시에 배를 타고 물이 넘쳐난 한강을 건너서, 영릉에 무사히 도착했다. 그렇게 아이들이 어머니를 잘 묻어주고 돌아왔다. 나는 그 길을 함께하지 못했지만, 나도 죽으면 아내 옆에 묻힐 것이다. 그때가 오면 나도 낙천정에서 하룻밤 묵었으면 좋겠다.

9월 9일, 세자가 영릉에 가서 어머니 제삿상에 밥 한 그릇을 올렸다. 그리고 띠(풀)로 벽과 지붕을 이은 한 칸 넓이의 임시 거처에 들어가서 밥을 먹다가, 슬픔을 견디지 못하고 목이 메이도록 울었다고 한다. 나도 그립고 보고 싶은데, 큰아들이 오죽했을까. 어머니와 함께했던 날들이 주마등같이 스쳐지났을 것이다. 내가 추억하는 아내는 평소에 믿음을 주는 말로 정을 쌓으며 살았고, 나에게 모범을 보이던 사람이었다. 잔소리도 잘난 척도 하지 않았다. 그래서 나는 "왕이 처신하는 도리의 바탕이 되는 정을 아내에게 배웠다"라고 누구에게도 자신 있게 말할 수 있다. 이 정은 훈민정음 사용설명서(해례본)에 나와 정인지가 적은 정과 그 뜻이 연결돼 있다.

한을 풀어내고 정을 쌓는 훈민정음

9월 29일, 훈민정음 28개 문자를 공개했다. 정인지가 훈민정음 사용설명서(해례본)에 문자가 없는 우리나라의 현실을 짧고 명쾌하게 설명했다. "조선사람이 중국의 한자를 빌려 쓰는 것은 둥근 도끼자루를 네모난 구멍에 넣으려고 애쓰는 것과 같다. 처음부터 조선사람의 말과 한자가 동그라미와 네모 모양으로 어긋난 것을 어찌 맞출 수 있었겠는가. 억지로 같아지게 할 수 없었다. 새 문자가 이 문제를 해결할 것이다." 다시 읽어도 명문장이다. 나와 정인지는 훈민정음 사용설명서의 첫 장과 끝 장에 새 문자를 창제해야 했던 목적과 쓰임을 각각 적었는데, 똑같이 정이라는 한 글자에 비유해서 설명했다. 글자 정(情)은 마음을(心) 고요하게(靑) 한다는 뜻의 글자다. 글자의 뜻처럼, 소민이 자신의 힘으로는 어쩌지 못하는 한계(艮)에 다다랐을 때, 막다른 구석에서 느낀 처참한 심정(心)을 훈민정음으로 적어서 수령에게 보여주고, 한(恨)을 풀어달라고 말할 수 있을 것이다. 그래서 글자를 몰라서 당하고 살아야 했던, 소민의 마음속에 딱딱하게 응어리진 한들을 풀어내고 평안하게 해줄 것이다. 그래서 정인지는 사용설명서에, 새 글자를 익히면 누구나 한을 글로 써서 전달하고 해결할 수 있다는 뜻을 담아서 정이라 썼고, 나는 우리나라 사람은 하고 싶은 말이 있어도 자신의 뜻을 전달하지 못해서 한이 쌓였다는 뜻을 담아서 정이라 썼다.

오늘 사용설명서를 펼쳐보다가, 정을 써놓은 대목에 이르러서 갑자기 눈물이 쏟아졌다. 아내가 평소에 아랫사람을 겸손하게 대했던 행동 하나하나가 새 문자를 만든 것에 비견되는 행동이었다는 것이 새삼 느껴졌다. 아내는 아랫사람을 믿는 마음(信 신)에서 정을 시작했고, 정인지는 학문을 존중하는 마음(業 업)에서 시작했고, 나는 지배당하는 소민을 가족처럼 사랑하는 마음(恤 휼)에서 정을 시작했다. 시작점과 방법은 서로 달랐지만 사람을 사랑하는 마음만큼은 같았기에, 우리가 정(情) 한 글자에서 만날 수 있었던 것이다. 정을 담아 창제한 훈민정음은 단순히 글자를 넘어서, 한 맺히게 살아온 사람들의 마음을 후련하게 풀어줄 수단이 될 것이다. 그래서 훈민정음이 나라 안에 퍼지면 사람과 사람을 연결하고, 따뜻한 정이 흐르는 세상을 만들 것이라 확신한다.

훈민정음은 ① 28개 문자만으로 모든 말을 글로 적을 수 있고 ②무식한 사람도 열흘이면 배울 수 있고 ③글을 읽으면 바로 뜻을 알 수 있고 ④재판할 때 자신이 처한 상황을 알 수 있어 억울하지 않고 ⑤어느 누구와도 소통이 되고 ⑥바람, 학, 닭, 개의 소리도 글로 적을 수 있고 ⑦보기를 들어서 풀이한 사용설명서를 보고, 혼자서도 공부할 수 있는 그런 쉬운 문자다. 그동안 최항, 박팽년, 신숙주, 성삼문, 강희안, 이개, 이선로 등, 젊은 학자들의 고생이 있었기에 완성할 수 있었다. 이들은 세자와 더불어 조선의 다음 시대를 이끌어갈 믿음직한 인재들이다. 세자와 자식들 또한 그동안 알게 모르게 고생이 많았다. 12월 26일, 하급공무원을 선발하는 시험에 처음으로 훈민정음을 시험과목으로 지정했다.

많이 배운 신하들의 정 없는 소통

하루는 국무총리실 소속의 장관급 고위관리(우참찬) 정갑손이 찾아왔다. 지난 3월에 아내(소헌)가 갑자기 아팠을 때, 궁궐에서 금, 은, 보석으로 치장하고 불교의식을 주도했던 중이 경기도 과천에 큰 절을 세웠다는 말을 했다. 그리고 나라 안에 불교를 숭상하는 사회분위기가 조성됐다고 문제삼았다. 그 자리에 있던 둘째 이유(세조)가 정갑손에게 "7개월 전에는 옳다고 말하지 않았는가. 어찌 지금에 와서 틀렸다고 하는가"라고 한마디했다. 정갑손은 자기 혼자의 생각이 아니라 국무총리실 전체의 의견이라고 강조했다. 그러면서 지금까지 만든 불경과 장식품은 문제삼지 않을 것이니, 앞으로는 불교의식을 금지시켜달라고 왕에게 강요했다. 유식한 말로 바꿔 말하면 "작은 것을 희생시켜 큰 것을 살린다"는 왕적치심을 왕에게 강요한 것이다. 작은 것이 불교이고, 큰 것이 왕실이다.

정갑손의 말을 해석하면 국무총리실이 처음부터 속으로는 불교의식을 반대했는데, 겉으로는 다른 말을 해온 것이 된다. 고약한 놈들이라는 생각을 지울 수 없었는데, 다음날 국무총리실에서 정갑손의 무례한 행동에 대해서 사과한다는 뜻을 보내왔다. 확인해보니 3년 전에 왕실사람 한 명이 죽은 부인의 무덤 옆에 세운 절이 있기는 했지만, 정갑손이 말한 호화로운 절을 지은 중은 없었다는 것이다. 이렇게 일이 잠잠해지는 듯했다. 그런데 이틀 후에 감사원의 관리자급 신하(장령) 강진이 찾아와서 정갑손이 지껄인 말을 다시 거론하며, 불교 문제는 옳은 것과 옳지 않은 것, 두 가지만 있다고 단정지어 말했다. 그리고 나서 아내를 애도하기 위해 불교의식을 했던 왕과 세자를 포함한 왕의 자식들을 꾸짖듯 나무랐다. 강진의 말을 해석하면 "신하는 항상 바른 행동을 하는데, 왕실은 잘못된 행동을 저지르는 공공의 적이다"라는 꼴이 된다. 별다른 말을 하지 않고 그냥 보냈다. 다음날 언론청에서 불교의식을 중지해달라는 의견을 전해왔다.

이틀 뒤에 감사원에 근무하는 정창손이 찾아왔다. 이놈은 한술 더 떠서 몇 년 전에 흥천사에서 했던 경찬회까지 거론하며 왕을 압박하고, 아내가 아플 때 불교의식을 했지만 아무 소용이 없었고, 국민은 술을 짜내고 남은 지게미도, 쌀을 도정할 때 떨어지는 부스러기(쌀겨)조차도 배불리 먹지 못하는데, 왕실은 중을 배불리 먹였다는 등 왕과 신하 사이의 선을 넘는 말까지도 서슴지 않았다. 그러면서 "온 집안이 무참히 죽임을 당하더라도 할말은 하는 것이 신하의 도리다"라고 지껄였다. 마치 전쟁을 치르는 장수의 입에서나 나올 만한 말이었다. 순간 화가 치밀어올랐다. "그럼 한 나라의 왕비가 죽어가는데, 왕과 자식들이 손을 놓고 있어야 했다는 것인가?" 그리고 또 "내가 얼마나 사치를 부렸다는 것인가?" 당장 정창손 등 관련자들을 잡아들여 그동안의 자초지종을 확인하게 했다. 다음날 집현전 학사들이 나서서 정창손을 용서해달라는 글을 보내왔는데, 훈민정음으로 쓰여 있었다. 둘째 이유(세조)에게 "그대들의 말이 옳지만, 왕의 마음을 알지 못한다"는 말을 전하게 했다.

둘째 이유가 집현전 학사들을 앉혀놓고 "간사한 자들은 벌을 받아야 한다. 그러나 벌을 주면 왕과 신하 사이에 소통이 끊기니 용서한다"라고 직접 글을 지어 마무리 짓고 돌아왔다. 이유의 일 처리는 이처럼 빠르고 명쾌하다. 며칠 뒤에 둘째가 이번 사태를 정리한 문서를 가져왔는데, 훈민정음으로 쓰여 있는 것을 보니 감회가 새롭다. 나중에 비서실장에게 들으니 이유의 일 처리에 대해 칭찬 일색이었다. 지난 2월에 작은형(효령대군)이 며느리를 고를 때, 처녀를 자신의 집으로 불러들여 면접을 보고 외모를 심사하는 불법을 저질렀다. 그때도 신하들이 작은형을 벌주라고 하루가 멀다 하고 몰려와서 아우성이었다. 둘째가 나서서 문제를 해결했다. 요즘은 왕실에 일이 생기면 둘째 아들에게 의지하게 된다. 그렇게 사태를 일단락하고, 경기도 고양시 대자암에서 불경을 읽는 행사(전경회)를 일주일 동안 성대하게 열었다. 누구라도 아무 때나 와서 배불리 먹을 수 있도록 음식을 푸짐하게 장만했다.

서민들의 한 맺힌 살림살이

　　　　올해도 지난해처럼 입춘이 지나서도 강추위를 동반해서 눈이 많이 내리고 있다. 전국적으로 심각한 상황이다. 산과 들에 뜯어먹을 봄나물조차 씨가 말랐다. "굶어 죽는 사람이 없도록 각별한 주의를 기울여라"라고 적은 공문을 전국의 도지사에게 보냈다. 1월에 경상도 한 도에 운송한 종자용 곡식만 해도 볍씨 195,200석, 콩 36,000석, 잡곡 종자 6,100석이 넘는다. 여기에 사람이 먹을 식량과 소에게 먹일 사료용 콩을 더하면 어마어마한 양이다. 추위를 뚫고 전국 방방곡곡에 실어 나르고 있다. 종자만큼은 무슨 수를 써서라도 모내기 시기에 맞춰 농가에 보급을 마쳐야 한다. 그러려면 운송을 서둘러야 하는데 사람도, 소도, 말도 뼈만 남아서 수레바퀴를 굴릴 힘이 없다. 논에 모를 심는 4월이 됐는데도 종자용 볍씨를 보급해달라는 아우성이 끊이지 않고 있다. 5월이 되니 종자용 콩이 부족하다고 아우성이다. 6월이 되고 밀 보리가 익는 계절이 찾아왔지만, 수확량이 얼마 되지 않는다. 올해만큼은 수확한 밀, 보리는 먹어치우면 안 된다. 무조건 일정량을 떼어서 내년 종자용으로 창고에 숨겨둬야 한다. 배가 고프다고 이 곡식까지 먹어버리면, 내년에는 정말로 종자가 없는 극단적인 상황이 벌어질 수도 있다. 10월이 되고 수확한 햅쌀을 묵은 쌀을 조금 더 얹어서 바꿔주고 있다. 내년 종자용으로 햅쌀을 비축해야 하기 때문이다.

　　　　이와 같은 식량 부족 사태를 극복하기 위한 특단의 대책으로 소금 매매를 나라가 독점하는 방법을 선택했다. "선택할 수밖에 없었다"라고 표현하는 것이 옳다. 지난해 가을부터 올해 1월까지 소금을 시험적으로 생산하고 판매해보니 한 마을에서만 3,400석이나 되는 소금을 구웠다. 이를 팔아서 면포 700필과 곡식 300석을 벌었다. 이 정도면 텅 빈 곡식창고를 다시 채우는 데 큰 보탬이 되는 수입이다. 소금을 생산하는 방법은 단순하다. 큰 가마솥에 바닷물을 가득 넣고 장작불로 졸이면 소금만 남는다. 그래서 소금을 생산하는 사람들이 소금을 굽는다고 말하는 것이다. 민간이 보유하고 있는 가마솥을 모두 모아서 최대한 많은 양을 생산하게 했다.

　　나라가 소금 매매를 독점한 이후로 시중에 소금이 귀해지고 물가가 오르는 부작용이 뒤따랐다. 지난해 가을에 비가 많이 내려서 소금 생산량이 적은 것도 값이 상승하는데 영향을 미쳤지만, 나라가 서민의 밥벌이를 빼앗아서 그들의 삶을 피폐하게 만드는 결과를 초래한 것이다. 아침 일찍 긴급 회의를 열어 급한 대로 민간에서 소금을 굽고 팔 수 있도록 다시 허가하기로 했다. 이 결정을 전해들은 재무부장관(호조판서) 정분이 황급히 찾아와서 "안 된다"라고 거부했다. 지금은 텅 빈 창고에 곡식을 채우는 것이 그 어떤 것보다 중요하고, 소금을 판 이익이 큰 보탬이 되고 있다는 것이다. 즉시 오전의 결정을 취소시켰다. 오늘 하루 동안 신하의 말 한 마디에 따라서 왕이 이랬다저랬다를 반복했다. 이제는 나이가 들고 병이 오래되니 생각도 단순해진 것 같다. 지금은 어쩔 수 없이 나라가 소금을 독점하지만, 창고(의창)에 곡식이 넉넉해지면 본래대로 돌려놓을 것이다. 이 생각은 신하 모두가 공감하는 한마음이다.

오늘따라 아버지가 나에게 왕위를 물려주고 술자리에서 자주 눈물을 흘리던 오래전의 모습이 떠오른다. 그때 나는 처음으로 아버지의 뒷모습에서 한 노인을 보았었다. 지금 내가 그 모습이 아닐까 생각하게 되는 날이다. 올해 내 나이가 50살이다. 성인이 말하기를 50살이 되면 "스스로 하늘의 명령을 안다"고 해서 '지천명(知天命)'이라 부른다는데, 나는 이도저도 아닌 그냥 노인으로 늙은 것만 같다. 4월 29일, 이전처럼 소금을 자유롭게 굽고 팔 수 있게 돌려놓았다. 소금 전매를 위해 만든 부서(의염색)를 폐쇄했다. 3개월여 만이다. 짧은 기간이었지만 경제는 한 곳을 압박하면 다른 곳이 튀어나오는, 바람 든 공 같다는 사실을 실감하는 귀한 경험을 했다.

정 둘 곳 없는 날들

언론청(사간원)에서 장문의 보고서를 가져왔다. ①공법은 등급 구분이 어려워서 문제가 많아서 안 되고 ②국경에 강제 이주시키는 일은 국민이 억울하다고 해서 안 되고 ③성을 쌓는 일은 농민이 힘들어서 안 되고 ④소금을 나라에서 전매하는 일은 물가가 올라서 안 되고 ⑤건물을 짓는 일은 급한 일이 아니어서 안 되고 ⑥군인 확충은 총통 등 무기가 부족해서 오히려 줄여야 하고 ⑦종이 만드는 일은 농사에 방해돼서 안 된다고 적혀 있었다. 온통 안 된다는 것, 하지 말라는 것 투성이다. 국민의 불만을 한가득 적어왔을 뿐, 이를 타개할 대책에 대한 언급은 한 줄도 없었다. "아무것도 안 하면 누가, 어떻게 먹여살린다는 것인가?" 이럴 때 왕이 믿을 데는 국무총리실밖에 없다. 그런데 4일 뒤에 집현전에서 언론청이 제기한 문제에 대해 나름의 해결 방법을 적은 장문의 보고서를 가져왔다. 믿을 데가 한 곳 더 있었는데 내가 잠시 깜빡하고 있었다.

세금제도를 개혁하는 공법을 시행한 지도 벌써 8년이나 지났지만, 아직도 자리를 잡지 못하고 있다. 이렇게 바꿔야 한다, 저렇게 고쳐야 한다는 의견만 분분하다. 집현전 학사들이 그동안의 문제점과 대안을 수립한 보고서를 가져왔다. 그런데 공법은 지금이라도 폐기하는 것이 옳다는 내용이다. 지금까지 왕의 생각과 같았던 집현전조차 왕의 뜻을 이해하지 못하는 것 같아 서운했다. 오랜만에 공법을 주제로 신랄한 비판과 토론을 했다. "공법이 간사한 하급관리의 농간을 막는 데에는 효과가 있다. 그렇지만 국민의 삶을 이롭게 하는 데는 효과가 없다"라고 단정지었다. 그래서 정인지를 불렀는데 정인지 또한 집현전과 의견이 같아서 왕을 서운하게 했다. 이 모습을 모두 지켜본 비서실장 황수신만이 올해까지 시행해보고, 내년에 다시 논의하자는 의견이다.

해가 질 무렵에 시작한 토론이 밤 10시가 훌쩍 지나서야 끝났다. 서운한 감정만 가득했던 회의였지만 오랜만에 제대로 된 토론을 하니, 그동안의 묵은 체증이 확 쓸려내려간 듯 개운하다. 10여 일 뒤에 집현전에서 장문의 보고서를 또 작성해왔기에, 공법을 전담하는 부서(전제상정소)와 국무총리실에서 검토하게 했다.

이제는 나날이
힘에 부친다

1447년, 51세, 재위 29년

모두 다 내 잘못이다

갑자기 국무총리실에서 "요즘 농민은 착하지 않다"라고 단정지었다. 추수를 하면 다음 해 쓸 종자를 따로 보관하는 것이 다 아는 기본인데, 세금제도를 공법으로 바꾼 이후로는 종자까지 다 먹어치운다는 것이다. 그리고 다음 해가 되면 있지도 않은 종자를 "논과 밭에 심고 뿌렸다"고 거짓말을 서슴없이 한다는 것이다. 그 결과로 농지가 버려지는 어처구니없는 일이 비일비재해졌다고 한다. 공법을 적용하면서부터 농민의 행동이 변질됐고 종자가 부족해졌다는 것이다. 지금이라도 "공법을 중지하는 것이 옳다"며 나를 압박했다.

공법의 세부 항목 중에 곡식을 조금이라도 더 생산하려는 목적으로, 버려진 농지를 개간해서 농사지으면 세금을 낮추는 항목이 있다. 이를 악용해서 정상적인 농지에 씨를 심지 않고 버려진 농지처럼 보이게 하는 수법을 쓴 것이다. 이러한 결과로 농민은 한 해 동안 ①종자를 받아서 먹고 ②세금도 줄이고 ③농사일도 안 하고 ④다음 해에 사용할 종자를 또 얻는, 일석삼조 이상의 이익을 얻게 된 것이다. 이런 사태가 전국에서 동시다발로 벌어졌다는 것이다. 그 결과 나라 전체의 농지가 줄고, 세금 수입이 줄었는데, 오히려 다음 해에 쓸 종자는 나라가 책임져야 하는 어이없는 사태에 직면하게 됐다. 실제로 지난 한 해 동안 어마어마한 양의 종자용 곡식을 전국의 농가에 보급해야만 했다. 계획에 없던 종자를 보급한 것이 곡식 창고의 바닥을 드러나게 한 결정적 원인이었던 것이다. 공법은 왕이 서민의 살림살이를 나아지게 하려고, 온갖 반대를 무릅쓰고 밀어붙이고 있는 세금개혁 제도다. 그런데 오히려 서민이 공법의 허점을 악용한 것이다.

신하는 이 사태를 빌미로 더욱 거세게 "공법을 중지하라"는 목소리를 높이고 있다. 신하는 왕에게 "공법이 어찌 서민을 위하는 법이냐"라고 되물었고, 나는 할 말이 없게 됐다. 결과만 놓고보면 나쁜 짓을 저지르는 사람이 하급관리에서 농민으로 바뀌었기 때문이다. 이처럼 신하는 보여지는 결과를 중심으로 판단하는 경향이 있다. 데이터에 기반한 정책을 수립하는 데 익숙하기 때문이다. 하급관리의 부정을 막으려고 공법을 도입했는데, 이유가 어찌 됐든 농민이 부정행위를 저지르게 하는 빌미를 왕이 제공한 꼴이 됐다.

그래도 왕만큼은 농민의 심정을 이해하고 넘겨야 한다. 무덤을 파서 사람 고기를 먹었다는 해괴한 소문까지 나돌고 있을 정도로, 소민의 살림살이 형편이 피폐해졌기 때문이다. 자기 식량은 땅을 파고 숨겨둔 채, 나라에서 배급하는 식량을 받아가는 사람도 부지기수다. 심한 자는 나라에서 나눠주는 밥을 갖은 방법으로 몇 번이고 받아가기도 한다. 공동체 의식이 살아나지 않는 한 해결될 수 없는 구조이다. 어떤 소민은 집에 두서너 말밖에 안 되는 적은 곡식만 생겨도 술을 빚어 먹는다고 한다. 이런 말을 들을 때면 허탈해지며, 공법의 추동력이 점차로 상실되어가고 있음을 실감하게 된다.

서울에 있는 학교(사부학당)는 하루에 한 끼 밥을 주고, 하루 종일 소리내어 책을 읽게 해왔다. 그런데 창고가 바닥을 드러내면서부터 밥을 주지 못하니, 학교에 학생이 오지 않는다. 다른 곳에서 줄여서라도 밥 한 덩이라도 물에 말아 먹이라고 지시했지만 가능할지 모르겠다. 내 몸이 예전 같지 않은지라 이제는 하루가 다르게 힘에 부친다. 정신력 하나로 버텨내는 날의 연속이다. 내가 왕위에 있는 동안 "먹을 것이 없으면 빌려주고, 갚을 곡식이 없다고 하소연하면 다그치지 말라"는 지침을 준 것이, 농민을 도덕적으로 해이해지게 만든 불씨가 된 것만 같다는 생각이 떠나지 않는다. 그 결과로 서민이 스스로 먹을 것을 해결하지 않고 나라에 의지하는 습관이 커진 것만 같다. "왕이 냉정하지 못하다"는 신하의 말을 무시하곤 했던 지난 일들이 떠오른다. 그렇지만 내가 다시 젊은 왕으로 돌아가더라도, 나는 또 그렇게 퍼주고 도와줄 것이다. 몸이 나으면 바깥바람을 쐬고 싶다.

죽지 못해 사는 평범한 사람들

2월 17일, 황해도지사(감사)가 "관청에서 배급하는 죽을 받으려고 줄 서는 사람이 5만여 명이나 된다"라고 보고했다. 사람의

1447년, 51세, 재위 29년

발길이 드문 산골마을은 굶어 죽는 사람이 얼마나 되는지 알 수 없다고 한다. 쑥과 열매를 넣고 끓여서 쌀과 소금을 타서 먹이면 살릴 수 있다는 민간요법을 알게 됐다. 혹시나 하는 마음에 실험해보니 오히려 열이 나고, 갈증이 생기고, 눈에 부스럼이 생기고, 피가 나는 부작용이 있었다. 이렇게 효과가 검증되지 않은 말에 현혹되지 않도록 당부했다. 각 도의 인구를 조사할 때마다 황해도 인구는 고무줄처럼 늘었다 줄었다 하는데, 그 차이가 이해할 수 없을 정도로 크다. 그래서 밥을 배급하는 계획을 세우는 데 어려움이 많다. 평안도는 태종 때 비축해둔 군량미가 1백만 석이 넘었는데, 내가 왕이 될 무렵에 거의 다 소비됐다. 그리고 지금까지 거듭된 흉년으로 곡식창고가 텅텅 비었다. 어떻게든 이 고비를 넘기고 살아남아야 한다. 올해는 다행히 황해도를 제외하고는 조금 풍년이 예상된다.

　　　5월이 되니 논에 누에처럼 생긴 해충이 급증했다. 벼를 갈아먹어서 남아 있는 알맹이가 거의 없을 지경이다. 6월에는 최근 1년 동안 전국에서 전염병으로 사망한 사람이 4천 명을 넘었다는 보고를 받았는데, 사그라질 기미를 보이지 않는다. 서울 안에서도 전염병으로 죽은 사람이 457명이나 되고, 병원에서 치료받고 있는 사람도 1천 명을 넘어섰다. 길가 여기저기에 시체가 나뒹굴고, 밤이면 여우와 삵의 먹이가 되고 있다. 11월 서울 거리의 풍경이 이처럼 을씨년스럽고 횅하다. 병원 시스템이 갖춰진 서울이 이 정도인데, 지방은 불을 보듯 뻔한 처참한 상황일 것이다. 특히 국경지역에 사는 사람들을 살려낸다는 것은 "현실적으로 불가능에 가깝다"고 단정지어 말해도 과언이 아닐 정도다.

하루는 평안도 맹산에 사는 사람들이 무리를 지어 도망쳤는데, 그 수가 얼마나 많은지 마을 하나가 통째로 없어질 정도였다는 말을 듣고 깜짝 놀랐다. 처음 듣는 말이었다. 특히 도망치는 중에 ①옷이 해지고 찢어져서 알몸이 된 사람은 비옷(도롱이)으로 겨우 알몸을 가렸고 ②흙을 주워 먹으며 배를 앓았고 ③나무나 돌에 치여 넘어져서 죽었고 ④전염병에 걸려서 죽기도 했고 ⑤겨우 살아서 중국으로 도망친 자도 있었는데, 그 수가 몇 천 명인지 헤아릴 수 없다고 했다. 국경 전역에 걸쳐 이런 마을이 많다는 사실을 지금까지 왕만 몰랐던 것이다. 이 모든 사실은 우연히 알게 됐다. 신하는 이런 일이 자주 발생하고 또 하루아침에 바로잡을 수 없는 일이기에, 지금까지 자초지종은 생략하고 결과만 왕에게 보고했던 것으로 보인다.

비로소 손에 잡히는 성과들

지난겨울부터 신하의 집을 옮겨다니며 지내다가, 2월 2일, 경복궁으로 돌아왔다. 3년 만에 궁궐로 돌아오니 감회가 새롭고 낯설기까지 하다. 바로 일하는 방(사정전)으로 갔다. 그리고 전라도지사(감사) 이사임에게 화포는 계속 만들되, 화약(염초)을 만드는 일은 당분간 중지하라는 공문을 보냈다. 이사임이 도민의 노고를 조금이라도 줄여달라는 간곡한 요청을 했기에 적정한 선에서 타협한 것이다. 처지가 비슷한 경상도지사에게도 비슷한 내용의 공문을 보냈다.

조선의 화포 기술은 비약적인 발전을 거듭해서 이전보다 열 배나 더 멀리 날아간다. 여기까지 오는데는, 화약을 만들고 쇳물을 녹여 화포를 만든 노동자의 노고가 가장 컸다. 여기에 한 가지 더 하면 그동안 "이거 고쳐라, 저거 고쳐라" 쉬지 않고 간섭하고 참견한 내 잔소리도 한몫했다. 아무리 바빠도 화포 발사시험을 직접 참관하는 일은 빠뜨리지 않았다. 이 기술은 조선의 일급 보안이기에 제작 공정을 누구도 볼 수 없게 비밀을 유지해야 하고, 장인의 기술을 계속 발전시켜야 한다. 그런데 화약 저장창고에서 불이 났다. 화약을 만드는 숙련된 기술자가 22명이나 화상을 입었고, 이 중에 11명이 끝내 숨지는 안타까운 사고가 발생했다. 올해가 가기 전에 국경지역에 다연장로켓과 같은 화포(소발화구)와 주화를 대규모로 배치하기 시작했다. 특히 주화는 몸에 지니고 다닐 수 있도록 만든 총인데, 말 위에서 쏠 수 있을 정도로 작다. 총알이 날아가는 모습이 마치 달리는(走) 불(火)을 닮았다고 해서 주화이다. 태종은 화포의 성능을 시험하는 장소에 갈 때면 항상 나를 데리고 다녔다. 그래서 화포의 쾅 하는 소리와 불꽃이 튀는 장면은 언제 보아도 친근하다.

　　　『동국정운』 책을 출판했다. 이 책은 한자를 훈민정음으로 표기한, 한중사전이라 부르기에 충분한 책이다. 동국정운은 우리나라(東國 동국) 사람의 바른(正 정) 목소리(韻 운)라는 뜻이다. 집현전의 신숙주, 돈녕부의 강희안, 성균관의 성삼문 등, 서로 다른 관청에 소속된 학자들이 중국을 오가며 오랜 시간 협력해서 연구한 결과물이다. 지난 봄 지방공무원 선발시험부터 훈민정음을 필수과목으로 지정했는데, 변화의 싹이 하나하나 세상에 드러나고 있다. 그러나 이처럼 좋은 성과만 있는 것은 아니다. 오래전에 박서생이 일본 출장에서 보고 온 것을 토대로 만든 물레방아(수차)를 폐기하라고 지시했다. 중국에서 수입한 강주를 관리하고 운용하는 부서(강주국)도 폐쇄했다. 강주는 중국의 수레인데, 수입한 지 10년이 넘었는데도 아직까지 창고에 자리만 차지하고 녹슬어가고 있었기 때문이다. 몸이 아픈 지 오래되니 하루가 다르게 힘에 부친다. 그래서 내가 뿌려놓은 것들을 하나하나 내 손으로 거둬들이고 있다. 다음 왕에게 부담을 넘겨주고 싶지 않기 때문이다.

하나라도 더 마무리 짓고 싶은 왕의 마음

왕은 부지런하고 게으르지 않아야 하늘이 준 기쁨을 자기 것으로 만들 수 있다. 그런데 병이 들고 늙으니, 쉽게 피곤해지고 게을러진다. 내가 지금 그렇다. 올 초에 국방과 외교분야의 실장급(3품) 이상 고위관리의 임명과 처벌 권한을 제외한, 모든 사무의 결재 권한을 세자에게 넘겼다. 신하들이 순순히 동의했다. 그렇지만 왕의 집무실(경복궁 사정전)을 세자가 사용하는 것에는 여전히 동의하지 않는다. 나는 이에 굴하지 않고 "앞으로 모든 업무는 세자가 결재하니, 모든 신하는 세자의 명령에 복종하라"는 지침을 굽히지 않았다. 이제는 왕권이양 문제를 매듭짓고 싶다. 신하들은 "왕권을 이양하는 속도가 너무 빠르다"며 떼로 몰려와서, 해가 질 때까지 시끄럽게 떠들다

1447년, 51세, 재위 29년

돌아가기도 한다. 그렇게 시간이 지나고 12월 6일에 이르러, 세자가 승화당에서 처음으로 남면하는 자리에 앉아 신하를 내려다보고 업무회의를 주관했다. 지금까지 세자가 승화당에서 일할 때는 동쪽의 문인 자리에 앉았었다. 승화당은 왕의 업무공간이고, 남면하는 자리는 왕의 자리다. 비로소 세자를 왕으로 받아들인 것이다. 감격스런 날이다.

올해 초에 경상도 군사령관(도절제사) 이징옥이 고향으로 돌아가서, 늙은 아버지(96세)를 돌보며 여생을 보낼 수 있도록 퇴직을 허락했다. 이징옥은 왕을 잘못 만나 험한 곳만 골라 다니며 고생을 참 많이 한 장군이다. 그럼에도 왕으로서 해줄 수 있는 것이 이것뿐이다. 세자를 대신해서 아내(소헌왕후)가 묻혀 있는 영릉에서 먹고 자며 능을 지키고 있는 남지에게는, 계절마다 옷 한 벌씩을 보내서, 왕이 고마워하고 있음을 잊지 않고 전하고 있다. 4월 27일에는 조말생이 죽었다. 그가 누구인가? 비리로 얼룩진 공직 생활이 세상에 알려져서 오점을 남겼지만, 나라에는 꼭 필요한 인재였다. 그는 태종의 신하로서 오랫동안 나를 보좌해준 것 하나만으로도 고마운 사람이다. 부모의 상 중에도 자식이 밥, 고기, 술을 꼭 챙겨 먹게 하는 법을 만들어서 공표했다. 부모가 죽으면 자식은 슬피 우느라 밥을 챙겨 먹지도, 잠을 자지도 못해서 몸이 초췌해지고 건강이 나빠지기 때문이다. 이 법은 세상의 모든 아들딸을 위한 법이지만, 내 자식들에게 주는 선물이기도 하다. 요즘은 내가 왕으로서 해줄 수 있는 하나라도 더 남겨주고 싶은 마음이 앞선다. 죽을 날이 얼마 남지 않은 사람처럼 말이다.

앞만 바라보며
살아온 내 인생

1448년, 52세, 재위 30년

무례한 자들에게도 예의를 다하는 조선의 외교

일본과 무역을 하다보면 가져오는 물건이 처치하기 곤란할 정도로 양이 많다. 어떤 때는 말 300마리에 싣고도 남는 양을 가져와서 당혹스러웠던 적도 있다. 가져온 물건을 보면 구리, 납, 가죽, 장식용 나무같이 무거운 것들이어서, 보관도 운반도 골칫거리다. 그런데 진짜 문제는 품질이 좋지 않다는 것이다. 대부분 하(下)등급이다. 그럼에도 일본 상인은 항구에서 도매로 파는 것보다 서울에서 팔면 두 배의 값을 받을 수 있다며, 서울까지 공짜로 운반해달라고 억지를 부린다. 경상도에서 서울까지 그 먼 거리의 운송 비용을 조선이 부담하라니, 장사의 기본마저도 없는 자들이다.

그러던 중에 7년 만에 일본에서 사신이 왔다. 조선의 왕비(소헌왕후)가 죽은 지 2년이 지나서야 사신을 보내는, 예의라 부르기에도 민망한 수준의 예의를 보인 것이다. 그런데 예의를 차리려고 가져온 물건의 품질이 엉망이다. 외교문화부장관(예조판서) 허후가 "일본 왕의 나이가 14살이다. 아직 어려서 외교를 잘 모를 수도 있다"

라고 에둘러 말한다. 그리고 "조선의 사신이 일본에 오기만 하면 일본 왕이 죽는다"라고 일본인들이 수근거렸던 말을 전해준다. 사신이 돌아갈 때, 고장난 배를 수리해주고 선물을 챙겨서 돌려보냈다. 일본 왕이 요청한 대장경 한 부도 선물로 줬다. 신하들은 나의 이러한 결정을 싫어한다. 그렇지만 외교는 외교다.

식량을 구하러 조선에 오는 여진족이 있는데, 빌려갈 때는 예의를 갖추는 척하지만, 막상 갚을 때가 되면 갚을 생각조차 하지 않는다. 지난해에는 "식량을 안 주면 쳐들어오겠다"는 어이없는 말까지 지껄였다. 이들에게 각박하게 빚 독촉을 하지 않게 했다. 여진족에게 납치된 우리 국민이 적지 않기 때문이기도 하다. 하루는 조선의 공공의 적인 여진족 이만주의 부하 한 명이 귀화했다. 그를 서울로 데려와서, 귀화인을 우대하는 법과 제도에 따라 집과 노비, 급여를 받는 관직을 주고, 결혼까지 시켜서 서울에서 살게 했다. 그런데 이자는 노비를 학대하고, 밤마다 술을 마시고 몰려다니며 술주정을 하기 일쑤다. 노비에게 돈을 받고 도망가게 하기도 했다. 일본과 여진족을 비롯하여, 조선 주변에는 예의를 모르는 무례한 자들만 득시글댄다. 그래도 조선의 왕은 두만강 건너편에서, 한겨울에 아이들과 찬바람을 맞으며 식량을 구걸하는 여진족 가족들에게 쌀 30석을 줬다.

도망치는 국경의 사람들

소민들의 노고로 국경을 따라서 여러 성과 행성이 건설

됐다. 이제는 읍성을 최대한 넓게 쌓는 데 주력하고 있다. 성이 적이 공격할 때 대피하는 공간이고, 행성이 국경 강을 따라 길고 높게 세운 벽이라면, 읍성은 집 마당에 둘러친 담장에 비유할 수 있다. 읍은 작은 마을에 붙이는 이름이다. 읍성까지 모두 돌로 쌓으려면 10년은 족히 걸릴 것이다. 행성 공사가 아직 완전히 끝난 것이 아니기에, 이제부터는 행성과 읍성을 쌓을 인력을 적절히 분산 배치하는 일이 무엇보다 중요해졌다.

　　　황보인은 올해도 때가 되니 국경으로 가서 성을 쌓을 돌을 모으고 있다. 국경에 성을 쌓는 일은 왕이 시키지 않아도 자신의 일이라고 확실히 마음에 새기고 있는 것이다. 그런데 외교재무 부총리(좌의정) 하연이 "공사현장의 담당자에게 맡기면 될 일을, 왜 굳이 매번 황보인까지 가서 국민을 괴롭히느냐"라고 불만 가득한 표정으로 말한다. 시공과 감리는 분명히 구분돼야 하는 일인데, 하연은 공사의 기본을 모르는 것 같다. 국경지역에 사는 사람들 또한 황보인이 국경에 오는 것을 두려워하며 "죽을 지경이다"라고 아우성을 친다고 한다. 그가 오면 반드시 성을 쌓고 돌아가기 때문이다. 이렇듯 황보인은 국경지역에 사는 사람들에게는 귀찮은 관리자이지만, 왕에게는 믿음직한 신하다. 올해도 황보인은 어김없이 8월부터 한 달 동안 함경도에서 행성과 읍성을 가리지 않고 공사를 마치고 돌아왔다. 예전에 하삼도에 최윤덕이 있었다면, 지금 국경에는 황보인이 있다. 둘의 공통점은 성을 쌓는 전문가다.

20년 공들인 공법이 처한 운명

4월 10일, 재무부장관(호조판서) 이견기가 경상도 성주로 휴가를 다녀오다가 본 광경을 이야기했다. 밭만 갈아놓고 종자가 없어서 씨를 뿌리지 못한 농부가 부지기수였다는 것이다. 그래서 담당자에게 나라 창고에 남아 있는 종자 양을 확인해보았는데 "더는 줄 것이 없다"는 답변을 들었다고 한다. 상황이 그렇더라도 나는 "어떻게든 구해서 필요한 만큼 주는 것이 옳다"라고 대답했다. 이 대화를 듣고 있던 김종서가 "예전에 충청도 농부들이 종자가 없어서 파종을 못한다고 했지만, 실상은 그렇지 않았다"라며 농민의 말을 그대로 믿으면 안 된다고 제동을 걸었다.

며칠 후에 국무총리실에서 전투식량인 군량미를 종자용으로 나눠주는 지금 상황이 정말 걱정된다는 취지의 긴급보고를 했다. 최근에 보급하는 종자는 모두 군량미 창고에서 나오는 것이기 때문이다. 그러면서 종자를 농민에게 나눠줄 때 ①정말로 가난한지, 먹을 것이 어느 정도 있는지를 확인하지 않고 퍼주는 행위 ②하급관리가 중간에서 농간을 부리는 행위 ③종자를 받아가는 것을 당연하게 여기는 행위를 철저히 단속하고, 배급 기준을 다시 명확히 정해야 한다고 덧붙였다. 그날 이후로 이견기가 직접 확인한 경상도에 종자 103,000석을 보내고, 더 이상은 어느 곳에도 종자를 보급하지 않고 있다. 그렇지만 이미 4월까지 어마어마한 양의 종자 1,452,424석을 보급했다. 처음으로 공법을 폐지하는 것이 마땅하다는 생각을 하게 됐다. 통계를 보니 농민과 수령의 도덕적 해이가 심각한 수준에 이르렀음을 확인했기 때문이다.

　　올해는 다행히 조금 풍년이 들었다. 국무총리실에서 종합대책을 보고했다. 거둬들인 세금을 각 도의 큰 창고로 옮기지 말고, 해당 지방마다 설치된 작은곡식창고(주창)에 나누어 보관했다가, 필요할 때 사용하는 방안을 제안했다. 그대로 따랐다. 그렇지만 이 방법 또한 종자와 식량을 가까운 창고에 보관하고 있으니, 농민에게 안심하고 소비해도 된다는 부정적인 신호를 보내는 것이 아닌가. 오히려 지금의 도덕적 해이 현상을 그대로 수용한다고 공표하는 꼴이 아닌가. 국무총리실도 나처럼 뾰족한 대안이 없는 것으로 보이지만, 사실은 국무총리실을 포함한 대부분의 신하는 공법을 폐지하는 것 외에 다른 방법이 없다는 말을 왕에게 하고 싶은 것이다. 어차피 왕이 나서서 서민에게 퍼줄 것이 뻔한데, 이리저리 옮기는 수고라도 줄이자는 불만이 가득한 대안이다. 이제부터는 왕에게 모든 것을 맡기고 뒤로 물러앉아서 "우리는 모르겠다. 왕이 알아서 하시라"는 의도다. 왕이 막다른 구석으로 몰린 것이다.

왕의 면모를 갖춰가는 세자(문종)와 총명한 손자(단종)

　　1월 1일, 올해도 지난해와 같이 신하만 경복궁에 모여서 새해맞이 행사를 했다. 국무총리 황희가 주관했다. 왕도 세자도 궁궐 밖에서 요양 중이기 때문이다. 여느 해처럼 행사를 마치고 연회(회례연)를 열었는데, 신하들만 여기저기 모여서 조촐하게 새해 덕담을 나누고 헤어졌다. 전에는 비슷한 직급끼리 궁궐 한자리를 차지하고 앉아서 술 한 잔 나누며 왁자지껄했었는데, 그런 풍경이 사라진 지 오래다. 왕비의 삼년상을 마치기 전이라는 이유도 있겠지만, 왕과 세자가 궁궐에 없기 때문이다. 연회를 열었는데도 궁궐 안이 한산하다 못해 적막하기까지 했다고 한다.

　　　하루는 충청도 청주 초수리 행궁에 불이 나서 재로 변했다는 보고를 받았다. 몸이 아파 잠을 못 이루는 날이면 한 번씩 생각나던 곳인데, 이제는 생각조차 할 수 없게 됐다. 방화범을 잡았지만 풀어주게 했다. 신하는 이제 그만 궁궐로 돌아와달라고 애원한다. 내가 궁궐을 나올 때마다 세자에게 왕권을 넘겨주는 절차를 하나씩 추진하기 때문이다. 하루는 정인지가 전라도로 출장을 떠나기 전에 "이번에 다녀와서는 궁궐로 찾아오겠다"는 말을 하고 떠나기도 했다. 이런 말에도 아랑곳하지 않고, 넷째 이구(임영대군) 집으로 거처를 옮겼다. 업무회의나 공식행사를 할 때에도 세자를 남면하는 왕의 자리에 앉게 하라고 지시했다. 역시나 반발이 거세다. 그렇지만 계속할 것이다.

　　　9월 25일, 경복궁으로 돌아왔다. 일을 할 때 왕이 신하를 윽박지르듯 강경하게 대하는 것이 누적되면 반드시 부작용이 생긴다. 적절한 시점에 궁궐로 돌아온 이유다. 궁궐로 돌아왔더니 나로 인해 세자의 일거리가 늘었다. 그래서 세자가 왕에게 보고하는 일을 일절 못하게 금지시켰다. 그랬더니 신하는 "꼭 보고해야 한다"고 하고, 나는 "안 해도 된다"고 하는 공방이 또 시작됐다. 결국 매월 1일에만 보고하는 것으로 타협했다. 왕권을 넘기려고 서두르는 왕과, 이를 저지하는 신하가 한 치도 물러서지 않고 힘겨루기를 한다.

세자는 경복궁 계조당에서 조회를 하고 승화당으로 이동해서 일하는 것이 일상이 됐다. 그런 세자의 모습에서 제법 왕다운 면모가 보인다. 세자가 5월에는 서대문 밖에 나가서 농사짓는 농부에게 밥을 지어 먹이고, 8월에는 동대문 밖 들판에서 벼가 익은 것을 확인하고, 가을에는 양로연을 계조당에서 열어 노인을 공손히 맞이하고, 모화관(서대문구 현저동)에서 군인들이 활 쏘는 훈련을 직접 참관하고, 가끔은 동대문 밖에서 매사냥을 즐기고, 경기도 남양주(풍양)에 나가서 군사들이 사냥하며 훈련하는 모습을 직접 참관하기도 한다. 이런 세자를 보노라면 흐뭇하고 대견스럽다. "태종(아버지)도 나를 보며 이런 느낌이었겠지" 하는 생각이 든다. 마치 내가 했던 행동을 보아왔던 세자가 그대로 따라하는 것만 같다. 나도 태종에게 배웠으니 아버지, 나, 손자 이렇게 삼대가 시간을 초월해서 같은 행동을 되풀이하고 있다는 것이 신기하다. 그런데 우려했던 세자의 병이 다시 도졌다. 11월 8일, 결국 세자가 궁궐 밖 여섯째 이유(금성대군) 집으로 나왔다. 본래 체력이 약했는데, 몇 년 동안 왕권을 이양받느라 무리했기 때문인 것 같다. 경복궁은 내가 지키고 있다.

올해는 혼자 지내는 동안 늦둥이 아들(이염)과 손자(단종)를 보는 재미에 살았다고 말해도 과언이 아니다. 특히 손자가 노는 것을 보고 있으면 마음속 걱정과 시름이 눈 녹듯 사라진다. 그런 손자의 나이가 벌써 8살이다. 그래서 손자 곁에서 세상 일을 알려줄 사람을 정하고, 손자가 나중에 세자(문종)를 이어서 왕위에 오를 자격을 부여했다. 그리고 "나라를 이어 다스릴 왕 후보를 정했다"라고 공표했다. "손자가 왕이 됐을 때 나는 이 세상에 없겠지" 하는 생각이 들었다. 9월 1일, 손자가 성균관에 입학했다. 교복을 입고 학교에 가는 모습이 대견스럽다. "바른 사람을 가까이 하고, 항상 밝고 넓게 공부해라"라는 덕담을 들려줬다. 손자는 지금 이 시간에 어린아이가 생활하며 알아야 하는 내용이 담긴 『소학』 책의 첫 장을 또래 아이들과 소리내어 읽겠지.

경복궁에 등장한 불당

15년 전에는 창덕궁 옆 문소전 한켠에 불당이 있었고, 중 7명이 상주했었다. 태조의 지시로 태종이 지은 불당이었다. 문소전을 다른 곳으로 옮기면서 그 불당을 헐어버렸다. 문소전 옆 빈 땅에 불당(내불당)을 새로 짓고 싶다고 말을 꺼냈다. 그런데 찬성하는 신하가 한 명도 없다. 다음날 비서실장 이사철과 긴밀히 대화를 나누고 있는데 장관들이 한꺼번에 들이닥쳤다. 반대의 뜻을 분명히 하려고 온 것이다. 밥과 술을 배불리 먹여서 보냈다. 감사원과 집현전에서 또 찾아왔다. 이번에는 묵묵부답으로 일관하고 돌려보냈다. 그리고 당장 공사를 총괄할 관리를 임명하고, 군인 200명을 동원해서 공사를 시작했다. 반대의견을 한쪽귀로 흘려버리고, 내가 하고 싶은 대로 밀어붙인 것이다.

왕이 이 정도로 빠르게 일을 추진하면 고집을 꺾을 수 없다는 사실을 익히 알고 있을 것이다. 그럼에도 매일같이 집단으로 몰려와서 아우성이다. 하루는 정갑손에게 "더 이상 할말이 없다"라고 했더니 "자기도 마찬가지 입장이다"라며, 불당 건립을 취소하기만 하면 모든 것이 제자리로 돌아간다고 했다. 신하는 내가 몸이 아파서 오래 앉아 있지 못하는 것을 알면서도, 20일이 넘도록 매일같이 찾아와서 한참 동안 자기 주장만 늘어놓고 간다. 하루이틀도 아니고, 똑같은 말을 반복해서 듣고 있으려니 짜증이 난다. 듣는 둥 마는 둥 하며, 흘려듣기를 반복하고 있다. 신하는 할 말이 떨어지면 평소에 궁금했던 다른 일을 묻기도 하고, 내가 아파서 일어나지 못하는 날에는 뜰에 서서 물러가지 않겠다고 협박을 하기도 하고, 또 어떤 날은 한동안 보지 못했던 신하가 찾아오기도 한다. 왕에게 따지러 온 신하지만, 오랜만에 얼굴을 보니 반갑다. 문서로 한 질문에는 일절 답을 하지 않는다.

성균관 학생 중에는 분에 못 이겨 자퇴하는 자도 있다. 이런 부류의 선비를 한 마디로 쓸모 없는 선비(우유), 또는 더벅머리 선비(수유)라고 부른다. 이렇게 시시비비를 가리는 중에도 경복궁 안에 불당을 짓는 공사는 둘째 이유(세조)와 셋째 이용(안평대군)이 맡아서 착착 진행시키고 있다. 두 아들이 진행 경과를 보고할 때는 환관(내시)과 사관을 모두 방에서 내보낸다. 이들 또한 반대하기에, 신하들에게 고자질할 것이 뻔하다. 조선은 유교를 높이고 불교를 누르는, 숭유억불을 나라의 기본사상으로 운영하고 있다. 왕 또한 변함

없이 지키고 있다. 그럼에도 왕이 궁궐 안에 불당을 짓는 데 집착하는 이유는 하나다. 말년에 몸을 제대로 움직이지 못할 만큼 아픈데, 아들이 두 명이나 죽고 아내까지 죽어서 마음을 둘 데가 없기 때문이다. 불교가 우울한 내 마음을 어루만져줄 유일한 수단이기 때문이다. 이 사실을 알면서도 반대하는 신하가 서운하다. 12월 5일, 우여곡절 끝에 경복궁 안에 새 불당이 지어졌다. 5일 동안 경찬회를 열었다. 경찬회는 법당이나 불상을 새로 만들었을 때 하는 불교의식이다. 경복궁에 중이 들어오고, 불경소리가 퍼지고, 음식과 사람이 한가득이다. 모처럼 경복궁이 북적이니 나도 즐겁다. 정분, 민신, 이사철, 박연, 김수온과 같은, 불교를 믿는 신하들은 하루 종일 중들과 뒤섞여서 뛰고 돌기를 쉬지 않는다. 한겨울인데도 온몸이 땀에 젖었고, 피곤한 기색이 조금도 없다. 그동안 불교를 믿는다고 말하지 못하고 어찌 참아왔을까. 이들 중에 이사철은 비서실장이고, 김수온은 중 신미의 동생이다.

경복궁 불당을 짓고 남은 목재를 사용해서, 자식들 중에 유일하게 집이 없는 막내 이염(영응대군, 15살)의 집을 지었다. 목재는 나라의 재정이 아닌 왕실의 재산으로 구매한 것이다. 이염의 집터를 정할 때 일반 국민이 사는 집을 헐고 짓지 못하게 했지만, 결국 민가 60여 채를 헐어냈다고 한다. 서울 안에 편평한 빈 땅이 거의 남아 있지 않기 때문이다. 넷째 이구(임영대군)가 호화롭게 집을 증축했다는 말을 듣고 당장 헐어버리라고 명령했다. 내가 비록 불당을 지었지만, 왕실은 언제나 법 안에서 국민의 모범이 돼야 한다.

마지막까지 아름답고 싶은
왕의 이별 준비

1449년, 53세, 재위 31년

일(事)과 업(業)의 차이

　　아직 눈은 그대로인데 강 바람에서 봄 냄새가 묻어난다. 이맘때가 되면 국경 마을에 사는 사람들은 곡식을 실은 배가 안전하게 선착장에 들어오기만을 손꼽아 기다린다. 얼마 전에 식량을 실은 배가 난파됐기 때문이다. 그러던 5월, 중국 배 한 척이 전라도 영광의 고도도라는 섬까지 표류해왔다. 그동안 중국 배를 하나하나 분해해서 참조하고 싶었는데, 중국 배를 구할 방법이 없었다. 이 배는 하늘이 준 선물이다. 기쁜 마음에 즉시 담당관청에서 연구하게 했다. 그런데 "일(事)이 바빠서 못한다"는 대답이 돌아왔다. "당장 검토하고 결과를 보고하라"고 명령했다. 7월 1일, 성을 쌓는 전문가 황보인을 불렀다. 그는 내가 시시콜콜 말하지 않아도 자신이 맡은 일을 업(業)이라 여기는 신하지만, 그래도 가까이 불러서 당부하고 싶었다. 국경의 상황을 자세히 듣고, 칭찬도 해주고 싶었다. 내가 요즘 누구를 만날 수 없을 정도로 아프지만 그의 얼굴을 굳이 보고 싶었던 이유는, 며칠 후에 또 조용히 국경으로 떠날 것을 알기 때문이다. 이야기를 나누다가, 그가 지금 이 방을 나가면 다시는 못 볼 것만 같다는 생각이 들었다. 그가 일어나 방을 나갈 때 "이제 나이도 있으니 무리하지 말라"는 당부의 말을 했다. 황보인은 오래전에 과로로 길바닥에 쓰러져 죽을 뻔했다.

　　배를 만드는 일과 성을 쌓는 일을 맡은 두 관리의 일을 대하는 태도를 보면서, 일과 업의 차이를 다시금 생각하게 된다. 자기가 하는 일을 업이라 여기는 사람은 일을 즐기는 자기만의 방식이 있다. 황보인이 비록 63살이나 된 늙은이지만, 그의 얼굴을 보고 있으면 싱싱하고 힘찬 기운이 느껴지는 이유다. 이에 반해 평범한 일을 끝내고 만족하는 사람은, 대체로 본인에게 돌아오는 보상만큼의 일 이외는 모두 가욋일이라고 여기며 싫어하는 경향이 있다. 그래서 높은 자리까지 승진하지 못하는 이유가 된다. 고위관리 승진은 자신의 일을 업으로 여기는 신하에게 주어지는 보상이기 때문이다.

　　6년 전에 몽골이 조선을 공격할 수도 있으니 만약의 사태에 대비하라고 중국황제가 알려줬었다. 그리고 아무 일도 일어나지 않았다. 2년여 전에 또 몽골이 쳐들어올 가능성이 커졌다는 정보를 입수했었다. 몽골의 왕 야선(Esen 也先)이 중국 황하 부근에서 수만 명의 군사를 거느리고 중국과 전쟁을 벌이고 있는데, 이때 조선까지 공격할 수도 있다는 것이다. 그때도 아무일 없이 지나갔다. 그런데 지난겨울에 몽골군대가 황해도와 가까운 곳까지 접근했었다는 사실을 수개월이 지난 4월이 돼서야 뒤늦게 알았다. 만에 하나 몽골이 여진족과 한패가 되어 쳐들어왔다면 나라가 위급한 상황에 놓일 수 있었는데, 안일하게 대처했던 것이다.

8월 1일, 몽골 군대가 중국 광녕지역을 급습해서 큰 전투가 벌어졌다는 급보를 받았다. 즉시 작전회의를 소집했다. 그리고 지난해 평안도지사에게 겸직시켰던 평안도 군사령관 직책을 부활시키고, 김종서를 임명했다. 함경도 군사령관에는 박종우 장군을 임명했다. 여진족이 두려워하는 이징옥 장군까지 국경 최전방으로 보냈다. 인사행정부장관(이조판서) 정인지는 "몽골이 중국과 전쟁을 치르는 지금, 조선을 공격해서 또 다른 적을 만들 만큼 바보가 아니다"라고 국제정세를 분석했다. 그렇다 하더라도 만약의 사태를 대비하는 조직 정비를 멈출 이유는 없다. 이번에도 황보인은 평안도 의주 등지에 모아놓은 돌이 있으니, 한시라도 빨리 행성을 쌓아서 방어 시스템을 보강해야 한다고 촉구한다. 신속하게 공사를 시작하게 했다. 다음 해 윤1월에 한 달 만에 신속하게 공사를 마쳤다. 황보인이 돌을 미리 준비하지 않았다면 불가능한 공사였다.

지난 8월에 이징옥과 이징규 두 형제 장군을 국경으로 다시 보낼 때, 그들의 아버지가 남긴 말이 아직도 내 가슴에 남아 있다. 두 형제를 앉혀놓고 "국가에서 너희들이 쓸모가 있다고 한꺼번에 부르니 영광이다. 내 걱정은 하지 마라. 나는 지금 죽어도 여한이 없다"라고 말하고, 술잔을 든 채로 일어서서 춤을 췄다고 한다. 두 형제의 아버지는 나이가 98살이나 되는 노인이다. 다시 생각해도 눈시울이 붉어지는 말이다.

신하와의 마지막 기싸움

작년 11월부터 세자는 궁궐 밖 여섯째 이유(금성대군)의 집에서 휴식을 가지면서 병을 치료하고 있다. 경복궁은 내가 지키고 있다. 다행히 세자의 건강이 많이 회복돼서 궁으로 돌아와서 새해맞이 행사를 주관했다. 그런데 얼마 뒤에 거듭된 흉년과 아내(소현왕후)의 삼년상을 이유로 중단했던 군사훈련을 올해도 취소하자는 말이 세자의 입에서 나왔다. 세자를 꾸짖었다. 그리고 나서 생각해보니 아픈 세자의 건강 상태를 고려하지 않고 심하게 대한 것 같아 마음이 아프다. 서울에서 멀지 않은 경기도 남양주(풍양)에서 훈련하는 것으로 조정했다. 세자가 5일 동안의 짧은 군사훈련을 마치고 돌아왔다.

경복궁 안에 세자가 일하는 장소와 손자가 공부하는 장소가 겹친다. 그래서 손자가 소리 내서 책을 읽다가 세자가 일하러 오면 다른 장소를 찾아다닌다. 세자(문종)도 그런 손자(단종)의 공부를 방해하지 않으려, 문 밖에서 공부가 끝날 때까지 기다리는 날도 있다. 경복궁에는 근정전, 사정전과 같이 왕이 일하는 여러 건물이 있지만, 세자가 아직 왕이 아니라는 이유로 신하가 사용하지 못하게 막고 있다. 그 결과 세자와 손자가 한 공간에서 일하고 공부할 수밖에 없는 촌극이 빚어진 것이다. 세자와 손자를 경복궁에서 평안하게 지내게 하려면, 지금으로서는 내가 궁궐 밖으로 나가서 생활하는 방법이 최선이다. 4월, 세자가 광진구 아차산으로 사냥을 갔다고 한다. 나도 이맘때면 아버지(태종)를 따라서 동대문 밖 여기저기로 자주 나가서 노닐다 돌아오고는 했었다. 그때 아버지와 함께 밥 먹고, 사냥하고, 밤이 되면 모닥불을 피워놓고 둘러앉아서, 누구에게도 어디에서도 배울 수 없는 왕의 경험을 하나하나 전수받았다. 태종은 그런 것을 즐거움으로 여기며 항상 나를 데리고 다녔다. 그때 보고 들은 것들이 내가 지금까지 왕으로 사는데 귀한 자산이 됐다. 지금 내가 세자에게 그렇게 하지 못하고, 세자 혼자 다니게 하는 것이 미안하다. 세자는 아차산을 좋아하는 것 같다. 나도 세자가 좋아하는 그곳에 함께 가고 싶은 마음이 굴뚝 같다.

　　6월 4일, "내가 궁궐 밖으로 거처를 옮기고, 세자에게 경복궁으로 들어와서 살게 하려 한다"고 신하에게 말했다. 역시나 반대가 거세다. 그럼 경복궁에서 왕이 사용하는 건물인 강녕전, 만춘전, 천추전, 연생전, 경성전, 사정전을 제외하고, 함원전, 교태전, 자미당, 종회당, 송백당, 인지당, 청연루 중에 한 건물을 세자가 사용하게 하는 대안을 제시했는데, 이마저도 거부했다. 결국 내가 경복궁을 떠날 수밖에 없다. 7월 1일에 작심하고 경복궁을 나와서 넷째 이구(임영대군)의 집으로 들어왔다. 오늘부터 경복궁에는 왕도, 세자도, 손자도 없다. 신하와 일하는 직원만 있다. 내 한 몸 어디에 머물면 어떠랴. 옛사람도 흉년과 같은 재변에는 왕이 스스로 작은 집으로 거처를 옮기고, 겸손하게 처신한다고 하지 않았는가.

　　이처럼 세자를 궁궐로 들어가게 하려고 노력을 기울였음에도 신하들은 사정전은 왕이 일하는 상징적인 건물이어서 안 되고, 함원전은 왕비가 거처하는 곳이라 명분에 맞지 않아서 안 된다고 한다. 이처럼 건물마다 안 되는 이유를 대며 고집을 부린다. 경복궁에는 세자가 일할 곳도 잠잘 곳도 마땅찮다. 마지막으로 황희가 나서서 "궁궐 안에 세자가 거처할 마땅한 건물이 없다"라고 말하며 대못을 박았다. 세자를 왕으로 인정하지 않겠다는 마지막 선언을 한 것이다. 그렇다면 나 또한 "1년이든 10년이든 궁궐 밖에서 평안하게 살겠다"라고 대답했다. 그리고 나서 총리급(1품) 관직을 임명하는 일 이외의 모든 일은 세자가 결재하게 하라고 명령했다. 이제 더 이상 물러날 곳이 없다. 그래서 강경하게 대응한 것이다. 이런 나의 감정적인 대응과 다르게, 황희는 자분자분한 목소리로 반대 논리를 펴며 태연하게 반응할 뿐이다. 황희는 언제나 나보다 수가 높다. "늙은 신하가 더위를 무릅쓰고 간곡하게 말하니 오늘은 따르겠다. 다음에 다시 이야기하자"라고 말하고, 서둘러 대화를 끝냈다.

경복궁 안에서 동궁은 세자를 상징하는 공간이다. 세자가 동궁을 벗어나야 진정한 왕의 자리를 갖게 되는데, 지금은 세자가 왕의 공간을 사용하게 할 마땅한 방법이 없다. 특단의 대책이 필요하다. 하루는 세자가 몰래 경복궁 함원전에서 자고 일어나서 조회를 받았다. 이 사실을 알게 된 신하는 세자가 군이 궁궐에서 자야 한다면, 우선당에서 자는 것은 가능하다고 한 발 물러선다. 우선당을 신하의 집에 비유하면, 손님이 머무는 사랑채 정도와 비교할 수 있다. 그런 우선당이 세자의 격에 맞다는 것인가. 세자가 지금 왕을 대신해서 일하는데, 어찌 이리도 야박하게 대하는 것인가. 내 몸이 전과 같지 않으니 신하와의 논쟁이 힘에 부친다. 세자가 이제 그만 경복궁으로 돌아오라고 한다. 7월 28일, 경복궁으로 돌아왔다. 세자는 요즘도 동궁 안의 계조당에서 조회를 받고, 승화당에서 일하고 있다. 그래도 나아진 점 하나는 승화당에서 남면하는 왕의 자리에 앉는다는 사실이다. 두 달 뒤에 다시 경복궁을 나와서 여섯째 이유(금성대군) 집으로 갔다. 이번만큼은 뜻을 이루기 전에는 궁궐로 돌아가지 않으리라.

왕과 세자가 함께 쓰는 병상 일지

올해 농사도 흉년을 걱정해야 할 처지다. 절에서 기우제를 지냈는데, 둘째 이유(세조)와 비서실장이 참석했다. 특히 둘째 이유는 중들 사이를 뛰어 돌아다니며 적극적으로 참여하고, 온몸이 땀으로 범벅이 되어서도 피곤한 기색이 없었다고 한다. 8월 추수할 즈음에 세자가 서대문 밖에 나가서 농사 상황을 살피고 돌아왔다. 이때만 해도 세자의 몸이 가벼워지는 듯했다. 그런데 10월이 다 지날때쯤 세자의 등에 큰 부스럼이 생겼는데, 일주일이 다 되도록 낫지를 않았다. 걸음걸이도 불편해 보였다. 가벼운 범죄를 저지른 죄인을 모두 석방했다. "세자의 종기 하나로 죄인까지 석방할 일인가?"라고 말하는 사람이 있겠지만, 지금 세자의 건강은 왕보다 더 중요하다. 둘째 이유(세조)는 경복궁 안의 불당에서, 셋째 이용(안평대군)은 경기도 고양시 대자암에서 각각 불경을 읽으며 형을 위해 기도하고 있다. 전국의 유명한 산과 강에서는 신하들이 기도하고 있다. 급한 일은 내가 처리하고 있다. 그동안 세자가 잠자리를 자주 바꾸고, 잠이 부족한 상태에서 아침 일찍부터 일하고, 각종 회의와 행사에 참석하느라 피로가 누적돼서 병이 커진 것만 같다. 다행히 20여 일이 지나서 종기의 크기가 작아졌고, 한 달 후에는 상처가 아물었다. 다음 왕이 될 세자가 건강한 것은 나라의 경사다. 지난 3월에 군사훈련을 취소해 달라던 세자의 안쓰런 모습이 떠올랐다. 얼마나 힘이 들었으면 그런 말까지 했을까. 끝까지 훈련을 하게 했던 것이 더없이 미안하다.

　　　요즘은 내가 시도 때도 없이 웃음을 보이거나 화를 내는 경우가 있다. 지금은 정신이 흐리지 않기 때문에 문제가 되지 않지만, 1년 2년 더 지나고 정신까지 흐려지면 내가 무슨 행동을 했는지 나도 모를 것이다. 나에게도 이런 날이 찾아온 것을 보면, 사람은 죽을 수밖에 없는 숙명이라는 말이 낯설지 않게 다가온다. 그래도 나는 9살 손자(단종)가 무럭무럭 커가는 모습을 지켜볼 수 있으니 복에 겨운 사람이다. "아내(소헌왕후)도 같이 보면 좋으련만" 싶으니, 눈물이 쏟아지려 한다. 12월로 접어들면서 눈병도 많이 좋아지고, 말이 잘 나오지 않던 것도 좋아지고, 오른쪽 다리도 좋아졌는데 이제는 왼쪽 다리가 아프다. 부축하지 않으면 걸을 수 없기는 마찬가지다. 그런데 마음은 좀처럼 안정이 되지 않고 불안하다. 신하는 황해도 배천 온천에 다녀오는 것을 권한다. 오가는 길에 군사훈련을 하며 기분전환을 할 수 있으니, 건강을 회복하는 데 좋을 것이라고 한다. 그동안은 왕이 국민을 힘들게 한다는 이유로 그렇게나 군사훈련을 못하게 방해하다가 지금은 오히려 권유하는 것을 보니, 세상은 오래 살고 볼 일이다. 그냥 가볍게 웃어넘겼다. 12월 5일, 오늘은 안개가 유난히 심하다. 세자의 등에 종기가 나던 즈음에도 안개가 심했는데, 혹시나 하는 걱정이 앞선다. 20일이 지난 12월 25일에 세자 등에 또 종기가 발병했다. 경기도 안의 사당과 절에서 기도하고 있다.

왕과의 논쟁을 피하는 신하들

　　고려의 역사를 기록한 실록의 내용이 부실하고 실수가 발견돼서 다시 출판하게 했었다. 그런데 이번에는 중국 요나라가 고려의 세자에게 제사 지낼 때 입는 관복을 선물로 보낸 기록을 또 빠뜨렸다. 다시 교정하되, 앞으로는 한 가지라도 고친 기록은 별도로 표시를 해서 보고하게 했다. 고려의 역사책은 조선을 창업한 태조의 명령으로 쓰기 시작했는데, 아직까지도 완성시키지 못하고 있다. 그동안 몇 번을 수정했는지 셀 수조차 없다. 그런데 또 교정을 하라는 지시를 받은 사관들의 불만이 터져나왔다. 들어보니 내가 보기에도 사관의 입장이 이해될 정도로 문제가 너무 많았다. 또한 아직도 자신과 관련된 부정적인 기록을 몰래 삭제하거나 바꾸는 자도 있다. 지금 상태라면 다음 왕까지 가더라도 끝나지 않을 것이다. 결국 역사를 서술하는 근본 방식을 바꿀 수밖에 없다.

　　중앙정부의 관리(경차관)가 전국을 다니며 공법 원칙에 따라 농지를 조사하고 등급을 매기고 있다. 그런데 이번에는 세금을 많이 내는, 높은 등급으로 결정하는 경향이 있다. 이로 인해 서민의 원망이 커졌고, 민심이 동요할 기미마저 감지되고 있다. 내가 나서서 한마디하고 싶지만, 관리들 또한 타당한 의도가 있을 것이라는 생각에 나서지 않고 있다. 경차관들은 아마도 지금 나라의 창고가 텅텅비어 있는 상황과 연결해서 고민하는 것으로 짐작된다. 창고가 채워져야 가난한 서민에게 밥을 나눠줄 수 있기 때문이다. 왕이 아프니, 왕에게 하고 싶은 말이 있는 신하는 문서로 써서 보고하는데 187건이나 쌓였다. 행성 공사와 공법에 관한 것만 빼고, 나머지는 국무총리실에서 검토하게 했더니 검토하기조차 민망할 정도로 부실한 것들만 남았다. 새로운 일을 기획하고 제안하는 선비는 없고, 오로지 왕이 관심을 가진 일에만 이래라저래라 훈수를 둘 뿐이다. 소위 배웠다는 선비들의 관심이 온통 행성과 공법뿐이라는 사실이 한심하다.

       2년 전에 길 잃은 어린아이를 자기 노비로 삼으려 했던 박중림의 죄를 작년에 용서했다. 그리고 국방부차관(병조참판)을 거쳐서 전라도지사에 임명했다. "내가 박중림의 사람 됨됨이를 아는데 나쁜 짓을 할 사람은 아니다. 노비의 실수였을 것이다"라는 이유를 대고, 나의 인사결정을 합리화했다. 이 인사는 잘한 일이 아니다. 내가 왜 인사를 이렇게밖에 못하는지는 나도 알고 신하도 안다. 고위직에는 왕이 믿는 사람이나 역량이 탁월한 신하를 임명해야 하는데, 지금 나는 새로운 사람을 알지 못한다. 그동안 방에 오랫동안 틀어박혀 살았기에 새로운 인재를 만나고 대화를 나눌 기회가 없었다. 그 결과 왕이 아는 인재의 범위가 극도로 좁아졌고, 그 사실을 신하들은 너무나 잘 알고 있다. 그럼에도 내가 세자에게 고위관리 임명권을 넘기는 것을 반대하는 것은 옳지 않다. 신하는 하루라도 빨리 고

집을 꺾고, 세자에게 왕에 버금가는 권한을 부여하는 것에 동의해야 한다. 그래서 세자가 새로운 시대를 함께 열어갈 인재를 찾게 해야 한다. 그래야 지금까지 내가 왕으로서 지켜온 "마음을 바르게 하지 않고 공부한 사람에게 나라의 큰일을 맡기면 안 된다"는 인사 기준의 큰 틀을 깨뜨리는 사태를 막을 수 있다. 나를 탓한다고 해결될 문제가 아니다.

9월 7일, 중국에서 사신이 왔다. 세자가 연회(하마연)를 주관하고 아들들도 참석했다. 그 자리에서 사신 왕무가 막내 이염(영응대군) 앞으로 가더니 "틀림없이 왕이 총애하는 아들이다"라고 말했다고 한다. 왕권이양을 진행 중인 미묘한 시기에 사신이 자칫 돌발상황을 만들 수도 있는 한 마디를 던진 것이다. 아들들도 태조, 정종, 태종으로 이어진 살벌했던 왕자의 난을 알고 있다. 아들들이 깜짝 놀랐을 것이다. 나 또한 이 말을 전해 듣고 놀라기는 마찬가지였다. 다음날 황희가 왕무를 찾아갔는데, 평상복을 입고 있던 왕무가 황급히 복장을 갖춰 입고 나와서 예를 갖춰 맞이하고, 내가 보낸 음식을 나눠 먹으며 이런저런 이야기를 나눴다고 한다. 황희가 말을 신중히 해달라는 부탁을 하며, 조선의 상황을 충분히 알아듣게 전달했을 것이다. 사신은 황희 이외는 모두 평상복으로 바꿔 입고 맞이했다고 한다. 왕무는 오래전에 여진족 문제를 해결하러 왔던 사신이다. 이번에는 조선의 상황에 대해 많은 것을 파악하고 온 것으로 보인다. 몽골과 전쟁 중인 중국은 또다시 말 1만 마리를 요구했다.

막내 이염(영응대군)에게 주려고 짓고 있는 새집이 생각했던 것보다 크고 화려하다. 그래서 "이 집을 손자(단종)에게 주면 어떻겠느냐"라고 신하에게 물었다. 신하는 내 기분을 상하지 않게 하려고 "법을 어기지 않은 집이다"라며 집의 규모를 문제삼지 않았다. 그리고 찬성했다. 언제부터인가 신하들은 왕권을 세자에게 이양하는 일이 아니면 나와 논쟁을 하지 않는다. 신하의 눈에는 내가 죽을 날이 얼마 남지 않은 사람처럼 보이는가보다. 그런데 황희는 다르다. 황희만큼은 이전과 다르지 않게 나와 대화해준다. 한 달 전에도 모든 신하가 찬성 의견을 냈지만, 황희는 반대 의견을 냈었다. 황희는 지금도 왕의 생각을 따라잡으려 노력하고, 자신의 의견으로 반박하는 것을 멈추지 않는다. 아직도 나를 건강하고 총명했던 시절의 왕처럼 대하는 신하는 황희뿐이구나.

황희와 아름다웠던 동행

10월 5일, 황희(87살)를 퇴직시키는 결단을 했다. 황희는 최근 몇 년 동안 집에 누워서 일 처리를 해왔는데, 지금은 이마저도 쉽지 않은 상태다. 그의 건강을 고려하면 당연한 결정이지만, 그를 대체할 적임자를 찾지 못했기에 나로서는 쉽지 않은 결단이었다. 그와 영영 이별하는 것처럼 느껴졌기 때문이기도 하다. 황희와는 에피소드가 참 많다. 그중에서도 국무총리를 맡기 싫다고 나를 피해 다닌 일이 기억에 제일 오래 남아 있다. 국무총리가 돼서도 기회만 생기면 사직서를 냈다. 내 속을 참 많이 썩였던 날들이 주마등처럼 스쳐 지나간다. 그러고보니 황희가 신하를 통틀어서 사직서를 제일 많이 냈었구나. 올해 5월에도 사직서를 냈었다. 그렇지만 국무총리로 재직하는 동안에는 언제 그랬냐는 듯 너그러움과 여유가 담긴 말로 상대와 대화했고, 나라가 시끄러우면 언제나 맨 앞에서 여론을 진정시켰다. 이런 이유로 사람들은 황희를 진짜 국무총리라고 칭송했다. 국민이 "당신이 진짜 관리다"라고 불러준 사람은, 내가 아는 한 황희가 처음이었다. 20년 가까이 나의 국무총리이면서 동시에 국민의 국무총리였던 것이다. 한 신하가 동시에 두 왕을 섬긴 것이라 할 수 있다. 그런 그가 내 곁에 있어주었기에 내가 국민에게 돋보였고, 행복한 왕으로 성장할 수 있었다.

　　　10년쯤 전에 황희의 허리가 굽고 병이 들어 사직서를 보내왔을 때 "집에 누워서 일하면 된다"고 냉정한 말을 전달하고, 한동안 재택근무를 시켰던 적이 있다. 돌이켜보니 미안한 마음뿐이다. 황희보다 일고여덟 살 어리고 건강했던 허조와 조말생은 지금 이 세상 사람이 아닌데, 황희가 아직 내 곁에 있어주는 것만으로도 고맙다. 황희가 없었다면 나는 몸이 아파도 하루도 편히 쉴 수 없었을 것이다.

　　　퇴직서류에 결재를 하고 보니, 오늘이 노인 황희와 아름다웠던 동행에 마침표를 찍은 날인 듯하다. 나도 누워 지내고 황희도 누워 지내는 처지이다보니, 얼굴 한 번 보러 오라는 말을 전하는 것도 미안하다. 내가 죽어도 잊을 수 없는 일화가 있다. 그가 강원도 지사 재직시절이었던 1424년에, 나라 전체에 독버섯처럼 퍼졌던 분식회계를 적발하고 바로잡는 조치를 한 것은 대단한 업적이다. 그때 분식회계를 바로잡고 대비하지 못했더라면 조선은 지금과 같은 흉년을 견디지 못하고 파산했을 수도 있다. 당시에는 나조차도 회계부정을 저지른 자들을 어찌 처리해야 할지 결정하지 못하고 형벌과 인정 사이에서 갈팡질팡했다. 그때도 황희는 차분히 상황을 설명하고, 또 내가 이해할 때까지 기다려줬다.

다음 국무총리는 세자와 합이 맞는 신하로 정해야 하는데 눈에 띄는 신하가 없다. 관직 서열 순서를 따르면, 국무총리 바로 아래인 외교재무 부총리(좌의정) 하연이 국무총리(영의정)를 맡아야 하는데, 하연(74살) 또한 나이가 적지 않다. 최근에 누군가가 "하 정승아, 공사를 망령되게 하지 마라"라고 벽에다가 훈민정음으로 써서 하연을 비난한 일이 있어서 잠시 망설이기는 했다. 그렇지만 관례대로 국무총리(영의정)로 임명했다. 하연은 실수를 하기도 하지만, 언제나 변함없이 꾸준한 관리다. 한 예로 공법의 농지등급을 정할 때 보면 가난한 서민에게도 인정을 두지 않았기에 불만이 쌓였던 것으로 생각된다. 아무에게도 말하지 않았지만, 사실 내 마음속에는 김종서가 있다. 1432년에 여진족과 전쟁이 시작되지 않았다면 김종서를 함경도로 보내지 않았을 것이고, 지금쯤 국무총리가 되어 있기에 충분했을 것이다. 아니 되어 있었을 것이다. 그는 앞으로도 국방에 전념해야 하고, 지난해처럼 긴급한 상황이 발생하면 즉시 국경으로 달려가야 한다. 그래서 김종서는 국무총리 적임자가 아니다.

소민(小)과 더불었던(與) 소여왕으로 남고 싶다

1450년, 54세, 재위 32년

너무 늦게 온 풍류를 아는 사신

　　중국에 큰 변화가 생겼다. 작년에 황제가 전쟁터에서 적에게 포로로 잡혀갔고, 올해 새 황제가 즉위했다. 중국에 다녀온 김하가 새 황제의 외교문서를 가지고 왔는데, 군사용 말을 3만 마리 이상 보내라고 적혀 있었다. 물론 값을 받는 것이니 공짜는 아니지만, 지금 조선의 형편상 원하는 만큼 보내는 것은 불가능하다. 상황이 이러하니 평안도지사(관찰사) 김종서가 행성 쌓는 공사만이라도 중지하자고 긴급하게 요청했다. 이때 말 5천 마리를 중국으로 보내는 일과, 오가는 사신을 접대하는 일에다가, 성을 쌓는 중노동까지 한꺼번에 벌어져서 도민의 살림살이가 엉망이 됐기 때문이다. 그렇지만 도민 6천여 명을 동원해서 의주에 성을 쌓았다. 황보인이 미리 준비한 돌이 있었기에 가능한 공사였다. 윤1월 1일, 중국에서 사신 예겸과 사마순 두 사신을 보냈다. 이번에 온 사신은 중국인이다. 그래서 기대 반 걱정 반이다. 아픈 왕과 세자를 대신해서 둘째 이유(세조)가 사신을 맞이했다. 서대문구 현저동 모화관까지 가서 사신을 맞이하고,

광화문으로 이동해서 환영행사에 참석하는 등의 일정을 아픈 세자가 감당하기 힘들기 때문이다. 그래서 몸 쓰는 왕의 일을 둘째가 대신하는 것이다. 저녁에 사신을 환영하는 연회(하마연)에 참석하는 것도 둘째의 몫이다. 전 황제가 몽골에 포로로 잡혀 있기에 연회에서 음악을 연주하지 않았는데도 취하도록 마시고 나서야 끝났다고 한다. 이유(세조)는 다음날 연회(익일연)에서도 밤늦게까지 술을 마셨다. 하루는 성삼문, 신숙주, 정인지가 사신 예겸과 어울려 시를 지어 화답하며, 늦은 밤까지 시간 가는 줄 몰랐다고 한다. 중국 사신과 예를 갖추고 풍류를 즐긴 듯하다. 다음날에도 그랬다고 한다. 그 다음날에는 예겸이 약재와 유향, 침향 등 귀한 물건을 나에게 보내왔다.

　　　사신이 온 이후로 정인지는 물을 만난 물고기마냥 신이 났다. 매일같이 사신을 찾아가서 그동안 궁금했던 것들을 물으며 대화를 나눈다. 정인지는 천문, 수학 분야까지 두루 통달한 조선 최고의 학자 중에 한 명이다. 사신 예겸이 정인지에게 "그대와 하룻밤 대화하는 것이 10년 동안 글을 읽는 것보다 즐겁다"라고 말하며 술잔을 주거니 받거니 하다가, 늦은 밤이 돼서야 헤어졌다고 한다. 정인지와 예겸은 진정한 선비의 자세로 대화를 나누는 것으로 보인다. 한번은 예겸이 "달이 어느 길로 가는 것인가?"라고 물으니, 정인지가 "삼성과 정성 두 별 사이로 간다"라고 답하자, 예겸이 내가 보기에는 "정성의 도를 가는 것 같소"라고 수준 높은 대화가 오갔다고 한다. 다른 것은 몰라도 천문 지식은 정인지가 한 수 위일 것이다. 지금까지 왔던 사신과 격이 다른 풍모를 보여주는 두 사신은 요구하는 물건도 소박하다. 글씨와 그림(묘필), 그리고 찻숟가락(다시) 두 벌씩을 요구할 뿐이다. 선비가 즐기는 물건들이다. 그리고 하루는 사신이 술이 거나하게 취해서 "국무총리가 타는 수레를 어찌 우리는 태워주지 않는가"라고 주정 반 재미 반으로 졸라서 태워주니, 가까운 다리 앞까지 오갔다고 한다. 풍류를 즐길 줄 아는 사신들이다. 내 건강과 안부를 묻는 것은 기본이다.

그렇게 즐거운 시간을 보낸 사신이 돌아가기 전날에 내가 선물을 챙겨주니, 예겸은 "선물을 받는 것은 곤란하다"라고 말했고, 사마순은 얼굴빛을 바꾸며 "붓과 종이는 선비에게 필요한 물건이니 받겠지만, 다른 물건은 받을 수 없다"라고 말했다고 한다. 방까지 쫓아 들어가서 선물을 받기를 재차 청했더니 "내가 선물을 받으면 조선사람이 중국 사신을 어떤 사람이라고 하겠는가. 그리고 황제를 무슨 낯으로 볼 것인가"라고 말했다고 한다. 이 말을 전해 들은 정인지가 사신에게 찾아가서, 중국의 성인 맹자가 선물을 받았던 사례를 얘기하고 나서야 선물을 받았다고 한다. 이때를 놓칠세라 세자도 종이와 옷감을 선물했다. 재물에 관심이 없던 두 사신도 석등잔만큼은 좋아했다고 한다. 정말로 탐이 났나보다. 석등잔은 등불 기름을 담아 불을 밝히는 물건인데, 강원도에서 생산되는 자줏빛이 나는 진귀한 돌을 깎아 만든 조선의 특산품이다. 그러고보니 조선에 다녀간 사신들이 공통적으로 탐내고, 서로 많이 가지려고 했던 물건이 석등잔이었다. 나 또한 석등잔에 불을 밝히고 글을 읽으면 금세 책을 읽는 느낌이 달라졌다. 불빛이 닿는 곳마다 온화한 분위기로 변하기 때문이다.

그날 밤에 둘째 이유(세조)가 중구 소공동에 있는 태평관에서 사신을 환송하는 연회(전별연)를 주관했다. 연회가 한창 무르익을 무렵에 두 사신이 눈짓을 주고받더니 "왕의 병은 중국도 이미 알고 있다. 그러나 세자의 병은 처음 들었다. 세자가 병을 핑계로 한 번도 공식행사에 참석하지 않은 것은 중국을 가볍게 여기는 것이다. 오만한 처사다"라고 의심을 품은 속마음을 처음 꺼냈다고 한다. 이 말을 들은 둘째 이유가 "세자의 병을 직접 본다면 그렇게 말하지 못할 것이다"라고 똑 부러지게 대답하고 오해를 풀었다고 한다. 둘째는 일 처리가 깔끔하다. 그리고 윤1월 19일, 둘째가 중국으로 돌아가는 사신을 배웅하는 것으로 일을 마무리했다. 짧은 기간 동안에 여러 공식행사를 준비하고 주관하느라 정말 고생이 많았다. 자칫 둘째 이유(세조)가 자신도 왕이 될 수 있다는 오해를 하지 않아야 한다. 셋째 이용(안평대군) 또한 형을 도와서 자신의 역할을 다했다.

　　이번에 온 사신이 유학자라는 말을 듣고 정인지에게 사신을 수행하는 임무를 맡겼는데, 정인지 또한 임무를 참 잘 수행했다. 앞으로는 공부를 많이 한 사신을 조선에 보낸다고 하니, 조선 또한 공부를 많이 한 학자의 역할이 커질 것이다. 사신들의 모든 면이 훌륭했던 것은 아니다. 건물 여기저기에 자기들이 쓴 글을 걸어놓은 것은 옥에 티였다. 자칫 교만해보일 수 있는 이런 행동을 안 했다면 최고의 사신이라 부를 만했다. 이렇듯 풍류를 아는 사신이 조선에 왔는데, 나는 이들의 얼굴 한 번 보지 못하고 떠나보낸 것이 못내 아쉽다. 내가 꼭 하고 싶었던 것 중에 하나가, 중국 사신과 더불어 마포구 절두산 희우정에 올라서 도도하게 흐르는 한강을 배경으로 시를 지어 나누는 풍류를 즐겨보는 것이었다. 그런데 내가 늙고 아픈 뒤에야 그들이 온 것이 아쉽기만 하다. 그래도 정인지가 그곳에서 사신과 더불어 시를 나눴다고 하니, 이것으로 충분하다.

나는 복에 겨웁게 살아온 사람

1월 16일에 간신히 경복궁으로 돌아왔지만, 일주일이 채 안 된 1월 22일 병이 도졌다. 동대문 밖에 있는 작은형(효령대군) 집으로 거처를 옮겼다. 경복궁의 불당과 흥천사를 비롯한 전국의 유명한 산과 강, 사당과 절에서 동시에 왕을 위해 기도를 하고 있다. 기도가 효과가 있었는지, 10일이 지나고 몸이 조금 편안해졌다. 그런데 며칠 지나지 않아 또 아프다. 이후로 며칠 동안 세자와 함께 이서의 집에서 머물다가 윤1월 7일 나 혼자 안숭선의 집으로, 막내 이염(영응대군)의 집으로 계속 거처를 옮겨 다녔다. 그런데 2월 4일, 세자가 내가 머물고 있는 집으로 따라왔다. 그렇게 세자와 나는 궁궐을 나와서 숨바꼭질하듯 여기저기를 떠돌고 있다. 우리 부자의 모습이 마치 궁궐도 없는 불쌍한 처지의 왕과 세자 같다. 내 몸이 아픈 것은 익숙해졌는데, 자식이 아픈 것은 시간이 지나도 익숙해지지 않고 마음을 아프게 한다. 그런데 사신이 떠난 다음날부터 세자가 또 아프기 시작했다. 전국의 사당과 절에서 세자를 위해 기도하고 있다.

거처를 옮겨 다니며 요양과 치료를 병행한 덕분인지 2월

9일에 이르러 내 몸이 한결 개운해졌다. 세자는 5일 뒤인 2월 14일에 이르러 건강을 회복했다. 세자에게 "당분간은 일할 생각하지 말고 평안히 쉬라"고 당부했다. 그리고 나서 내가 직접 밀린 일들을 처리했다. 했었던 일이라 그런지 일이 손에 착착 붙는다. 내가 아직 왕이라는 사실이 새삼 느껴졌다. 그렇게 일에 빠져들다보니 밤 10시를 훌쩍 넘기며 야근을 하게 됐고, 피곤이 한꺼번에 몰려온다. 주변의 신하를 모두 내보내고 방 안의 불을 모두 껐다. 그리고 책상 앞의 등불 하나만 남겼다. 책을 읽고 글을 쓰는 책상 하나만이 석등잔의 온화한 불빛을 받고 있는 텅 빈 방 안에 나 혼자 있다. 준비되지 않은 상태에서 왕이 됐던 자식에게 왕의 권력이란 무엇이고, 권력은 어떻게 사용하는 것인지를 알려주던 아버지가 옆에 와 있는 듯하다. 아버지에게 가르침을 받던 오래전의 나로 돌아간 듯한 느낌이다.

　　　태종은 신하를 손바닥 위에 올려놓고 통치하는 '권도의 왕(위정자)'이었고, 나는 신하와 대화하고 결과를 만들어내는 과정을 즐겼던 '정도의 왕'이었다는 생각이 든다. 소민의 희로애락을 챙기며 나라를 다스린 것은 태종과 내가 같았다. 태종은 혼란한 시기에 왕이 됐으니, 문제가 생기면 그때그때의 상황에 맞게 저울질해가며(權 권) 나아갈 방향을 정하는(道 도) 권도방식의 정치를 해야만 했을 것이다. 다른 대안이 없었을 것이다. 내가 왕이 되고 나서는 법과 제도를 많이 갖추게 되니, 법을 지키며 사는 바른(正 정) 방식(道 도)을 일러주는 정도정치가 필요했다. 돌이켜보니 태종이 권도정치를 하며 나라를 하나로 묶고 안정시켜놓지 않았다면, 내가 정도정치를 펼치는 기회를 얻지 못했을 것이다. 나의 정도정치는 태종이 오래전에 계획한 결과라고 여기는 이유다.

내 성과 이름은 이도다. 성은 오얏나무(자두나무) 이(李)씨이고, 이름은 복 도(裪) 자를 쓴다. 지금 생각해보니 아버지는 스스로 어렵고 힘든 일들을 도맡아 처리하고, 자식에게는 복만 남겨주고 싶었나보다. 그런 아버지의 바람처럼 나는 복을 넝쿨째 품에 안고 살아온 것 같다. 그렇게 33년을 왕으로 살아보니, 사람은 감정으로 사는 사람과 이성으로 사는 사람 두 부류가 있는 것 같다는 생각이 든다. 나는 부모를 잘 만나서 이성적인 삶을 살 수 있었다. 그러나 대부분의 사람들은 감정적으로 살다가 그렇게 죽어간다. 지배당하는 소민의 삶이 그렇다. 그래서 눈앞에 보이는 것 하나에 희로애락이 결정되는 수동적인 삶을 살다가 죽어가는 것이다. 지독하게 배고픈 봄 보릿고개를 넘길 때는 꽁보리밥 한 그릇만 먹게 되어도 눈물이 날 정도로 기뻐하고(喜 희), 한여름 땡볕에 쩍쩍 갈라진 논밭을 쳐다보면 그대로 땅바닥에 주저앉게 되고(怒 노), 한겨울에 헐벗은 모습으로 방 안에서 몸을 웅크리고 지내는 가족을 보면 억장이 무너지고(哀 애), 누렇게 익어가는 가을 들판의 곡식을 바라볼 때면 저절로 미소짓게 되는(樂 락) 그런 단순한 삶이다. 서민이 이렇게 살 수밖에 없는 이유는 절대적인 가난과 배고픔이 그들의 삶을 지배하기 때문이다. 그 결과로 소민은 공부할 기회를 박탈당했다. 그래서 감정적인 희로애락의 굴레를 스스로의 힘으로 벗어날 수 없었던 것이다. 그래서 또 자식에게 가난을 물려주는 악순환에 갇혀 살아야 했다.

왕으로 사는 동안 이 모습을 보는 것이 가장 슬펐다. 그래서 나는 왕을 대신해서 지방을 다스리는 수령에게는 "소민을 사랑하라(愛民)"고 당부했고, 왕의 곁에서 법과 제도를 만들던 신하에게는 "소민에게 물어보라(與民)"는 말을 거듭 당부하며 살아온 것이다. 그들이 보기에도 내가 그런 왕이었는지는 모르겠다. 내가 들판에 나갔을 때 일하던 농부에게 밥 한 끼 먹이던 날, 그 뜨거운 밥을 손으로 집어 허겁지겁 삼키던 농부의 모습이 지금도 눈앞에 생생하다. 내가 혼신의 힘을 기울여 만든 훈민정음이지만, 수동적인 삶에 지친 소민의 눈에는 밥 한 그릇을 주는 것만도 못했을 것이다. 그래도 서운하지 않다. 왕이 할 일을 한 것이니 그것으로 충분하다. 그래도 바램이 하나 있다면, 나중에라도 힘들게 사는 소민에게 훈민정음이 도움이 됐으면 한다.

"소민에게, 신하에게, 자식에게, 그리고 실록에 기록된 내 역사를 읽게 될 이 땅의 후손에게 나는 어떤 사람으로 기억될까." "훈민정음은 널리 쓰여질까?" "만년이 가도 흔들리지 않을 조선을 위해 애쓰며 살아왔는데, 조선의 미래는 어떠할까." 이런 생각이 드는 것을 보니 나도 이제 세상과 이별할 때가 된 듯하다. 시간이 얼마나 지났을까. 방문 틈으로 새어든 새벽 빛이 퍼지며 어둠을 밀어낸다. 석등잔의 불빛과 어우러져 온화하고 평온하다. 이제 곧 조선의 하늘을 밝힐 해가 떠오를 것이다. 그런데 나는 자꾸만 졸음이 쏟아진다. 몇 줄 더 쓰고 싶은데, 아직 쓸 말이 남았는데.

〈끝〉

참고문헌

조선왕조실록 : https://sillok.history.go.kr

박현모, 『세종처럼』, 미다스북스

박현모, 『세종의 적솔력』, 흐름출판

이종봉, 『한국 도량형사』, 소명출판

국정호, 『세종과 이순신 K리더십』, 해드림

김구진, 「조선 전기 여진족의 2대 종족-오랑캐와 우디캐」, 백산학보, 2004

장정해, 「한중 역사에 나타난 태백성 출현의 의미」, 중국문화연구, 2006

김춘식, 「조선시대와 현대의 인사적체 해소방안 비교」, 한국행정사학지, 2000

김호철, 「조선초기 여진 귀화인 연구」, 조선시대사학보, 2023

오기수, 「세종 공법의 핵심인 전분6등법 연구」, 세무학연구, 2015

김준태, 「옹호연합모형(ACF)의 틀로 분석한 세종의 貢法 개혁 연구」, 조선시대사학보, 2015